国际贸易学

主　编　陈　敏　刘　莹　包　娟
副主编　陈　茹　毛军育

北京理工大学出版社
BEIJING INSTITUTE OF TECHNOLOGY PRESS

内 容 简 介

本书全面介绍了国际贸易的理论、政策和措施，分为五篇十五章，编写力求体现内容的"专业性"、体例的"应用性"和资源的"立体性"。全书紧贴目前国际贸易理论、政策和措施发展情况与发展趋势；每一章开头从"教学目的""关键术语"和"国贸视野"三个维度展开，每一章后均配有"本章小结"和"思考题"；资源方面则考虑教学和自学的便利性，扫码即可获得思考题参考答案，同时搭配线上资源，以及在部分章节合理设置了"典型案例"，进一步激发学生的创新思考。

本书既可以作为高等学校经管类各专业本科生的教材，也可以作为相关专业学历教育的教材，还可以作为涉外经济工作者和理论研究者的参考资料。

图书在版编目（CIP）数据

国际贸易学 / 陈敏, 刘莹, 包娟主编. --北京：
北京理工大学出版社, 2022.12
ISBN 978-7-5763-1918-7

Ⅰ. ①国… Ⅱ. ①陈… ②刘… ③包… Ⅲ. ①国际贸易 Ⅳ. ①F74

中国版本图书馆 CIP 数据核字（2022）第 240355 号

出版发行 / 北京理工大学出版社有限责任公司
社　　址 / 北京市海淀区中关村南大街 5 号
邮　　编 / 100081
电　　话 / （010）68914775（总编室）
　　　　　（010）82562903（教材售后服务热线）
　　　　　（010）68944723（其他图书服务热线）
网　　址 / http：//www.bitpress.com.cn
经　　销 / 全国各地新华书店
印　　刷 / 涿州市新华印刷有限公司
开　　本 / 787 毫米×1092 毫米　1/16
印　　张 / 16.75　　　　　　　　　　　　　责任编辑 / 龙　微
字　　数 / 391 千字　　　　　　　　　　　　文案编辑 / 杜　枝
版　　次 / 2022 年 12 月第 1 版　2022 年 12 月第 1 次印刷　　责任校对 / 刘亚男
定　　价 / 89.00 元　　　　　　　　　　　　责任印制 / 李志强

国际贸易学是国际经济与贸易专业的专业必修课，也是大多数经管类专业的专业基础课程。在当今经济全球化的大背景下，各国经贸发展与世界经贸发展密不可分，国际贸易理论日益成为对外经济贸易决策者、经营者和管理者的必备知识。作为一门古老而年轻的学科，国际贸易学承担着传播经典国际贸易理论与科普当前国际贸易政策的责任和使命。当前，国际贸易学的教材编写无论在内容还是形式上都需进一步与时俱进。一方面，教学内容需要更新：国际贸易出现了一些新的现象和情况，如保护贸易主义有所抬头，中美两国贸易摩擦，以及"一带一路"倡议、数字贸易兴起等国际贸易新形势；另一方面，教学方式和手段需要改革创新：单一的课堂教学已经不能适应当代大学生的学习习惯和方式，教学方式的改革势必带动教材编写形式的改革。

本书力求在以下三个方面突出特色。

（1）专业性和时代性。在编写过程中，本书力求内容表达准确，还原国际贸易经典理论和案例，同时在部分章节合理加入"典型案例"，提炼章节的某些元素，如爱国情怀、工匠精神、职业道德与素养等，体现新时代下培养社会主义建设者和接班人的目标。

（2）应用性。本书凸出应用型人才培养的特点，案例贴近实际，通俗易懂，引导学生思考，快速进入章节学习，同时通过章节的"本章小结"和"思考题"，进一步巩固学生的学习成果。

（3）立体化。本书为新形态教材，在扫码获得课后参考答案的基础上，将结合线上数字化教学资源，实时更新教学资源，延展教与学互动交流的时间和空间，实现立体化学习。

全书共五篇十五章，各部分内容之间既相对独立，又相互依存、彼此融合，从而较为完整系统地反映该门课程的主要内容。第一篇为国际贸易的产生和基本概念，包括第一至三章，即国际贸易的产生与发展、国际分工和基本概念。第二篇为国际贸易的理论，包括第四至六章，即古典自由贸易理论、保护贸易理论、当代国际贸易理论等。第三篇包括第七至九章，主要论述国际贸易的相关政策和措施。第四篇包括第十至十二章，重点涉及国际贸易体制建设，包括世界贸易组织与中国、区域经济一体化、中国的自由贸易区等内容。第五篇包括第十三至十五章，主要讲述国际贸易的发展与趋势，介绍国际资本移动与跨国公司、国际服务贸易以及数字贸易的兴起等最新的国际贸易发展相关情况。

本书的出版，是课程组老师们共同努力的结果。陈茹编写第一至三章；陈敏编写第四至六章；刘莹编写第七至九章；包娟编写第十至十二章；毛军育编写第十三至十五章。福建工程学院彭建平教授，福建商学院曾靓副教授、林航副教授等对全书体系和内容提出了许多宝贵的意见。

本书在编写过程中，吸收和借鉴了大量国内外有关国际贸易理论、政策和措施方面的研究成果，参考了国内外有关著作和文献，在此一并对上述著作者和出版者致以衷心的感谢。

本书获福建商学院教材建设基金资助，同时在出版过程中得到了北京理工大学出版社的鼎力支持，该社多位同志的辛勤劳动使本书得以顺利出版，在此一并感谢。

编 者

2022.9

目录

第一篇　国际贸易的产生和基本概念

第一章　导论 ……………………………………………………………… （3）
第一节　国际贸易的重要性 ……………………………………………… （4）
第二节　国际贸易的产生、发展 ………………………………………… （6）
本章小结 …………………………………………………………………… （16）
思考题 ……………………………………………………………………… （17）

第二章　国际分工与国际贸易 ……………………………………… （18）
第一节　国际分工概述 …………………………………………………… （19）
第二节　国际分工对国际贸易的影响 …………………………………… （27）
本章小结 …………………………………………………………………… （31）
思考题 ……………………………………………………………………… （31）

第三章　国际贸易的基本概念 ……………………………………… （32）
本章小结 …………………………………………………………………… （36）
思考题 ……………………………………………………………………… （36）

第二篇　国际贸易理论

第四章　古典自由贸易理论 ………………………………………… （39）
第一节　亚当·斯密的绝对优势理论 …………………………………… （40）
第二节　大卫·李嘉图的比较优势理论 ………………………………… （44）
第三节　要素禀赋理论 …………………………………………………… （49）
第四节　里昂惕夫之谜 …………………………………………………… （56）
本章小结 …………………………………………………………………… （60）
思考题 ……………………………………………………………………… （60）
典型案例 …………………………………………………………………… （61）

第五章 保护贸易理论 ··· (63)

第一节 重商主义对外贸易学说 ······························· (64)

第二节 汉密尔顿保护关税说 ································· (66)

第三节 李斯特的幼稚产业保护论 ··························· (67)

第四节 凯恩斯与超保护贸易主义 ··························· (69)

第五节 普雷维什的"中心—外围"理论 ····················· (72)

第六节 战略性贸易论 ·· (74)

本章小结 ·· (77)

思考题 ·· (77)

第六章 当代贸易理论 ··· (78)

第一节 新要素理论 ·· (79)

第二节 技术差距论 ·· (81)

第三节 产品生命周期理论 ··································· (83)

第四节 产业内贸易理论 ····································· (86)

第五节 国家竞争优势理论 ··································· (91)

第六节 新新贸易理论 ·· (95)

本章小结 ·· (98)

思考题 ·· (98)

典型案例 ·· (99)

第三篇 国际贸易政策

第七章 国际贸易政策的演变 ······································ (103)

第一节 对外贸易政策概述 ··································· (105)

第二节 国际贸易政策的历史演变 ··························· (107)

第三节 第二次世界大战后发达国家的对外贸易政策 ········· (109)

第四节 发展中国家的对外贸易政策 ························· (111)

本章小结 ··· (117)

思考题 ··· (117)

典型案例 ··· (118)

第八章 关税措施 ··· (120)

第一节 关税概述 ·· (121)

第二节 关税的种类 ·· (123)

第三节 关税的征收 ·· (131)

第四节 关税的经济效应 ····································· (134)

第五节 关税的名义保护率和有效保护率 ···················· (137)

本章小结 ··· (140)

思考题 ··· (140)

典型案例 ··· (140)

第九章　非关税措施 ……………………………………………………（142）
　第一节　非关税措施概述 …………………………………………（143）
　第二节　直接限制进口的非关税壁垒 ……………………………（146）
　第三节　间接限制进口的非关税壁垒 ……………………………（151）
　本章小结 ……………………………………………………………（164）
　思考题 ………………………………………………………………（164）
　典型案例 ……………………………………………………………（164）

第四篇　国际贸易体制

第十章　世界贸易组织 …………………………………………………（169）
　第一节　关税与贸易总协定概述 …………………………………（170）
　第二节　世界贸易组织 ……………………………………………（173）
　第三节　中国与世界贸易组织 ……………………………………（180）
　本章小结 ……………………………………………………………（182）
　思考题 ………………………………………………………………（182）
　典型案例 ……………………………………………………………（182）

第十一章　区域经济一体化 ……………………………………………（187）
　第一节　区域经济一体化概述 ……………………………………（188）
　第二节　主要区域经济一体化组织 ………………………………（191）
　第三节　区域经济一体化理论 ……………………………………（198）
　本章小结 ……………………………………………………………（203）
　思考题 ………………………………………………………………（203）
　典型案例 ……………………………………………………………（204）

第十二章　"一带一路"倡议 …………………………………………（205）
　第一节　"一带一路"倡议的由来 ………………………………（206）
　第二节　中国与"一带一路"倡议沿线国家的国际贸易 ………（210）
　本章小结 ……………………………………………………………（215）
　思考题 ………………………………………………………………（215）
　典型案例 ……………………………………………………………（215）

第五篇　国际贸易的发展与趋势

第十三章　国际资本移动与跨国公司 …………………………………（223）
　第一节　国际资本移动概述 ………………………………………（225）
　第二节　跨国公司概述 ……………………………………………（227）
　本章小结 ……………………………………………………………（231）
　思考题 ………………………………………………………………（231）

第十四章　国际服务贸易 ………………………………………………（232）
　第一节　国际服务贸易的基本概念 ………………………………（233）

第二节　国际服务贸易的发展 ……………………………………………（236）

第三节　服务贸易总协定 ……………………………………………………（240）

本章小结 ………………………………………………………………………（244）

思考题 …………………………………………………………………………（244）

第十五章　数字贸易的兴起与发展 …………………………………………（245）

第一节　数字贸易的兴起 ……………………………………………………（246）

第二节　中国数字贸易的发展 ………………………………………………（251）

本章小结 ………………………………………………………………………（255）

思考题 …………………………………………………………………………（255）

参考文献 ………………………………………………………………………（256）

第 一 篇

国际贸易的产生和基本概念

　　国际贸易是社会生产发展的必然结果。国际贸易的产生必须具备两个基本条件：一是生产力发展到一定水平，有可供交换的剩余产品；二是有国家的存在，并产生对国际分工的需要。国际分工只有在社会分工和私有制的基础上才可能形成。这些条件不是人类社会一产生就存在，而是随着社会生产力的不断发展和社会分工的不断扩大而逐渐形成的。

　　原始社会后期、奴隶社会、封建社会，由于生产力水平低下，社会分工不发达，自然经济占据统治地位，商品交换只是个别的、局部的现象，还不存在真正的世界市场。15世纪的"地理大发现"及由此产生的欧洲各国的殖民扩张大大发展了各洲之间的贸易，从而开始了真正意义上的"世界贸易"。到了资本主义社会，三次产业革命以及20世纪90年代以来信息技术的快速发展使国际贸易不断扩大。

第一章 导 论

🎯 教学目的

- 了解国际贸易的重要性；了解国际贸易的产生与发展
- 熟悉国际贸易产生的条件
- 掌握国际贸易产生的时间；能够运用所学知识阐述国际贸易的产生与发展

关键术语

国际贸易 原始社会 奴隶社会 封建社会 地理大发现 第一次产业革命 第二次产业革命 第三次产业革命

国贸视野

约翰·斯图尔特·穆勒论贸易的利益

约翰·斯图尔特·穆勒（John Stuart Mill）在《政治经济学原理》（1848）一书中论述了从"对外商业"中产生的利益。他提到大卫·李嘉图是最早正式分析贸易利益的人物之一。

大卫·李嘉图提出："我们了解到什么是国际交易，或者说对外商业的利益。它能使各国获得它们自己根本不能生产的商品，除此之外，它的优点包括更有效地使用世界上的生产力。如果两个相互贸易的国家在物质条件可能的情况下试图自行生产目前从对方进口的产品，结果将是，与各国既为自己也为对方专门生产能使其劳工发挥最大效率的产品的情况比较，两国的劳工和资本的生产效率没有那么高，两国从它们的工业生产中获得的商品数量加在一起也没有那么多。两国产品从贸易中增加的数量就是贸易的利益。"

穆勒继而提出："关于商业对一个国家起什么作用的普遍看法有很大的误解。当人们谈到商业是国家财富的一个来源时，想象力本身就固定在商人获得的大笔财富上，而不是固定在消费者从价格方面得以省下的钱上。但是，当商人并不享有专有的特权时，他们的利益并不大于把资本用于国内将会获得的利润……商业实际上是一种使生产便宜的方式，而且在这种情况下，消费者是最终的受益者。结果是，商人肯定能获得他的利润，不管购买者花钱获得的东西多或少。"

穆勒还提到贸易的间接利益："但是除此之外还有间接影响，必须把这种间接影响算作非常重要的利益。一个影响是每次市场扩大都会改进生产过程的趋势。一个国家为一个比它本身更大的市场生产，就能实行范围更广的分工，能够提高机器的使用率，并且更可能在生产过程中创造发明和改进生产方式。无论在同一地方生产的任何产品数量增加是出于什么原因，它都会使全世界的生产能力普遍提高。还有另一个考虑，这主要适用于工业发展的早期阶段。一国人民可能处于静止、懒散、未开化状态，他们的爱好或者完全得到满足，或者完全没有产生，因此他们可能不会投入他们的全部生产精力，因为没有什么是他们希望得到的东西。对外贸易的开放使他们了解到新的东西，或者由于能够比较容易地获得他们以前认为不可能获得的东西而对他们产生诱惑，这样可能使一个由于人民缺乏劲头和雄心而没有开发资源的国家发生类似工业革命的变化：促使那些过去满足于享乐少、工作也少的人较为勤奋地工作以满足他们新的爱好，甚至储蓄和积累资本，以在将来更好地满足这些爱好。"

资料来源：薛荣久. 国际贸易[M]. 6版. 北京：对外经济贸易大学出版社，2016：33.

第一节　国际贸易的重要性

国际贸易(International Trade)是指世界各国(或地区)之间的商品和劳务的交换活动。如果从一个国家的角度来看，一国或地区与其他国家或地区进行商品和劳务的交换活动，则称对外贸易(Foreign Trade)。世界各国的对外贸易组成了国际贸易，它是在不同国家之间的分工，即国际分工的基础上发展起来的，反映了世界各国之间的相互依赖关系。

国际贸易的重要性主要表现在以下四个方面。

一、国际贸易是世界各国参与国际分工，社会再生产顺利进行的重要手段

在国际经济联系日益紧密的今天，由于各国的自然条件、生产力水平、经济结构、科学技术水平及管理水平等方面的差异，以及历史和社会等多方面的原因，使得有些国家对某些商品的生产条件不利，劳动耗费较多。此外，任何一个国家也不可能生产自己所需要的一切物品，同时也不可能完全消费自己所生产的一切物品。这些矛盾只能通过各国参与国际分工、实现相互间的商品交换加以解决。通过参与国际分工，使各国可以更充分地利用各自的生产力优势、资金优势以及资源优势，发展那些本国条件相对优越的产品部门，从而节约社会劳动时间，促进本国经济的增长。通过积极发展对外贸易，输出那些本国可以生产的、多余的和闲置的物资，购入本国欠缺和急需的却不能生产的物资。通过这样的调剂，可以解决社会生产和社会消费需求上的供求矛盾，使本国的资源得到充分的利用，使本国的各类需求得到满足，保证本国的社会再生产得以顺利进行。

二、国际贸易是各国间进行新的技术交流的重要途径

20世纪下半叶以来，由于科学技术的飞速发展，世界上许多发达国家和一些发展中国家都在依靠科学技术的进步发展其生产力，促进国际经济的发展，而且依靠技术进步所实现的经济增长占全部经济增长的比重也越来越大。然而，由于现代科学技术涉及的领域

和规模越来越大，科学技术发展所涉及的领域越来越多，研究设计工作越来越复杂，导致任何国家都不可能在一切科学技术和生产工艺的领域保持全面的领先地位。如果不吸收别国的先进技术，只埋头从事自己的科学研究，势必造成重复的研究，影响科学技术的发展。

此外，在现代科学技术条件下，各国研究和设计工作的费用不断上升，科学技术越向尖端发展，研究开发费用就越高，这些都促使各国积极进行国家技术交流和技术贸易。

三、国际贸易是各国增加财政收入和劳动就业的重要渠道

国际贸易对于提高一国的财政收入，其作用表现在两个方面：一方面是通过国际分工、商品交换可以使各国节约一定的社会劳动耗费，也可以让各国利用引进的技术、设备发展本国的工农业生产，提高社会劳动生产率，节约原材料耗费，创造更多的产值，从而间接增加一国的财政收入；另一方面是通过对外贸易，通过各国从事进出口业务的企业上交国家各种税收，以及国家征收的关税等能直接增加一国的财政收入，尤其是能增加国家经济建设与发展过程中急需的外汇收入。根据国家外汇管理局数据显示，2022 年 5 月，我国国际货物和服务贸易进出口规模 37 570 亿元，同比增长 14%。其中，货物贸易顺差 4 022 亿元；服务贸易逆差 508 亿元。5 月国际货物和服务贸易顺差 3 514 亿元，创年内新高。

解决劳动力就业问题是当前困扰许多国家的一个尖锐问题。为此，许多国家把发展对外贸易当作解决劳动力就业的一个重要渠道。由于对从事对外贸易业务的人员有较高的素质要求，目前直接解决就业问题尚有一定的限制。但是，一个国家通过发展对外贸易间接提供就业机会是相当多的。

四、国际贸易是各国进行政治与经济外交的重要工具

从古至今，世界各国都注重通过对外贸易对其他国家施加政治影响。18 世纪的欧洲在"实力均衡的体制"下，主要采取重商主义政策，竭力限制进口，同时大力增加出口以积累货币财富。这种状态一直持续到 19 世纪所谓"英国统治下的和平"时代。20 世纪以后，英国的贸易地位和政治地位受到德国和美国的挑战。第二次世界大战以后，美国成为超级大国和贸易强国，转而积极推行自由贸易体制，筹建关税与贸易总协定(也称关贸总协定，General Agreement on Tariffs and Trade，GATT)。70 年代以后，美国的竞争力下降，出现了新贸易保护主义和战略贸易政策，与此同时，世界各国不同程度地推行保护本国贸易利益的贸易政策。

值得注意的是，国际贸易对国家的作用因国家的实际情况不同而不同，就发达国家与发展中国家而言，对外贸易对发达国家的上述作用大于和强于发展中国家。这是因为发达国家对外贸易作用的发挥根植于本身的经济发展和政治需要，发展中国家对外贸易作用的发挥受发达国家对外贸易作用的影响和制约。通常，前者在国际经济贸易关系中处于主动地位，后者则处于被动地位。

因此，不难看出通过国际贸易可以对各国的贸易政策施加政治影响，同时还能实施经济外交，并且通过贸易报复、制裁等手段，达到维护国际地位的目的。

综上所述，世界上任何一个国家已不可能因为地域、文化、经济、政治而成为一个相对孤立且又能自给自足的实体。在这个相互依存的世界中，国际贸易扮演了一个无可替代

的重要角色。世界已然是一个更为开放的全球商务系统。在这个系统中，市场全球化和生产全球化正以不可阻挡之势席卷全世界，国际贸易对世界经济发展乃至人类社会进步起到了无可估量的重要作用。

尽管国际贸易与国内贸易有一定的共性，如都属于流通范畴，都由生产决定，又反作用于生产，在商品生产存在的条件下，都受价值规律自发调节。但是，国际贸易与国内贸易无论在性质上，还是在业务上都有很大的区别。首先，国内贸易所使用的货币是本国货币，而国际贸易只能采用国际通用货币或贸易双方共同接受的货币来计算和支付；其次，国内贸易一般是在国家统一的贸易政策指导下进行的，并且有统一的法律依据，而国际贸易则要面对不同国家不同的政策和法律环境，还要遵循诸多国际条约和惯例，使贸易活动复杂化；再次，国际贸易与国内贸易的基础也不同，国内贸易的基础是国内的社会分工和专业化，国际贸易的基础则是国际间的分工和专业化；最后，两者获得市场信息的难易程度也不尽相同。鉴于此，必须对国际贸易进行专门研究，才能揭示国际贸易的规律，建立起对国际贸易政策的正确认识，掌握从事国际贸易的技能和方法。

第二节　国际贸易的产生、发展

原始社会后期、奴隶社会、封建社会，由于生产力水平低下，社会分工不发达，自然经济占据统治地位，商品交换只是个别的、局部的现象，还不存在真正的世界市场。15世纪的"地理大发现"及由此产生的欧洲各国的殖民扩张大大发展了各洲之间的贸易，从而开始了真正意义上的"世界贸易"。到了资本主义社会，三次产业革命以及20世纪90年代以来信息技术的快速发展使国际贸易不断扩大。

一、古代的国际贸易

早在公元前3500年前后，人类文明就开始在中东产生。除了基督教、犹太教和伊斯兰教三大宗教发源于中东以外，农业、城市、贸易也最早在中东出现。

到公元100年前后，古典时代进入鼎盛时期，地中海的罗马帝国、中东的帕提亚帝国、中亚的贵霜帝国以及中国的汉王朝分别发展成为各地区强大的政治经济实体。最初的"国际贸易"，更确切地说是"地区间贸易"也在此时产生。当时各地区之间交换的物品主要有罗马的亚麻布、金银铜锡、玻璃，印度的香料、宝石和中国的丝绸，其中主要的产品是丝绸，主要的通道是欧亚大陆之间的"丝绸之路"。然而，从公元2世纪末开始，世界各文明古国均不同程度地出现了动荡，中国的汉王朝和罗马帝国相继灭亡，东西方的贸易也随之进入了波动时期。

对国际贸易的第一次大推动是中世纪后期西欧的势力扩张。在中世纪以前，西欧还是一个不发达的地区，它地处欧亚大陆的西端，不像中东地区那样有机会与其他民族接近，经济上也比较落后。然而，从公元11世纪到13世纪，通过多次东征夺得了地中海，从而使地中海再一次成为欧亚大陆贸易的海上通道。

成千上万的欧洲人参加了一次又一次的远征，看到了东方发达的经济和丰富的物资，由于地理和资源的限制，西欧人做不到自给自足，他们急迫地需要寻找新的资源和产品，从而大大推动了欧洲以及欧亚大陆的贸易发展。

到了 14 世纪，整个欧洲已形成了几个主要的贸易区，如以意大利的威尼斯、热那亚和比萨等城市为中心的地中海贸易区，以布鲁日等城市为中心的北海和波罗的海贸易区，包括基辅、诺甫哥罗得、车尔尼哥夫、彼列雅斯拉夫尔等城市的俄罗斯贸易区，德意志北部和北欧斯堪的纳维亚地区的汉萨贸易区，以及不列颠贸易区。这些贸易区不仅有大量的区内交易，相互之间的贸易往来也很密切。

与此同时，亚洲也形成了几个比较重要的贸易区，如以中国、朝鲜和日本为主的东亚贸易区，包括占婆（今越南南部）和扶南（今柬埔寨）等国的东南亚贸易区，以及以印度为主的南亚贸易区。

在 13 至 14 世纪，东西方之间通过陆路和海路进一步发展了贸易。陆上通道主要是原来的"丝绸之路"。此时正值中国元朝时期，元帝国三次西征，打通了从中国直至欧洲的通道。海上通道则主要从地中海，经红海和印度洋到印度，或从波斯湾经阿拉伯海到印度。欧洲从东方进口的商品主要有中国的丝绸、瓷器、茶叶，印度的珠宝、蓝靛、药材、地毯，以及东南亚的香料。这些商品在欧洲人的消费中占据了越来越重要的地位。但欧洲能向东方出口的产品却不多，除了出口羊毛、呢绒和金属制品外，不得不支付大量的黄金与白银。

二、"地理大发现"对国际贸易的影响

如果说，15 世纪前的贸易主要局限于各洲之内和欧亚大陆之间的话，那么，15 世纪的"地理大发现"及由此产生的欧洲各国的殖民扩张则大大发展了各洲之间的贸易，从而开始了真正意义上的国际贸易。

"地理大发现"发生于 15 世纪末。在此之前，欧洲城市的兴起和农业工业生产力的提高促进了生产分工，也进一步促进了商品市场的发展。商品经济的发展又需要更大规模的贸易。然而，14 世纪末到 15 世纪这段时间里，由于土耳其奥斯曼帝国的崛起和其对小亚细亚、巴尔干半岛及埃及的占领，从欧洲通往波斯、印度和中国的商路几乎中断了。面对这一局面，欧洲国家不得不努力寻找新的贸易通道。同时，随着经济的发展，欧洲的技术也取得了很大的进步，尤其是在造船及其他航海设备方面。在 13 世纪到 16 世纪之间，欧洲已能生产 600 至 800 吨的圆体帆船。中国的火药和指南针技术也传到了欧洲，欧洲人已能在舰船上配备火炮，还能生产罗盘仪和象限仪，绘制航海图。传播上帝福音的宗教动力、通过贸易牟利的强烈欲望、开辟新通道的迫切需要，加上新的航海设备与技术的支持，使得"地理大发现"成为自然的结果。

欧洲人最早的远洋探险大约在 1431 年，当时有一位葡萄牙航海家成功到达了大西洋东北部的亚速尔群岛并返回了葡萄牙。此后，通过一系列的远洋探险，意大利人哥伦布率领的西班牙船队于 1492 年发现了美洲大陆。达·伽马率领的葡萄牙船队于 1497 年绕过好望角，到达南亚西海岸，打通了欧洲通往印度的新航路。麦哲伦率领的西班牙船队在 1519 年经过大西洋，经南美海峡进入太平洋到达亚洲的菲律宾群岛。随后，欧洲国家又陆续开辟了一系列通往四方的新航道，发现了大片欧洲人从未到过的新土地。"地理大发现"把原来各自发展的各国联系起来了，真正意义上的国际贸易也由此发展起来了。

"地理大发现"对欧洲经济及国际贸易发展的影响主要包括以下两个方面。

(一)使欧洲的经济发生了巨大的变化,出现了商业革命

所谓的商业革命,表现为商业性质、经商技术以及商业组织方面的巨大变化。"地理大发现"后,各国地理与资源上的差距使得国际流通中的商品种类与数量大大增加,许多欧洲人以前没有见过的商品,如咖啡、烟草、可可等出现在欧洲市场上并且很快成为欧洲人喜爱的商品。与此同时,欧洲的产品也有了更大的市场。贸易的扩大促进了专为交换而进行的生产专业化分工,各国不同的产品价格所造成的巨大利润进一步推动了为牟利而进行的国际贸易。

为了适应新的大规模的贸易,欧洲建立了专门在全世界从事贸易活动的新型合股公司。这种合股公司将投资与经营的职责分开,从而有利于动员大量甚至闲散的资本从事种种商业投机。这些公司中最著名的是东印度公司和西印度公司。至此,国际贸易不再是少数商人单枪匹马的行为,而成为一个以牟利为目的的巨大产业。

(二)"地理大发现"引发了殖民扩张和殖民贸易,推动了洲与洲之间的贸易

从 15 世纪中期开始,葡萄牙就由南向西非沿海扩张。到 15 世纪末,葡萄牙已占领了非洲西海岸的大批土地,大肆掠夺黄金、象牙和黑人奴隶。哥伦布发现美洲大陆后,葡萄牙又占领了巴西,随后由达·伽马绕过好望角,占领了非洲的南端和整个东海岸。然后,葡萄牙人又东进印度、锡兰、马六甲海峡,甚至占领了中国澳门。在很长一段时间里,葡萄牙通过它的殖民统治,垄断了东方贸易。他们将一些日用品,如小镜子、小刀、帽子、葡萄酒、腌鱼、乳酪等运到殖民地,然后将殖民地的产品运往欧洲,这些商品包括非洲的黄金、象牙、钻石、丁香、樟木,印度、锡兰的珠宝、胡椒、肉桂、大米和印尼的胡椒、丁香、豆蔻、白檀木等,牟取暴利。

在葡萄牙之后的另一个殖民大国是西班牙。从 15 世纪初到 16 世纪中期,西班牙先后用武力占领了除巴西和圭亚那之外的整个中南美洲。西班牙殖民者一方面掠夺美洲现有的金银财富,另一方面使用奴隶进一步开采金银。由于西班牙殖民者对美洲土著居民的杀戮,造成美洲种植园劳动力短缺,于是西班牙又从事奴隶贸易,将大量非洲黑人贩运到美洲从事劳动。

在葡萄牙占领非洲,西班牙占领美洲后,荷兰于 15 世纪末 16 世纪初也加入了殖民扩张的行列。荷兰主要从葡萄牙人手中争夺殖民地。到 16 世纪中期,荷兰基本占领了葡萄牙的殖民地,其势力甚至超过了西、葡两国。为了垄断殖民地贸易,荷兰成立了规模巨大的"商业公司",这些公司仗着政府授予的特权,从殖民地获得大量珍贵物产,然后运到欧洲以高价出售,牟取暴利。当时的东印度公司在支付庞大的军事行政开支之后仍能分给股东 20% 到 160% 的红利。

继葡、西、荷之后成为殖民大国的是英国和法国。英国人从 16 世纪末开始远征印度,贸易中的惊人利润强烈刺激了英国政府与商人,他们也开始疯狂的殖民扩张。到 18 世纪中期,英国先后战胜了葡萄牙、西班牙、荷兰以及法国,占领了北美、西印度群岛、亚洲和非洲的大片土地,成为世界上最大的殖民帝国。

英国从印度大量收购香料、棉织品、丝织品以及其他贵重物产和农副产品并运回欧洲高价出售,同时在北美建立奴隶制种植园专门生产烟草、大米、蓝靛和棉花,为英国提供粮食和原料。北美的奴隶大量来自非洲。英国从 1562 年就开始贩卖奴隶,1588 年,英国又成立了皇家非洲开发者贸易公司,专门经营猎捕黑人运往美洲作为奴隶的贸易。在 1680

年后的 100 年里, 英国运往其在北美殖民地的奴隶就超过 200 万。这种殖民贸易给英国带来了巨大的利益, 据统计, 在 17 世纪末, 英国贸易所得利润年平均为 200 万英镑, 其中种植园贸易 60 万英镑, 与非洲、远东、欧洲的贸易 60 万英镑, 有将近三分之二的利润来自殖民贸易。

"地理大发现" 以及由此带来的西欧殖民扩张, 虽然残酷, 但在客观上极大地推动了洲与洲之间的贸易, 从而初步形成了一个以西欧为中心的世界市场。当时的贸易流向基本是:(1)欧洲向美洲出口制造品, 主要是纺织品、金属制品、家具、酒和其他消费品。(2)从非洲输往美洲的主要是奴隶。奴隶贸易不仅为欧洲人获得巨额利润用以购买美洲和亚洲的商品, 也为在美洲生产商品和原料提供了大量的廉价劳动力。(3)从美洲流向欧洲的商品主要是在殖民地开采的黄金和白银, 生产的烟草、棉花、粮食和糖等。(4)欧洲从亚洲及东方各国进口的主要产品仍然是香料、丝织品、茶、咖啡等。17 世纪后, 远东的纺织品成为欧洲大量进口的商品之一。

尽管 "地理大发现" 以后, 世界贸易已从单纯的互通有无变成了以牟利为主的商业行为, 但决定贸易流向的仍然是各国的自然资源和各自固有的生产技能的差异。各国主要出口本国特有的产品, 进口本国不生产的东西。这段时期国际贸易的主要方式是暴力控制下的殖民贸易。

三、产业革命后的国际贸易

从 16 世纪到 18 世纪, 随着殖民扩张和各洲之间贸易的发展, 西欧各国经济发生了很大的变化。一方面, 欧洲从海外获得了大量的金银财富, 积聚了大量的商业资本和工业资本, 从而基本完成了资本的原始积累, 为资本主义生产方式的产生和发展奠定了基础。另一方面, 海外市场尤其是美洲市场的开发使得其对欧洲工业产品的需求迅速增加, 这一点对欧洲来说非常重要。在与亚洲的贸易中, 他们一直处于逆差状态。欧洲产品在亚洲一直没有市场, 而美洲市场的出现使欧洲的贸易不平衡状况大大得到改善。当时的美洲主要是欧洲的殖民地, 大量的欧洲移民到美洲后需要大量食物、酒、油、金属制造品、枪支、火药和毛麻织品, 从而大大刺激了欧洲的工业生产。欧美之间的贸易大大促进了欧美国家以分工交换为基础的市场经济的形成和经济实力的加强。从 18 世纪 60 年代开始, 欧美国家逐渐形成了资本主义的生产关系, 并先后进行了产业革命。

(一)产业革命的两个阶段

第一阶段大约从 1770 年开始到 1870 年, 主要发生于英国。当时的英国是全世界最大的殖民帝国, 与殖民地的贸易以惊人的速度增长。用于殖民开发的斧子、钉子、枷锁、铁链以及武器的需求大大促进了英国炼铁工业的发展, 继而推动了炼铁所用的煤炭的开采。对棉纺织品的需求也刺激着纺织工业的技术更新。强烈的需求增长催生了一系列发明, 包括阿克莱的水力纺纱机(1769 年), 哈格里夫斯的多轴纺纱机, 即珍妮机(1770 年), 克伦普顿的走锭纺纱机(1779 年), 瓦特的蒸汽机(1782 年), 德尔比父子的煤与焦炭混合石灰炼铁法(1735 年), 科特的搅拌炼铁术(1783 年), 以及凿井机、蒸汽抽水机等。纺织、冶金、煤炭成为英国产业革命的三大支柱产业。纺织机、蒸汽机和冶金新技术则代表这一时期在工具、动力和材料上的技术革命。

产业革命的第二阶段从 1870 年到 20 世纪初, 主要发生在德国和美国, 也包括其他欧洲国家。这一阶段的主要特点有两个，一是科学指导下的技术革命在工业生产中发挥了重要作用，二是大批量生产的技术得到了改善和运用。因此，人们也常把这一时期称为"第二次技术革命"。

1870 年以后，欧美出现了许多装备精密仪器和配备训练有素的科学家的实验室。许多新的技术不断涌现，包括炼钢法的提出，石油勘探和开采技术的出现，以及发电技术、照明技术、电讯技术、各种化学产品的发明与应用等。物理学、化学等科学指导下的发明创造取代了偶然或单独的发明。大量的新发明创造促使大量新的工业的产生。另一方面，以大批量生产为目的的技术也不断出现，如生产标准化零件的模具和装配线的发明，这种新技术的应用不仅强化了专业化分工，同时大大提高了劳动生产率，扩大了生产规模。

通过产业革命，欧美发达国家的生产力大大提高，经济体制和经济结构发生了巨大的变化。到 1914 年第一次世界大战爆发时，欧洲、北美、日本和澳大利亚都先后完成了工业化过程，从自然的农业手工业经济过渡到资本主义工业经济。整个世界形成了以欧美国家为主的现代工业经济一方和以其他国家组成的农业、手工业等传统经济为另一方的格局。

资本主义的生产方式和产业革命对国际贸易的影响极其深远。一方面，贸易作为商品销售和资本积累的方式，促进了资本主义生产方式及产业革命的产生和发展；另一方面，贸易作为资本主义社会化生产方式和产业革命的必然结果不断得到扩大。在资本主义生产方式下，贸易不再只是自然经济中的互通有无，而是作为主要的牟利手段。产业革命彻底改变了各国和世界的自然经济结构，使国际分工和国际贸易成为人类经济活动中的必要组成部分。

(二) 产业革命对国际贸易的影响

产业革命对世界贸易的影响主要表现在三个方面。第一，产业革命大大提高了劳动生产力，促进了生产。人们在满足了本国本地区的消费需求外，有大量的剩余产品用来与别国进行交换。欧洲通过产业革命为他们的剩余制造品获得了市场，也最终改变了在与亚洲的贸易中长期所处的逆差地位。第二，产业革命大大促进了交通的发展，铁路、轮船、汽车以及电报电话的应用将整个世界连接成一体，国际贸易变得更加迅速方便。第三，产业革命使世界从单一的农业社会转向以工业生产为主的现代经济。与农产品和其他初级产品不同，工业产品的种类千千万万，且随着科技的不断进步而日新月异。任何一国都不能自己生产全部的工业产品，都不可能达到农业社会时的那种"自给自足"。各国都只能生产一部分产品，然后用自己的产品与别国的产品进行交换。国际范围内的分工和交换，即国际贸易逐渐成为现代经济中必不可少的一部分。

产业革命以后，国际贸易出现了前所未有的大发展。此前从 18 世纪初到 19 世纪初的近 100 年里，世界贸易总额增长了 1 倍多。然而，仅在 19 世纪的前 70 年（1800—1870 年）中，世界贸易就增长了 6.7 倍，如果扣除价格下跌的因素，实际贸易量增长了 9.6 倍。从 1870 年到第一次世界大战前，尽管除英国以外的主要欧美国家开始实行贸易保护主义的政策并先后出现了几次经济衰退，世界出口总额仍然从 51.3 亿美元增加到 184 亿美元，增长了将近 2.6 倍。

产业革命使得欧洲各国的经济结构发生了很大的变化，农业在国民经济中的比重迅速下降，工业的比重大大上升。工业的发展不仅产出大量的制成品需要寻找市场，也需要进口更多本国没有或不足的原料，如棉花、橡胶石油、各种矿产资源，因此，国际贸易越来越成为欧美工业国家经济中不可缺少的重要部分。从1840年到1870年，英国的出口占国民生产总值的比重从9%上升到16%，法国和德国也都从原来的7%增加到16%，在30年中增加了1倍多。

（三）产业革命改变了世界贸易中的产品结构

在"地理大发现"和西欧殖民扩张以前，世界贸易中的主要产品是各洲各国的特产和手工业产品，如香料、丝绸。殖民开发后，增加了许多殖民地奴隶种植园中生产的大宗消费品，如蔗糖、咖啡、可可、茶叶等，但工业原料和制造品在国际贸易中仍不是主要的。而产业革命以后，国际贸易的商品结构和流向都发生了重大变化，主要表现为以下几点。

第一，机器纺织品，特别是棉纺织品成为欧洲最重要的大宗出口产品，并以低廉的价格和标准稳定的质量取代了印度、中国等国的手工纺织品，成为19世纪国际贸易中最主要的工业制造品。

第二，大宗工业原料成为殖民地和半殖民地国家的主要出口产品。棉花、黄麻、生丝、烟草以及矿产原料逐渐取代香料、茶叶等，成为19世纪初级产品贸易中的重要商品。

第三，机器设备和金属制成品在国际贸易中的地位迅速上升。随着英法等国的殖民扩张和资本输出，铁轨、机车、蒸汽机、矿山机械等机器设备成为重要的贸易产品。

第四，农产品特别是谷物贸易大大增加。农产品作为初级产品，各国都能生产，在以互通有无为主的自然经济的贸易中，农产品的进出口量并不大。产业革命的结果使得欧洲各国农产品的相对成本和价格都大大提高，美国、加拿大和澳大利亚的大规模农业生产又大大降低了成本。作为比较优势和专业化分工的结果，农产品贸易占世界贸易的比重也增加了。

经过产业革命，世界日益成为一个经济整体，并形成了一个由西欧、北美国家生产和出口制成品，其余国家生产和出口初级产品并进口欧美制成品的国际分工和世界贸易格局。世界贸易的基础已不仅仅是各国的天然资源。各国生产技术不同而产生的成本差异成为决定贸易模式的重要因素。

四、第二次世界大战后国际贸易的迅速发展

从1914年第一次世界大战爆发到1945年第二次世界大战结束的这段时间，是世界经济和国际贸易波动和萧条的一段时间。两次世界大战和几次大的世界性经济衰退，大大削弱了欧洲各国的经济和军事实力，也极大地影响了世界贸易。第二次世界大战后，国际贸易缩减了40%，直到1924年才略超过战前水平。紧接着是1929年至1933年的大萧条，国际贸易量又一次大幅度下降，加上这一时期各国实行的贸易保护政策，国际贸易一直处于萎缩状态。到第二次世界大战爆发前的1937年，世界出口总额也只有254.8亿美元，尚未恢复到1929年的水平（327.5亿美元），甚至仍低于1924年的水平（275.95亿美元），这种状态直到第二次世界大战结束后才得到改变。

第二次世界大战后，世界经济又一次发生了巨大变化，国际贸易再次出现了飞速增长，其速度和规模都远远超过19世纪工业革命以后的贸易增长。从1950年到2000年的50年中，全世界的商品出口总值从约610亿美元增加到61 328亿美元，即使扣除通货膨胀因素，实际商品出口值也增长了15倍以上，远远超过了工业革命后乃至历史上任何一

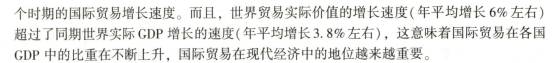

个时期的国际贸易增长速度。而且，世界贸易实际价值的增长速度（年平均增长6%左右）超过了同期世界实际GDP增长的速度（年平均增长3.8%左右），这意味着国际贸易在各国GDP中的比重在不断上升，国际贸易在现代经济中的地位越来越重要。

（一）发展的原因

第二次世界大战后世界贸易飞速发展的原因主要包括以下几个方面。

1. 第二次世界大战后较长的和平时期

经过两次世界大战，西方各主要工业国家都饱受战乱之苦，都不再愿意轻易卷入大规模的战争。第二次世界大战后各国通过建立联合国以及各种多国政治经济和军事联盟来减少世界大战爆发的危险。尽管在第二次世界大战后长达40年的时间里仍然存在着东西方两大阵营的对立，但冷战毕竟不像军事战争那样对经济产生直接的破坏作用。东西方各有一个经济集团，双方的经济竞争在某种意义上说对经济发展有一定的推动作用。从20世纪50年代到80年代，西方工业国家的出口在世界总产值中的比重从7.7%增加到26.8%，苏联及东欧国家的比重也从4.6%增加到9.3%。20世纪90年代初冷战结束后，各国之间的政治经济关系进一步得到改善，有利于经济与贸易的发展。

2. 第二次世界大战后出现的第三次科技革命和现代信息产业革命

第二次世界大战后，以美国为先导出现了以原子能、电子、合成材料、航天技术和生物技术为代表的新的技术革命，这场新的科技革命又产生了一系列新的产业，包括原子能工业、半导体工业、石油工业、化学工业、电子工业、宇航工业、生物工业等。从某种意义上说，这也是一次新的产业革命。新产业在发达工业国家的产生和发展，一方面意味着大量新的工业产品的出现，国际贸易的产品变得更加丰富，制造品越来越成为国际贸易中的主要产品；另一方面也意味着国际分工的日益扩大和深入，随着新产业的不断出现，任何一国都不可能在所有产业上都具有比较优势，发达国家中新兴产业的发展也意味着其他产业的相对衰落，从而使国际贸易更加成为必要。

进入20世纪90年代以后，以互联网为代表的现代信息技术革命又进一步推动了这场规模大、范围广、影响深的技术革命。信息技术革命不仅创造了另一个新的产业，还为现代贸易提供了新的信息交流和交易方式。

3. 经济发展带来的收入增长促进了消费结构的变化

第二次世界大战后的和平环境和科技革命使世界经济得到了空前迅速的发展。经济快速增长不仅反映了一国生产能力的增强，也表现为人们收入的增加。从第二次世界大战后到20世纪末，大多数工业国家和新兴工业国家的人均收入成倍增长。而收入的增长则促进了人们消费结构的变化。在满足了基本生活品需求以外，人们对制造品包括耐用消费品等的需求欲望和购买能力都大大提高。对高质量和不同品种的新产品的需求也大大刺激了各国之间的贸易尤其是工业制成品贸易的发展。

4. 第二次世界大战后国际经济秩序的改善

从19世纪末到第二次世界大战之前，西方各国为了争夺资源、保护国内利益集团纷纷实行贸易保护主义。不断出现的关税战、汇率战和贸易战不仅大大影响了经济与贸易的发展，还最终导致了战争。第二次世界大战后各国痛定思痛，决心建立国际经济新秩序。以布雷顿森林协定为基础的国际货币体系相对稳定，有利于国际贸易发展。在《关税与贸

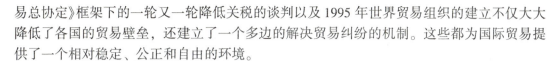

易总协定》框架下的一轮又一轮降低关税的谈判以及 1995 年世界贸易组织的建立不仅大大降低了各国的贸易壁垒，还建立了一个多边的解决贸易纠纷的机制。这些都为国际贸易提供了一个相对稳定、公正和自由的环境。

（二）第二次世界大战后国际贸易的变化

与产业革命后的国际贸易相比，第二次世界大战后的国际贸易有以下主要变化。

1. 国际贸易中工业制成品的比重大大增加

1950 年，工业制成品出口占世界全部商品出口价值的 34.9%。20 世纪 60 年代，这一比例增加到 50% 以上。70 年代世界能源价格上涨，使得工业制成品的比重在 50% ~ 60% 之间徘徊。80 年代中期以后，工业制成品在贸易中的比重又开始攀升。到 2000 年，国际贸易中将近四分之三(74.85%)的商品是工业制成品。

在工业制成品贸易中，工业革命后曾经处于重要地位的纺织品、服装等轻纺工业产品和钢铁等金属工业产品的地位逐渐下降，取而代之的主要是包括汽车在内的交通和机器设备、电气电子产品以及化工产品。

2. 服务贸易迅速发展，成为国际贸易中的重要组成部分

作为第二次世界大战后科技发展的结果，发达国家劳动生产率大大提高，不仅农业和其他初级产品需要的劳动力越来越少，制造业的就业比重也逐渐由上升转为停滞或下降。与此同时，人们收入不断提高，在主要耐用消费品需求得到满足后，人们对服务的需求越来越大，服务业在各国经济中的比重越来越大，服务贸易也相应地得到了发展。第二次世界大战后初期，服务贸易在世界贸易中几乎没有引起重视。但从 20 世纪 70 年代开始，服务贸易日益成为国际贸易中的一个组成部分。1970 年世界服务业出口总值为 800 多亿美元，1980 年增加到 4 026 亿美元，1990 年又翻了一番，为 8 962 亿美元，2000 年则进一步达到 16 136 亿美元。服务贸易占世界贸易的比重也从 80 年代的 17% 左右增加到 90 年代末的 22% 左右，服务贸易已上升到与货物贸易同等重要的地位，《服务贸易总协定》成为世界贸易组织的三个主要协议之一。

3. 发达国家之间的贸易成为主要的贸易流向

"北北贸易"取代"南北贸易"成为主要的贸易模式。从"地理大发现"开始，到产业革命以后很长一段时间里，国际贸易的模式是发达国家出口工业制成品，发展中国家出口矿产和原料等初级产品，即所谓的"南北贸易"。

第二次世界大战后随着制造品贸易的数量和种类的增加，工业发达国家之间的贸易量和占世界贸易的比重也都在不断提高。20 世纪 60 年代初，北美、西欧和日本相互之间的贸易量约占当时世界总贸易量的不到 40%；80 年代初(1983 年)这一比重增加到 41%；90 年代初(1993 年)为 47% 左右；到了 2000 年，世界贸易总额的将近 50% 发生在欧美发达国家和日本之间。如果把新加坡、韩国等新兴工业国家算上，这一比例则更高。1999 年，全部工业国家 73% 的出口产品销往其他工业国家，有 68% 的产品从其他工业国家进口。

4. 区域性自由贸易迅速发展

第二次世界大战后尤其是 20 世纪 90 年代以来，各种形式的区域性经济合作越来越多，其中最多的是自由贸易区，包括欧洲自由贸易组织、北美自由贸易区、南美共同市场、东南亚国家的自由贸易区、东南非洲自由贸易区等。合作程度稍高的有关税同盟、共

同市场以及经济同盟，如欧盟。几乎所有的关贸总协定/世贸组织成员方都参加了一个或数个区域性自由贸易协定。从1948年到1994年的46年中，关税总协定成员方共签订了124项区域性自由贸易协议，而从1995年世贸组织成立到2000年的6年中，世贸组织已收到了100项成员方参加区域自由贸易的通知。区域性或局部性自由贸易发展迅速。

总之，从第二次世界大战结束到21世纪初的50多年中，世界经济发生了天翻地覆的变化。科技革命、制度变迁和经济发展使世界各国的经济日益融为一体，经济全球化已成为20世纪以来的主要趋势。作为经济全球化的基础，国际贸易与投资的自由化在20世纪末得到了很大的发展，并将继续成为21世纪世界经济发展的主要方向。

五、当代国际贸易的发展趋势

进入21世纪，世界经济已经由工业经济向知识经济转变。当代的国际分工是以知识、资金、科技、信息技术、人才等高级生产要素为基础的新的分工形式。这种新的、深入的、高级的分工形式促进了新的国际贸易方式和交易手段的产生和发展，使当代的国际贸易呈现出新的趋势。

(一)新趋势

1. 低碳经济

低碳经济的出现，使国际贸易开始向低碳认证、绿色供应链的方向发展，这也给国际贸易壁垒带来了新的发展趋势。对于整个社会经济而言，环保既是一种企业的责任，也给企业出口贸易造成影响。例如，目前很多国家都开始推出碳标签的理念，发展绿色供应链。这些理念的提出，是在鼓励越来越多的现代企业去创新，例如英国政府就建立了碳基金，通过这种方式鼓励社会各行各业对碳标签进行使用；美国等国制定了和碳排放相关的法律法规。环境问题日益严峻，人类的环保意识增强，环境问题也开始从环境问题向政治、经济等方面发展，在国际贸易发展中，碳排放、碳关税成为一种趋势，并逐步从概念转变为现实。

低碳经济对国际贸易格局的影响主要体现在两个方面。

(1)对进出口商品结构贸易格局的影响。一些传统的不可再生的能源，如化石能源，将会被一些新型能源所代替。而生产消费中高污染、高消耗的产品也将会被低碳类的商品代替。在未来的国际贸易中，进出口的商品结构主要是低碳产品，如低消耗的产品。

(2)对地区贸易格局的影响。对于发展中国家而言，由于缺乏转型的基础和先进的技术，容易导致一些高端产品出口被限制，地区贸易格局将被扭转。

低碳经济属于一种新型的经济发展模式，其在国际贸易市场中具有广阔的发展空间及强大的生命力，和各个国家社会发展的客观规律都非常吻合。发展低碳经济已经成为一种必然。我国的国际贸易企业应积极适应这种趋势，加大人才的引进、技术的研究，提升在国际上的竞争力。

2. 跨境电子商务

随着互联网技术的不断发展，国际贸易产生了明显的变化，跨境电子商务应运而生，国际贸易展现更旺盛的活力，并然成为全球经济的新型重要增长点。互联网自20世纪60年代诞生以来，即在全球范围广泛推广普及。广义上，互联网指的是依托庞大且逻辑统一的网络，每位网络用户均可经由特定的 IP 访问网页，实现信息的获取与共享。根本上而言，互联网指的是一个可实现信息共享的系统平台，用户可通过网络开展信息交换、收集、创造，进而满足不同用户对信息的多元化需求。随着互联网时代的不断发展，互联网思维越来越为社会大众所熟悉与认同，并在各行各业渗透，众多传统行业依托互联网技术摆脱了以往较为滞后的思想观念及商业模式，追求创新发展。日益发展成熟的互联网技术如今已成为支持国际贸易发展不可或缺的技术，为国际贸易创新发展提供了极大助力。

互联网环境下国际贸易发展特征，主要表现在三个方面。

(1)贸易主体趋于多元化。传统国际贸易主体以制造商、外贸企业、经销商等大规模、经济实力较强的实体单位为主，一定程度上反映了国际贸易的垄断性。互联网环境下，跨境电子商务的发展应用使国际贸易的准入门槛明显降低，全球任何区域都可能存在贸易市场，互联网技术使国际贸易的范围不断延伸，贸易主体趋于多元化，网络公司、小微企业、个体企业等纷纷加入国际贸易行列，仅需确保自身拥有稳定的货源及一定的资金链支撑，便可开展一些国际贸易业务。

(2)贸易环节趋于简单化。传统国际贸易环节较为烦琐，企业参与国际贸易活动通常要经历以下环节，即制造商将产品兜售给出口商，出口商与目的国进口商达成交易，后者将商品售卖给经销商，经销商再把产品批发给零售商，零售商再把商品出售给消费者。在这一过程中，中间商会通过不同环节赚取相应的差价，而这些差价通常会被转移至消费者身上。互联网环境下，依托互联网技术对市场资源的全面整合，可使传统国际贸易环节简化。在跨境电子商务平台的支持下，国际贸易活动可摆脱时空的束缚，使过去烦琐的贸易环节趋于简单化，消费者无须为中间商的利益买单，消费者购买产品的成本得以降低。由此表明，互联网环境下国际贸易供应链不断趋于扁平化，省去了诸多繁杂的贸易环节，同时保证了贸易企业和消费者的切身利益。

(3)贸易流程逐步优化。传统国际贸易发展模式下，国际贸易活动一般涉及询盘、发盘、洽谈、签订合同等流程。在交易开展前，贸易双方会通过收集信息、参与展会等途径获取相关贸易信息，信息传播效率低下，贸易双方接收信息不对称。在贸易洽谈环节，贸易双方谈判交流主要采用电视、传真、邮件等方式，既无法确保信息的即时性，也无法确保信息的安全性。合同通常以纸质形式呈现，因而不管是合同签订还是合同保存，都对外部环境提出了较为严格的要求。另外，在具体的贸易活动中，贸易双方还要结合实际情况签订一系列协定，办理相关的手续，诸如进出口许可申领、报关、租船等。

互联网环境下，依托互联网技术可实现对传统贸易流程的有效优化。在交易开始前，贸易双方可通过电商平台对自身的贸易信息进行发布，并通过平台收集自身需要的各类信息。同时，贸易双方还可借助各式各样的社交软件进行交流，图文、音视频的交流方式为彼此间的交流创造了极大的便利。在贸易洽谈环节，网络平台可将电子形式的文件、单据等以标准化的格式进行呈现，保障信息的即时性、安全性。交易履行阶段，出口方可直接通过网站办理出口许可证申领、退税等手续；进口方可通过在线支付的方式完成快捷支付，并结合订单信息实时掌握产品物流情况，实现对交货时间的更精准把控。

3. 大数据支持

大数据技术的应用为国际贸易的发展带来了机遇，大数据下信息流动的速度更快，信息技术的日益成熟和不断创新使国际贸易形式多样化，整体上带动了国际贸易的健康发展。大数据时代下国际贸易十分显著的一个特点，就是贸易流程越来越电子化，全球贸易活动将趋向更规范化、更加高效，各国之间的贸易往来也越来越频繁。

大数据给国际贸易带来的推动作用，主要表现在以下三个方面。

(1)大数据使贸易企业以较低的成本获得贸易机会。大数据时代，对于数据的获取与分析是应用大数据技术的关键一步。大数据技术应用于国际贸易领域可以改善以往模式下信息流通不畅且渠道少的问题，有效整合信息资源，加上互联网时代的快速发展，信息共享的程度和速度都大大提高，从事国际贸易的相关企业获得信息资源所花费的时间成本、人力资源成本等在一定程度上可以降低。信息资源在获得贸易机会中起着关键作用，尤其在大数据时代下，哪方掌握了更多、更有效的数据，并在此基础上能够不断探索提高数据价值的方法，就能在发现和获得贸易机会中具有优势。

(2)大数据使贸易企业决策更加科学化。在国际贸易中，贸易对象通常来自不同国家、地区，即面临着多元化的环境和影响因素，这给企业做出相关决策带来了困难。但在大数据时代下，一方面，人们对大数据技术进行开发与推广，使数据本身具备的丰富内涵得到越来越精确的挖掘，参考数据的揭示规律，整合相关数据的内在、外在联系，使企业在决策时可以有理有据，决策的可靠性便可由此得到提升。另一方面，大数据的应用也可以整合历史数据信息、现有数据信息作为参考，支撑当下决策。在符合特定条件下，也可以依据历史数据、环境数据等信息建立恰当的模型来预测不同决策下所产生的效果，探究贸易发展规律及趋势，从而提高决策的科学性、实用性，实现贸易经济的可持续发展。

(3)大数据促进国际贸易效率提升。国际贸易的发展离不开国际比较优势，比较优势的拓展速度影响国际贸易的发展。大数据时代信息传播效率高，并且传播渠道越来越多元化，国家和国家之间的交流更加密切，由此相互之间可以传递出更多的信息。信息的畅通使国家和国家之间优势资源相互交换的可能性更大且更多，能在国际贸易的发展中发挥更大的作用，国际分工得到优化，进一步提高国际贸易的发展效率，实现贸易整体更公平的发展。

我们应当在转变发展思维的前提下切实掌握大数据技术，并不断进行数据创新，在注重数据安全性的同时，不断尝试将大数据技术合理地应用于国际贸易的各环节中，解决传统贸易模式下的难题，从整体上提高国际贸易的发展效率和质量，增强国际贸易的发展动力。

本章小结

国际贸易把世界连成一体，维系着各个国家发展，通过国家之间的交换活动，体现每个国家总的经济发展政策和战略，继而体现每个国家的利益。通过国际贸易能使劳动者买到最廉价的消费品和最适宜他们劳动技能的设备和技术，国际贸易的发展可使劳动者从国内需求的束缚下解放出来，提高技能和收入，减少贫困。在发展中国家，出口导向型经济的发展可以提高工资水平，减少贫困。通过服务贸易中的自然人流动，发展中国家工人和有专长的人到发达国家工作，可以提高收入，改善家庭生活。

国际贸易是社会生产发展的必然结果。原始社会后期，随着社会分工的出现，个别地区有了部落之间的商品交换。随着私有制的出现和国家的形成，进入了奴隶社会，部分产品作为商品在国与国之间进行交换，产生了国际商品交换的萌芽。到了封建社会，这种商品交换有所发展。奴隶社会和封建社会由于生产力水平低下，社会分工不发达，自然经济占据统治地位，因此，国家间贸易发展缓慢，国际商品交换只是个别的、局部的现象，还不存在真正的世界市场。14—15世纪，在西欧出现了萌芽状态的资本主义生产方式。15世纪末16世纪初，随着资本主义生产关系的发展，"地理大发现"以及海外殖民地的开拓，欧洲贸易中心从地中海区域扩展到大西洋沿岸。从18世纪60年代到19世纪60年代，以蒸汽机的发明为代表的科学技术获得突破性发展。英国及其他先进国家，相继完成了产业革命。资本主义生产从工厂手工业过渡到机器大工业，使工农业生产和交通运输得到空前的发展。这场产业革命直接导致社会关系和国际关系的深刻变革，使资本主义生产方式正式确立。产业革命后，形成了一种支持机器大工业中心的国际分工格局，它转化为巨大的世界范围的社会生产力。第二次世界大战后，在第三次科学技术革命的影响下，在资本输出迅速增长和贸易自由化的作用下，国际贸易取得了巨大的发展。世界经济进入全球化时代后，国际贸易获得了空前的发展并表现出许多新的特点，包括低碳经济、互联网、大数据等的影响越来越重要。

 思考题

1. 国际贸易的重要作用体现在哪些方面？
2. 国际贸易给各国参与国际贸易的企业带来了哪些利益？
3. 国际贸易给各国国民带来了哪些利益？
4. 国际贸易与国内贸易的区别有哪些？
5. 概述国际贸易的产生与发展。

本章思考题参考答案

第二章　国际分工与国际贸易

🎯 **教学目的**

- 了解国际分工产生的基础；了解国际分工对国际贸易的影响
- 熟悉国际分工的概念
- 掌握国际分工的作用；能够运用所学知识分析国际分工与国际贸易的关系

✒ **关键术语**

国际分工　垂直型国际分工　水平型国际分工　混合型分工

 国贸视野

国民经济还是世界经济？

德国的农工业，每年生产巨量的消费品。产品大部分输往其他国家及其他大陆，其数额逐年增大。德国的铁制品不仅销售到欧洲邻近诸国，而且远达南美与大洋洲。皮革及革制品输往所有欧洲国家；玻璃制品、砂糖、手套等输往英国；皮毛输往法国、英国；茜草染料输往英国、美国和印度；用作肥料的盐基性矿渣输往荷兰；焦炭输往法国；煤炭输往比利时、荷兰和瑞士；电线输往英国、瑞典和比利时；玩具输往美国；麦酒、人工蓝靛、氨基苯及其他柏油制颜料、药品、纤维胶、金属品、煤气、棉制和毛制品，以及衣服、铁轨几乎行销全世界。

另外，德国国民不管在生产上或日常消费上，都依赖外国及其他国民的产品。如俄国谷物制成的面包，匈牙利、丹麦及俄国家畜的肉类；米是从东印度及北美运来的；烟草是从东印度群岛及巴西运来的；从西非获得可可豆；从印度获得胡椒；从美国获得猪油；从中国买到茶叶；从意大利、西班牙、美国买到水果；从巴西、中美、东印度群岛买到咖啡；还有乌拉圭的肉汁，俄国、匈牙利、保加利亚的鸡蛋；古巴岛的雪茄；瑞士的钟表；法国的香槟酒；阿根廷的牛皮；中国的鸭绒；意大利及法国的丝绸；俄国的亚麻和皮草；美国、印度和埃及的棉花；英国的精羊毛；印度的黄麻；阿根廷的亚麻仁；英国的特种煤炭；智利的硝石；阿根廷鞣皮用的木材；俄国的建筑用木材；葡萄牙的制蓝材料；美国的铜；大洋洲的锌；加拿大的石棉；意大利的沥青及大理石；瑞典的石材；比利时、美国、澳洲的锡；锡兰的石墨；美国及阿尔及利亚的磷化石灰；智利的碘……

从最简单的日常食品到最贵重的奢侈品及最必需的原料与工具，不论直接或间接，全部或一部，都是作为其他国民的劳动产品，从外国输入的。由此可见，德国生活与劳动依赖所有国家与国民的服务，而德国也是为所有国家服务。

资料来源：罗莎·卢森堡："国民经济学"入门 https://ptext.nju.edu.cn/13413/list3.htm.作者有整理

第一节 国际分工概述

一、国际分工的含义

国际分工(International Division of Labor)指世界各国之间的劳动分工。它是社会分工发展到一定历史阶段，国民经济内部分工超越国家界限而形成的国家之间的分工，其表现形式是各国货物、服务和生产要素的交换。

二、国际分工的产生与发展

国际分工是社会生产力发展到一定阶段的产物，并在生产力发展的作用下得到不断深化与完善。三次产业革命的发生赋予国际分工新的内容和形式，同时，也使国际分工成为对国际贸易与世界市场影响最为活跃与有效的因素。国际分工的产生和发展是一个漫长的历史过程，不是一蹴而就的。国际分工的产生与发展可以划分为以下几个阶段。

(一)国际分工的萌芽阶段(16世纪至18世纪中叶)

在原始社会、奴隶社会和封建社会，自然经济占统治地位，生产力水平低下，各个民族、各个国家的生产方式和生活方式的差别较小，商品生产不发达，所以只存在不发达的社会分工和不发达的地域分工。

11世纪后，随着生产力的发展，欧洲城市兴起，手工业与农业进一步分离，商品经济有了较快的发展。15世纪末至16世纪上半期的"地理大发现"和随后的殖民地开拓，扩大了市场范围，促进了手工业向工场手工业的过渡，资本主义发展进入原始积累时期。在这一时期，西欧殖民主义者用暴力手段和超经济的强制手段，对拉丁美洲、亚洲和非洲进行掠夺。他们开发矿山，建立甘蔗、烟草等农作物的种植园，生产和提供本国不能生产的农作物，扩大本国工业品的生产和出口，出现了宗主国与殖民地之间最初的分工形式，建立起早期的国际专业化生产。如当时盛行的三角贸易——由西非洲提供奴隶作为劳动力，西印度群岛生产并出口蔗糖和烟草，英国生产并出口工业品(毛织品、铁器、枪炮等)，就属于典型的宗主国和殖民地之间分工的表现形式。

(二)国际分工的形成阶段(18世纪60年代至19世纪60年代)

18世纪60年代到19世纪60年代的产业革命，使国际分工的发展进入形成阶段。
随着产业革命的完成，英国等国家建立起大机器工业和现代工厂制度，建立起资本主

义生产体系，促进了社会分工和商品经济的发展，由此促成了真正意义上的国际分工的形成。这一时期的国际分工具体呈现出如下特点。

1. 大机器工业的建立为国际分工的形成奠定了物质基础

（1）大机器生产使生产能力和规模迅速扩张，源源不断生产出来的商品使国内市场饱和，需要寻求新的销售市场。"资产阶级几乎走遍全世界，他们到处落户、到处创业、到处建立联系，为不断扩大的商品生产寻求市场出路。"同时，商品生产的急剧膨胀也大大增加了对原料的需求，大机器工业的快速发展要求开辟丰裕的、廉价的原料来源。最终，大机器工业发展对商品销售市场和充足原料来源的渴求导致大机器工业日益脱离本国基地，依赖于国外市场。

（2）大机器工业生产的物美价廉的商品和变革的运输方式成为英国资产阶级征服国外市场的武器，使其他国家按照英国生产和消费的需要改变它们的产业结构，成为原料产地和商品销售市场，如印度成为英国的棉花、羊毛、亚麻、蓝靛的产地。原来在一国范围内的城市与农村的分工，工业部门与农业部门的分工，逐渐演化为世界城市与农村的分工，演变为以先进技术为基础的工业国与以自然条件为基础的农业国之间的分工。

（3）大机器工业改革了传统的运输方式，提供了电报等现代化的通信工具，把原料生产国和工业品生产国联系在一起，使国际分工成为可能。

（4）大机器工业打破了以往地方和民族的自给自足和闭关自守的市场，把各种类型的国家卷入世界经济中，"一种新的、适应于机器中心的国际分工……发生了。它使地球的一部分变为主要是进行农业生产的区域，以便把另一部分变为主要进行工业生产的区域。"

2. 这一时期的国际分工基本上是以英国为中心形成的

由于英国首先完成了产业革命，它的生产力和经济迅速发展，竞争能力大大加强。英国在实行全面的自由贸易政策以后，加强了对农产品、矿产品尤其是对进口谷物和棉花的依赖，从而将亚、非、拉落后的农业、矿业经济逐步拉入国际分工和世界市场体系中来，进一步推动了国际分工的发展，当时的英国是"世界工厂"，如19世纪50年代，英国的制造商包揽了全世界的机器、火车车辆、铁路设备的制造。它垄断了世界贸易和世界航运，英镑成为世界货币。对英国当时在国际分工中的地位，一位英国学者曾经进行过生动的描述："世界的五分之一是我们的自愿进贡者；北美大平原和俄国是我们的谷物种植园，芝加哥和敖德萨是我们的谷仓；加拿大和波罗的海诸国是我们的森林，我们羊群的牧场在澳洲，我们的牛群在美洲；秘鲁把它的白银提供给我们；加利福尼亚和澳洲把自己的黄金提供给我们；中国人为我们种茶；而印度人把咖啡、茶叶和香料运到我们的海岸；法国和西班牙是我们的葡萄园，地中海沿岸是我们的果园；我们从北美合众国以及其他国家获得棉花。"马克思也曾就英国当时所处的顶峰状态进行过描述："英国是农业世界的伟大的中心，是工业太阳，日益增多的生产谷物和棉花的卫星都围绕着它运转。"

3. 随着国际分工的发展，世界市场上交换的商品日益为大宗商品所代替

大宗商品包括小麦、棉花、羊毛、咖啡、铜、木材等，19世纪中叶以后，随着英国全面自由贸易政策的实施，其加强了对棉花和谷物的进口依赖，其他资本主义国家也在程度不同地寻找、开发海外原料和食物资源，从而使大宗商品在世界市场上的贸易额迅速增长。

4. 国际专业化生产的手段改变

随着资本主义生产方式的确立和巩固，欧洲殖民国家推行国际专业化生产的手段也发生了改变，从过去的野蛮、暴力掠夺和超经济的强制手段转向比较和平的贸易或经济方法，利用交换行为，逐步把亚、非、拉落后的农业经济纳入国际分工体系。事实上，就对殖民地传统经济的破坏力而言，自由贸易远比野蛮强制、暴力掠夺更为彻底。发达国家"把它们的枪和剑变成工厂机器，并且现在在不流血的但是仍然可怕的贸易竞争中彼此搏斗。"马克思指出："英国先是把印度的棉纺织品挤出欧洲市场，然后是向印度输出棉纱，最后使这个棉纺织的故乡充满了英国的棉织品。"

值得强调的是，19世纪建立和发展起来的国际分工是一种垂直分工模式，是以先进技术为基础的工业国与以自然条件为基础的农业国之间的分工，是世界城市与世界农村的分工。

（三）国际分工的发展阶段（19世纪中叶至第二次世界大战结束）

19世纪末20世纪初出现的第二次产业革命促进了机械、电报工业的迅速发展，石油、汽车、电力等工业相继建立，交通运输工具也获得长足发展，特别是苏伊士运河和巴拿马运河的建成以及海底电缆的铺设，都大大地促进了资本主义生产的发展。1820—1870年，世界工业生产增加了9倍，1870—1913年增加了4倍。铁路网的建设使内陆与港口连接起来，加上运输费用的下降、海洋新航线的开辟、通信手段的丰富，历史上第一次将各国的国内市场汇合为世界市场。在这个时期，垄断代替了自由竞争，资本输出成为主要的经济特征之一，发达的资本主义国家通过资本输出将资本主义生产移植、扩大到亚、非、拉国家，从而将其完全纳入资本主义生产体系。

综上所述，社会生产力的飞跃式发展与资本输出使资本主义国际分工的重要形式——宗主国与殖民地半殖民地间的分工、工业产品生产国家与初级产品（农产品、矿产品）生产国之间的分工日益加深和强化，导致国际分工体系最终形成，具体表现为以下几方面。

1. 落后国家的依赖性

亚、非、拉国家的经济变为单一型经济，其经济发展主要依赖于少数几种产品的生产和出口，从而造成了亚、非、拉国家经济的两种依赖性：一是经济生活上依赖少数几种产品的生产和出口。二是高度依赖世界市场，特别是工业发达国家的市场。亚、非、拉国家依靠几种产品的生产和出口换取所需要的工业制成品，落后国家对世界市场的这种双重依赖性导致其经济发展呈现出明显的脆弱性，发达国家的周期性经济波动会通过贸易渠道传导到这些国家，从而使这些国家也成为周期性波动经济的一部分。

2. 分工的中心从英国变为一组国家，扩展到美国、德国、法国等

这些国家之间也形成了以经济部门为基础的国际分工关系。1886年，英国在世界出口中所占比重为20%，1913年下降到13.1%，其他西欧和北美国家，特别是美国和德国在国际贸易中的地位迅速上升。

3. 世界各国的相互依赖

国际分工体系的形成，增强了世界各国之间的相互依赖关系，除亚、非、拉国家之外，发达的资本主义国家也增强了对国际分工的依赖。

4. 贸易方式发生变化

传统的国际定期集市、现场看货交易方式逐渐减少，代之以样品展览、商品交易所的产生和发展。此时的商品交易所开始依照商品大类品种实施专业化经营，并引入期货交易。1848年，美国芝加哥第一个谷物交易所诞生；1862年，伦敦有色金属交易所成立。

总之，在这一时期，随着国际分工体系的建立，参加国际分工的每一个国家都有许多部门是为世界市场而生产，而每一个国家消费的许多产品都源自世界市场，直接或间接凝结着许多国家劳动者的劳动。

(四)国际分工的深化发展(第二次世界大战后至今)

第二次世界大战后，世界经济发生了重大变化，具体表现为以下几个方面。

1. 第三次科技革命的影响

第三次科技革命以前所未有的力量对社会生产过程产生影响，其影响的广度和深度都是前两次产业革命无法比拟的。科技革命造就一系列新兴产业，如电子、宇航、生物工程、原子能等，使产业产能迅速提高，产业日益呈现出多样化，产业分工趋向细化。

2. 经济结构调整

发达国家实施经济结构调整，"夕阳产业"外迁，大量高消耗、高污染、劳动密集型产业迁入发展中国家，促进了发达国家与发展中国家之间的工业部门分工。

3. 跨国界的生产与经营

大量新兴产业的建立和生产方式的改进，使得发达国家企业为突破资源和市场的约束，纷纷投资海外进行跨国界生产与经营，促进了资本流动和跨国公司的迅速发展，提高了资源在全球范围的有效配置，强化了国际范围的产业分工格局。

4. 非殖民化过程开始

许多殖民地、半殖民地取得政治上的独立，它们摆脱了殖民国家的政治统治，并力求通过发展民族经济维护其政治上的独立。它们制订工业化发展战略，发展工业，引进外国的资本和技术，积极参与国际交换，改变了在国际分工体系中的地位，成为具有政治影响和自己经济利益的发展中国家。

5. 市场经济成为各国经济的主导形式

同一的市场规则在很大程度上清除了国家之间经济对接的障碍，提高了国家之间经济的交融性，有助于国际分工的发展。贸易政策趋于自由化，区域经济一体化的发展及多边贸易体制的建立使国家之间的分工或国际分工从双边、多边层面得到有效促进。

(五)国际分工深入发展阶段的特点

第二次世界大战后，如上诸多因素共同作用，推动国际分工进入深入发展阶段。在这一阶段，国际分工呈现出以下几方面特点。

1. 在国际分工格局中，工业国之间或发达国家之间的分工居于主导地位

第二次世界大战前，工业制成品生产国与初级产品生产国间的分工居于主导地位，其次才是工业国与工业国间的分工。战后科学技术的迅速进步、发展与其他因素相互作用，共同改变了各种类型国家的经济发展现状，突出了发达国家在新兴产业、区域经济及世界

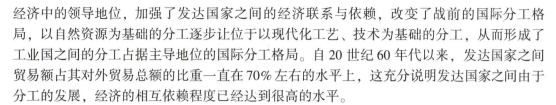

经济中的领导地位，加强了发达国家之间的经济联系与依赖，改变了战前的国际分工格局，以自然资源为基础的分工逐步让位于以现代化工艺、技术为基础的分工，从而形成了工业国之间的分工占据主导地位的国际分工格局。自 20 世纪 60 年代以来，发达国家之间贸易额占其对外贸易总额的比重一直在 70% 左右的水平上，这充分说明发达国家之间由于分工的发展，经济的相互依赖程度已经达到很高的水平。

2. 发达国家间工业部门内部分工有逐步增强的趋势

第二次世界大战前，在工业国家间的分工中，占主导地位的是各国不同工业部门之间的分工，如在钢铁、冶金、化学、机械制造、汽车、造船、造纸、纺织等产业间的分工。第二次世界大战后，随着科学技术的进步和社会分工的发展，原来的生产部门逐步细分，成为独立的产业部门。越来越多的次级部门跨越国界，形成国际间的部门内部分工。目前，多数产业内部分工主要采取以下几种形式。

(1) 不同型号、不同规格产品的专业化分工。多数情况下，针对不同的消费群体，同样的产品往往具有不同的型号和规格，以适应市场的需要。例如，在拖拉机研发和生产方面，美国企业侧重发展大功率轮式和履带式拖拉机，这主要基于美国土地辽阔、大面积耕种的要求；英国发展中型轮式拖拉机；德国关注小功率的轮式拖拉机。在轿车研究开发与生产方面，美国重视宽大、舒适，日本关注用料节省、能源消耗低。企业的这种差异与其所在国的资源条件、市场环境、消费者偏好以及企业在市场中的定位等因素有关。

(2) 零配件和部件生产的专业化分工。由于各国科技工艺水平、资源条件、政策环境存在差异，一国在某一种零配件或部件的生产上可能拥有优势，其他国家则对另一种零配件或部件的生产可能拥有优势，因此就产生了零配件或部件的生产在国家之间分工的必要，实现零配件或部件的专业化生产。第二次世界大战后，这种形式的专业化生产，在许多产品的生产中得到广泛的推广。例如，喷气式飞机、原子能发电站设备、电子计算机、汽车、拖拉机、收音机、电视机等大批量生产所需的各种零配件或部件往往在不同国家进行专业化生产，如波音 747 客机，几百万个零部件分别由位于 60 多个国家的 500 多家大企业和 15 000 多家中小企业提供。

(3) 工艺过程的专业化分工。工艺过程的专业化分工是指不同国家对生产过程的不同阶段进行专业化分工。例如，在化学工业方面，某国一些工厂专门生产半成品，然后出口这些半成品给设在其他国家的化工厂去生产各种化学制品。德国拜耳公司专门生产化工原料提供给国内外化工企业去生产制造各种化学成品。

3. 发达国家与发展中国家间工业分工在发展，而工业国与农业国、矿业国的分工在削弱

从国际分工产生到第二次世界大战前，宗主国主要从事工业制成品的生产，而殖民地、附属国和落后国家则主要从事以自然条件为基础的农业或矿产品的生产。第二次世界大战后的科技革命、发达国家经济结构调整、发展中国家工业化战略的实施以及跨国公司的经营活动都导致某些工业产品的生产从发达国家向发展中国家转移，从而促进发达国家与发展中国家之间工业分工的发展，出现了高精尖工业与一般工业的分工，资本、技术密集型产品与劳动密集型产品的分工。

4. 区域性经济贸易集团成员方之间的内部分工迅速发展

第二次世界大战后，经济一体化程度不同的区域性经济贸易组织或集团风起云涌，它们多数属于封闭式的一体化组织或集团，即对成员方和非成员方适用不同的政策措施。到

目前为止，经济一体化程度最高的区域性经济贸易集团当属欧盟。在众多的经济一体化组织或集团中，成员方之间贸易壁垒不断降低，直至消除，但对于非成员方还保留高低不同的贸易壁垒。结果，一体化形成的内部市场促进了成员方之间资本、人员、商品、服务的流动，在某些情形下政府有意识地利用政策引导，更加深化发展了集团成员方之间的分工。这一特点通过集团成员方之间贸易发展速度超过对集团外部国家贸易发展速度，以及集团成员方之间贸易在集团总贸易中所占比例超过对外部国家贸易所占比例等情况就能清楚地反映出来。

5. 服务业国际分工逐渐形成

第二次世界大战前，国际分工主要局限于生产制造类产业部门，20世纪80年代后，国际分工开始从有形商品领域发展到无形商品领域。事实上，服务业国际分工的形成以第三次科技革命和生产制造行业国际分工的发展为物质基础，科技革命和生产制造业的发展使服务融入社会再生产的全过程。第二次世界大战后，科技革命导致一系列新兴服务部门产生，如信息服务、计算机服务等。生产制造部门的急速发展则带动了一些直接为其提供服务的部门，如银行、保险、运输、信息、咨询等行业的发展，而后又将增长辐射到其他衍生服务部门，如教育、文化、娱乐、餐饮服务等部门。生产制造领域国际分工的迅速发展带动着服务行业国际分工的发展，特别是跨国公司的发展，加速了服务业国际范围的扩张，形成了依据竞争优势实现的服务业国际分工。服务业的国际分工呈现出以下三个特点。

(1)发达国家仍是国际服务业的主体，在服务业国际分工中居于主导地位。发达国家GNP、GDP基数很大，其中服务业所占比重多数在70%左右，个别国家如美国，1990年服务业就业人数占就业总人数的比例已经达到75%。发展中国家服务业发展水平要低得多，以2004年GDP总量居于世界第六的中国为例，服务业占GDP的比重不到40%，服务出口仅占总出口的22.2%。自1980年以来，在世界服务贸易总额中，发达国家占比一直保持在70%以上，发展中国家只占18%~23%。

(2)在服务业的国际分工中，发达国家在高技术投入、高资本投入、高人力资源投入、管理密集的服务行业占据控制地位，如金融、保险、计算机信息、设计咨询等行业。发展中国家在劳动密集型行业拥有优势，如建筑承包、劳务输出服务等项目。

(3)发展中国家在服务业国际分工中参与程度不同，发展极度不平衡，只有少数国家在国际服务贸易中比较重要，多数国家微不足道。

6. 跨国公司内部分工与外部分工构成国际分工的重要组成部分

内部分工指公司各构成实体之间的分工。分工可以是水平型，如同种产品在不同国家的复制，或不同区位子公司间形成零部件分工生产协作；也可以采取垂直型，如规模庞大的石油公司，子公司分处于生产过程的不同阶段。外部分工指公司通过外包合同、长期买卖合同、企业合作而同外部企业建立的分工协作关系。跨国公司的跨国界生产活动在公司内部和外部形成有序的分工体系。跨国公司依照利润最大化原则安排其全球的生产经营活动，内部贸易和外部贸易就是跨国公司内部分工和外部分工的具体体现，由于跨国公司国际化经营的特性，这种内部分工和外部分工客观上就表现为跨国界的国际分工。跨国公司是第二次世界大战后国际分工快速发展的重要推动力量和载体。

三、影响国际分工发展的主要因素

影响国际分工发展的因素是多方面的，既有社会经济方面的条件，包括各国的科学技术水平、生产力的发展水平、国内市场的大小，也有国际政治方面的条件，各国政府、国际经济秩序的情况，还有各国自然条件的差异，包括气候、土地、资源、国土面积、人口、地理条件等。

(一)生产力因素

社会生产力是国际分工形成和发展的决定性因素。生产力的增长是一切分工发展的前提条件，其决定性作用突出地表现在科学技术的应用上。迄今为止出现的三次产业革命，都深刻地改变了许多生产领域的状况，改善了生产工艺、劳动过程和生产过程，并促使新部门和新产品不断出现，从而使社会分工与国际分工的形式和内容、深度和广度随之发生变化。18世纪末，英国发生产业革命之后的国际分工，不同于以前工场手工业时代的国际分工。19世纪中期以后，蒸汽机的广泛应用，铁路、轮船、电报等的出现，这一切又使国际分工得到进一步发展。到20世纪初，随着垄断资本主义的产生和发展，帝国主义的资本输出不但使资本主义生产关系，而且使现代生产技术和设备输出到殖民地、半殖民地国家，使世界各国更深地参与国际分工。当今科学技术的新发展，微电子技术、生物工程、光纤通信技术、海洋技术等的发明与应用，使国际分工的发展继续向深层次推进。

各国生产力水平决定其在国际分工中的地位。历史上，英国最先完成产业革命，生产力得到巨大发展，成为"世界工厂"而在国际分工中居于中心地位。继英国之后，欧美其他资本主义国家也相继完成了产业革命，生产力迅速发展，因而与英国一起成为国际分工的中心和支配力量。第二次世界大战后，原来的殖民地、半殖民地国家在政治上取得独立，努力发展民族经济，生产力有了较大的发展，它们在国际分工中的地位得到逐步改善。一些新兴的工业化国家经济发展迅速，生产力水平大大提高，因而在国际分工中的地位也不断提高。生产力的高低决定商品生产的成本，商品生产成本的高低决定了该商品在世界市场上的竞争力。取得竞争优势的出口国，可以在较长一段时期内形成生产该商品的固定分工格局。没有取得竞争优势的国家，或者竞争优势略差一些的国家，完全可通过提高该商品生产中的生产力以降低成本，逐步建立自己在该商品生产与出口中的优势，改变国际分工的格局。相反，已经在某种商品的生产与出口中取得竞争优势的出口国，如果生产力提高较慢，被其他国家追赶上，会逐步失去优势，成本会逐渐地高于其他国家，最终失去出口机会，这也会改变已有的国际分工格局。

(二)各国资源禀赋因素

一国的资源禀赋，主要是指该国在劳动力、资本和自然资源等方面的拥有状况。各国的资源禀赋由于各种原因往往差别很大，进而在很大程度上决定了国际分工的格局。

自然资源是一切经济活动的基础，是国际分工产生和发展的基础。矿产品只能在拥有大量矿藏的国家生产和出口，某些种类的作物，如咖啡树、天然橡胶、茶叶等因需要特殊气候而只能在特定的地区种植。这些自然资源为国际分工提供了可能性，也使国际分工随着它的变化而变化。但必须指出的是，自然资源只提供进行生产和国际分工的可能性，并不提供现实性，要把可能性变为现实性还需要一定的社会经济条件。从整个世界经济发展趋势来看，自然资源在国际分工中的作用不断下降，因为现代经济增长更多依靠技术进步而非原材料的投入。

劳动力和资本丰裕程度制约着国际分工的发展。人口的多寡直接影响劳动力的供给，因而影响国际分工。世界各国的人口分布不平衡，有的国家人口众多、密度很大，劳动力比较丰富；有的国家人口密度低，因而劳动力比较稀缺。人口稠密的国家可以通过发展劳动密集型产品与别国产品交换，而人口稀少、自然资源或资本相对丰富的国家则可以发展自然资源密集型产品或资本密集型产品与前一类国家的产品交换。另外，人口教育水平的高低也会影响国际分工，因为受教育程度高的劳动力相当于多倍的简单劳动力，而且适合于生产技术密集的高科技产品。于是，教育事业发达、劳动力素质高的国家可以发展高科技产品的生产和出口，而劳动力素质低的国家只能生产一般的劳动密集型产品。

（三）国际资本流动因素

国际资本流动的趋势揭示了国际分工的发展方向。20世纪初，欧美资本主义由自由竞争向垄断过渡，国内狭小的市场和资本的寻利本能迫使资本积极向外输出，推动了国际分工的发展。国际资本流动对国际分工的影响主要体现在第二次世界大战之后，当时跨国公司迅速成为世界经济舞台上的主角。为了实现规模经济，降低生产成本，扩大市场，跨国公司大规模推行全球性的专业化生产与协作，从而直接推动了工业部门内部分工的发展。

从另一个角度看，资本大规模流动也使一批资本短缺的发展中国家有机会利用外国资本加快本国经济建设，并且多层次、多类型地参与到国际分工体系中。

（四）国际生产关系因素

国际生产关系决定国际分工的性质。国际分工总是和一定的国际生产关系联系在一起，国际分工的性质正是由国际生产关系的性质决定。国际生产关系是社会生产关系超出民族和国家界限发展的结果，其中的生产资料所有制形式是最重要的国际生产关系，是国际生产关系的基础，它决定着国家间商品的生产、分配、交换和消费。在当代国际生产关系体系中，有一种占支配地位的生产关系，那就是资本主义生产关系，它使当代国际分工具有资本主义性质。然而，就像资本主义的发展最终会导致社会主义革命那样，资本主义国际分工促进世界生产力的发展和各个国家在经济上的联合，也必然会使社会主义在世界范围内最终占据主导地位。因此，资本主义国际分工又为社会主义国际分工准备了物质前提。

（五）上层建筑因素

上层建筑可推进或延缓国际分工的形成和发展。在一定经济基础上产生的上层建筑，如国家力量、经济政策、国际组织等又能给经济基础反作用力，促进和推动经济基础的发展。在国际分工方面也是如此。在历史上，除了自然条件和社会经济条件之外，殖民主义者所采取的武力征服政策、各种超经济的强制手段，对许多亚洲、非洲、拉丁美洲国家的国际生产专业化，进而对资本主义国际分工的形成过程起了重要的作用。16世纪初期以后，亚、非、拉国家的种植园经济、单一经济以及世界农村和世界城市的分离与对立，就是在殖民主义者所采取的这些政策手段的影响下形成的。第二次世界大战后一大批殖民地国家获得独立，为了摆脱殖民统治留下来的单一经济结构和对宗主国的经济依赖，这些国家纷纷提出发展民族工业的政策措施，促使本国的制造业取得较快发展。据联合国有关机构的统计，第二次世界大战后发展中国家工业生产增长速度超过了发达国家。亚洲一些发展中国家和地区通过政府指导下的工业化政策，成功地发展了制造业。

国际的政治、经济秩序也起着延缓或推进国际分工的作用。第二次世界大战后各国达成了《关税与贸易总协定》，建立了国际货币基金组织和世界银行，这些超国家的国际经济组织协调了各国的贸易政策，大幅度降低了各国的关税水平，减少了非关税壁垒，保持了汇率的稳定，推进了贸易自由化，使第二次世界大战后国际贸易的增长速度高于世界经济的增长速度。这表明，第二次世界大战后的国际经济秩序促进了国际分工的发展。

（六）跨国公司的发展

从第二次世界大战后的情况看，跨国公司的发展，深刻影响着国际分工的进一步发展。第二次世界大战后跨国公司的大发展是推动当代国际分工的重要力量。在市场经济条件下，社会生产的分工可以有两种形式：一种是各个企业和各个生产单位通过市场而联系起来的分工；另一种就是在企业或生产单位内部的分工，这种企业内部的分工是在企业经理的指挥下进行的。进入帝国主义时期之后，资本主义企业规模有扩大的趋势，逐步形成了一些垄断企业。这些垄断企业把它们的生产、销售活动扩展到国外去，形成了跨国公司，从而把企业内部有组织、有计划地分工扩展到世界范围。跨国公司通常伴随着他们的资本输出而进行这种扩展。第二次世界大战之后的国际政治、经济环境十分有利于跨国公司的发展，因而跨国公司在第二次世界大战后得到了极大的发展，使国际分工呈现出一些新的特点。

第二次世界大战后跨国公司主要投资于制造业，而且是具有新技术的制造业。跨国公司的资本输出具体表现为发达资本主义国家之间的互相投资，由此产生的主要是水平型国际分工。这种投资流向反映到国际贸易方面，就是发达国家之间的制成品贸易发展迅速，并成为当前国际贸易的主要部分。

跨国公司为了保证对产品市场的控制，通常避免把生产过程的所有环节都放在同一个国家。它们通常在总公司保留最重要的研究与开发及其他关键环节，而把其他生产环节分散到不同国家，并通过公司内部交易等控制活动，把各国的国内生产活动联系在一起，从中获取高额利润。这种情况下，各国间的分工就反映了跨国公司的垂直一体化体系的内部分工。

第二节　国际分工对国际贸易的影响

国际分工是当代国际贸易的基础，国际贸易的发展受国际分工的影响。当今世界的国际分工基本有三种类型，即发达国家与发展中国家之间的、发达国家之间的、发展中国家之间的国际分工。

（一）国际分工的参与方式

分工类型的特点不同，世界各国参加国际分工的情况也有很大差异，但他们参与的方式基本上有如下三种。

1. 垂直型国际分工

垂直型国际分工是经济技术发展水平相差悬殊的国家之间的国际分工，如发达国家与发展中国家之间的国际分工。它具体分为两种：一种是不同产业间的垂直分工，主要是指部分国家供给初级原材料，而另一部分国家供给制成品的分工形态。如发展中国家生产初级产品，发达国家生产工业制成品。另一种是同一产业内的垂直分工，主要是指同一产业内因技术密集程度高低不同而形成的国际分工，这主要是由相同产业内部的技术差距所引起的。从历史上看，19 世纪形成的国际分工是一种垂直型的国际分工。当时英国、法国、美国等少数国家是工业国，绝大多数不发达的殖民地、半殖民地是农业国，从而形成了工业国支配农业国、农业国依附工业国的国际分工格局。在当今国际市场上，发展中国家从发达国家进口工业制成品而向其出口原材料的垂直型国际分工仍然大量存在。

2. 水平型国际分工

水平型国际分工是指经济技术发展水平相同或相近的国家之间在工业制成品生产上的国际分工，如发达国家之间的国际分工。水平型国际分工可分为产业内与产业间水平分工。前者是指同一产业内不同厂商生产的产品虽然在技术层面上相同或相近，但其外观设计、内在质量、规格、品种、商标、牌号或价格有所差异，从而产生的国际分工和交换，它反映了垄断竞争的市场结构和多样化的消费者偏好。后者则是指不同产业所生产的制成品之间的国际分工和贸易。由于发达国家的工业发展有先有后，技术水平和发展状况存在差别，因而侧重的工业部门有所不同，进而各国以其重点工业部门的产品去换取非重点工业部门的产品。当代发达国家的相互贸易主要建立在水平型国际分工的基础上。

3. 混合型国际分工

混合型国际分工是指由垂直型和水平型两者结合的分工形式。目前，世界上绝大多数国家同时参与垂直型与水平型国际分工。造成这种混合型分工形式有历史上的原因，也有新的生产组织方式的影响。特别是第二次世界大战后跨国公司的迅猛发展，使国际分工形式愈加复杂，世界各国的依赖与联系进一步加深。例如，德国是混合型国际分工的典型代表。它对第三世界是"垂直型"的，从发展中国家进口原料并向其出口工业品；而对发达国家则是"水平型"的，主要进口机器设备和零配件。

(二) 国际分工对国际贸易发展的重要影响

在国际经济领域中，对外贸易与经济增长之间的关系，表现为国际贸易与国际分工之间相互影响的关系。国际分工对国际贸易发展的重要影响，主要表现在以下几方面。

1. 国际分工对国际贸易发展速度的影响

从国际贸易发展来看，在国际分工发展快的时期，国际贸易也发展快；相反，在国际分工缓慢发展时期，国际贸易也发展较慢或处于停滞状态。因此，国际分工是当代国际贸易发展的主动力。

例如，在资本主义自由竞争时期，由于形成了以英国为中心的国际分工体系，英国成为世界工厂，其在资本主义世界国际贸易中的比重从 1820 年的 18%，提高到 1870 年的22%，而且贸易的增长还超过了生产的增长。相反，在 1913 至 1938 年间，世界生产发展缓慢，国际分工处于停滞状态，国际贸易量在这个时期年平均增长率极低，只有 0.7%。第二次世界大战后，国际分工又有了飞速的发展，国际贸易量的发展速度也加快了，并快于以前各个时期，1948—1973 年，年平均增长率为 7.8%。

2. 国际分工对国际贸易地区分布的影响

国际分工对国际贸易地区分布有直接的影响。国际分工发展的过程表明，在国际分工中处于中心地位的国家，在国际贸易中也占据主要地位。例如，从 18 世纪到 19 世纪末，英国一直处于国际分工中心国家的地位，它在对外贸易中一直独占鳌头。随着其他国家在国际分工中地位的提高，英国的地位在逐步下降，但直到 1925 年，它在国际贸易中仍占 15%。从 19 世纪末以来，发达资本主义国家成为国际分工的中心国家，它们在国际贸易中的地位一直居于支配地位，发达资本主义国家在世界出口中所占比重在 1950 年为 60.8%，1980 年为 62.5%，1985 年又上升到 69.9%。

3. 国际分工对国际贸易地理方向的影响

各国对外贸易的地理方向与各国相互分工的程度成正方向变化。19 世纪国际分工的主要形式是宗主国同殖民地等落后国家之间的分工，即前者出口工业品，后者出口农矿产品，属于垂直型分工，这种分工形式决定了当时国际贸易主要在殖民地同宗主国这两类国家间进行。

第二次世界大战后，国际分工发生了变化，从出口制成品、进口原料为主变为工业部门生产专业化协作为主，即从垂直型分工变为水平型分工。国际贸易的地理方向也随之发生了变化，变为以发达国家间的贸易居主导地位，发达国家同发展中国家间的贸易居次要地位。从 1913 到 1984 年，前者在整个世界贸易中的比重从 43% 上升到 52%，而后者从 52% 下降到 17.1%。

4. 国际分工对国际贸易的商品结构的影响

随着国际分工的发展，国际商品结构与各国的进出口商品结构不断发生变化。前两次科技革命所建立的生产部门，是需要消耗大量原材料，与此相对应的国际分工与国际贸易也主要以自然资源为基础。故第二次世界大战前初级产品的国际贸易额，长期稳定在世界贸易额的 60% 以上，工业制成品贸易额则在 40% 以下。而第二次世界大战后以高科技为基础所建立的新兴产业及其国际分工，因科技进步使原材料、燃料消费不断下降，制成品附加价值大大提高，以至 20 世纪 60 年代以来，国际贸易商品结构也发生了明显的变化，如今大体是初级产品贸易为 40%，工业制成品贸易占 60%。随着知识经济的到来，高科技产品、信息产业产品越来越成为国际贸易的主要商品。

5. 国际分工对对外贸易依存度的影响

随着国际分工的发展，尤其是第二次世界大战后国际分工的深化发展，整个世界贸易依存度都在不断提高。由于国际分工的影响，每个国家都能发挥其优势，生产和出口具有优势的产品，这使得国际贸易增长速度越来越快，对各国经济和世界经济的促进作用也越来越大。

6. 国际分工影响国际贸易方式

第二次世界大战后，更多不同类型的国家加入国际分工体系中，带动了国际贸易方式向多样化发展，服务业和服务贸易迅速发展成为战后世界经济最为显著的变化之一。世界服务贸易额从 1967 到 1979 年的 700 亿至 900 亿美元猛增至 1980 年的 6 500 亿美元，其增长速度在 1979 年首次超过货物贸易，至 2015 年，世界服务贸易额达 92 450 亿美元。当前的国际贸易方式可谓多样化，除了传统的有形贸易外，还出现了一些新兴的国际贸易方

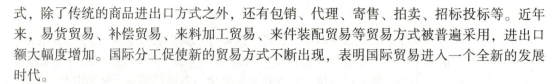

式，除了传统的商品进出口方式之外，还有包销、代理、寄售、拍卖、招标投标等。近年来，易货贸易、补偿贸易、来料加工贸易、来件装配贸易等贸易方式被普遍采用，进出口额大幅度增加。国际分工促使新的贸易方式不断出现，表明国际贸易进入一个全新的发展时代。

7. 国际分工影响各国对外贸易政策的制定

一个国家对外贸易政策的制定，不仅取决于它的工业发展水平及其在世界市场上的竞争地位，还取决于它在国际分工中所处的地位。第一次工业革命后，英国首先完成了产业革命，建立了大机器工业，形成了以英国为核心的国际分工。在资本主义自由竞争时期，在国际分工的基础上，产生了适应工业资产阶级利益的对外贸易政策。各国由于工业发展水平不同，在世界市场上和国际分工中所处的地位不同，因而也就采取了不同的对外贸易政策。当时，英国工业水平最高，它的商品不怕其他国家的竞争，它需要以工业制成品的出口换取原料和粮食的进口，所以实行自由贸易政策，美国和西欧的一些国家工业发展水平落后于英国，它们为了保护本国的幼稚工业，避免遭到英国的冲击，便采取了保护贸易政策。第二次工业革命后，资本主义从自由竞争阶段过渡到垄断阶段，垄断代替了自由竞争。帝国主义通过资本输出把殖民地半殖民地卷入资本主义生产中，使后者成为前者的商品销售市场、投资场所和原料来源地，使国际分工进一步深化，在对外贸易政策上，便由自由贸易政策和保护贸易政策过渡到帝国主义的超保护贸易政策，这种政策具有更大的侵略性和扩张性。第二次世界大战后西方工业国家虽然继续实行超保护贸易政策，但其表现形式却发生了变化，即从 20 世纪 70 年代中期以前的贸易自由化到 70 年代中期以后的贸易保护主义抬头。西方国家之所以采取这种形式的贸易政策，原因是多方面的，其中一个重要原因是和第二次世界大战后国际分工进一步向纵深和广阔发展分不开的。

(三)国际分工的作用

总的来说，国际分工有着非常重要的作用。

1. 国际分工源于对外贸易的发展，在资本主义生产方式下，国际分工又变成对外贸易的基础

各国参与国际分工的形式和格局决定了该国对外贸易的结构、对外贸易地理方向和贸易利益的获得等。与此同时，各国对外贸易又是国际分工利益实现的途径，各国对外贸易的模式与措施影响着国际分工的发展。由此，国际分工与国际贸易相辅相成，互为因果。

2. 国际分工是发达国家国内社会分工发展的结果

发达国家国内各种产业分工超越国界形成国际分工，再把这种分工强加给后进国家，形成国际分工体系。这种分工体系对发达国家而言，促进了他们国内的分工，扩大了国内市场，促进了新兴产业的产生；对后进国家而言，冲击了原有的社会分工体系，促使新的国内分工体系的形成，以及新产业的出现。

3. 国际分工是社会生产力发展的结果

国际分工使各国在其具有相对优势的部门或产品上扩大生产规模，形成规模经济，增加产品数量，取得规模效益。国际分工使各国生产要素得到有效的配置，节约社会资本，提高了效率，大大推动了整个世界社会生产力的发展。世界社会生产力的发展加深了国际分工的深度与广度，从而扩大了世界市场。

4. 国际分工影响国际贸易格局

在国际分工的基础上，形成了不同国家国民经济参与国际分工的形式和格局的差异。发达国家一般处于国际分工体系中的优势地位和格局中的中心，发展中国家处于劣势地位和格局中的外围。这种差异决定了各类国家在国际贸易中的主次地位和贸易利益获得的多寡，形成了国际贸易中的秩序和矛盾，这种秩序和矛盾又推动着国际分工的改善，推动着国际贸易秩序的改革和重构。

本章小结

　　国际分工是各国和地区经济向世界范围发展的表现，是社会生产力发展到一定历史阶段的产物，是国民经济内部分工超越国家界限的产物。国际分工在其发展的历程中经历了萌芽、形成、发展和深化四个阶段，萌芽于地理大发现之后，形成于第一次产业革命，国际分工体系确立于第二次产业革命时期。国际分工受众多因素的影响，包括生产力因素、国际资本流动因素、国际生产关系因素、上层建筑因素、跨国公司的发展；同时呈现出多种分工类型，具体包含垂直型国际分工、水平型国际分工、混合型国际分工。

　　从逻辑和历史相结合的角度看，国际分工对国际贸易的影响非常大，具体体现在国际分工对国际贸易发展速度的影响、对国际贸易地区分布的影响、对国际贸易地理方向的影响、对国际贸易商品结构的影响、对对外贸易依存度的影响、对国际贸易方式的影响、对各个国家对外贸易政策制定的影响等。

　　因此，国际分工有着非常重要的作用：首先，国际分工源于对外贸易的发展，在资本主义生产方式下，国际分工又成了对外贸易的基础；其次，国际分工是发达国家国内社会分工发展的结果；再次，国际分工是社会生产力发展的结果；最后，国际分工影响国标贸易格局。

思考题

1. 国际分工的类型有哪些？
2. 国际分工的含义和作用是什么？
3. 国际分工可分为哪些阶段？各阶段有什么特点？
4. 影响国际分工发展的主要因素有哪些？
5. 国际分工对国际贸易的影响主要表现在哪些方面？

本章思考题参考答案

第三章 国际贸易的基本概念

📦 国贸视野

构建以国内大循环为主体、国内国际双循环相互促进的新发展格局

2020年年末，《咬文嚼字》杂志发布"2020十大流行语"，逆行者、后浪、直播带货、双循环等年度热词入选。其中，"双循环"作为经济领域专业术语走进大众视野，成为新潮词，反映了人们对我国经济发展政策走向的普遍关注。2020年上半年以来，习近平总书记在多个场合反复强调，要"构建以国内大循环为主体、国内国际双循环相互促进的新发展格局"。这是我们党根据我国发展阶段、环境、条件变化，特别是基于我国比较优势变化，审时度势出台的重大决策，明确了我国经济现代化的路径选择，对于推动我国高质量发展、促进世界经济繁荣，具有重大而深远的意义。

改革开放前，我国经济以内循环为主，进出口额占国民经济的比重很小。改革开放后，我们打开国门，扩大对外贸易和吸收投资。特别是2001年加入WTO后，我国主动融入国际大循环，形成市场和资源"两头在外"、大进大出的"世界工厂"发展格局。2008年的国际金融危机，是我国发展格局转变的一个重要分水岭。面对严重的外部危机冲击，我国以扩大内需作为发展的基本立足点，推动经济向内需主导转变并产生了显著的效果。党的十八大以来，我国积极实施扩大内需战略，使发展更多依靠内需特别是消费需求拉动。

我国对外贸易依存度从 2006 年峰值的 64.2% 下降到 2019 年的 31.8%，经常项目顺差占国内生产总值的比重由最高时的 10% 以上降至目前的 1% 左右，内需对经济增长的贡献率有 7 个年份超过 100%。这表明，提出构建新发展格局，是由我国经济发展内生演化的自身逻辑所决定的，是我们党对我国客观经济规律和发展趋势的自觉把握，是有坚实实践基础的。

（根据"加快构建以国内大循环为主体、国内国际双循环相互促进的新发展格局"-新华网 http://www.xinhuanet.com/2020-11/25/c_1126785254.htm 整理）

一、对外贸易与国际贸易

对外贸易是指一国或地区同别国或地区进行货物和服务交换的活动，是从一个国家的角度来考察这种货物和服务的交换活动。一些岛屿国家，如英国、日本等国也常用"海外贸易"来表述它们的对外贸易活动。从国际范围来看，这种货物和服务交换活动属于国际贸易或世界贸易。国际贸易活动是由各国的对外贸易活动构成的。

二、国际贸易的基本分类及概念

国际贸易既是一个代表交换的动词，也是一个由一系列具体贸易形式组成的名词。

（一）按照货物移动方向，分为出口贸易与进口贸易

出口贸易，又称输出贸易，是指一国向别国出售由本国生产或加工的商品与劳务的过程。进口贸易，又称输入贸易，是指一国向别国购买在国外生产或加工的商品与劳务的过程。

与进出口相联系的一个重要的贸易统计学概念便是净出口。净出口等于一国一定时期内（通常为一个财政年度）出口总额减去进口总额。净出口是一个重要的宏观经济学概念。净出口对 GDP 的贡献，与投资一样重要，具有乘数效应。

净出口或净进口也可用来描述某类商品的出口或进口状况。在国际贸易中，有不少大类商品（如粮食、汽车、钢材和纺织品等）在品种、规格、样式等方面具有差别，为了满足国内不同层次的消费需要或消费者对个性化、差异化的追求，许多国家对同类商品往往既有进口又有出口。在某个时期，若一国对某类商品的出口超过进口，其超过部分即为净出口；反之，则为净进口。净出口和净进口通常以实物数量来表示。

与净出口和净进口相似但有本质不同的还有复出口和复进口。复出口是指输入本国的外国货物未经加工再输出；复进口是指输出到国外的本国货物未经加工再度输入国内。

（二）按照边境划分标准不同，分为总贸易与专门贸易

划分进口或出口有两种不同的边境标准。一种是以国境为划分标准，凡是离开一国国境的商品一律视为出口，凡是进入一国国境的商品一律视为进口。按此标准划分形成的进出口贸易称为总贸易或一般贸易，包括总出口和总进口，日本、英国、加拿大、澳大利亚等国均采用总贸易体系。另一种是以关境为划分标准，只有进入一国关境的外国商品（包括从保税仓库提出，然后进入关境的商品）才可视为进口，那些进入国境之后暂时存放在保税仓库而未进入关境的外国商品则不能视为进口；从国内运出关境的本国商品，以及进口后未经加工便又运出关境的商品，都视为出口。按此标准划分形成的进出口贸易称为专

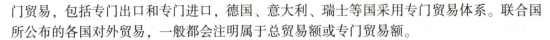

门贸易，包括专门出口和专门进口，德国、意大利、瑞士等国采用专门贸易体系。联合国所公布的各国对外贸易，一般都会注明属于总贸易额或专门贸易额。

（三）按照贸易所涉及标的的形态，分为有形贸易与无形贸易

有形贸易，又称商品贸易，是指具有物质外形的各类商品的国际购销活动，包括有形出口和有形进口。自国际贸易产生以来，有形贸易一直是国际贸易的全部或基本内容。一般认为，从狭义角度理解，国际贸易就是有形贸易或商品贸易。

有形贸易的商品种类繁多。为便于统计，联合国秘书处于1950年出台了《联合国国际贸易标准分类》，并多次进行修正。2006年的第四次修订版本中，国际贸易商品分为10大类、67类、262组、1 023分组和2 970个基本项目，几乎包括了所有的国际贸易商品。这10大类商品是：食品和活动物（0），饮料及烟草（1），非食用原料（不包括燃料）（2），矿物燃料、润滑油及有关原料（3），动植物油、脂和蜡（4），未列的化学品和有关产品（5），主要按原料分类的制成品（6），机械及运输设备（7），杂项制品（8），没有分类的其他商品和交易（9）。在国际贸易统计中，通常将0至4类商品称为初级产品，把5至8类商品称为制成品。在标准分类中，目录编号采用五位数，第一位数表示大类，第二位数表示类，第三位数表示组，第四位数表示分组，第五位数表示项目，如活山羊在标准分类中的数位号为001.22，其含义是：0大类，食品和活动物；0类，主要供食用的活动物；001组，主要供食用的活动物；01.2分组，活绵羊及山羊；001.22项目，活山羊。此标准分类已被世界绝大多数国家采用。

无形贸易，又称劳务贸易或服务贸易，是指不具物质外形的各类劳务的国际购销活动，包括无形出口和无形进口。相对于有形贸易，无形贸易的历史要短得多。第二次世界大战后，随着科学技术进步和各国第三产业的迅速发展，无形贸易大规模增长。

传统服务贸易分为两大类，即要素服务与非要素服务。前者指国与国之间因提供劳动、资本、土地等生产要素而发生的贸易，包括直接、间接投资收益，支付劳务报酬等；后者指与要素提供无关的服务贸易，如咨询、旅游、运输等。1994年制定的《服务贸易总协定》将服务贸易分为四种类型，分别为过境服务、境外消费、商业存在和自然人流动。就部门而言，服务贸易主要包括运输、保险、金融、旅游、设计、咨询、信息处理与传递、工艺诀窍、技术专利、教育、卫生、影片和广告宣传等。

有形贸易与无形贸易的最大区别反映在海关统计中，前者必须通过关境，为海关统计所反映，而后者无法为海关统计所反映。

（四）按照有无第三方参与，分为直接贸易、间接贸易和转口贸易

直接贸易是指商品由生产国直接运销至消费国，即不经第三国传手的贸易活动。由于免除了转口商的渔利并节省了流通费用，因而直接贸易对进出口双方都是较为有利的。在国际贸易中，只要条件许可，一般都采用直接贸易方式。

间接贸易是指通过第三国或其他中间环节转手，将商品从生产国运销至消费国的贸易活动。之所以采用间接贸易主要是因为运输航线不通、销售渠道不畅、外汇结算困难或政治障碍等。目前，国际贸易中仍有相当部分是按这种贸易方式进行的。

商品生产国与商品消费国通过第三国进行的贸易，对第三国来说，就是转口贸易。即使商品直接由生产国运至消费国，只要两者之间并未直接发生交易关系，仍属转口贸易。转口国从生产国进口商品并不是为了本国消费，而是为了向消费国出口。转口贸易通常由

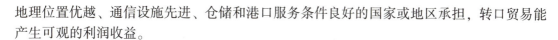

地理位置优越、通信设施先进、仓储和港口服务条件良好的国家或地区承担，转口贸易能产生可观的利润收益。

（五）按照清偿工具的不同，分为自由结汇贸易与易货贸易

自由结汇贸易是指以货币作为清偿工具的国际贸易方式。在当代国际贸易中，能够作为清偿货币的主要是一些可以自由兑换的货币，如美元、欧元、英镑、日元等。

易货贸易是指直接以经过计价的货物作为清偿工具的国际贸易方式。其特点是：两国政府或工商实体针对某些特定的商品进行物物对等交换，即双方彼此向对方提供适当的货物，而且价值大致相等，从而相互抵消其债权债务关系。这种贸易方式大多起因于贸易双方（或其中一方）所在的国家严重缺乏自由外汇，因而无法通过正常的自由结汇方式进行贸易。

三、国际贸易常用统计指标及概念

（一）对外贸易额与国际贸易额，对外贸易量与国际贸易量

对外贸易额，又称对外贸易值，是指以本国货币或国际上通用的结算货币表示的、一国在一定时期内的进出口价值总和。在统计上，一国的对外贸易额一般是先分别计算进口总额和出口总额，然后相加。对外贸易额是形成国际贸易额的基础。

国际贸易额，是指以某种货币表示的世界各国的对外商品交换价值之总和。由于在世界范围内，一国之出口即是另一国之进口，所以，如果简单地将各国对外贸易额相加，所得出的国际贸易额必定包括大量的重复计算，从而极大地夸张了国际贸易的实际规模。因此，对国际贸易额的统计，一般只限于计算国际出口总额和国际进口总额，其具体计算方法是：将各国的出口总额和进口总额按统一的货币换算，然后分别相加。因各国进口总额大多以到岸价格计，而出口总额则多以离岸价格计，故而国际出口总额要小于国际进口总额。统计国际贸易额的意义在于研究国际贸易的发展和变化。

由于价格的变化，以货币表示的对外贸易额常常不能真实地反映一国某个时期内的对外贸易实际规模，从而不同时期的对外贸易规模也不能直接进行比较。为此，在进行国际贸易分析时，人们常常借助于对外贸易量这个概念。所谓对外贸易量，是指按不变价格计算的对外贸易额，其计算方法是：以当年的进出口价格指数除当年的对外贸易额，所得的结果即是剔除了价格变动因素的对外贸易量。以这个数值同基期的数值相比，就能准确地反映对外贸易实际规模的变化。同样，通过类似的价格缩减过程，我们将得到衡量国际贸易实际规模的国际贸易量，其计算方法是：以当年的世界市场价格指数除当年的国际贸易额，所得的结果即是剔除了价格变动因素的国际贸易量。

（二）对外贸易商品结构与国际贸易商品结构

对外贸易商品结构是指一国各种进出口商品在对外贸易总额中所占的比重。虽然商品种类繁多，但在各国对外贸易统计中一般将它们分为两大类，即初级产品和制成品。初级产品和制成品在对外贸易总额中所占的比重，反映了一国对外贸易商品的基本结构，是衡量该国在国际贸易中地位的重要标志。

国际贸易商品结构就是各种商品在国际贸易总额中的比重构成，它是表明国际贸易发展变化的一个重要指标。

(三)对外贸易地区结构与国际贸易地区分布

对外贸易地区结构,又称对外贸易地理方向,其包括两层含义:一层是指一国在其各贸易伙伴国家的对外贸易额中所占的比重,另一层是指各贸易伙伴国家在该国对外贸易额中所占的比重。研究对外贸易地区结构对制定一国的贸易政策具有重要意义。

国际贸易地区分布是指各洲、各区域和各国在国际贸易总额(国际出口总额和国际进口总额)中所占份额的比例构成。国际贸易地区分布比例的建立,有助于研究各区域和各国在国际贸易中的地位、参与程度和依赖程度等。通过对不同时期内国际贸易地区分布变化的考察,有助于研究整个世界的贸易发展和各个组成部分的贸易演变趋势。

(四)贸易条件

贸易条件,又称进出口商品比价,是指一国出口商品与进口商品的交换比率。在一般情况下,它主要以出口商品综合价格指数与进口商品综合价格指数之比来表示。若此比率上升,表明该国贸易条件改善,即既定数量出口货物可以换取更多数量的进口货物;如下降,表明该国贸易条件恶化,则换取的数量减少。贸易条件是衡量一国对外贸易地位和利益的重要指标。

(五)对外贸易依存度

对外贸易依存度,又称对外贸易依存系数,是指一国进出口贸易总值在其国民生产总值或国内生产总值中所占的比重。它是反映一国国民经济对进出口贸易依赖程度的重要指标。第二次世界大战后,世界绝大多数国家的对外贸易依存度都有不同程度的提高。

 本 章 小 结

本章主要从国际贸易和对外贸易概念的区别入手,对常见的与贸易有关的进出口贸易、总贸易与专门贸易、有形贸易与无形贸易、直接贸易与间接贸易和转口贸易、自由结汇贸易与易货贸易几个重要概念进行解释,同时解释了对外贸易额与国际贸易额、对外贸易量与国际贸易量、对外贸易商品结构与国际贸易商品结构、对外贸易地区结构与国际贸易地区分布、贸易条件、对外贸易依存度这几种在国际贸易中常用的统计指标。

思 考 题

1. 如何理解国际贸易与对外贸易的不同?
2. 国际贸易形式主要可以划分为哪些类别?每一种分类的概念是什么?
3. 国际贸易常用的统计指标有哪些?具体内容是什么?

本章思考题参考答案

第二篇

国际贸易理论

　　国际贸易理论大致可分成两大派别：一派是居主导地位的传统国际贸易理论，即古典自由贸易理论；另一派是传统国际贸易理论的反对派，即保护贸易理论。比较优势论是传统国际贸易理论形成的标志，绝对优势论是比较优势论的基础，要素禀赋论是比较优势论的演绎，战后贸易新理论则是比较优势论的细分和新发展。保护贸易理论主要有汉密尔顿的保护关税说、李斯特的幼稚产业保护论、凯恩斯等人的对外贸易乘数理论、普雷维什的中心—外围理论及保护贸易的其他论点。幼稚产业保护论标志着保护贸易理论的完全形成。保护贸易新理论主要有战略贸易论和管理贸易论。国际贸易理论在当代的最新研究成果主要表现为新新国际贸易理论。

第四章 古典自由贸易理论

教学目的

- 了解古典自由贸易理论的演进脉络
- 掌握绝对优势理论、比较优势理论和要素禀赋理论等古典自由贸易理论的主要内容，并进行科学评价
- 科学评价里昂惕夫之谜及对它的解释

关键术语

绝对优势　比较优势　要素禀赋　里昂惕夫之谜

国贸视野

中国与"一带一路"沿线国家加强农产品贸易合作

"一带一路"沿线国家是中国大米、小麦和大豆等农产品，以及猪肉等肉食产品的重要进口来源地。总体看，近年来，中国与"一带一路"沿线国家的农产品贸易合作加强。尤其是中美贸易战爆发以来，随着中美农产品贸易关税的提升以及南美国家大豆、玉米等农产品价格的上涨，中国与"一带一路"沿线国家的农产品贸易合作不断加强，农产品贸易规模及产品数量不断扩大。从2018年年末开始，中国开始扩大从俄罗斯的大豆进口。2020年2月，不到两个月的时间，仅中粮就有2万多吨的进口大豆从俄罗斯进口，而3月份的进口到货量超过2月份。今年，中粮还首次从保加利亚进口玉米。

"一带一路"农产品贸易增速高于总体贸易水平。2018年我国与"一带一路"沿线国家农产品贸易额较2017年同比增长12.0%，高出我国农产品总体贸易增速4.3个百分点，其中进口增长16.4%，出口增长6.8%，进出口增速分别高于总体增速1.3和5.5个百分点。根据中国海关的统计报告，2019年，中国与泰国、俄罗斯、印度尼西亚、马来西亚、印度等"一带一路"沿线国家农产品贸易都有较大增长。

"一带一路"农产品贸易占比不断提升。根据中国农业农村部农业贸易促进中心发布的《"一带一路"农产品贸易发展报告》(2018)显示，自"一带一路"倡议提出以来，中国与

"一带一路"沿线国家的农产品贸易规模不断提升，产品不断丰富。2018 年，中国与"一带一路"沿线国家的贸易占中国对外贸易总额的 27.4%，而"一带一路"农产品贸易额占中国农产品对外贸易总额的 35.1%，高出近 8 个百分点。部分农产品对"一带一路"沿线国家的出口额甚至占出口总额的 50% 以上，植物油、热带水果、木薯等从"一带一路"沿线国家进口的数量超过该类产品进口总量的 60% 以上。

中国与"一带一路"农产品贸易长期处于逆差地位。近年来，中国与"一带一路"沿线国家的贸易规模不断扩大，虽然中国整体上保持着出超的地位，但在农产品贸易方面，中国却长期处于逆差状态，而且逆差规模不断扩大。以 2019 年为例，根据中国农业农村部的统计，除新加坡、文莱、巴林、马尔代夫、巴勒斯坦以及波黑六个国家以外，中国与其余 57 个"一带一路"沿线国家农产品贸易总额为 4 202.01 亿元，其中中国进口 2 372.22 亿元，出口 1 829.79 亿元，逆差达 542.43 亿元。

东盟是"一带一路"农产品贸易的主要区域。根据中国农业农村部和中华人民共和国海关总署网站的统计信息，东盟国家在"一带一路"沿线国家农产品贸易份额中比重最高，东欧地区增长速度最快，但总体规模不大。2019 年，不包括文莱在内，中国与东盟其他 9 国的农产品贸易额就高达 2 815.2 亿元，占中国"一带一路"沿线国家农产品贸易额的 67%。

蔬菜、水产品、水果和畜产品为主要贸易农产品。根据海关总署与中国农业农村部的统计，中国对"一带一路"沿线国家出口的农产品主要为蔬菜、水果、水产品，以 2018 年的出口数据为例，这些产品的出口额分别占对沿线国家农产品出口总额的 23.4%、21.1% 和 13.7%；主要进口农产品包括畜产品、水产品、水果和植物油，进口额分别占自沿线国家农产品进口总额的 20.1%、16.4%、15.6% 和 12.4%。

资料来源："中国与'一带一路'沿线国家农产品贸易｜一带一路·观察_规模 https://www.sohu.com/a/390987886_99947734". 作者有整理

第一节　亚当·斯密的绝对优势理论

一、亚当·斯密与绝对优势理论

亚当·斯密是资产阶级经济学古典学派的主要奠基人之一，是国际分工理论的创始者，也是倡导自由贸易的带头人。

亚当·斯密所处的时代，英国的产业革命逐渐展开，经济实力不断增强，新兴的资产阶级迫切要求在国民经济各个领域中迅速发展资本主义，但仍存在于乡间的行会制度严重限制了生产者和商人的正常活动。重商主义的极端保护主义则从根本上阻碍了对外贸易的扩大，使新兴资产阶级从海外获得生产所需的廉价原料和为其产品寻找更大的海外市场的愿望难以实现。亚当·斯密站在产业资产阶级的立场上，于 1776 年发表《国民财富的性质和原因的研究》(*Inquiry into the Nature and Causes of the Wealth of Nations*)，在这本简称《国富论》(*The Wealth of Nations*)的书中，他批判了重商主义，创立了自由放任的自由主义经济理论。在国际分工方面，提出了主张自由贸易的绝对优势理论，提出了主张自由贸易的绝对优势理论(The Theory of Absolute Advantage)。

人物介绍

> 亚当·斯密(Adam Smith, 1723—1790)，英国政治经济学家，古典政治经济学代表和理论体系的建立者。他出生于苏格兰，父亲是律师兼海关官吏。17 岁获格拉斯哥大学硕士学位，又入牛津大学学习，1746 年毕业，先后在爱丁堡大学和格拉斯哥大学任教授、副校长，讲授自然哲学、伦理学、法学、政治学。1759 年出版《道德情操论》。1762 年获格拉斯哥大学博士学位。1764 年任布克莱希公爵的私人教师，曾前往法国，与重农学派的经济学家交往。1767 年回家乡从事政治经济学的研究和写作，1776 年出版《国民财富的性质和原因的研究》(简称《国富论》)。后当选为格拉斯哥大学名誉校长。

二、绝对优势理论的主要论点

(一)理论的假设条件

绝对优势理论产生时，经济学的分析工具与方法尚不完善，因此绝对优势理论并没有明确的理论假设和分析模型，只是含糊地包含在论述中，而由后来的经济学家提炼出来，概括如下。

(1)理论分析模型是"2×2×1"模型：世界上只有两个经济实力接近的国家，即本国和外国；两国间只交换两种商品，发生贸易时，各自只能生产彼此需要的产品；劳动力是唯一的同质投入生产要素，且各国的劳动力需求不能超过自身的劳动力供给。

(2)生产要素在国际间不能自由移动，但在国内可以自由移动。

(3)两国的资源都已得到充分利用。一国某个部门资源的增加就意味着另一个部门资源的减少，即两国处于充分就业状态中。

(4)完全竞争市场。产品市场及劳动力市场是完全竞争的。

(5)规模报酬不变。贸易各国生产的规模报酬不变，即产出与投入按同速度增加，投入的边际产量是固定的。

(6)完全自由贸易。没有运输成本和其他交易成本，这使生产成本或商品价格的国际差异仅仅表现为劳动生产率的国际差异。

(7)进出口贸易值相等，即贸易平衡。

(8)两国在生产同一产品时的生产技术不同，存在着生产成本(或劳动生产率)的绝对差别。

由以上假设可见，绝对优势理论为了简化理论，对国际贸易做出了非常理想化的假设，因而这是一个理想模式。

(二)理论的主要内容

1. 贸易的分析基础

亚当·斯密认为一国拥有更高的劳动生产率或更低的生产成本，则该国拥有这一产品的绝对优势(Absolute Advantage)，两国间的贸易基于绝对优势。绝对优势来自两国间劳动生产率的差异，劳动生产率的差异决定了生产成本的高低，而生产成本的高低又决定了价格差异。因此，绝对优势的衡量可从劳动生产率、生产成本和价格三方面着手。

假设一国在某种产品上的产量为 Q，所要求的劳动投入为 L，工资率为 W，那么劳动生产率 $=Q/L$，数值高表明具有绝对优势；生产成本 $=L/Q$，数值低表明具有绝对优势；价格 $=(WL)/Q$，数值低表明具有绝对优势。

可见，这三个指标中任何一个都可以用来衡量绝对优势，效果是等同的。

2. 基本内容

亚当·斯密首先批评重商主义。他认为重商主义将财富混同于金银货币是错误的，一国的财富应该用生产出来的产品和劳务衡量；他认为重商主义关于国家对经济进行干预才能保证增强国家力量的观点是错误的，国家只有采取自由放任的政策，才能发挥人们的聪明才智，合理配置自然资源和生产资源，才能使国家的物质财富的产出达到最大；他认为重商主义通过持续贸易顺差能够增强国力的观点也是错误的，那将会限制各国按照有利的自然资源或后天的有利条件生产劳动力成本最低的商品。接着他提出了主张自由贸易的绝对优势理论的观点并加以论证。

(1) 分工导致劳动生产率提高。亚当·斯密对分工的重视是举世皆知的。在《国富论》第一章里，他就宣扬分工，强调分工所带来的种种好处。分工之所以能提高劳动生产率，亚当·斯密认为在于以下几个原因：第一，专业化使劳动者的生产技巧不断提高；第二，分工避免了在不同工作之间进行转移而造成的时间损失；第三，分工导致许多简化劳动和缩减劳动投入的机械出现，使一个人能够完成多个人的工作。亚当·斯密以针的制造为例：制造一枚针需要经过 18 道工序，在没有分工的情况下，一个熟练的工人每天最多只能制造 20 根针，如按照工序实行分工，那么每人每天可以生产 4 800 枚针。显然，分工使生产效率有了百倍的提高。至于分工产生的原因，亚当·斯密认为是由交换引起的。人们为了追求个人利益，就要生产产品进行交换，由于个人所擅长的领域不同，就导致分工的出现。

(2) 分工的原则是绝对优势。分工可以极大地提高劳动生产率。亚当·斯密认为，每个人都应该专门从事他最具优势的产品的生产，然后再用这种产品和他人交换其他物品，这样对每个人都是最有利的。他还指出，如果购买一件东西的代价比自己生产这种产品所耗费的代价小，那么人们就会选择购买而不是生产。例如，裁缝不会自己去制鞋，鞋匠也不会自己去做衣服，而农场主自己既不会去做靴子，也不会去缝衣服。这是因为大家都知道，为了自身利益的最大化，应当把所有的精力都集中投入自己最擅长的产品生产中去，然后用自己劳动所得的一部分，去购买他需要的其他物品。

这种不同的个人之间的分工原则在不同的国家之间也是同样适用的。如果从其他国家购买一种商品的成本比在国内生产该产品的成本要低，那么本国就不应该生产这种商品，而应当大量生产自己最具优势的商品以换取货币，然后再购买这种商品，这样就比自己生产要便宜得多。

(3) 有利的自然禀赋或后天的有利条件是国际分工的基础。亚当·斯密认为，各个国家的自然禀赋和后天的有利条件各不相同，这就为国际分工创造了条件。所谓自然禀赋，指一个国家的自然条件，各国的地理环境、土地、气候等自然条件决定了哪个国家最适宜生产什么。因此，亚当·斯密的分工理论也被称为"地域分工理论"。优势的自然禀赋或后天的有利条件可以使一个国家在生产某种商品时处于绝对的有利地位。各国按照自己的有利条件分工和交换，就能最有效地利用各自的自然资源，提高劳动生产率，增加物质财富，使参加贸易的各个国家都从交换中获得收益。

三、绝对优势理论的论证

根据理论的前提假设，世界上只有英国和美国两个国家，两个国家都只生产小麦和布两种产品，劳动力 L 是唯一的同质投入要素，两国具有相同的劳动力资源，都是 25 单位，在没有国际贸易的情况下，两国的劳动力投入和产出情况如表 4-1 所示。

表 4-1　分工前英国和美国劳动生产率和生产成本对比

项目\国家	小麦				布			
	劳动力投入量 $L1$	产出量 $Q1$	劳动生产率（$Q1/L1$）	生产成本（$L1/Q1$）	劳动力投入量 $L2$	产出量 $Q2$	劳动生产率（$Q2/L2$）	生产成本（$L2/Q2$）
英国	15	150	10	0.1	10	200	20	0.05
美国	10	180	18	0.05	15	210	14	0.07

从表 4-1 可以看出，在生产小麦和布两种产品上，英国和美国的劳动生产率是不同的。英国生产小麦的劳动生产率（$Q1/L1$）为 10，生产布的劳动生产率（$Q2/L2$）为 20；美国生产小麦和布的劳动生产率分别为 18 和 14。显然，英国在布的生产上劳动生产率相对较高，成本相对较低，有绝对优势；美国在小麦的生产上有绝对优势。根据绝对优势理论，英国应把全部生产要素即 25 单位的劳动力都投入布的生产中，而美国应把 25 单位的劳动力都投入小麦的生产中。两国进行专业化分工和生产，这种国际分工将导致两国的产出发生变化，变化情况如表 4-2 所示。

表 4-2　分工后英国和美国的劳动力投入和产出

项目\国家	小麦		布	
	劳动力投入量 $L3$	产出量 $Q3$	劳动力投入量 $L4$	产出量 $Q4$
英国	0	0	25	500
美国	25	450	0	0

从表 4-2 可以看出，进行国际分工之后，整个世界小麦的产出量增加到 450 单位，比原来 330 单位增加了 120 单位；布的产量增加到 500 单位，比分工前增加了 90 单位。这说明，国际分工使两国的资源得到了更有效的利用。

四、绝对优势论的评析

绝对优势理论是建立在劳动价值论基础之上的，是从一个新的视角来研究国际贸易产生的原因，对社会经济现象的研究从流通领域转到生产领域，揭示了国际分工和专业化生产能使资源得到更有效的利用，从而提高劳动生产率的规律，并第一次论证了贸易是互利和双赢的。这些论点虽然经历了 200 多年的历史，但仍没有过时。在当今全球经济背景下，各国积极对外开放，参与国际分工，推动贸易自由化进程，该理论仍然具有指导意义。

然而，绝对优势理论也存在明显的局限性。第一，它不能解释国际贸易的全部，只能解释国际贸易的一种特殊情形。亚当·斯密的绝对优势理论存在一个必要的假设：一国要参加国际贸易，就必然要有至少一种产品处于绝对优势地位。在上面的例子中，如果美国在小麦和布的生产上都具有绝对优势，而英国在小麦和布的生产上都处于绝对劣势，那么，英国和美国之间还会不会产生贸易呢？如果两国发生贸易，英国能不能从贸易中获利呢？贸易利益从何而来？绝对优势理论无法回答。后来，大卫·李嘉图用比较优势理论更好地解释了这些问题。第二，它只能从供给视角分析问题，缺乏对需求的分析。在现实中，贸易是由供给和需求共同决定的，因而绝对优势理论具有一定的片面性。

第二节　大卫·李嘉图的比较优势理论

一、大卫·李嘉图与比较优势理论

大卫·李嘉图被称为英国资产阶级古典政治经济学的完成者。他所处的时代正值英国产业革命深入发展时期，当时英国社会的主要矛盾是工业资产阶级同地主贵族阶级的矛盾，随着工业革命的纵深发展达到了不可调和的尖锐程度。这个矛盾在经济方面主要表现在是否废除《谷物法》的问题上，主要维护地主贵族阶级利益的《谷物法》，限制了英国对谷物的进口，使国内粮价和地租飞涨，这不仅导致国内居民对工业品的消费由于粮价过高而相对减少，而且使工业品成本因为高昂的粮价而提高，进而影响本国工业品在国际市场上的竞争力，其他国家也可能通过限制英国工业品进口进行报复，这就对英国工业品的出口更加不利，对英国工业资产阶级的利益造成严重损害。于是，英国工业资产阶级和地主贵族围绕是否废除《谷物法》展开了激烈的斗争。维护工业资产阶级利益的大卫·李嘉图在继承和发展亚当·斯密的理论的基础上，提出以自由贸易为前提的比较优势理论，从理论上有力地支持了工业资产阶级的斗争。

 人物介绍

> 大卫·李嘉图（David Ricardo，1772—1823），英国古典政治经济学的杰出代表。生于犹太人家庭，父亲为证券交易所经纪人。12岁到荷兰商业学校学习，14岁时就与父亲从事证券交易。1793年独立开展证券交易活动，25岁时拥有200万英镑财产，随后钻研数学、物理学。1799年读亚当·斯密《国富论》后开始研究经济问题，参加了当时关于黄金价格和谷物问题的讨论，1817年发表《政治经济学及赋税原理》，1819年当选下议院议员。

二、比较优势理论的主要论点

（一）理论假设

与亚当·斯密的模型假设基本相同，大卫·李嘉图在阐明他的比较优势理论时，对复杂的经济情况做了一些简化：①只考虑两个国家、两种产品、一种生产要素；②两国的生产技术存在相对差异，存在生产成本（或劳动生产率）的相对差别；③生产要素只能在国内流动，在国际间不能流动；④两国生产规模报酬不变；⑤资源充分利用，两国国内充分就

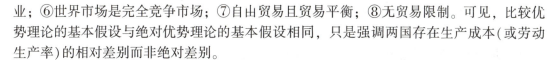

业；⑥世界市场是完全竞争市场；⑦自由贸易且贸易平衡；⑧无贸易限制。可见，比较优势理论的基本假设与绝对优势理论的基本假设相同，只是强调两国存在生产成本（或劳动生产率）的相对差别而非绝对差别。

（二）理论的主要内容

1. 贸易的分析基础

大卫·李嘉图认为生产技术上的相对差异导致了相对劳动生产率的不同，进而导致相对生产成本和相对产品价格的不同，于是产生了贸易的可能性。衡量相对成本优势也可从相对劳动生产率、相对生产成本和产品相对价格三方面着手。

假设甲国在 A 产品上的产量为 $Q1$，所要求的劳动力投入为 $L1$；乙国在 A 产品上的产量为 $Q2$，所要求的劳动力投入为 $L2$，劳动力的工资率为 W，则：

A 产品的相对劳动生产率 $=(Q1/L1)/(Q2/L2)$，比值越高，表示甲国在 A 产品的生产上相对于乙国来说越具有相对优势。

A 产品的相对生产成本 $=(L1/Q1)/(L2/Q2)$，比值越低，表示甲国在 A 产品的生产上相对于乙国越具有相对优势。

A 产品的相对价格 $=(WL1/Q1)/(WL2/Q2)=(L1/Q1)/(L2/Q2)$，比值越低，表示甲国在 A 产品的销售上相对于乙国越具有相对优势。

这三个指标中任何一个都可以用来衡量相对优势，效果是等同的。

2. 理论的基本内容

在上述前提假设基础上，大卫·李嘉图认为各国不一定要专门生产成本绝对低、劳动生产率绝对高的产品，也可以专门生产成本相对低、劳动生产率相对高的产品，这样也可以进行对外贸易并能够从中获取利益。

比较优势理论认为，在两国都能生产同样两种产品的条件下，如果其中一国在两种产品的生产上劳动生产率均高于另一国，该国可以专门生产并出口优势较大的产品，处于劣势地位的另一国可以专门生产并出口劣势较小的产品，通过国际分工和贸易，双方仍然可以从贸易中获利。

三、比较优势论的论证

（一）个人之间的分工

与亚当·斯密一样，大卫·李嘉图也是首先论述个人分工的必要性，然后再将它扩展到国际分工中去。他说："如果两个人都能制造鞋和帽，其中一个人在两种职业上都比另一个人强。不过制帽时只强1/5或20%，而制鞋时则强1/3或33%。那么这个较强的人就专门制鞋，那个较差的人就专门制帽，岂不是双方都能获利？"他认为这样的分工对双方都有利，也是资源的最佳配置。

（二）国家之间的分工

大卫·李嘉图由个人推及国家，认为国家之间也应该按照"两利相权取其重，两害相权取其轻"的比较优势原则进行分工。大卫·李嘉图以英国和葡萄牙都生产毛呢和葡萄酒为例进行说明："英国的情形可能是生产（一定量的）毛呢需要100人一年的劳动，而如果酿制葡萄酒则需要120人劳动同样长的时间。因此，英国发现对自己有利的办法是输出毛呢而输入葡萄酒。葡萄牙生产葡萄酒可能只需要 80 人劳动一年，而生产毛呢却需要 90 人劳动一年，因此对葡萄牙来说，输出葡萄酒以交换毛呢是有利的。虽然葡萄牙能够以 90 人的劳动生产毛呢，但它宁可从一个需要 100 人的劳动生产毛呢的国家输入，因为对葡萄牙来说，与其挪用种植葡萄的一部分资本去织造毛呢，还不如用同样的资本生产葡萄酒，因为由此可从英国换得更多的毛呢。"这就是国际贸易产生和发展的主要原因。

因此，大卫·李嘉图认为，所谓比较优势就是更大的绝对优势和更小的绝对劣势，在各种产品的生产上都占有绝对优势的国家，应集中资源生产优势相对更大的产品；而在各种产品的生产上都只处于绝对劣势的国家，应集中资源生产劣势更小的产品。通过对外贸易，双方都能取得比自己以等量劳动所能生产的更多的产品，从而实现社会劳动的节约，给贸易双方带来利益。

（三）论证

比较优势理论的基本假设条件与绝对优势理论的假设条件基本相同。假设世界上只有美国和葡萄牙两个国家，两个国家都只生产小麦和酒两种产品，劳动力 L 是唯一的同质投入要素，两国在分工前的产出和劳动生产率如表 4-3 所示。

表 4-3　分工前美国和葡萄牙的相对劳动生产率对比

项目 国家	小麦				酒			
	劳动力投入量 $L1$	产出量 $Q1$	劳动生产率（$Q1/L1$）	生产成本	劳动力投入量 $L2$	产出量 $Q2$	劳动生产率（$Q2/L2$）	生产成本
美国	15	345	23	0.04	10	200	20	0.05
葡萄牙	15	180	12	0.08	10	150	15	0.06

从表 4-3 可以看出，生产同样产量的小麦或酒，葡萄牙需要投入的劳动力更多，即葡萄牙的劳动生产率相对较低。葡萄牙在小麦和酒上的劳动生产率是 12 和 15，都低于美国在小麦和酒上的劳动生产率 23 和 20，处于绝对劣势地位。但葡萄牙在酒上的绝对劣势要小一些，即相对于小麦具有比较"优势"。相应地，美国在小麦和酒的生产上都具有绝对优势，而小麦的绝对优势比酒的绝对优势要大，因此，美国在小麦的生产上相对于酒具有更大的比较优势。在这种情况下，两国之间分工和贸易的模式就是葡萄牙将所有的劳动力集中，专门生产酒，美国将所有的劳动力集中，专门生产小麦，如表 4-4 所示。

表 4-4　分工后美国和葡萄牙的劳动力投入和产出

项目 国家	小麦		酒	
	劳动力投入量 $L3$	产出量 $Q3$	劳动力投入量 $L4$	产出量 $Q4$
美国	25	575	0	0
葡萄牙	0	0	25	375

从表 4-4 可以看出，两国的总产出有所增加，世界酒的产量由分工前的 350 单位增加到分工后的 375 单位，增加了 25 单位；世界小麦的总产量由分工前的 525 单位增加到 575 单位，增加了 50 单位。

由表 4-3 和表 4-4 可见，即使在没有绝对优势的情况下，双方仍然可以通过开展对外贸易获得利益，分工使世界经济总量增加，各国经济总量增加，消费者获得更多的消费，而且各国可以通过从事专业化生产达到规模效应。比较优势理论意味着不但在发达国家之间，而且在发达国家和发展中国家之间都可以开展自由贸易，并从中受益。

（四）比较优势理论的例外

比较优势理论强调两国间贸易前劳动率比例差异或成本比例差异的重要性，因为仅仅有劳动率差异或成本差异不一定能引起贸易，一个必要的条件是两国间劳动率比例差异或成本比例差异程度不能够相等。于是比较优势理论有一个不常见的例外：如果一国在两种商品的生产上均处于绝对劣势地位或绝对优势地位，并且两者的不利程度或有利程度是相同的，则不会发生贸易，如表 4-5 所示。

表 4-5　分工前美国和葡萄牙的劳动生产率

项目 国家	小麦				酒			
	劳动力 投入量	产出量	劳动 生产率	相对劳动 生产率	劳动力 投入量	产出量	劳动 生产率	相对劳动 生产率
美国	10	120	12	2	10	100	10	2
葡萄牙	20	120	6	0.5	20	100	5	0.5

由表 4-5 可知，葡萄牙生产小麦的相对劳动生产率是 0.5，葡萄牙生产酒的相对劳动生产率也是 0.5，就是说葡萄牙生产两种商品处于同样程度的比较劣势；相应地，美国生产小麦和酒处于同样程度的比较优势。如果一定要让两国实现专业化分工生产，假设让美国仍然专业生产小麦，葡萄牙仍然专业生产酒，则如表 4-6 所示。

表 4-6　国际分工后两国的劳动投入和产出

项目 国家	小麦		酒	
	劳动力投入量	产出量	劳动力投入量	产出量
美国	20	240	0	0
葡萄牙	0	0	40	200

从表 4-6 可以看出，两国的总产出没有任何变化，世界酒的总产量仍然是 200 单位，世界小麦的总产量还是 240 单位。如果美国以 120 单位小麦交换葡萄牙的 100 单位布，显然贸易的结果与没有分工的情况是一样的。如果美国不以 120 单位的小麦交换葡萄牙的 100 单位酒，那么贸易的结果是一国贸易利益的增加是以另外一国贸易利益的丧失为代价的，这种贸易是一种零和博弈。贸易利益丧失的一国宁愿自己生产并在国内交换，也不愿参加国际贸易。在这样的情况下，贸易就不会发生。

由此可见，将比较成本简单地理解为劳动生产率的差异或生产成本的差异或产品价格的差异是不正确的，引起国际贸易的根源在于这种差异比例的不同。

由绝对成本理论和相对成本理论可知：成本优势理论是建立在成本差异的基础上的，有成本差异就会有贸易的可能，绝对成本差异可以获得绝对利润，相对成本差异可以获得相对利润，无成本差异也就无利润可图。

四、比较优势论的评析

(一)积极意义

1. 比较优势理论在历史上曾起过进步作用

比较优势理论为英国工业资产阶级争取自由贸易提供了理论基础，促进了当时英国资本积累和生产力的发展。在这个理论影响下，1846 年英国议会废除了《谷物法》，之后的数十年间，一直是英国工业资产阶级的黄金时代，使英国成为"世界工厂"，在世界工业和贸易中占据首位。

2. 比较优势理论比绝对优势理论更全面、更深刻地揭示了国际贸易的产生根源

该理论揭示了比较利益原则，证明了国际贸易的产生不但在于绝对成本的差异，而且在于比较成本的差异。这为处于不同发展阶段的国家参与国际贸易和国际分工提供了理论基础，对世界市场的扩大、社会生产力的进步具有积极的促进作用。

3. 比较优势理论说明了贸易利益来源于生产领域，而非流通领域

大卫·李嘉图把财富区分为价值和使用价值，他认为对外贸易只能增加一国的使用价值量，而不增加一国的价值量，价值只能在生产领域创造，从而奠定了资本主义自由竞争时期国际贸易理论的基础。

4. 比较优势理论为之后贸易条件的研究提供了启示

从大卫·李嘉图的模型中可以看出，双方商品交换在可以接受的范围内才可能是互利贸易。

(二)理论缺陷

1. 比较优势理论不能正确解释为什么在国际间不等量的劳动可以相交换

虽然大卫·李嘉图以劳动价值论为基础，但其劳动价值论是不彻底的。大卫·李嘉图针对"葡萄牙与英国同等劳动而产生不同交换"这一问题，说"这种交换在同一国家中的不同个人间是不可能发生的""支配一个国家商品相对价值的规律不能支配两个以上或更多国家间互相交换的商品的相对价值""葡萄牙用多少葡萄酒来交换英国的毛呢，不是由各自生产上所用的劳动量决定的，情形不像两种商品都在英国或都在葡萄牙生产那样"。那么，不由这种规律支配又由什么规律支配呢？大卫·李嘉图没有做出科学的说明。

2. 比较优势理论把国际分工看作是不受社会生产方式制约的自然的永恒范畴

国际分工是社会生产力发展到一定阶段的产物，但是生产力又总是在一定生产关系下发展的，国际分工的实质和内容不能不受社会生产方式的制约。国际分工发生和发展的最重要因素是社会生产力，劳动力、自然条件等因素对国际分工的形成有一定的影响，但不是唯一的和根本的因素。

3. 比较优势理论把世界看作永恒的、不变的，这不符合历史事实和经济发展规律

比较优势理论只考虑两个国家、两种商品，坚持劳动价值论等因素，作为论述的前提条件，把多变的经济状况抽象为静态的和短期的，是不客观的。一个国家经济贸易发展的长期战略既要以比较优势为基础，又不能被其静态的和短期的利益观念所束缚，要逐步提高本国在国际分工中的地位，最大限度地获取国际分工和国际贸易利益是非常重要的。

第三节　要素禀赋理论

一、赫克歇尔—俄林与要素禀赋理论

要素禀赋理论的基本论点是赫克歇尔（Heckscher）首先提出来的。俄林（Ohlin）师承赫克歇尔，创立了要素禀赋理论，萨缪尔森则发展了赫—俄理论，提出了要素价格均等化学说。

1919 年，赫克歇尔在纪念经济学家戴维的文集中发表了题为《对外贸易对收入分配的影响》的著名论文，提出了要素禀赋理论的基本论点，这些论点为俄林所接受。1929—1933 年，由于资本主义世界经历了历史上最严重的经济危机，贸易保护主义抬头，各国都力图对外倾销商品，同时提高进口关税，限制商品进口。瑞典人民对此深感不安，因为瑞典国内市场狭小，一向对国外市场依赖很大。在此背景下，俄林继承其师赫克歇尔的论点，于 1933 年出版了《区际贸易和国际贸易》一书，深入探讨了国际贸易产生的深层原因，创立了要素禀赋论。1941 年萨缪尔森与斯托尔珀（Wolfgang Stolper）合著并发表了《实际工资和保护主义》一文，提出了生产要素价格日趋均等化的观点。萨缪尔森还在 1948 年前后发表的《国际贸易和要素价格均衡》《国际要素价格均衡》及《论国际要素价格的均衡》等文，对上述观点进行了进一步的论证，建立了要素价格均等化学说，发展了要素禀赋论。

 ● 人物介绍

> 赫克歇尔（Heckscher，1879—1959）和俄林（Ohlin，1899—1979）都是著名的瑞典经济学家，赫克歇尔是俄林的老师。俄林的主要代表作有：《贸易学说》（1924）、《对外贸易与贸易政策》（1925）、《世界经济危机的原因与现象》（1913）、《区际贸易和国际贸易》（1933）、《国际经济重建》（1936）、《就业的均衡问题》（1949）、《经济活动的国际分布》（1977）等。1977 年俄林荣获诺贝尔经济学奖。
>
> 萨缪尔森（Paul A. Samuelson，1915—2009）是当代著名的美国经济学家，凯恩斯主义的新古典综合派的主要代表。1948 年出版的《经济学》是他的代表作，书中几乎探索了经济学中的所有主要问题，该书一版再版，成为西方最流行的经济学教科书和读物。他于 1970 年获得诺贝尔经济学奖，是第一个获诺贝尔经济学奖的美国人。

二、要素禀赋论相关的几个概念

（一）要素禀赋和要素价格

要素禀赋（Factor Endowmem）是指一个国家或经济体所拥有的可供利用的经济资源的总量，一般包括劳动力、资本、土地、企业家才能等。依据要素禀赋的多寡（如劳动力与土地资源的总供给量），可将国家区分为资源丰富的国家和资源贫乏的国家。

要素价格（Factor Price）是指生产要素的使用费用或要素的报酬。例如，土地的价格是租金，劳动力的价格是工资，资本的价格是利息，企业家才能体现的是管理水平，管理的

价格是利润。

(二)相对要素充裕度

相对要素充裕度(Relative Factor Abundance)也称相对要素禀赋,是指一个国家所拥有的经济资源的相对丰裕程度,或者说是一个国家的相对资源供给量,也可说是一国所拥有的两种生产要素的相对比例。这是一个相对概念,与一国所拥有的生产要素的绝对数量无关。它可用以下三个指标来度量。

1. 相对要素价格

假设本国土地和劳动的价格分别为 R 和 W,外国土地和劳动的价格分别为 R^* 和 W^*,在其他因素不变的条件下,则 W/R、W^*/R^* 表示相对要素价格。如果不等式 $(W/R) < (W^*/R^*)$ 或 $(R/W) > (R^*/W^*)$ 成立,则本国劳动力要素相对充裕,外国土地要素相对充裕。

用相对要素价格定义相对要素禀赋,主要是从要素的需求与供给角度上考虑。在前面已经假设过两国消费者偏好相似,生产技术相同,因此这个指标能够成立。

2. 相对要素供给量

假设本国资本和劳动力的要素可供给总量分别为 TK_A 和 TL_A,外国资本和劳动力的要素可供给总量分别为 TK_B 和 TL_B,在其他因素不变的条件下,TK_A/TL_A 表示本国资本的相对要素供给量,TK_B/TL_B 表示外国资本的相对要素供给量。如果不等式 $(TK_A/TL_A) > (TK_B/TL_B)$ 或 $(TL_A/TK_A) < (TL_B/TK_B)$ 成立,则本国资本要素相对充裕,外国劳动力要素相对充裕。

用相对要素供给量定义相对要素禀赋,主要从要素的供给角度考虑。前面已经假设过两国生产技术相同,生产函数相同,因此这个指标也能成立。

3. 相对人均要素存量

假设本国和外国的人口数分别为 Q_A 和 Q_B,在其他因素不变的条件下,TK_A/Q_A 表示本国的相对人均资本存量,TK_B/Q_B 表示外国的相对人均资本存量。如果不等式 $(TK_A/Q_A) > (TK_B/Q_B)$ 成立,则本国资本要素相对外国而言是充裕的。这只是一个相对的概念,例如,美国无论在资本存量,还是在劳动力绝对数量上,都远远高于瑞士和墨西哥这两个国家。但与瑞士相比,美国的人均资本存量低于瑞士,因此相对于瑞士来说,美国属于劳动力要素丰裕的国家;与墨西哥相比,美国的人均资本存量高于墨西哥的水平,因此相对于墨西哥而言,美国属于资本要素丰裕的国家。

但此指标在实际测算时,有时难以操作。因为各国大都没有关于资本存量的直接统计数据,而且各国的货币单位不同,无法直接进行比较。

(三)等产量线

在经济学中,等产量线是指在技术水平不变的条件下,可以生产相同产量的两种生产要素的各种组合点的连线。等产量线有两层含义:一是产品的生产是由两种生产要素组合而成;二是生产同一产量时,可以有多种要素的组合形式。等产量线的形状表明了两种生产要素在生产某种特定商品时的相互替代程度,边际技术替代率为等产量线斜率的绝对值。

(四)要素密集度及要素密集型产品

要素密集度(Relative Factor Intensity)是指单位产品的相对要素投入比例。如果某要素投入比例大，称该要素密集程度高。根据产品生产所投入的生产要素中所占比例最大的生产要素种类不同，可把产品划分为不同种类的要素密集型产品(Factor Intensity Commodity)。例如，生产小麦投入的要素中，土地占的比例最大，便称小麦为土地密集型产品；生产纺织品投入的要素中，劳动力占的比例最大，便称纺织品为劳动密集型产品。

假设有两种产品(X 和 Y)和两种要素(劳动力 L 和资本 K)，如果生产单位 X 产品的资本与劳动力投入比例为 $(K/L)_X$，生产单位 Y 产品的资本与劳动力投入比例为 $(K/L)_Y$，如果不等式 $(K/L)_X > (K/L)_Y$ 成立，则商品 X 就是资本密集型产品，而 Y 是劳动密集型产品。

例如：如果生产单位 X 产品需投入 2 单位资本和 2 单位劳动力，则 $(K/L)_X = 1$；而生产单位 Y 产品需投入 1 单位资本和 4 单位劳动力，则 $(K/L)_Y = 1/4$。由于 $(K/L)_X > (K/L)_Y$，那么，X 就是资本密集型产品，Y 是劳动密集型产品。

产品的要素密集度是由生产该产品的技术规定的，它不会随国家的不同发生变动，这也是由要素密集度不发生逆转这一假设规定的。

三、要素禀赋论的主要内容

(一)H-O 模型的假设条件

H-O 模型建立在一些假设基础上，这些假设是为了在不影响结论的前提下，使分析更加严谨。这些假设主要包括以下一些。

1. "2×2×2"模型

(1)世界上只有两个国家。两个国家的总体经济实力比较接近。

(2)生产两种商品且要素密集度不同。若发生贸易，双方均有充分的出口供给能力提供对方所需要的商品。

(3)使用两种生产要素。双方在相对资源供给，即相对要素禀赋方面是存在差异的。

实际上，放松这一假设，如果是多个国家、多种商品、多种要素，那么 H-O 模型所得出的结论仍然适用。

2. 商品可在国内外自由流动，而生产要素只能在国内流动

生产要素不能在国际间自由流动，只能在国内各部门间自由流动。这一假设意味着国家之间生产要素的价格差异一直存在。

3. 商品和要素市场是完全竞争市场

根据完全竞争市场的特征，这一假设意味着以下几点。

(1)商品的生产者和消费者、生产要素的使用者和供给者都是市场价格的接受者。

(2)从长期看，生产者不会获得任何超额利润。

(3)信息充分对称，即所有的生产者、消费者、生产要素的使用者和供给者对商品的价格和要素价格有着充分的了解。

4. 两国的生产技术相同

两国技术水平相同，生产函数具有两个特征：一是规模报酬不变；二是每种要素的边

际报酬是递减的，或者单位产出的边际成本是递增的。

这一假设意味着：两国不可能以增加要素投入来获得比较优势，也排除因国际技术的差异导致的生产成本差异与商品价格差异，从而把商品价格差异的原因归于生产要素禀赋的差异。

5. 两国的生产资源都被充分利用，且要素密集度不可逆转

生产资源被充分利用这一假设意味着两国不能够以增加资源总量来增加产品总量。

要素密集度不可逆转是指一种商品相对另一种商品始终是资本密集型（劳动密集型）的。假设衣服为劳动密集型产品，汽车为资本密集型产品，那么劳动力和资本价格如何变动，产品要素投入结构的调整等都不会改变衣服的劳动密集型和汽车的资本密集型的性质。这一假设意味着对产品要素密集度的界定对一切要素价格比率适用。

6. 两国消费者偏好相似

两国消费者的需求偏好相同，即两国无差异曲线的位置和形状是完全相同的。也就是说，在任何相对价格下两国有相同的效用函数，不受收入水平的影响。这说明两国需求收入弹性不变，每种商品的需求收入弹性相等。

这一假设意味着商品价格变动不是由需求变动和收入水平变动引起的，这便于将商品相对价格的国际差异归因于供给，尤其是要素禀赋的差异方面。

7. 自由贸易

没有运输成本和交易成本，也没有任何限制贸易的关税和非关税壁垒。如果存在贸易限制，那么贸易的结果是两国的价格差等于单位贸易商品的关税、运输等成本。

这一假设意味着在不存在着贸易限制时，贸易会使两国的相对（或绝对）商品价格完全相等，这便于分析问题，也不影响分析结果的准确性。

8. 贸易平衡

只有商品贸易，且贸易是平衡的，即出口恰好支付进口。

这一假设意味着两国都必须有一种商品出口，另外一种商品进口，即使处于全面优势或全面劣势状态。

由以上假设可知，两国除要素禀赋不同外，其他条件都是相同的。

（二）H-O 模型的主要内容

H-O 模型的主要内容包括要素供给比例理论、雷布津斯基定理和要素价格均等化理论。

1. 要素供给比例理论

俄林提出，"贸易的首要条件是某些商品在某一地区生产要比另一地区便宜。在每一地区，出口品中包含着该地区比在其他地区拥有较便宜的相对大量的生产要素，而进口别的地区较便宜生产的商品。"

要素供给比例理论的主要内容是一国的比较优势是由其要素丰裕度决定的，一国应出口较密集地使用其较丰裕的要素生产的产品，进口较密集地使用其较稀缺的要素生产的产品。例如，劳动力相对丰裕的国家应当出口劳动密集型产品，进口资本密集型产品；资本相对丰裕的国家应当出口资本密集型产品，进口劳动密集型产品。这一观点是基于以下环

环相扣的推理过程。

（1）商品价格的国际绝对差异是国际贸易产生的直接原因。商品价格的国际绝对差异是同种商品用同种货币在不同国家的价格差异，这是国际贸易产生的利益驱动力。商品价格低的国家向价格高的国家出口，并从国外进口价格低于本国生产的商品，这样贸易双方都能因交换而获利。

（2）价格的国际绝对差异是由生产同种产品时的成本差别造成的。因为成本决定价格，各国生产同一产品的成本不同，必然导致其价格的不同。

（3）各国产品成本（价格）比例不同是国际贸易产生的必要条件。俄林指出，并非价格比例不同的商品之间产生国际贸易，是否会产生国际贸易还取决于双方是否存在比较成本优势。如 A、B 两种商品在美国和日本两国内价格之比是 1∶2 和 3∶6，价格比例相同，此时不存在比较优势，不会产生国际贸易。因此，国际贸易产生的必要条件是两种商品在各自国内的价格比例必须是不同的。

（4）产品成本的差别是由生产要素的价格不同造成的。要素价格是指劳动力、资本土地等生产要素的价格或报酬。假设 K 表示资本要素，L 表示劳动力要素，美国和中国生产布和彩电的技术相同，要素投入结构（K/L）相同，中国单位资本的价格是 6 美元，单位劳动力的价格是 1 美元，而美国单位资本的价格是 3 美元，单位劳动力的价格是 5 美元，如表 4-7 所示。

表 4-7 要素供给比例理论的推导过程

项目	要素	技术系数 要素投入结构（K/L）	要素价格/美元 资本	要素价格/美元 劳动力	产品成本/美元
美国	布	3∶6	3	5	39
美国	彩电	3∶1	3	5	14
中国	布	3∶6	6	1	24
中国	彩电	3∶1	6	1	19

由表 4-7 可见，美国生产布的成本为（3×3+6×5）美元＝39 美元，生产彩电的成本为（3×3+1×5）美元＝14 美元，中国生产布的成本为（3×6+6×1）美元＝24 美元，生产彩电的成本为（3×6+1×1）美元＝19 美元。显然，中国在生产布上具有绝对优势，美国在生产彩电上具有绝对优势。因为布需要更多的劳动力投入，所以布是劳动密集型产品，而中国劳动力相对美国便宜；彩电需要更多的资本投入，是资本密集型产品，而美国资本相对中国便宜，于是两国在布和彩电的生产成本上出现差异。可见，各国产品的成本差是由生产要素的价格差异造成的。

（5）生产要素的价格差异是由各国生产要素的供给比例差异造成的。要素的价格由其供求决定，两国生产要素的供给差异造成了两国生产要素价格的差异。各国所拥有的土地、劳动力、资本以及管理能力等各种生产要素的数量和质量是不同的，一些供给丰富的生产要素价格便宜，稀缺的生产要素价格昂贵。由此得出，要素价格比例不同是由要素供给比例不同决定的。澳大利亚、新西兰等国家土地资源丰富，而劳动力、资本相对较少，于是地租便宜，而工资和利息相对较高，出口的产品（如小麦、羊毛等）便充分利用了资源供给比较优势。

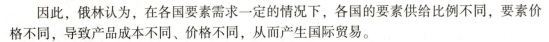

因此，俄林认为，在各国要素需求一定的情况下，各国的要素供给比例不同，要素价格不同，导致产品成本不同、价格不同，从而产生国际贸易。

2. 雷布津斯基定理

1955 年，雷布津斯基在其发表的题为《要素禀赋与相对要素价格》的文章里，对生产要素的增长与国际贸易的关系进行了创见性的讨论，并提出了雷布津斯基定理（Rybczynski's Theorem）。

雷布津斯基定理为：在商品的相对价格不发生变动，并且两种商品均被生产的条件下，一种要素供给数量增加，而其他要素供给数量均保持不变，这会导致密集使用该要素生产的产品的产出增加，同时使其他产品的产出下降。例如，劳动供给的增加会使衣服的产量提高，但同时会使彩电的产量减少。

3. 要素价格均等化理论

要素价格均等化理论进一步论述了两国在发生贸易之后，两国之间的资源禀赋将会发生的变化。

（1）要素价格均等化定理。俄林认为："贸易的直接后果是各地商品价格趋于一致。只要没有运输成本或其他贸易阻碍，一切商品在各地区一定要有相同的价格。"两地间的商品流动可以被理解为生产要素的流动，商品的流动部分代替了生产要素的流动。其结果是贸易前相对丰富的要素价格上涨，相对稀少的要素价格下降，最终导致生产要素价格的均等化。

这一结论由美国经济学家沃尔夫冈·斯托尔帕（Wolfgang Stolper）与萨缪尔森在 1941 年合写的经典文章《保护与实际工资》中重新提出并论证，被称为斯托尔帕—萨缪尔森定理（Stolper-Samuelson Theorem）。其主要内容是：自由贸易不但会使商品价格均等化，而且会使生产要素的价格均等化，使两国所有的工人都能得到同样的工资率，所有的土地都能得到同样的土地报酬率，而不管两国生产要素的供给和需求模式如何。对进口竞争品的保护会提高该部门密集使用的生产要素的收入，即对自由贸易的任何人为的障碍都会阻止要素价格均等化的实现，表现为要素价格均等化的停滞或反向运动。这也可以说是要素价格均等化定理（Factor-price Equalization Theorem）的完整论述。

后来，彼德·林德特（Peter H. Lindert）在其《国际经济学》中将要素价格均等化定理描述为："根据一系列前提假设，自由贸易不但会使商品价格均等，而且会使生产要素价格均等，以至两国的所有工人都能够获得同样的工资，所有的土地单位都能够获得同样的地租报酬。"

（2）生产要素价格均等化的过程。由上面的分析可知，国际贸易是由相对价格差引起的，而国际贸易又促使了各贸易国的商品的价格趋于均等，同时使生产要素的价格均等。

由于各国的要素禀赋是不同的，从而一国比较丰裕的生产要素价格较低，而比较稀缺的生产要素价格较高。国际贸易会使一国的生产结构发生变化，各国会较多生产并出口密集使用本国比较丰裕的要素的产品，较少生产并进口密集使用本国较稀缺的要素的产品，这使各国对不同生产要素的需求程度发生了变化，这种生产要素需求程度的变化又进一步影响各生产要素的价格，从而使本国比较丰裕的生产要素的价格水平上升，比较稀缺的生产要素的价格下降。

例如，印度劳动力相对丰裕，劳动价格相对英国便宜，生产的劳动密集型产品具有比较优势；英国资本相对丰裕，资本价格相对印度便宜，生产的资本密集型产品具有比较优势。如果英国与印度发生贸易后，印度输入资本密集型产品，英国输入劳动密集型产品，随着贸易量的增大，印度越来越多的劳动力被用来生产劳动密集型产品以供出口，对劳动力的需求增加，劳动力价格开始上升，与英国劳动力价格之间的差距越来越小；而英国越来越多的资本被用来生产资本密集型产品以供出口，对资本的需求增加，资本价格开始上升，与印度资本价格之间的差距也越来越小，最终价格会在两国间日趋相等。

（3）要素价格均等化的限制条件。如果以上模型能够实现，意味着将出现"世界大同"的乐观景象。意味着按照这一模型，各国之间不必进行生产要素的国际流动，只要通过国际贸易，各国的劳动力、资本和土地都可以获得完全相等的报酬或收入，那么国际间的贫富差距将消失。但在现实生活中，世界各国的要素价格并不相等，甚至差距非常大。例如，在美国和德国，医生、工程师、技师、机械师和秘书的工资要高于其在中国和墨西哥的同行。是什么原因导致理论与现实不相符呢？从以上推导过程可以看出，其逻辑思路环环相扣，无懈可击，那么问题就应该出在前提假设上。

该理论所依赖的一些假设在现实中是不存在的：①当今世界，没有一国是完全自由贸易，贸易壁垒的存在使各国价格不等；②各国的生产技术不同，不同的技术带来不同的产品，使工资出现差异；③各国产品不同质，使用的生产要素也不同质；④许多企业处于不完全竞争的市场上，有垄断价格的存在等。因此，尽管国际自由贸易程度在提高，然而各国生产要素的价格依然存在差距。

但是，国际贸易在缩小各国要素收入的绝对差异中发挥了作用，如果说国际贸易减少了同质要素报酬的国际差异，而不是将其完全消除了，这是比较符合实际的。因此，要素价格均等理论仍然是有用的，它确定了影响要素价格的重要因素。

四、要素禀赋论的评析

H-O 模型从资源丰裕度角度解释国际贸易的原因，在继承了传统的古典比较优势理论基础上，又有新的创新，对当时经济学界影响很大，曾经被埃尔斯沃思（P. Ellsworth）引入其《国际经济学》中，"每个人都知道，当一种思想写进这种书籍以后，不管它多么不准确，它几乎会变成不朽的。"很长时间内，H-O 模型被认为是现代国际贸易的理论基础。

（一）进步性

1. H-O 模型从两个方面发展深化了比较优势理论

H-O 模型是建立在比较优势基础之上的，它对比较优势理论深化的地方是：第一，比较优势理论以单一要素为分析前提，而 H-O 模型以两种生产要素的投入为分析前提，是从多种生产要素的角度来解释国际贸易问题，与现实更加接近；第二，比较优势理论是建立在各国劳动生产率差异基础上的，H-O 模型排除了这一假设，它假设各国生产同一产品的技术水平是相同的，各国间生产同一产品的成本差异是由各国不同的要素禀赋而不是技术水平和劳动生产率造成的。按要素禀赋的国际差异组织专业化分工生产而后贸易，会使两国的总体贸易利益得到改善，这与比较优势理论模型的结论一致。

2. 正确指出了生产要素在各国对外贸易中的重要地位

H-O 模型从资源丰裕度上来解释国际贸易的原因，又通过要素价格均等化定理来分析国际贸易对经济结构的影响。在各国对外贸易竞争中，土地、劳动力、资本、技术等要素起着重要的作用，对于一国如何利用本国资源优势参与国际分工具有积极的意义。

（二）缺陷

1. H-O 模型忽略了需求因素，与当代发达国家间贸易迅速发展的实际情况不符

与古典国际贸易理论一样，H-O 模型也是从供给角度探讨国际贸易产生的原因，影响了其对于现实问题的分析。按照他们的理论，国际贸易应发生在要素禀赋不同和需求格局相异的工业国家与初级产品生产国之间，但当代贸易的一个特点却是大量贸易发生在要素禀赋相似、需求格局接近的工业国之间，而发达国家同发展中国家间贸易的发展却比较缓慢。

2. 资源禀赋差异并非国际贸易发生的充分条件

H-O 模型强调静态结果，排除了技术进步等其他因素，很多国家参与国际贸易不一定是资源禀赋的差异，特别是第二次世界大战后的国际贸易模式中，技术的差异或经济规模的不同都是产生国际贸易的原因。

3. 诸多假设与现实不符

与比较优势理论一样，H-O 模型也是建立在一系列假设基础之上的。这些假设与现实有很大差距，影响理论对国际贸易的解释力，在验证过程中，很多经济学家发现了理论与现实的矛盾。

第四节　里昂惕夫之谜

一、里昂惕夫与里昂惕夫之谜

第二次世界大战后，在第三次科技革命的推动下，世界经济迅速发展，国际分工和国际贸易随之迅猛发展，贸易商品结构和地区分布发生了很大变化，传统的国际贸易理论显得越来越脱离实际，引起经济学家们对包括要素禀赋理论在内的已有学说的怀疑，并促使他们对一些理论模式进行检验。1953 年开始，里昂惕夫挑起了经济学界针对赫克歇尔—俄林理论展开的大论战。通过检验，里昂惕夫提出了要素禀赋理论的反论——里昂惕夫之谜。

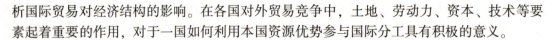 人物介绍

里昂惕夫（W. Leontief, 1906—1999）是美国当代著名的经济学家，投入产出经济学的创始人，第四届（1973 年）诺贝尔经济学奖获得者。他的代表作为《投入产出经济学》，该书收录了他从 1947 年到 1965 年公开发表的 11 篇论文，其中有两篇主要研究国际贸易，即《国内生产与对外贸易：美国地位的再审查》（1953 年）和《要素比例和美国的贸易结构：进一步的理论和经济分析》（1956 年）。

二、对要素禀赋论的检验——里昂惕夫之谜

H-O 模型说明只要知道贸易国要素充裕度的差异，便可判定各国生产优势和贸易优势的差异或国际竞争力的差异，进而预见各国的专业化方向和贸易方式；也就是说，要素禀赋的差异是确定国际分工方向和建立贸易方式的充分且必要的条件。按照 H-O 模型，一个国家应该出口密集使用本国较丰裕的生产要素所生产的产品，进口密集使用本国较稀缺的生产要素所生产的产品。

里昂惕夫于 1953 年运用投入产出分析法调查了美国 200 家企业，并着重对外贸统计数字进行了分析，对 1947 年美国生产每百万美元出口商品和每百万美元进口替代品所需资本和劳动力数量进行了计算，计算结果如表 4-8 所示。

表 4-8　每百万美元出口产品和进口替代品的资本和劳动力需求

1947 年美国投入产出贸易结构	出口商品	进口替代品
资本/美元	2 550 780	3 091 339
劳动力/(人·年$^{-1}$)	182	170
资本—劳动力比率/(美元·人$^{-1}$)	14 015	18 184

（资料来源：Dominick Salvatore《国际经济学》（第 5 版），清华大学出版社，第 101 页。）

由表 4-8 可知，1947 年，美国出口每 100 万美元的商品，用资本 2 550 780 美元，用劳动力 182 人，每人每年耗资 14 015 美元。与此同时，生产每 100 万美元的进口替代品，用资本 3 091 339 美元，用劳动力 170 人，每人每年耗资 18 184 美元。由此可知，在 1947 年，平均每人每年耗资表示的进口替代品的资本/劳动力(18 184 美元/人)和出口商品的资本/劳动力(14 015 美元人)之比为 1.3∶1。这就是说，"美国参与国际分工是建立在劳动密集型生产专业化基础上，而不是建立在资本密集型生产专业化基础上的。换言之，这个国家是利用对外贸易节约资本和安排剩余劳动力，而不是相反。"这个验证结果与 H-O 模型大相径庭，完全出乎里昂惕夫本人的预料，也引起了经济学界的极大关注，被称为"里昂惕夫之谜"或"里昂惕夫悖论"(The Leontief Paradox)。

1956 年里昂惕夫利用投入产出分析法和美国 1951 年的统计资料，对美国贸易结构进行了第二次验证。验证结果以《生产要素比例和美国贸易结构：进一步的理论和检验分析》为题于同年发表。在该文中，里昂惕夫验证了 1951 年美国贸易统计资料，得到的进口替代品的资本/劳动力(13 726 美元/人)和出口商品的资本/劳动力(12 977 美元/人)之比为 1.06∶1，这与 1953 年的结论基本相同。

1959 年，日本两位经济学家建元正弘(M. Tatemoto)和市村真一(S. Ichimura)对日本的贸易结构进行了分析；1962 年印度经济学家巴哈德瓦奇(R. Bharadwai)对印度的贸易结构进行了分析。他们都得出一致的结论：他们与美国进行双边贸易时，向美国出口的是资本密集型产品，进口的是劳动密集型产品，与里昂惕夫之谜一致；而与其他国家的贸易，出口的是劳动密集型产品，进口的是资本密集型产品，与 H-O 模型一致。1961 年加拿大经济学家沃尔(D. F. Wahl)通过对加拿大与美国的贸易结构的研究，也得出了与里昂惕夫之谜一致的结论。很多国家的经济学家对此进行了论证，结果是既未肯定也未否定 H-O 模型。

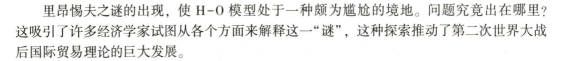

里昂惕夫之谜的出现，使 H-O 模型处于一种颇为尴尬的境地。问题究竟出在哪里？这吸引了许多经济学家试图从各个方面来解释这一"谜"，这种探索推动了第二次世界大战后国际贸易理论的巨大发展。

三、对里昂惕夫之谜的不同解释

"里昂惕夫之谜"引起世界各国经济学家的极大震惊和兴趣，由此产生了许多围绕"谜"的国际贸易理论，这些理论从不同的角度解释了"里昂惕夫之谜"。

1. 人力资本说

人力资本（Human Capital）是指资本与劳动力结合而形成的一种新的生产要素，包括所有能够提高劳动生产率的教育投资、工作培训、保健费用等开支。一般来说，资本充裕的国家往往也是人力资本充裕的国家，在贸易结构和流向上也是出口人力资本要素密集的产品。许多西方经济学家认为资本包括有形与无形两部分，而里昂惕夫计算的资本只包括有形资本，而忽略了无形资本。无形资本就是人力资本，如果在计算资本密度时必须把人力资本的价值加在有形资本的价值上，那么美国出口的便是资本密集型产品，进口的是劳动密集型产品。这样，"里昂惕夫之谜"就不存在了。

里昂惕夫本人也认为，自己没有认真评估美国的要素禀赋，想当然地认为美国是资本丰富的国家，而事实上，同一要素之间有很大的不同，一个农民和一个工程师 1 小时的劳动是不同的，甚至不能相互替代。对此，他从有效劳动（Effective Labor）的角度进行如下解释：由于劳动素质各不相同，在同样资本的配合下，美国工人的劳动生产率比外国同行要高得多，1947 年美国工人的生产率大约是其他国家的 3 倍，因此，在计算美国工人的人数时应将美国实际工人数乘以 3 倍。这样按照生产效率计算的美国工人数与美国拥有的资本量之比，就是劳动力相对丰富而资本相对短缺的国家，"谜"也就不存在了。

受此启发，后来一些学者在要素禀赋理论的框架下引入人力资本这一因素。由于质量上的差异，一般劳动力可区分为熟练劳动力和非熟练劳动力两类。其中，熟练劳动力是指具有一定技能的劳动力，这种技能不是先天具备的，而是通过后天的教育、培训等手段积累起来的，是需要投资的，所以称熟练劳动力为人力资本。这样一来，资本的含义更广泛了，它既包括有形的物质资本，又包括无形的人力资本。美国在人力资本上的投入远远超过了其他国家，意味着美国劳动力含有更多的人力资本，这使美国出口商品的资本密集度要大于进口商品的资本密集度，因此，在加入人力资本后，"谜"也就可以解释了。

2. 需求偏好差异说

赫克歇尔—俄林理论成立的一个前提假设是贸易国双方的需求偏好是无差异的，因此消费结构也是相同的。实际上，贸易各国国民需求偏好是不相同的，而且这种偏好会强烈影响国际贸易方式。一个资本相对充裕的国家，如果国内需求强烈偏向资本密集型产品，其贸易结构就有可能是出口劳动密集型产品而进口资本密集型产品。"里昂惕夫之谜"之所以在美国发生，是因为美国人不喜欢消费劳动密集型产品，而喜欢消费资本密集型产品，因此，消费偏好的力量使美国并未发挥其在生产成本上的比较优势，将劳动密集型产品出口国外，把资本密集型产品留在国内消费。

3. 要素密集度逆转说

在 H-O 模型中，无论生产要素的价格比例实际情况如何，某种商品总是以某种要素密集型的方式生产的，即不论在中国还是在美国，布总是劳动密集型的，彩电总是资本密集型的。但在现实中，假如布在中国是劳动密集型生产，但美国由于资本充裕而劳动力稀缺，有可能在布的生产中使用更多的资本而少用劳动力，这样布在美国就变成了资本密集型产品。这说明要素密集度在现实中可能发生逆转。

要素密集度逆转(Factor-Intensity Reversal)是指一种特定的商品在劳动力丰裕的国家生产就是劳动密集型产品，在资本丰裕的国家生产就是资本密集型产品。例如，小麦在美国由于资本相对丰裕，可以用机械化的方式生产，是资本密集型产品；在中国由于劳动力相对丰裕，则可以用手工作业的方式生产，是劳动密集型产品。

由于同一种商品的生产可以存在要素密集度逆转，那么当劳动力的相对价格提高(工资提高)，美国进口竞争部门会用相对便宜的资本替代相对昂贵的劳动力，由于资本替代劳动的能力很大，或者说进口竞争部门较之出口生产部门有很高的资本替代劳动的弹性，致使该部门生产的产品由劳动力的相对价格提高前的劳动密集型产品变成资本密集型产品，从而会有美国出口劳动密集型产品，进口资本密集型产品的结果。

然而，要素密集度逆转只存在于少数行业中，在现实中不具有普遍性。经济学家格脊见尔(H. C. Cnmbe)在1962年对19个国家的24个行业进行了统计分析，发现有5个行业存在生产要素密集度的逆转的现象。里昂惕夫对他所研究的资料进行定量分析，发现要素密集度逆转的发生率只有1%，也就是说，它对H-O模型无实质性的影响。

4. 自然资源说

该种解释认为，在H-O模型中，只考虑了两种生产要素，即资本和劳动力，而忽略了自然资源要素，如土地、矿藏、森林、水资源等。各国自然资源的种类和数量有很大不同。例如，阿拉伯半岛石油资源丰富而其他资源很少，日本耕地资源较少，美国耕地和煤资源丰富，加拿大有除热带特有资源以外的所有自然资源，这直接影响产品中的资本—劳动力比率。许多贸易产品都是资源密集型的，美国进口品中初级品占60%~70%，而这些初级品大部分是木材和矿产品，属于自然资源密集型产品，如果把这类产品归于资本密集型产品中，便加大了进口产品中资本与劳动力的比率。

自然资源要素与资本要素之间存在相互替代的关系。如果生产某种商品的自然资源不足，就必然要投入较多的资本(先进设备等)。阿拉伯半岛石油资源丰富，开采方便，所需要的设备简单，因此投入的资本相对较少。而在石油稀缺的地方，即使投入大量的资本，也只能生产出成本较高的石油。研究表明，美国的多数进口商品正是美国资源稀缺的商品，作为进口竞争品在美国生产，必须投入较多的资本。而对于出口国来说，这些产品是资源密集型的，所需投入的资本相对较少，生产成本较低。在考虑自然资源这一因素后，"里昂惕夫之谜"也可得到解释。从自然资源的角度看，美国实际上进口的是其稀缺的自然资源，而不是资本。

1959年，里昂惕夫对美国的贸易结构进行计算时，在投入—产出表中减去了19种自然资源密集型产品，结果取得了与H-O模型相一致的结论。因此，H-O模型没有错，里昂惕夫的验证也没有错，只是对美国的要素禀赋判断错了。

5. 贸易保护说

很多经济学家认为"里昂惕夫之谜"是美国贸易保护的结果。H-O模型是建立在完全自由竞争的假设之上的，而现实的国际贸易中存在大量的关税和非关税壁垒，是一个不完全竞争市场，尤其是战争初期。美国贸易政策的制定会受到多种利益集团的影响，贸易政策一般是限制高技术产品（一般是资本密集型的）的出口，阻碍劳动密集型产品的进口。一些研究表明，美国进口劳动密集型产品比进口资本密集型产品受到更严格的进口壁垒限制，特别受到保护的是技术落后的产业和非熟练、半熟练的劳工集团。经济学家罗伯特·鲍德温研究表明，如果美国的进口商品不受限制，那么进口中资本和劳动力之比会比实际高5%。因此，这一结果只能对"谜"进行部分解释，但不能够改变其结论。

四、里昂惕夫之谜的评析

"里昂惕夫之谜"是西方国际贸易理论发展史上的一个重大转折点，它引发了人们对第二次世界大战后国际贸易新现象、新问题的深入探讨，拓宽了人们的思路，推动了第二次世界大战后国际贸易理论的新发展。里昂惕夫的投入产出分析法开辟了用统计数据全面检验贸易理论的道路。各种对"谜"的解释，修正和完善了要素禀赋理论。

本 章 小 结

国际贸易理论的实质是市场经济商品交换和生产分工的思想，其起源和发展可以追溯到出现分工交换思想的古罗马、古希腊时代。亚当·斯密是第一个建立起市场经济分析框架的经济学家。斯密的贸易思想是其整个自由竞争市场经济体系的一个有机组成部分。斯密的"绝对优势"理论认为国际贸易和国际分工的原因和基础是各国间存在的劳动生产率和生产成本的绝对差别。各国应该集中生产并出口其具有劳动生产率和生产成本"绝对优势"的产品，进口其不具有"绝对优势"的产品。贸易的双方都会从交易中获益。

大卫·李嘉图的"比较优势"理论认为贸易的基础是生产技术的相对差别（而非绝对差别）以及由此产生的相对成本的不同。每个国家都应集中生产并出口具有"比较优势"的产品，进口其具有"比较劣势"的产品。比较优势理论在更普遍的基础上解释了贸易产生的基础和贸易所得。

在新古典国际贸易理论中，贡献最大的是瑞典经济学家赫克歇尔和俄林。他们认为产品的相对成本主要取决于产品生产中的要素比例和一国资源禀赋的稀缺程度。各国倾向于集中生产并出口那些密集使用本国充裕资源的产品，以换取那些需要密集使用本国稀缺资源的产品。这种国际贸易的基础是生产要素的禀赋和使用比例上的相对差别。

经济学家里昂惕夫在20世纪50年代用美国的数据对H-O模型进行实证检验后发现其结果并不符合H-O模型理论，这被称为"里昂惕夫之谜"。对"里昂惕夫之谜"的解释包括产品要素密集度逆转、贸易保护、人力资源以及自然资源等。赫克歇尔—俄林理论仍然成立，但对现实世界的解释范围越来越小。

思 考 题

1. 简述H-O模型的基本内容。
2. 简述要素价格均等化定理的主要内容。

本章思考题参考答案

3. 试述"里昂惕夫之谜"及其产生。

4. 对"里昂惕夫之谜"有哪些解释？

5. 简述雷布津斯定理的主要内容。

6. 试对下列说法进行评价。

（1）由于发达国家工资水平高于发展中国家，所以发达国家与发展中国家进行贸易会无利可图。

（2）因为美国的工资水平很高，所以美国产品在世界市场缺乏竞争力。

（3）发展中国家的工资水平比较低是因为国际贸易的缘故。

典型案例

中国为什么是世界制鞋大国而不是世界制鞋强国

中国是世界公认的鞋类生产大国、贸易大国和消费大国，但近年来，印度、巴西、越南等国家在制鞋产业上迅速追赶比拼，使我国面临更加激烈的竞争。在第三届世界鞋业论坛上，专家们认为，因为我国具有丰富的原料资源、完善的产业链、强大的加工能力、劳动力优势及 14 亿人口的内销大市场，未来我国世界制鞋大国的地位难以撼动，但应积极从制鞋大国向制鞋强国转变。

全球贸易信息系统（Global Trade Atlas，GTA）提供的数据显示，作为生产大国，2019年中国鞋类产量占全球的 55.5%，位居第一。作为贸易大国，我国有近百亿双鞋销往世界近 200 个国家和地区，出口份额从 2010 年的 336.5 亿美元增至 2019 年的 450.5 亿美元（不含鞋材等），出口鞋数量及金额分别占世界鞋类出口数量及金额的 73% 和 33.8%，仍位居第一。但在经济候鸟快速"东南飞"的带动下，2019 年越南和印度尼西亚鞋类出口金额分别为 183.8 亿美元和 42.9 亿美元，比 2010 年增长 2.6 倍和 7.5 倍，两者合计占全球鞋类出口额的 17%，比 2010 年提高了 10.4 个百分点。而近几年我国鞋类出口数量却有所下滑，从 2014 年的 107.39 亿双下滑至 2017 年的 96.43 亿双。2017 年我国鞋出口的颓势得到了扭转，但形势仍较为严峻。2019 年我国四大鞋类产品的出口变化比较稳定。

作为消费大国，2010 年我国鞋类国内销售总量达 27 亿～30 亿双，超过每人每年两双鞋的水平，占世界鞋类消费市场的 15% 左右。同时，随着国内消费需求的迅速增长，以及扩大对外交流互通有无的需要，中国进口鞋类近年也实现了快速增长，为"一带一路"沿线国家提供了大量的就业机会。据 GTA 提供的数据显示，2019 年中国进口鞋 50.5 亿美元，比 2010 年增长 5 倍，已从全球鞋类进口额第 19 位跃升至第 7 位，仅次于美国、德国、法国、英国、意大利和日本，10 年间进口净增加 42.1 亿美元，占同期全球鞋类进口增加额的 10.5%。2019 年中国从全球进口 2 亿双鞋子，其中 91.5% 来自越南、印度尼西亚等"一带一路"沿线国家；从欧盟进口 691.8 万双，仅占同期进口量的 3.5%，但进口额却达到 11 亿美元，占同期中国鞋类进口额的 21.7%。我国自欧盟进口鞋以高档皮鞋为主，主要产自意大利、西班牙和葡萄牙等国，进口均价高达 159 美元/双，其中自意大利进口鞋均价为 240 美元/双，同期中国需出口 51 双鞋才能换回一双意大利鞋。

在 2011 年的第三届世界鞋业论坛上，中国皮革协会发布了《未来五年世界鞋业及中国鞋业发展趋势》，其中一组世界最有竞争力的几个国家制鞋劳动力成本上的数据比较引起很大关注：中国年产 130 亿双鞋，劳动力成本是 1.3～1.5 美元/小时；印度年产量 20 亿双，劳动力成本是 0.65 美元/小时；巴西去年各类鞋年产量近 9 亿双，劳动力成本是 4.35 美元/小时；越南去年各类鞋年产量近 8 亿双，劳动力成本是 0.48 美元/小时。在制鞋业这样的劳动密集型产业，企业对劳动力成本极其敏感。改革开放以来中国之所以能发展为世界鞋业中心，劳动力成本低廉是最主要的优势。然而，随着人口红利的逐渐消退，中国制鞋业工人工资相比十年前，增长了 3.5 倍。目前中国大陆东南沿海地区工人月薪大约是 500~600 美元，而印尼大约 300 美元，越南只有 250 美元左右，柬埔寨工人加上其他补贴也才 200 美元。东南亚国家大多处于人口红利阶段，劳动力成本低，而且人口结构比中国年轻。同时，受时局改革与政策红利的双重驱动，东南亚制鞋业表现出良好的发展势头。

《2020 年世界鞋类年鉴》提供的数据显示，2019 年全球鞋类出口平均价格为 9.72 美元/双，而中国的出口均价仅为 4.72 美元/双，尚不及全球出口均价的一半。同期除了瑞士的每双鞋近百美元的均价之外，意大利的出口均价达到 57.1 美元/双，卢森堡、挪威、冰岛、澳大利亚、芬兰和荷兰的出口均价都超过 40 美元，法国也达到 35.8 美元/双。

中国皮革协会理事长苏超英指出，从鞋业的生产数量上来看，这些国家要在 10 年内取代中国鞋业大国的位置，是比较困难的，但是中国在今后发展中的竞争压力依然很大，必须加快调整结构、转型升级，彻底摒弃依靠速度、规模、价格进行竞争的发展方式，而向依靠质量、标准、技术、服务、创新能力和品牌影响力进行竞争的发展方式转变。

资料来源：中国制鞋业与世界鞋业的现状分析 https://www.sohu.com/a/35448875_157520. 作者有整理

学习提示：

(1) 思考点：

① 比较优势和竞争优势的异同点？

② 中国制鞋业的比较优势是什么？

③ 未来中国制鞋业应该怎么提升产业竞争优势？

(2) 关键知识点：比较优势理论、要素禀赋理论。

(3) 能力点：将比较优势理论和要素禀赋理论相结合，分析我国制造业，如制鞋业在国际竞争力中的位置变迁及相应对策。

第五章　保护贸易理论

◎ 教学目的

- 了解保护贸易理论的发展脉络
- 明晰汉密尔顿的关税保护思想
- 掌握李斯特幼稚产业理论和凯恩斯超保护贸易理论的主要内容，并进行科学评价
- 掌握中心—外围论和战略性贸易理论的主要内容，并进行科学评价

✎ 关键术语

　幼稚产业　保护关税　对外贸易乘数　超保护贸易　普雷维什命题　中心—外围
战略性贸易　产业组织理论　博弈论

⬡ 国贸视野

贸易保护主义抬头，全球供应链面临挑战

　　新冠疫情影响导致贸易保护主义进一步抬头，使全球供应链面临严峻挑战。供应链危机本质上是近年来全球贸易和产业领域问题在疫情特殊情境下的集中爆发。多国专家认为，确保产业链供应链稳定是经济畅通运行的重要基础，需要国际社会通力合作。中国在稳链保供方面的做法和倡议对世界经济稳步复苏具有重要意义。

　　1. 全球化链条"牵一发而动全身"

　　产业链供应链的形成是国际贸易投资长期发展的结果。链条各个节点分工越明确、越细化，单个节点的生产与供给就越专业、越集中。一个"断点"的出现可能导致整个链条低效甚至瘫痪。在全球化背景下，国际分工和贸易合作不仅影响全球经济，也与社会生活正常运行息息相关。

　　宏观来看，供应链问题正在影响全球经济复苏。国际货币基金组织（IMF）10月将今年世界经济增速预期下调至5.9%。IMF总裁格奥尔基耶娃表示，新冠病毒变异导致的变化对供应链乃至经济造成影响，阻碍了复苏进程。

　　中观层面，制造业遭遇供应链瓶颈。东南亚许多工厂停工，对日韩等国产业造成压

力。这些深度嵌入全球产业链的电子、半导体产业在陷入困境的同时，也影响其他地区相关产业。国际信用评级机构惠誉公司表示，半导体芯片供应短缺导致美国和德国汽车产量大幅下降。

微观视角，供应链问题还导致一些国家出现零售货品供应短缺、价格飞涨，民众日常生活受到明显影响。在美国，一些港口集装箱堆积、货船滞留，一些地方超市货架空空，日常生活用品和圣诞树等节日用品短缺，瓶装水和卫生纸等必需品限购。

2. 多重因素导致"断链"风险

表象上，疫情造成部分地区工厂无法开工、全球产能不足、运输能力受挫以及供应链下游库存处于低位，导致供应短缺。实质上，"断链"风险是贸易保护主义升温致使国际经贸合作受阻、对产业链造成干扰的后果，此外还受主要工业化国家劳动力短缺制约，疫情让问题更加凸显。

中国国际贸易学会会长金旭表示，供应链存在于生产和消费两个方面，对生产端的原材料等供应短缺影响工业产出，对消费端的产品供应短缺影响社会生活。作为生产和消费大国，美国此次"断链"问题尤为严重，并且影响外溢。

中国人民大学国家发展与战略研究院研究员、商学院教授邓子梁认为，自 2008 年全球金融危机以来，以美国为代表的发达国家重新审视"去工业化"政策，致力于制造业回流，采用保护主义贸易手段为制造业出口创造有利环境，但疫情对其形成了巨大冲击，并影响全球产业协作。

美国《福布斯》杂志指出，本轮供应链问题始于特朗普发起的贸易战。2020 年年底，美国供应链裂痕已经出现，最新一季美国公司财报中的一个焦点就是"供应链紧张"。

资料来源：全球供应链面临挑战 中国稳链保供意义重大 http://www.gov.cn/xinwen/2021-11/11/content_5650246.htm. 作者有整理

第一节　重商主义对外贸易学说

15 世纪至 17 世纪是西欧从封建社会向资本主义社会过渡的时期，为适合商品经济迅速发展的需要，产生了一种新的经济理论，即重商主义。重商主义认为，财富就是金银，金银是货币的唯一形态。根据对待金银的态度和获取金银的手段不同，重商主义可分为早期和晚期两个阶段。

一、早期重商主义

早期重商主义的基本观点是：①财富是金银，金银是货币的唯一形态，任何商品输入都会使货币流出，减少本国货币拥有量，从而减少本国的财富。因此，一国在对外贸易中应该尽可能多输出而少输入，最好是不输入，只有这样一国才能迅速增加货币，积累财富。因此，重商主义又称为"重金主义"（Bullionism）；②该理论认为对贸易要进行严格的管制，力争每一笔贸易均保顺差，从而使金银不流出本国。

早期的重商主义也称货币差额论，其主要代表人物是英国的斯塔福德（Stafford，1554—1612）和法国的孟克列钦（Montchretien，1575—1622）。他们认为，积累财富的主要

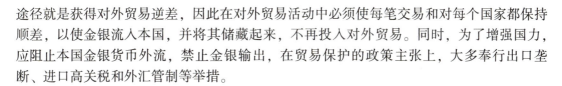

途径就是获得对外贸易逆差，因此在对外贸易活动中必须使每笔交易和对每个国家都保持顺差，以使金银流入本国，并将其储藏起来，不再投入对外贸易。同时，为了增强国力，应阻止本国金银货币外流，禁止金银输出，在贸易保护的政策主张上，大多奉行出口垄断、进口高关税和外汇管制等举措。

二、晚期重商主义

晚期的重商主义也称贸易差额论，其主要代表是英国的托马斯·孟。他批评了早期的重商主义禁止货币流出，将货币储藏起来的不明智做法，主张将货币投入有利可图的对外贸易中，认为货币产生贸易，贸易增加货币，只有保持贸易顺差，才可能增加货币并使国家富足。但一国追求贸易顺差的办法应是保持本国对外贸易总额的顺差，而不必使每个国家的每笔交易都保持顺差。为了实现对外贸易顺差，托马斯·孟提出发展英国工场手工业、航运业、殖民扩张以及保护贸易等政策主张，同时增加了以优惠条件鼓励工业原料进口，以退还税款的方式鼓励商品输出以及对出口生产厂商发放奖金或补助等辅助性措施。

 人物介绍

托马斯·孟（Thomas Mun，1571—1641）是美国重商主义最主要的代表人物、英国贸易差额论的实际创始人。他还是一个商人，曾做过东印度公司的董事和政府贸易委员会的委员。1621 年发表了《论英国与东印度的贸易》一书，马克思评价它是"重商主义的福音书"，是"一部划时代的著作"。他是英国重商主义的集大成者，其重商主义理论及税收思想集中表现在《英国得自对外贸易的财富》一书之中。该书不仅成为英国，而且成为一切实行重商主义政策的国家在政治、经济等方面的基本准则。重商主义理论的核心，是国际贸易差额论。托马斯·孟正是从这种贸易差额理论出发，提出了他的"财富是战争的命脉"的国防财政论和税赋思想。

此外，晚期重商主义认为，为保证国内出口产品有充足的货源供应，政府应当鼓励原料和半成品的进口，对出口工业的发展给予税收等方面的优惠，加强工人技术培训，鼓励外国优秀的技工移民本国。因此，人们又称晚期重商主义为重工主义。

三、重商主义贸易学说简评

重商主义主张的贸易思想和政策在历史上曾起过进步作用，促进了资本主义原始积累，推动了当时国际贸易和商品经济的发展，重商主义主张国家干预对外贸易，积极发展出口产业，实行关税保护措施，通过贸易差额从国外取得货币的观点，对各国根据具体情况制定对外贸易政策有一定的参考价值，但重商主义也有严重缺陷，主要表现在如下几方面。

（一）重商主义的财富观是错误的

金银不是财富，金银也不是财富的唯一形态，贵金属金银只是获得物质财富的手段或媒介，真正的财富是该国国民所能生产的商品数量和种类。

（二）重商主义是经商致富论

重商主义者认为财富都是在流通领域产生的，特别强调国际贸易是财富增值的源泉。这种观点是不科学的，其实财富是在生产过程中产生的，流通中纯商业活动并不创造

财富。

(三)重商主义只研究如何从贸易中获得金银，而没有探讨国际贸易产生的原因

重商主义认为一国只有在他国损失的前提下才能获得贸易利益，而没有认识到国际贸易有促进各国经济增长的重要意义，如果一个国家无利可得或只有损失，那它就会拒绝参加国际贸易，这样国际贸易便不会发生。只有各国都能从国际贸易中获利，两国才会自愿进行贸易。

重商主义的思想实际上只反映了商人的目标，或者说只是从商人的视角来看待国际贸易的利益，因此，这种思想被称为"重商主义"或"商人主义"。到17世纪重商主义开始没落，随着新兴资产阶级力量的不断强大，以亚当·斯密为代表的古典国际贸易理论产生了。

第二节　汉密尔顿保护关税说

18世纪后期至19世纪中期是资本主义自由竞争时期，西欧各国和美国相继完成了产业革命。当时英国的工业水平最高，在国际市场上竞争力最强，需要在世界范围内获取丰富廉价的的原料，需要开拓新的销售市场，极力倡导实行自由贸易政策。而当时工业处于落后地位的美国和德国的经济学家竭力主张实施保护贸易政策。当时贸易保护政策的主要代表人物是美国的亚历山大·汉密尔顿（Alexander Hamilton，1757—1804）和德国的弗里德里希·李斯特（Friedrich List，1789—1846）。汉密尔顿是美国保护主义的鼻祖，是美国独立后的首任财政部部长。美国刚从英国殖民统治下获得独立时，由于殖民统治的影响，特别是受战争的破坏，经济凋敝，工业落后，在与英国的贸易中，仍保留着出口本国农林等初级产品、进口本国所需要工业制成品的格局。这种格局有利于南方种植园主，而北方工业资产阶级经营的制造业却难以发展。在这种情况下，汉密尔顿代表工业资产阶级的利益，推出了贸易保护的理论观点。

1791年12月，汉密尔顿在《关于制造业的报告》中明确表达了他的思想主张。汉密尔顿的保护关税论提出了像美国这样的国家应实行贸易保护政策的主张，其主要内容包括以下几个方面。

（1）率先提出了"幼稚产业"的概念，汉密尔顿在《关于制造业的报告》中明确指出，"幼稚产业"是指由于外来的竞争力（主要是指英国），可能会在最初试验和资金方面受到较大的压力，尚未发展起来的工业——这很明确地指出了应该保护的对象。

（2）进一步分析了为什么需要保护"幼稚产业"。新的工业在早期发展中效率不高，不能与经验丰富的外国生产商进行竞争，若实行自由贸易政策，将会严重损害其经济利益。

（3）提出了具体的保护措施和时间。汉密尔顿指出需要用关税壁垒保护新兴工业，直至效率提高到可以在免税的基础上与外国同类企业进行竞争的水平，方可撤销关税壁垒。具体措施包括：①向私营工业发放政府贷款。②以高额关税保护国内新兴工业。③为必需品工业发放津贴，给各类工业发放奖励金。④建立联邦检查制度，保证和提高制造品质量。⑤限制改良机器输出。

由此可见，汉密尔顿推行贸易保护的目的在于排除外部竞争的不利影响，在国内创造

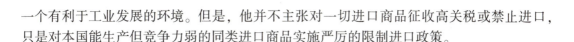

一个有利于工业发展的环境。但是，他并不主张对一切进口商品征收高关税或禁止进口，只是对本国能生产但竞争力弱的同类进口商品实施严厉的限制进口政策。

第三节　李斯特的幼稚产业保护论

弗里德里希·李斯特是 19 世纪德国著名的经济学家，历史学派的先驱者，贸易保护理论的倡导者，其主要代表作是 1841 年出版的《政治经济学的国民体系》(*The National System of Political Economy*)。在该书中，李斯特系统深刻地阐述了幼稚产业保护论。

一、幼稚产业保护论提出的历史背景

19 世纪初，德国是一个政治上分裂、经济上落后的农业国。拿破仑战争后的德国仍保持着中古时代的封建制度，全境分裂为 38 个小邦，每个小邦都有自己的政府、军队、法庭、货币及外交。各邦之间关卡重重，各邦内部省区之间也因为地方税率的差异而彼此分割。直到 1834 年，各邦才建立起统一的关税同盟，1848 年结束封建割据局面，完成政治上的统一。德国发展资本主义经济面临着强大的外部竞争压力，当时的英国已经完成了工场手工业向机器大工业的过渡，法国的工业也有很大的发展，他们竭力提倡在国际市场上开展自由竞争，以大量廉价的商品冲击德国的市场，摆脱外国自由竞争的威胁、促进德国大工业的发展，成为德国资产阶级的迫切要求。李斯特的幼稚产业保护论正是在这样的背景下提出的。

　**人物介绍**

弗里德里希·李斯特(Friedrich List, 1789—1846)是德国 19 世纪上半叶著名的经济学家和社会活动家，历史学派的直接先驱者，保护贸易论的倡导者。他生于一个鞋匠家庭，17 岁考任德国公务员，1817 年被聘为杜宾根大学教授，1820 年当选国会议员，1825 年因抨击时政被迫流亡美国，任当地德文报纸主笔，常在宾夕法尼亚工业促进协会会刊发表论文，后汇聚成书出版，即《美国政治经济学大纲》。1830 年入美国籍，曾任美驻莱比锡、汉堡领事。1832 年以美国驻莱比锡领事身份回国，后因参与全德关税同盟继续遭受迫害。1846 年赴英，鼓吹保护贸易政策。最后自杀身亡。李斯特的主要经济学著作有《美国政治经济学大纲》(1827 年)、《政治经济学的国民体系》(1841)、《德国政治经济学的国民统一》(1846 年)等，《政治经济学的国民体系》为其代表作。

二、幼稚产业保护论的主要内容

1. 求得生产力发展比财富本身重要

李斯特重视生产力的发展，他指出："财富的生产力比之财富本身，不晓得要重要多少倍，它不但可以使已有的和已经增加的财富获得保障，而且可以使已经消失的财富获得补偿。个人如此，对整个国家来说更是如此。""生产力是树之本，可以由此产生财富的果实，因为结果实的树比果实本身价值更大。"李斯特主张重视培养创造财富的生产能力。对于一国的经济利益，他更看重经济成长的长远利益。他认为进口廉价商品，短期内是很合适的，但本国的产业就会长期处于落后的依附地位，而如采取保护贸易的措施限制进口，虽然开始国内厂商提供的商品价格要高一些，短期内消费者的利益会受到损害，但当本国的产业发展起来后，价格会降低，从长远看是有利于公众的。

2. 各国发展阶段不同，所采取的对外贸易政策不同

李斯特还提出了经济阶段论，阐明了经济发展与贸易政策的相互关系，以此作为保护贸易政策的基本依据。李斯特指出："从经济方面来看，国家都必须经过如下几个发展阶段：原始未开化时期，畜牧时期，农业时期，农工业时期，农工商时期。"不同的时期应该实行不同的对外贸易政策。前三个时期要求农业得到发展，应实行自由贸易政策。农工业时期追求工业的发展，必须采取保护贸易政策，确保本国工业的发展。农工商时期追求商业的扩张，应实行自由贸易政策。李斯特认为德国正处于农工业时期，必须实行保护贸易政策，借助国家的力量来促进德国生产力的发展。

3. 选择保护对象是有条件的，保护是有期限的

李斯特认为实行保护贸易政策的目的是促进生产力的发展，最终是为了无须保护。因此，保护并不是全面保护，而是选择那些目前处于幼稚阶段、受到强大竞争压力，但经过一段时间的保护和发展能够被扶植起来并达到自立程度的工业。因此，如果幼稚产业没有强有力的竞争者，或经过一段时期的保护和发展不能够自立，就不应保护。李斯特认为，这里"一段时期"的最高限应为 30 年。也就是说，保护是有期限的。

4. 保护贸易政策的主要手段是关税

李斯特认为，应针对不同类型的产品制定不同的关税税率。对于在国内生产比较方便又供普遍消费的产品，可以征收较高的关税；对于在国内生产比较困难、价值昂贵又容易走私的产品，税率应按程度逐级降低。为了促进本国工业的发展，在本国的专门技术和机器制造业还未获得高度发展时，就应对国外输入的一切复杂机器设备免税或征收较低的税率。

三、对幼稚产业保护论的简评

李斯特发展了重商主义和汉密尔顿的保护贸易理论，以生产力理论为基础，充分论证了落后国家实行贸易保护的必要性、阶段性与动态性，形成了贸易保护的完整理论体系。李斯特主张根据本国的实际情况选择实行自由贸易政策或保护贸易政策，而不是一刀切地实行自由贸易政策；主张从经济成长的长远利益出发，根据经济发展的需要调整贸易政策，而不是一成不变地实行保护贸易政策；主张从维护本国经济运行的稳定性出发，对不同部门实行不同的贸易政策，而不是对所有部门均实行保护贸易政策；主张对产业的保护要有时间限制，而不是无限期地实行保护。李斯特认为实行保护贸易政策的立足点在于保护和促进本国的经济增长和发展生产力，以增强本国经济的国际竞争力。李斯特的保护贸易学说对德国资本主义的发展起到了积极的作用，有利于资产阶级反对封建主义的斗争。他的理论对经济不发达国家制定对外贸易政策有积极的参考价值。他的关于保护对象是有

条件的、保护是有时间限制的、保护本身不是目的而是以自由贸易为最终目的等主张，是具有积极意义的。

尽管李斯特的幼稚产业保护论具有合理性和进步性，但仍存在缺陷。第一，李斯特的生产力概念十分庞杂，他将政体、公共管理、自由程度、政治保障和法律的稳定性等各种社会制度，可供利用的物资以及劳动力的素质和科学技术水平都放在了生产力的定义中。他对影响生产力发展的各种因素的分析十分混乱。他说："基督教，一夫一妻制，奴隶制与封建领地的取消，王位的继承，印刷报纸、邮政、货币计量、历法、钟表、警察等事物，制度的发明，自有保有不动产原则的施行，交通工具的采用都是生产力增长阶段的丰富源泉。"李斯特把各种不同的社会范畴、技术范畴与政治范畴混杂在一起，作为生产力增长的源泉，因而不能揭示生产力和经济发展的根本原因。第二，对"经济发展阶段"的划分缺乏科学性。李斯特的经济发展阶段论是按一定部门在经济发展中的地位和作用来划分的，把社会历史的发展归结为国民经济部门的变迁，而忽视了生产关系这个根本因素，因此不能反映社会经济形态变化的真实情况。

第四节　凯恩斯与超保护贸易主义

约翰·梅纳德·凯恩斯是英国资产阶级经济学家，是凯恩斯主义的创始人。凯恩斯生活的时代，是世界经济制度发生巨大变化的时代。资本主义经济以垄断代替了自由竞争，尤其是1929—1933年空前严重的经济危机使世界市场问题进一步尖锐化，各国相继放弃自由贸易政策，改为奉行保护贸易政策，强化了国家政权对经济的干预作用。在这种背景下，凯恩斯的经济立场也发生了改变，由原来的支持自由贸易转为赞同保护贸易，并积极为其提供理论依据。1936年，凯恩斯出版了他的代表作《就业、利息和货币通论》(The General Theory of Employment, Interest and Money)，简称《通论》。在书中，他对自由贸易理论展开了批评，对重商主义的一些政策进行重新评价，并以有效需求不足为基础，以边际消费倾向、边际资本效率和灵活偏好三个所谓心理规律为核心，以国家干预为政策基点，创立了新重商主义。

一、凯恩斯与超保护贸易主义

1. 批判古典学派的自由贸易理论

凯恩斯认为传统的外贸理论是建立在充分就业的前提下的，不适用于现代社会。凯恩斯还认为古典国际贸易理论只用"国际收支自动调节机制"来证明贸易顺差、逆差的最终均衡过程，但忽视了国际收支在调节过程中对一国国民收入和就业的影响。他认为，贸易顺差对一国对外贸易有利，而贸易逆差则有害。因为贸易顺差可以给一国带来黄金，扩大货币的供应量，刺激物价上涨和降低利息率，从而可以扩大投资和就业。而逆差会使黄金外流，货币供应量减少，物价下降，利息率提高，导致国内经济趋于萧条，失业人数增加，使国民收入下降。因此，凯恩斯在一国对外贸易上赞成贸易顺差，反对贸易逆差，提倡运用各种措施扩大出口，减少进口，以获得贸易顺差。

 人物介绍

> 约翰·梅纳德·凯恩斯（John Maynard Keynes，1883—1946），英国资产阶级经济学家，凯恩斯主义创始人。凯恩斯出生于一个大学教授的家庭，他的父亲约翰·内维尔·凯恩斯曾在剑桥大学任哲学和政治经济学讲师，母亲弗洛朗斯阿达·布朗是一位成功的作家和社会改革先驱。凯恩斯于 1902 年进剑桥大学数学专业，后师从马歇尔学习经济学，深受马歇尔的赏识。1905 年毕业，获剑桥文学硕士学位。1906—1908年在印度事务部任职。1908 年辞去印度事务部职务，回剑桥任经济学讲师至 1915 年。1912—1946 年任《经济学》杂志主编。1913—1914 年任皇家印度财政和货币委员会委员。1915—1919 年任英国财政部顾问。1919 年作为财政部的首席顾问出席巴黎和会，同年因写《和平的经济后果》而驰名。1941 年起任英格兰银行董事。1946 年剑桥大学授予其科学博士学位。他长期从货币数量的变化来解释经济现象的变动，主张实行管理通货以稳定资本主义经济。凯恩斯可谓经济学界最具影响的人物之一，他发表于1936 年的《就业、利息和货币通论》引起经济学的革命，此著作还为我们提供了完整的凯恩斯学说。凯恩斯被誉为资本主义的"救星""战后繁荣之父"。1946 年 4 月 21 日因心脏病与世长辞，享年 63 岁。

2. 提出贸易保护主张

凯恩斯认为，现代社会中存在着三种失业状态：摩擦性失业、自愿失业和非自愿失业，非自愿失业是政府必须解决的问题。失业产生的主要原因是社会的有效需求不足，有效需求是由消费需求和投资需求两部分组成的。消费需求取决于边际消费倾向，投资需求是由资本边际效率和灵活偏好决定的。投资需求又包括国内投资需求和国外投资需求，前者取决于利息率，后者取决于贸易收支状况。如果贸易顺差，国外投资增加，并由此导致国内货币供给增加，利率下降，刺激国内投资增加。如果贸易逆差，则相反。所以，保持贸易顺差可以增加有效需求，解决失业问题，促进经济繁荣。因此，凯恩斯积极主张国家对经济生活进行全面干预，实行保护贸易政策，改变国际收支状况，提高一国国民收入。

3. 支持保护关税制度

凯恩斯认为，保护关税制度有三个好处：①可以促使人们增加国内产品消费，进而增加就业；②可以减轻本国国际收支逆差的压力以便腾出一定的资金，偿付在扩张政策下的必要进口量，并对贫困的债务国进行贷款；③最能得到社会舆论的支持。因此，他曾督促英国政府放弃自由贸易政策，恢复保护关税制度，采取直接措施来限制输入，奖励输出。

二、对外贸易乘数理论

为了进一步说明投资对就业和国民收入之间的影响，强调政府干预的必要性，凯恩斯提出了著名的乘数理论，即投资量的变动给国民收入带来的影响要比投资量实际变动本身大得多。他指出，新增加投资会引起对生产资料需求的增加，从而引起从事生产资料生产的人数和工资的增加；人们收入的增加会引起对消费品需求的增加，从而又引起从事消费品生产的人数和工资的增加。其结果是国民收入的增加量将为新增加投资的若干倍，而增加倍数的多少取决于边际消费倾向。用公式表示为：

$$k = \frac{1}{1 - \dfrac{\Delta C}{\Delta Y}} = \frac{1}{\dfrac{\Delta S}{\Delta Y}} = \frac{\Delta Y}{\Delta S} \qquad (5-1)$$

式中，k 为乘数；Y 为国民收入；ΔY 为国民收入增量；C 为消费；ΔC 为消费增量；S 为储蓄；ΔS 为储蓄增量；$\Delta C/\Delta Y$ 为边际消费倾向；$\Delta S/\Delta Y$ 为边际储蓄倾向。

如果 $\Delta C/\Delta Y = 0$，则没有倍增作用；如果 $\Delta C/\Delta Y = 1$，则乘数或倍增作用为无穷大；在 $0 < \Delta C/\Delta Y < 1$ 时，$1 < k < \infty$。

从式 5-1 可以看出，乘数的大小主要取决于边际消费倾向或边际储蓄倾向，它与边际消费倾向成正比，与边际储蓄倾向成反比。

凯恩斯主义者把乘数理论运用到对外贸易领域，建立了对外贸易乘数理论。他们认为一国的出口和国内投资一样，属于"注入"，有增加国民收入的作用；而一国的进口与国内储蓄一样，属于"漏出"，有减少国民收入的作用。为此，只有当贸易出超或国际收支顺差时，对外贸易才能增加一国的就业量，提高一国国民收入量。此时，国民收入的增加量将为贸易顺差的若干倍。用公式表示为：

$$\Delta Y = [\Delta I + (\Delta X - \Delta M)]k \qquad (5-2)$$

式中，ΔY 为国民收入增量；ΔI 为投资增量；ΔX 为出口增量；ΔM 为进口增量；k 为乘数。

在 ΔI 与 k 一定时，如果贸易顺差越大，ΔY 越大；反之，如果贸易存在逆差时，则 ΔY 要缩小。因此，一国贸易顺差越大，对本国经济发展作用越大。由此可见，凯恩斯及其追随者的对外贸易乘数理论为保护贸易政策提供了理论根据。

三、对外贸易乘数理论的意义及其局限性

对外贸易乘数理论表明，如果一国存在闲置的社会资源，那么通过出口净额的增加将导致国民收入倍增。因此，一国应努力扩大出口，把扩大出口所带来的收入增加较多地用于国内消费，同时减少进口，扩大贸易顺差，从而增加国内的就业机会，活跃市场和促进经济发展。

对外贸易乘数理论在实际运用中也有其自身的局限性。

1. 贸易顺差与国内通货膨胀的矛盾

如果国内已处于充分就业状态，则出口的继续扩大意味着总需求进一步增加，从而将出现过度需求，引发通货膨胀。出口增加所引起的总需求增加与投资所引起的总需求增加不同，投资增加虽然也会引发需求膨胀，甚至通货膨胀，但经过一段时间后，增加投资所形成的新生产能力会增加供给，可以在一定程度上抵消过度需求。而出口增加所形成的过度需求本身往往并不能形成生产能力，可能会引起通货膨胀。

2. 贸易顺差引起的国内价格上升与出口持续增加产生矛盾

如上所述，一国国内若已处于充分就业状态，则出口继续扩大意味着总需求进一步增加，从而出现过度需求，将会推动生产资料价格上涨，削弱本国商品的国际竞争力，除非采取抵消生产资料价格上涨的措施，否则出口的继续增加将难以为继。事实上，充分就业的前提在大多数国家都不存在。

3. 各国贸易顺差与世界总进口值增加的矛盾

对外贸易乘数作用的发挥还必须以世界进口值的增加为前提。假定世界总进口值不

变，那么要扩大出口，就必须降低出口商品的价格，而降低商品价格会导致出口商品生产企业利润率下降而不愿增加出口。所以，只有在世界总进口值不断增加的条件下，才能使一些国家继续扩大出口，并通过出口增加来提高本国的国民收入水平和扩大就业机会。

第五节　普雷维什的"中心—外围"理论

普雷维什是阿根廷经济学家，被誉为"发展经济学"的十大先驱之一。在 1981 年获得第一届"第三世界基金奖"。他曾任阿根廷财政部长、农业财政问题顾问、中央银行总裁和联合国拉丁美洲经济委员会执行书记、贸易与发展会议秘书长等职。普雷维什站在发展中国家的立场上，提出了"中心—外围"理论。

一、"中心—外围"理论的主要论点

（一）世界经济体系分为中心和外围两部分

普雷维什认为，世界经济体系被分成了两个部分：一部分是由发达国家构成的中心，另一部分是由广大发展中国家组成的外围。中心国是技术的创新者和传播者，外围国是技术的模仿者和接收者；中心国主要生产和出口制成品，外围国主要从事初级产品的生产和出口；中心国在整个世界经济中居于主导地位，外围国则处于依附地位并受中心国的控制和剥削。在这种世界经济贸易关系下，中心国享有大部分国际贸易的利益，而外围国则很少享受甚至享受不到这种利益。

（二）外围国家贸易条件不断恶化

普雷维什考察了 1876—1938 年间英国进出口产品的平均价格指数。在普雷维什看来，英国作为世界经济的中心，进口的主要是初级产品，出口的多为制成品。所以它的进口出口可以分别代表这一时期初级产品和工业制成品的世界价格。他将 1876—1880 年的价格指数设为 100，计算出以后各年的原材料价格与制成品价格之比，即发展中国家初级产品的贸易条件。计算的结果表明，除了 1881—1985 年的价格比例有略微的上升（102.4）以外，其余时期的价格比例均呈下降趋势，到 1936—1938 年已降至 64.1。也就是说，一定量的原材料在 19 世纪 70 年代所能购买的制成品，到 20 世纪 30 年代只能买到其中的 64.1% 了。普雷维什由此得出结论，发展中国家初级产品的贸易条件不断恶化。

普雷维什认为，外围国贸易条件不断恶化的原因有以下四个方面。

1. 技术进步的利益分配不均

在"中心—外围"体系中，技术进步首先发生在中心国，工业部门容易吸收新技术，因而会提高工业生产率，使工业的要素收入增加。造成制成品价格较高。而初级产品的生产部门技术落后，劳动生产率低，投入要素的边际收益递减，从而使初级产品的价格较低。

2. 经济周期对中心国与外围国产生的影响不同

普雷维什认为，在经济周期的上升阶段，制成品和初级产品的价格都会上涨，但在经济周期的下降阶段，由于制成品市场具有垄断性质，初级产品价格下跌的程度要比制成品严重得多。这就意味着随着经济周期的反复出现，初级产品与制成品之间的价格差距被不

断拉大，从而使外围国的贸易条件趋于恶化。

3. 工会作用的不同

经济上升阶段，由于企业家之间的竞争和工会的压力，中心国工人的工资会随着企业利润的增加而上涨。在危机期间，由于工会力量的强大，上涨的工资并不因为利润的减少而下调。而外围国的情况则不同，由于初级产品部门缺乏工会组织，没有谈判工资的能力，再加上存在大量剩余劳动力的竞争，外围国工人的工资和收入水平在危机期间会被压低。这样，外围国贸易条件的不断恶化就不可避免。

4. 初级产品的需求收入弹性大大低于制成品

实际收入的提高会引起制成品需求较大程度的增加，因而工业品的价格也会有较大程度的上涨。相反，初级产品的需求收入弹性比较低，它们的价格不但呈现周期性的下降，而且还出现结构性下降。因此，以出口初级产品为主的外围国的贸易条件存在长期恶化的趋势。

（三）外围国家必须实行工业化，独立自主地发展民族经济

普雷维什认为，外围国由于长期奉行初级产品出口战略，形成了不同于中心国的经济结构，其本身缺乏经济增长的动力，加上初级产品贸易条件存在长期恶化的趋势，使外围国的处境更是雪上加霜。外围国要摆脱由于初级产品出口战略所导致的不发达状态，要改造其落后的经济结构，就必须通过实施进口替代战略来实现工业化。

（四）外围国为了实现工业化，应实行保护贸易政策

普雷维什认为外围国为实现工业化，应采取保护贸易政策。只有通过征收关税以及采用配额、许可证、外汇管制等非关税手段限制进口，削弱外国商品的竞争力，才能保证工业化的顺利进行。

普雷维什指出，外围国的保护政策与中心国的保护政策性质是不同的。外围国的保护政策是有节制的，有选择的，是为了发展本国的工业化，它有利于世界经济的全面发展；而中心国的保护贸易政策则是对外围国的歧视和遏制，不但对外围国家不利，而且对整个世界经济的发展也是不利的。

二、"中心—外围"理论简评

普雷维什的"中心—外围"理论对发展中国家的国际贸易理论进行了开拓性研究。他从发展中国家的利益出发，对当代国际分工体系和国际贸易体系中存在的发达国家控制与剥削发展中国家的实质进行了深刻的分析，从理论与实践上揭示了发达国家与发展中国家之间的不平等关系，丰富了国际贸易理论宝库。

普雷维什的"中心—外围"体系，对第二次世界大战后世界经济格局的分析是正确的，它使发展经济学家对第二次世界大战后国际经济关系的不平等认识上升到一个新的高度，为发展中国家打破旧的经济秩序、争取建立新的经济秩序提供了思想武器。他的发展中国家贸易条件不断恶化的论点得到了普遍的证实。

但是这一理论的某些论点分析与解释仍存在局限性。该理论只从技术进步利益分配不均、发达国家工会对产品价格施加影响、制成品与初级产品需求收入弹性不同来解释发展中国家的贸易条件不断恶化，没有从发达国家实行的贸易政策等方面进行深入的分析。实

际上，发达国家长期对本国初级产品实行保护贸易政策，人为地压缩了对发展中国家初级产品的需求也是发展中国家贸易条件恶化的重要原因之一。另外，初级产品的技术含量低，加工程度低、附加值低和替代产品增加等，也使发展中国家贸易条件恶化。

第六节　战略性贸易论

一、历史背景

20 世纪 70 年代中期以来，世界产业结构和贸易格局发生了重大变化，高科技和知识经济的影响越来越重要，一些西方经济学家看到现实世界与传统的国际贸易理论相背离，提出战略性贸易论（Strategic Trade Theory）。该理论提出，一国政府应该从战略角度，主动、积极地选择一些能够增强国家竞争力的理想产业，通过政府的扶植政策加以发展。理想产业主要是指高附加值、高工资和高技术的"三高"产业。

传统的国际贸易理论是以完全竞争的市场和规模收益不变的假设为前提的，在这种条件下得出自由贸易政策是一国的最佳选择的结论，任何政府介入都会降低本国和世界的总的福利水平。然而，现实情况远非如此。在许多产业中，少数几家大的企业垄断着几乎整个国际市场上某些产品的生产，在这些产业中就存在垄断竞争的情形。由于市场的不完全竞争性导致企业可以取得垄断利润，而垄断利润如何在这些企业之间进行分配，则是一个相当复杂的问题。

战略性贸易论之所以称为战略性，是因为这种政府政策旨在改变国内外垄断企业之间的竞争性关系，使得本国内垄断企业在国际市场的竞争中处于优势地位，并使国内经济获得利益。那么，政府的战略贸易是如何实现这种利润转移呢？一个重要条件就是规模经济。由于规模经济存在于相关产业中，政府可以运用贸易政策对这些产业进行扶植，扩大本国企业的生产规模，使本国企业在国际贸易中处于优势地位。

二、基本思想内容

加拿大学者詹姆斯·布朗德（James Brander）及其美国合作者鲍尔·斯潘塞（Ball Spencer）根据产业组织理论和博弈论的研究成果，创造性地探讨了规模经济及不完全竞争条件下政府的补贴政策对出口生产和贸易的影响，提出战略贸易政策的构想。其基本模式为：在不完全竞争市场上，有两个国家在该行业各有一个工厂（寡头），他们均向外界出口某产品，但他们并不消费该产品，由于垄断和控制该产业，因此获得的利润远高于存在充分竞争下的利润（即存在垄断租金）。这时，一国政府采取收税或对本国厂商进行补贴等战略性贸易政策，就可以把垄断租金从国外厂商转移到国内厂商，从而改善本国总福利。

战略性贸易政策是与产业政策紧密结合在一起实施的，它的有效推行不仅要在不完全竞争和规模经济的前提下，而且还应具备以下条件：接受补贴的产业确实能在一个相对较长的时期内保持自己的垄断优势；被保护的目标市场存在新厂商进入障碍；产品市场需求旺盛，能够保证企业的规模收益递增；政府掌握齐全可靠的信息并对实行补贴可能带来的利润有合理预期；不会招致别国政府采取相应的报复措施。

因此，可以得出以下结论，其一，战略性贸易政策下所保护的行业应是正面临巨大或潜在的国外竞争的行业，它有着与国外竞争行业同样高的集中度，而且其生产过程必须具有规模经济或学习效应的特征；其二，政府在实施战略性贸易政策时起着关键性的作用，它必须是一个尽可能信息完备、决策独立和干预有力的政府，这样就能提供一种分散社会风险的机制，纠正市场机制的失衡，增强企业家的创新能力。尤其当政府使用补贴去支持那些未来具有广阔前景的行业的研究与开发时，可以促进技术的商业化。而且，对于垄断竞争的现实市场结构，当政府帮助国内企业战胜已获优先进入优势的国际竞争对手时，政府的支持可以达到公平竞争的最终效果。

布朗德和斯潘塞认为，传统的自由贸易理论是建立在规模收益不变和完全竞争的理想境界的，但现实生活中，不完全竞争和规模经济是普遍存在的现象，在这种情况下，市场本身的运行处于一种"次优"的境界，这种境界不能保证潜在的收益一定能实现，适当的政府干预则有可能改进市场运行的结果。一方面，政府可以利用关税手段来分享外国企业的垄断利润；另一方面，政府还可以通过补贴帮助本国企业获得市场份额。

在不完全竞争尤其是寡头垄断的市场上。由于存在很强的规模收益递增现象，市场份额对各国厂商变得更为重要，市场竞争便成为少数几家企业之间的博弈，谁能占领市场，谁就能获得超额利润。在这场博弈中，政府可以通过提供补贴等手段，影响本国厂商及其外国竞争对手的决策行为，帮助本国厂商在国际竞争中获胜。

用一个假想的例子来说明战略性贸易论。假定在飞机制造业中有两家厂商：美国波音公司和欧洲空中客车公司，两公司都打算生产一种新型客机，但由于该行业规模特点要求，在作为一个整体的国际市场上只能容纳一个厂商进入，否则，如果两个厂商都进入，他们都会遭受 5 万美元损失，而不管哪一个厂商，如果设法让自己在该行业中立足，就能获得 100 万美元的利润，如图 5-1 所示。

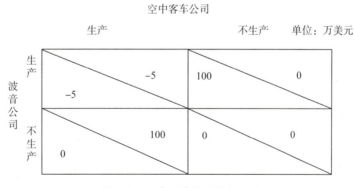

图 5-1　没有政府补贴的损益图

波音公司和空中客车公司只有两种选择：生产或不生产。假设波音公司由于历史原因抢先占领了这个市场，则波音公司获得 100 万美元的利润，空中客车公司不生产。如果空中客车公司硬要挤进这个市场，则两者都亏损 5 万美元，所以空中客车公司不会进入竞争。

假设欧洲政府采取战略性贸易论，补贴空中客车公司 25 万美元进行生产，则以上损益将发生根本性变化。如果两公司都生产，空中客车公司获得政府补贴减去亏损后仍有 20 万美元的利润；如果只有空中客车公司生产，其总利润将达到 125 万美元，而波音公司没有补贴，其损益状况未发生变化，如图 5-2 所示。

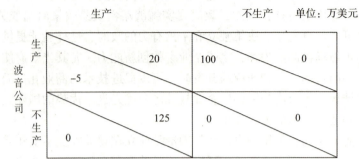

图 5-2　政府给予空中客车补贴时的损益图

在这种情况下，空中客车公司只要生产就有利润，不管波音公司是否生产。因此，对空中客车公司来说，不生产的选择已被排除了，而波音公司则处在一种两难的境地；如果生产，将亏损 5 万美元；如果不生产，则市场将完全被空中客车公司夺走。所以，波音公司只能退出竞争，这样，空中客车公司就能独占整个市场，获得 125 万元的利润。欧洲政府用 25 万美元的补贴，就从国际竞争中获得了 100 万美元的利润。

由这个例子可以看出，从理论上讲，在不完全竞争的市场结构中，战略性贸易论可以改进市场运行的效果，帮助本国企业在国际竞争中取得战略优势，增加整个国家的经济福利。

三、意义及局限性

1. 积极意义

战略性贸易论作为国际贸易新理论的一部分，有以下积极的方面。

（1）它是以 20 世纪 80 年代发展起来的不完全竞争和规模经济理论为基础的，是国际贸易新理论在贸易领域的反映和体现。

（2）战略性贸易论是从现实经济生活中普遍存在的不完全竞争的市场状况中提炼出来的，试图设计出适宜于产业内贸易的干预政策，以改善扭曲的竞争环境，因而具有一定的积极意义。

（3）战略性贸易论广泛借鉴和运用了产业组织理论与博弈论的分析方法和研究成果，是国际贸易理论研究方法上的突破。

2. 局限性

但另一方面，战略性贸易论也有许多不完善甚至消极的方面。

（1）战略性贸易论未就政府的贸易干预的补贴给出任何通用的解决方法。美国经济学家彼德·林德特（Peter Lindert）指出，对于战略性贸易论目标的概率，"寡头垄断理论在这方面没有提供什么答案，因为它提供的答案太多了，等于没说。经济学家们已经发现了一个可能结果无限之多的菜单，他们的政策建议是由看来同样不现实的技术假设的种种变化而触发的。"美国经济学家保罗·克鲁格曼（Paul Krugman）也指出："试图获得超额垄断利润的政策很难制定。因为适合的政策取决于不完全竞争的过程，既然对这一过程并不很清楚，也就很难判定何种设想最为合理。"

（2）战略性贸易论的实现依赖于一系列严格、苛刻的限制条件，除了要求产业必须具备不完全竞争与规模经济这两个必要条件外，还要求：政府必须有齐全准确的信息，对战略性贸易论带来的预期收益心中有数；接受补贴的企业必须给予恰当的配合；产品市场需求旺盛，目标市场不会诱使新厂商加入，以保证企业的规模经济效益不断提高；其他国家不会采取针锋相对的报复措施等。一旦这些条件得不到满足，战略性贸易论就难以取得理想的效果。

（3）战略性贸易论背弃传统的自由贸易，采取进攻性的保护措施，劫掠他人的市场份额和经济利益，容易成为贸易保护主义者加以曲解和滥用的口实，恶化全球贸易环境。因此，许多经济学家都指出，必须正确把握战略性贸易论，不可片面夸大或曲解其功效。

本章小结

　　重商主义产生于15世纪到17世纪资本主义生产方式准备时期，它汇集了当时欧洲各国国内经济和对外贸易方面主要的思想和政策，代表了当时欧洲资本者的利益。重商主义经历了两个发展时期，即早期的重金主义和晚期的贸易差额论。

　　汉密尔顿的保护关税论提出采用关税措施对本国正处在成长过程中的产业特别是制造业予以保护，使之生存、发展和壮大。这一观点为落后国家进行经济自卫和与先进国家相抗衡提供了理论依据。

　　李斯特的幼稚产业保护论提出，在利用关税政策发展本国工业的同时，对不同的产品采取不同的关税税率，以保护本国将来有前途的幼稚产业，促进生产力的发展。李斯特对国际分工和自由贸易利益予以承认，并且主张保护贸易是过渡手段，自由贸易是最终目的。

　　凯恩斯的超保护贸易论提出一国应努力扩大出口，把扩大出口所带来的增加收入较多地利用于国内消费，同时减少进口，扩大贸易顺差以增加国内的就业机会，活跃市场，促进经济发展。

　　普雷维什把国际经济体系在结构上分为由发达工业国构成的中心和由广大发展中国家组成的外围两部分，指出中心和外围的不平等关系是造成中心国与外围国经济发展水平差距加大的根本原因。他认为，外围国家应该充分利用本国资源，努力发展本国的工业部门，逐步实现工业化，并由此提出了进口替代工业化发展战略和出口导向发展战略。

　　战略性贸易论提出，一国政府应该从战略角度，主动、积极地选择一些能够增强国家竞争力的理想产业，通过政府的扶植政策求得发展。

思考题

1. 如何认识李斯特的幼稚产业保护论？
2. 简述对外贸易乘数理论的主要论点，如何评价这一理论？
3. 普雷维什认为外围国家贸易条件不断恶化的原因是什么？发展中国家应采取什么策略？
4. 试举例说明战略性贸易论的主要思想。

本章思考题参考答案

教学目的

- 了解国际贸易新要素理论
- 掌握技术差距论和产品生命周期理论的贸易模式及其对国际贸易理论的发展
- 充分认识产业内贸易理论的界定、衡量及主要内容
- 掌握国家竞争优势理论的含义、决定因素及其发展阶段
- 能够应用所学理论对现实案例进行思考分析

关键术语

需求滞后　模仿滞后　产品生命周期　产品异质性　规模经济　相关与支持产业

国贸视野

中国摩托车败北越南市场的思考

越南人均一辆摩托车，但是中国制造的摩托车却无人问津，这是怎么回事呢？对于越南，想必大家都有所了解，它是一个半岛国家，位于东南亚，与中国的云南接壤。越南是一个经济较落后的国家，以农业为主，这与气候有很大关系，该国属于热带季风气候，非常适合农作物的生长。越南当地大部分人主要从事农产品工作，大部分经济收入来源就是买卖农产品，因此当地人的人均收入都不高。

在越南大街上，你很少看到汽车，只有在个别比较富裕的城市能看到汽车，他们主要的交通工具就是摩托车。但是，越南这个庞大的摩托车消费市场，中国制造的摩托却没有参与进来，日本制造的摩托反而受到当地人的青睐，这是什么原因呢？

在1998年之前，越南的摩托车市场基本由日本品牌主导。1998年以前，日本摩托车制造商在越南的市场份额至少为90%。然而，从1999年开始，中国摩托车企业开始进军越南市场，包括力帆、嘉陵、宗申、隆鑫等品牌摩托车相继进入越南市场。进入越南市场后，中国摩托车企业开始价格战。当时，中国摩托车比韩国摩托车低700美元，比日本摩托车低1 200～1 500美元。例如，当时100ml弯梁车日本车2 100美元，重庆力帆批发价

700 美元，代理零售价 1 200 美元。正是由于中国摩托车具有非常大的价格优势，才在短时间内占领了越南市场，街上到处都是中国摩托车。在巨大的价格优势下，中国摩托车直接压倒了日韩摩托车，尤其是日本摩托车。在短短的三年时间里，中国摩托车在越南市场的占有率从 0 飙升到 80% 以上。

但在高峰期，中国摩托车企业却没能延续辉煌。中国摩托车具有制造优势，成本低于日本和韩国，因此越南的销售价格低于日本和韩国是可以理解的。然而，随着越来越多的中国品牌摩托车进入越南市场，竞争格局已经从中国对日韩的摩托车企业转变为中国摩托车品牌之间的"内战"。为了获得更多的市场份额，各大摩托车企业不断压低价格，零售价格一路走低。以最低价格计算，每辆摩托车的零售价只有 170 多美元，比中国内地更便宜。在低利润的压力下，很多摩托车企业承受不了，只能在质量上下功夫，采购的零件质量差，做工也粗糙。因此，整个摩托车的质量相对较差。虽然中国摩托车的价格只有日本摩托车的 1/3 甚至 1/4，但越南人也不傻，许多越南人发现，中国摩托车在行驶两三年后出现各种问题，甚至报废。日本摩托车的价格虽然相对较高，但骑 10 年左右没有大问题，而且中国摩托车的油耗明显高于日本摩托车。发现中国摩托车的问题后，越来越多的越南人开始抛弃中国摩托车，甚至骂中国摩托车品牌。最后，越南人抵制了中国摩托车，很多人认为开中国摩托车是件丢脸的事。最终，中国摩托车在越南市场失利。

目前，中国摩托车在越南市场的份额不足 5%，而日本摩托车在越南市场的份额已回升到 90% 以上。日本品牌摩托车在市场上经过长时间的考验，赢得了越南人的信任，而中国摩托车品牌则被自己砸烂了。

资料来源：从 80% 市场份额到败走越南，中国摩托车是这样搬石头砸自己的脚 https://new.qq.com/rain/a/20201016A09SNE00. 作者有整理

第一节　新要素理论

古典和新古典国际贸易理论对生产要素的分析仅限于土地、劳动力和资本三种。随着现代国际经济的发展，西方经济学家认为，生产要素不但包括土地、劳动和资本，还包括技术、人力资本、研究与开发、信息等新型生产要素。新要素理论从要素的国际移动、要素密集度的转变等方面来分析国际贸易的基础和贸易格局的变化。

一、新要素理论的内容

1. 技术要素说

传统的生产要素被定义为生产过程的投入物，把工艺流程、方式方法等技术排除在生产要素之外。但是，技术在现代经济活动中的地位越来越重要。技术能够提高要素生产率，节约要素的使用，降低商品成本和价格，优化产品质量效能，提高生产经营水平，增强国际市场竞争力。当今国际经济的竞争很大程度上是技术水平的竞争，技术进步会对各国生产要素禀赋的比率产生影响，从而影响各国的相对优势，进而影响贸易格局的变动。

2. 人力资本要素说

人力资本要素说（Human Capital Theory）是美国经济学家舒尔茨（TW. Schultz）创立的。

他用人力资本的差异来解释国际贸易产生的原因和一国的对外贸易格局。

舒尔茨和许多西方经济学家认为，各国劳动力要素生产率的差异实质上就是人力技能的差异，因为技能也是一种生产要素。人力技能又可称为人力资本，人力资本丰富的国家，如美国、日本，在知识和技术密集型产品的生产和出口上具有比较优势，而大多数发展中国家处于劣势地位。

根据人力资本要素说，把劳动分为两大类：一类是简单劳动，即无须经过专门培训就可以胜任的非技术性的体力劳动；另一类是技能劳动，即必须经过专门培训形成一定的劳动技能才能胜任的技术性劳动。要对劳动者进行专门培训，就必须进行投资，人力资本投资的效果实际上就是人力资本效用发挥的程度。

人力资本富裕状况对国际贸易格局、流向结构和利益等方面具有重要的影响作用。人力资本论者基辛(Kessing)、凯南(Kenen)等认为，资本充裕的国家同时也是人力资本充裕的国家。因此，这些国家的比较优势实际上在于人力资本的充裕，这是它们参与国际分工和国际贸易的基础。在贸易结构和流向上，这些国家往往出口人力资本要素密集型的产品。例如，美国最充裕的要素不是物质资本，而是人力资本，于是美国的贸易结构中技能密集型产品出口占主体，如最先进的通信设备、电子计算机等，而在劳动密集型产品中进口占主体。

3. 研究与开发要素说

研究与开发要素说(Theory of Factors of Research and Development)是由西方经济学家格鲁勃(W. H. Gruher)、梅达(D. Mehta)、弗农(R. Vernon)及基辛(Kessing)等人提出的。研究是指与新产品新技术、新工艺紧密相关的基础与应用研究；开发是指新产品的设计开发与试制。该学说认为研究与开发也是一种生产要素，但它不同于生产过程中其他形式的要素投入。研究与开发要素是以投入新产品中的与研究和开发活动有关的一系列指标来衡量的。例如，可以通过计算研究与开发费用占销售额的比重、从事研究与开发工作的各类科学家和工程技术人员占整个就业人员的比例、研究与开发费用占一国国民生产总值或出口总值的比重等，来判断各国研究与开发要素在经济贸易活动中的重要性。

研究和开发要素对一国贸易结构有很大的影响。一个国家越重视研究与开发，投入资金越多，其产品中知识与技术密集度就越高，在国际市场竞争中的地位就越有利。

1965年基辛在《劳动技能与国际贸易：用单一方法评价多种贸易》一文中，以美国在10个主要工业发达国家不同部门的出口总额中的比重代表竞争能力，分析研发要素与出口竞争力的关系。结果表明，美国产品竞争力强而且出口占10国出口总额比重大的部门，投入的研究和开发费用占美国销售额的百分比也大，科学家和工程师的人数占美国该部门全部就业人数的比重也大。这就证明了一个国家出口产品的国际竞争能力和该种产品的研究与开发要素密集度之间存在很高的正相关关系。

4. 信息要素说

西方经济学家认为，在现代经济生活中，企业除了需要土地、劳动力和资本等生产要素以外，更需要信息，信息已经成为越来越重要的生产要素。信息要素是指来源于生产过程之外的并作用于生产过程的能带来利益的信号总称。信息要素是无形的、非物质的，它区别于传统生产要素，是生产要素观念上的重大变革。信息作为一种能够创造价值的资源，和有形资源结合在一起构成现代生产要素。

信息要素具有特殊性，它是一种能够创造价值并能进行交换的无形资源。一方面，由于信息创造价值的能力难于用通常的方法衡量，所以其交换价值只能取决于信息市场的自然力量；另一方面，由于信息强烈的时效性，所以信息交换也常常带有不可预见的性质。随着市场在世界范围内的拓宽以及各种经济贸易活动的日益频繁，社会每时每刻都在产生巨量的信息，这些信息在不同方面、不同程度地影响着社会经济活动，影响着企业生产经营的决策和行为方式，影响着一个国家的比较优势，从而改变一国在国际分工和国际贸易中的地位。例如，信息在日本的综合商社中占据重要地位，日本的综合商社大都在总部设有情报中心，还在世界各地设立众多的办事处或信息中心，从而形成遍布全球的国际通信信息网，以便对世界经济形势及时、准确地做出判断。

二、对国际贸易新要素理论的简评

传统国际贸易理论中一般都假定生产要素在国际间不能流动，但在现实生活中，生产要素不但可以在各国之间流动，而且对各国要素市场的供给、需求和社会福利产生影响，改变着各国的经济结构，影响着各国的贸易模式和贸易量。就分析方法而言，新要素理论与传统要素贸易理论无本质的不同。国际贸易新要素理论对第三次科技革命所带来的世界经济的飞速发展和世界贸易格局的革命性改变，在理论上给予了新的解释，突破了生产要素的限制，赋予了生产要素更丰富的新含义，并扩展了生产要素的范围，对国际贸易的分析更接近现实。

第二节 技术差距论

技术差距理论(Theory of Technological Gap)又称技术间隔理论或创新与模仿理论，是美国经济学家理查德·V. 波斯纳(Michael V. Posner)于1961年在《国际贸易和技术变化》一文中提出的，后来格鲁勃(W. Gruber)和雷德蒙·弗农(Raymond Vemon)等人进一步对此论证。

1. 四个概念

波斯纳首先提出模仿滞后、反应滞后、掌握滞后和需求滞后四个概念。

模仿滞后是指创新国从制造出新产品到模仿国能完全仿制这种产品的时间间隔。模仿滞后由反应滞后和掌握滞后两个阶段所构成。反应滞后是指从创新国生产到模仿国决定自行生产的时间间隔，反应滞后的长短取决于模仿国的经济价格收入水平需求弹性、关税和运输成本等多种因素。掌握滞后是指模仿国从开始生产到达到创新国的同一技术水平并停止进口的时间间隔，其长短取决于创新国技术转移的程度及时间、模仿国的需求强度以及对新技术的消化吸收能力等因素。

需求滞后是反应滞后的初级阶段，是指创新国出现新产品后，其他国家消费者从没有需求到逐步认识到新产品的价值而产生需求、进口商开始进口的时间间隔。它的长短取决于其他国家消费者对新产品的认识与了解。

2. 主要观点

技术差距理论认为：国际贸易与技术差距是相联系的。技术领先的国家，具有较强开发新产品和新工艺的能力，在技术上处于领先优势，于是出口某类高技术领先产品，导致了该技术产品的国际贸易。随着贸易的扩大，技术可能通过专利权转让、技术合作、对外投资等多种途径和方式传播，被其他国家引进和模仿，于是与其他国家技术差距缩小，贸易量下降。当技术引进国能生产出满足国内需求数量的产品时，两国间的国际贸易就会终止，技术差距最终消失。

为了论证以上观点，格鲁勃和弗农等人根据1962年美国19个产业的有关资料进行了统计分析，结果得出其中5个具有高度技术水平的产业（运输、电器、工具、化学、机器制造）的科研和发展经费占19个产业全部科研和发展经费总数的89.4%，技术人员占19个产业总数的85.3%，销售额占19个产业总销售额的39.1%，出口量占19个产业总出口量的72%。这一研究结果表明，美国在上述5个技术密集型产品的生产和出口方面，确实处于比较优势。因此，从要素角度上说，技术差距论是可以与H-O模型相衔接的。

3. 模型论证

新产品首先在发达国家诞生，其他国家由于技术差距，要过一段时间后才能进行模仿生产，但需求会先于模仿产品而诞生。由于供给和需求之间的时间差距，在这一段时间内便存在着贸易的机会与可能。随着模仿规模的扩大，模仿国的规模经济和廉价的劳动力使创新国逐渐失去比较优势，导致出口下降，甚至最后停产并从别国廉价进口该产品。

图6-1中，创新国在T_0点开始生产新产品，在T_1点时模仿国出现需求，从而开始进口，在T_2点上模仿国开始生产，当到T_3时，模仿国达到完全自给自足，T_3之后模仿国开始出口。按照波斯纳的观点，$(T_0，T_1)$这一段时间为模仿国的需求滞后，$(T_0，T_2)$为反应滞后，$(T_2，T_3)$为掌握滞后，$(T_0，T_3)$为模仿滞后。$(T_1，T_3)$期间两国发生的贸易是由技术差距造成的，T_3之后，模仿国就会出现以低成本为基础的出口，即在该点之后技术差距消失，生产成本的差距将成为贸易发生的主要原因。可见，其他国家需求滞后越短，反应滞后和掌握滞后越长，则创新国依靠技术差距获得的比较利益越大。

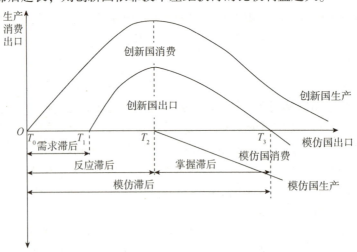

图6-1 技术差距与国家贸易

技术差距理论将各国技术变化作为引发国际贸易的单独因素，但没有说明技术差距的大小及形成的原因，也就没有解释技术差距如何随着时间的推移而消失，因而无法解释贸易量和贸易结构的变动。

第三节　产品生命周期理论

美国经济学家弗农于 1966 年发表的《产品周期中的国际投资与国际贸易》(*The International Investment and International Trade in the Product Cycle*)一文提出了产品生命周期理论 (The Theory of the Product Life Cycle),后经威尔斯(Louise. T. Wells)、赫希什(Hirsch)等人不断发展、完善。该理论从产品生产的技术变化出发,分析了产品生命周期各阶段的循环及其对国际贸易的影响。显然,产品生命周期理论是对技术差距理论的进一步完善和深化。

1. 贸易国家的分类

弗农假设参与贸易的国家可分三类:第一类是技术创新国家,如美国等,他们是技术、知识与资本充裕型国家;第二类是工业发达国家,如西欧、日本,他们是资本充裕型国家;第三类是发展中国家,他们是劳动力充裕型国家。

2. 产品生命周期理论的内容

产品生命周期理论认为,从技术创新角度讲可假设产品的生命周期由新产品创新阶段、产品成熟阶段、产品标准化阶段构成。产品的生产需要很多不同的投入成本,随着技术的变化,在产品生命周期的不同阶段,各种投入在成本中的相对重要性也将发生变化。由于各国生产要素的比较优势不同,因此各国在产品不同阶段的比较优势不同,从而使得各国在国际贸易中的地位不同。

(1)新产品创新阶段(The Phase of the Introduction)。这是新产品的研究和开发、试制、试销阶段。在这一阶段技术尚处于发明创新阶段,研究与开发费用在成本结构中占据最大比重,生产技术尚不确定,产量较少,成本很高,消费量也很少。技术创新国家由于劳动力相对稀缺,资本相对丰富,具有良好的教育条件与雄厚的科技力量,有完备的知识产权保护体系和有利于创新的外部环境,并且承担风险的能力也较强,因此这些国家能够集中大批高素质的科技人员从事研究与开发活动,从而在这一阶段拥有比较优势。技术创新国家发明新产品后,由于对本国市场熟悉,首先在国内市场批量生产与销售,根据消费者动态,及时调整产品生产和营销策略,使新产品尽早走向成熟。新产品最初投入国内市场时,其收入弹性较高,属于高档或奢侈性产品,这一阶段产品主要满足本国高收入阶层的特殊需求。

(2)产品成熟阶段(The Phase of Maturation)。经过一段时间以后,技术创新国家技术趋于成熟,国内消费者普遍接受创新产品,由于新进入的厂商不会受到技术上的限制,收入水平相近的国家开始模仿消费新产品,由于国外需求增加,生产规模随之扩大,新产品进入成长期。此阶段企业之间竞争激烈,为扩大生产和销售,企业进行大量的资本投入,产品从技术密集型转化为资本密集型,于是工业发达国家开始拥有该产品生产上的比较优势,并且逐步取代技术创新国家而成为主要生产国和出口国。技术创新国家厂商一方面继续在本国生产并出口新产品;另一方面在国外以许可形式组织生产,或直接投资在国外设分厂生产并销售。随着分公司的设立,技术创新国家对工业发达国家的直接出口下降,乃至消失。例如,20 世纪 60 年代初期,当西欧制造商开始生产家庭洗碗机时,美国出口就降低了，但美国仍对发展中国家保持出口。

（3）产品标准化阶段（The Phase of Standardization）。新产品进入该阶段的标志是产品由资本密集型转化为劳动密集型。一方面，产品的技术已经完成了其生命周期，生产过程已经标准化，操作也因此变得简单；另一方面，生产该产品的机器本身也因成为标准化的产品而变得便宜。因此，这一阶段技术和资本逐渐失去了重要性，而劳动力成本则成为决定生产是否有比较优势的主要因素，于是生产的比较优势又转移到劳动力丰裕的发展中国家。产品在标准化初期，主要由工业发达国家生产并出口；在标准化晚期，则由劳动力充裕的发展中国家生产并出口。可将上述阶段归纳为表6-1所示。

表6-1　产品生命周期各阶段比较优势及贸易流向

产品生产阶段	特点与比较优势	技术创新国家（如美国）	其他发达国家或地区	发展中国家
新产品创新阶段	产量小，成本高，是技术密集型产品，依靠技术比较优势竞争	在国内生产和销售（因为市场熟悉）以满足本国市场需求，对外出口增加，价格高	进口由增加到减少	进口逐步增加
产品成熟阶段	规模日益扩大，并达到适度规模，是资金密集型产品，依靠规模比较优势竞争	随着技术扩散，竞争加剧，出口开始减少	出口由增加到减少	进口由增加到减少
产品标准阶段	产品高度标准化，生产成本下降，是劳动密集型产品，依靠价格优势竞争	与其他国家在第三国市场展开产品竞争，随着其他国家生产成本的降低，产品从出口转为进口	在与发展中国家竞争中逐步退出出口市场	成为主要出口国

由表6-1可知，由于技术的传递和扩散，不同国家在国际贸易中的地位不断变化。技术和新产品创新在美国，而后传递和扩散到其他发达国家，再到发展中国家。当美国发明新产品大量向工业发达国家出口时，正是工业发达国家大量进口时期；当美国出口下降时，正是工业发达国家开始生产、进口下降时期；当美国由出口高峰大幅度下降时，正是工业发达国家大量出口时期；当工业发达国家出口下降时，正是发展中国家生产增加、进口减少时期；工业发达国家从出口高峰大幅度下降时，正是发展中国家大量出口时期。新技术和新产品的进口转移和扩散像波浪一样，一浪接一浪向前传递和推进。而近年来，新产品的周期有越来越短的趋势。这一过程可用图6-2表示。

图6-2中，横轴表示时间，纵轴上方表示净出口，下方表示净进口。在初始时刻（T_0）新产品刚刚由技术创新国家研制开发出来，由于产品的技术尚未成形，生产规模较小，消费仅限于国内市场。到了T_1时，开始有来自国外的需求，于是开始出口。由于新产品售价较高，只有与发明国收入水平接近的其他发达国家才有能力进口，因此贸易只是在发达国家之间进行。随着时间的推移，进口国逐渐掌握了生产技术，能够在国内进行生产，并逐渐替代一部分进口品，于是进口开始下降，随后，一小部分发展中国家开始有了一些需求，技术创新国家的产品也开始少量出口到一些发展中国家。到T_2时，生产技术已成形，

产品由技术密集型转化为资本密集型。这时来自其他发达国家的第二代生产者开始大量生产和出口该产品，原来的技术创新国家到 T_3 时开始成为净进口国。最后，当产品转变为劳动密集型产品时（T_4），发展中国家成为净出口国。

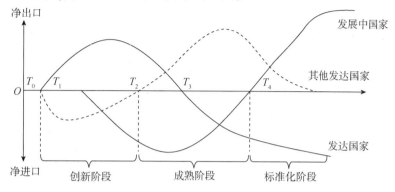

图6-2　产品生命周期与贸易方向变动

第二次世界大战后美国和日本在收音机制造方面的情况，是解释产品生命周期理论的一个经典案例。第二次世界大战刚结束时，美国基本控制了真空管收音机的国际市场。几年之后，日本通过模仿美国技术和利用本国廉价劳动力，占据了很大一部分市场份额。随后美国发明了晶体管，重新在技术上领先。但几年之后，日本也获得了这一技术，又一次可用低价与美国竞争。而美国又通过对印刷电路的使用再次在同日本的竞争中占了上风。从现实来看，一些产品确实经历了这一生命周期，如 VCD 机、电视机等。因此，企业应当根据产品所处的不同阶段，采取不同的经营策略，以实现利润最大化的目标。

3. 产品生命周期理论的现实意义

产品生命周期理论结合了市场营销理论和传统的国际贸易理论等，运用了动态分析方法，从技术创新和技术传播等角度分析了国际分工的基础和国际贸易格局的演变，是第二次世界大战后最具影响的国际贸易理论之一。

（1）它对国际贸易有很大的影响。它引导企业通过对产品的生命周期的把握，了解和掌握出口的动态变化，正确制定对外贸易的产品战略和市场战略。

（2）它对国际投资、跨国公司的生产和经营也有很大的影响，并与国际投资、技术转让等生产要素的国际流动结合在一起，揭示出比较优势是不断在转移的，每一国在进行产品创新、模仿引进、扩大生产和跨国经营时，要把握时机，利用不同阶段的有利条件，长久保持比较优势。

（3）它还反映出企业在当代国际竞争中取胜的重要因素之一是创新能力和模仿能力的大小。

但是，当今世界随着经济一体化的深入，很多产品不具备这样的生命周期。随着跨国经营日益全球化，跨国公司的一些产品往往在东道国就地生产、就地销售，已没有这样一个梯度转移的过程；另外，由于科学技术的迅速发展，产品的生命周期大大缩短。因此，此理论的适用性是有局限的，对于发展中国家而言，要加强技术研发和创新，并抓住全球产业转移的机会，引进对国内而言相对先进的产业，并吸引跨国公司来本地设立研发中心。

第四节　产业内贸易理论

传统的国际贸易理论主要是针对不同产品之间的贸易，但自 20 世纪 60 年代以来，国际贸易大多发生在发达国家之间，而发达国家间的贸易，又出现了既进口又出口同类产品的现象。美国经济学家格鲁贝尔（H. G. Grubel）等人认为，当代国际贸易中的产品结构大致可分为产业间贸易和产业内贸易两大类。他通过对产业内贸易的研究，提出了产业内同类产品贸易增长的特点和原因。继格鲁贝尔之后，格雷（Gray）、戴维斯（Devies）、克鲁格曼（Krugman）和兰卡斯特（Lancaster）等对产业内贸易进行了大量的理论性研究，使产业内贸易理论更加丰富。

一、产业内贸易的概念

从产品内容上看，可以把国际贸易分成产业间贸易（Inter-industry- Trade）和产业内贸易（Intra-industry Trade）两种基本类型。产业间贸易是指各国之间的贸易是不同产品之间的贸易，如美国向中国出口汽车，从中国进口纺织品；产业内贸易是一国同时出口和进口同类型的产品，如美国每年要出口大量的汽车，但又同时从日本、德国、韩国进口大量汽车，产业内贸易的产品是指国际贸易标准分类（SITC）中至少前 3 个层次分类编码相同的产品。

二、产业内贸易理论的假设前提

产业内贸易理论的假设前提主要有：①从静态出发分析；②分析不完全竞争市场；③经济中具有规模经济效应；④考虑需求情况。显然，产业内贸易理论的前提假设与传统的贸易理论假设是不同的。

三、产业内贸易指数

产业内贸易程度可用产业内贸易指数来衡量。从某一行业的角度分析，产业内贸易指数的计算公式为：

$$A_i = 1 - \frac{|X_i - M_i|}{X_i + M_i} \tag{6-1}$$

式中，A_i 为一国 i 产品的产业内贸易指数；X_i 为该国 i 产品的出口额；M_i 为该国 i 产品的进口额。

由式 6-1 可知：A_i 在 0～1 之间变动，A_i 越接近 1 说明产业内贸易的程度越高；A_i 越接近 0，则意味着产业内贸易程度越低。

从一个国家的角度来看，产业内贸易指数由各种产品的产业内贸易指数加权平均数求得，它表示一国产业内贸易在对外贸易总额中的比重。其计算公式为：

$$A = \frac{1 - \sum_{i=1}^{n} |X_i - M_i|}{\sum_{i=1}^{n} X_i + \sum_{i=1}^{n} M_i} \tag{6-2}$$

式中，A 为某国所有产品综合产业内贸易指数；n 为该国产品的种类。

由式 6-2 可知：A 也在 0~1 之间变动，A 越接近 1 说明该国所有产品综合产业内贸易程度越高；A 越接近 0，则意味其所有产品综合产业内贸易程度越低。A 会随着产业范围的大小不同而不同，范围越大，一国越有可能出口该产业的差异产品，A 就越大。

随着科学技术的进步与扩散，各发达国家之间的生产技术已经非常接近，建立在技术差异基础上的比较优势也十分接近，因此这些国家之间贸易的基础已经转向规模经济。根据克鲁格曼的考察，按照 SITC，产业内贸易占世界贸易的 1/4；同时产业内贸易在工业化国家之间的制成品贸易中占主导地位，而制成品贸易又占全球贸易的 70% 以上。根据他对美国贸易结构的考察，美国的许多产业部门所从事的对外贸易不是产业间贸易，而是产业内贸易，如表 6-2 所示。

表 6-2　1993 年美国工业的产业内贸易指数

无机化工产品	能源设备	电气设备	有机化工产品	药品及医疗设备	办公设备	通信器材	运输机械	钢铁	服装	制鞋
0.99	0.97	0.96	0.91	0.86	0.81	0.69	0.65	0.43	0.27	0.20

（资料来源：保罗·克鲁格曼，茅瑞斯·奥伯斯法尔德. 国际经济学 [M]. 5 版. 北京：中国人民大学出版社，第 131 页。）

由表 6-2 可以看出，在不同的行业，产业内贸易占其全部对外贸易的比重是不同的。越是产品多样化、技术要求越高的产业，其产业内贸易的比重越大。产业内贸易水平最高的产业是无机化学工业，其产业内贸易占全部对外贸易的比重为 0.99；其次是能源设备行业，为 0.97；产业内贸易水平比较低的是制鞋业，仅为 0.20。当然，不同国家产业内贸易在各部门中的比重可能是不同的，但是高技术、规模经济以及竞争的激烈程度是产业内贸易发展的重要基础。一般说来，产业内贸易具有以下几个特点。

（1）人均收入水平较高的国家间产业内贸易比重较高，而人均收入水平较低的国家间主要表现为产业间贸易。

（2）产业内贸易的产品具有多样化。产业内的新产品贸易不断涌现，产品可以是资本密集型产品、劳动密集型产品、技术密集型产品等，且交易规模不断扩大。而发达国家间的产业间贸易主要是在不同工业品及服务产品间进行的。

（3）产业内贸易的商品必须具备两个条件：一是在消费上能够相互替代；二是在生产中需要相近或相似的生产要素投入。因此生产要素禀赋相似、要素密集度相近的国家和地区之间产业内贸易规模较大，彼此间主要以产业内贸易形式进行国际交换。如美加之间、欧盟成员方内部的产业内贸易占了绝大多数。

（4）对一国而言，产业内贸易要受该国技术水平、资本及人力资本密集度的影响。一般而言，发达国家的产业内贸易主要集中于资本技术密集型产业，发展中国家的产业内贸易相对集中于劳动密集型产业和资源密集型产业。

（5）产业内贸易一般发生在实现规模经济和不完全竞争的产业，产品差异及消费者偏好不同的产业。例如，美欧、美加与欧盟内部汽车产业内贸易，发达国家间在金融服务业内部的贸易。

四、产业内贸易的分类

格鲁贝尔和劳埃德把国际贸易分为两大类：一类是产业间贸易，指一国只进口或出口同一产业部门的产品；另一类是产业内贸易，指一国同时进口和出口同一产业部门的产品。产业内贸易又分为同质产品的产业内贸易和差异产品的产业内贸易。

（一）同质产品的产业内贸易

同质产品指产品间可以完全相互替代，也就是说产品有很高的需求交叉弹性，消费者对这类产品的消费偏好完全一致。但是这类商品也会发生产业内贸易，因为：①产品可以完全相互替代；②生产区位不同；③制造时间不同。

同质产品的产业内贸易形式主要有如下几种。

（1）边境的大宗产品贸易。如矿石、钢铁、木材和玻璃等建筑材料，运费占很大成本，多采用边境贸易。

（2）产品的季节性贸易。如欧洲国家之间的用电"削峰填谷"，水果的季节性贸易。

（3）转口贸易和再出口贸易。如中国香港、新加坡，只通过仓储、运输服务增值。很多学者认为转口贸易不算产业内贸易。

（4）相互倾销的贸易。

（5）政府的外贸政策推动的贸易。如出口退税、进口优惠。

（6）由于合作生产和特殊的技术条件，引起完全同质的服务，形成的国际贸易。如金融服务。

（二）差异产品的产业内贸易

差异产品是指产品之间不能完全被替代，但是要素投入具有相似性的产品，可能是质量性能的差异、规格型号的差异、使用材料的差异、色彩及商标牌号的差异以及包装、售前、售后服务的差异。这些差异可以分为三种：水平差异、技术差异和垂直差异。

（1）水平差异。它是由同类产品相同属性的不同组合而产生的差异，主要是因为消费者需求多样性和产业内专业化造成的，如烟草、香水等。

（2）技术差异。它是指因技术水平提高、新产品出现带来的差异，如处于生命周期不同阶段的同类产品的差异。

（3）垂直差异。它主要指质量上的差异，如汽车的需求层次不同而导致的性能差异。

格鲁贝尔认为与产业内贸易有关的差别产品有三种类型：一是完全能替代但生产投入要素很不相同的产品，如尼龙毛线和羊毛毛线；二是生产要素投入极为相同但不大能替代使用的产品，如不同挥发程度的石油产品；三是完全能替代、功能极为相似、生产要素投入也几乎一样的产品，只存在款式、功能的微小差别。其中前两种可以用要素禀赋理论解释。

五、产业内贸易发生的解释

造成产业内贸易现象的主要原因是规模经济、需求偏好等。各个国家公司或产业的国际竞争力对于产业内贸易的格局起着决定性作用。

1. 规模经济说

规模经济说（Economies of Scale）源于20世纪70年代，格雷和戴维斯等人对发达国家之间的产业内贸易进行了实证研究，发现产业内贸易主要发生在要素禀赋相似的国家，产生的原因是规模经济和产品差异之间的相互作用。这是因为，一方面，规模经济导致了各国产业内专业化的产生，从而使产业内贸易迅速发展，另一方面，规模经济和产品差异之间有着密切的联系。正是由于规模经济的作用，使得生产同类产品的众多企业优胜劣汰，最后由一个或少数几个厂家垄断了某种产品的生产。而产品差异的存在，既让企业走向专业化、大型化，获得经济上的规模效益，又为各个企业提供了竞争市场，使消费者能够有多种选择。由此可见，规模经济为产业内贸易提供了基础。

规模经济分为内部规模经济(Internal Economies of Scale)和外部规模经济(External Economies of Scale)。内部规模经济是指个别厂商在生产上的规模经济，即企业的单位产品成本在一定范围内随着生产规模的扩大而下降，企业收益增加。外部规模经济是指由于行业的生产规模扩大而给行业内企业带来的产量的增加和效益的提高，其原因是企业可以获得更方便的外部条件，如交通设施、信息、资金、人才等，如美国的硅谷集中了全国大量的计算机生产厂商，使每个厂商都从中获得了非常大的便利，从而实现规模经济。但企业规模也不是越大越好，企业的规模与行业的技术相关。

企业要取得规模经济利益，就必须扩大生产规模，而扩大生产规模又必须以广阔的国内市场为条件。由于规模经济能够导致单位产品成本下降，因此，规模经济和资源禀赋一样，也应该是国际贸易的基础。例如，假定甲、乙两国资源禀赋状况相同，从而生产要素的相对价格比例一样，两国技术水平相同、消费偏好相似。按照传统国际贸易理论，甲、乙两国是不可能发生国际贸易的。但是，如果甲、乙两国对某些产品的国内需求水平存在差别，在这种条件下，两国仍然可以发生贸易，如图 6-3 所示。

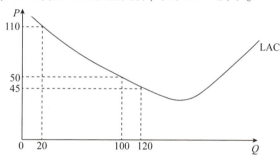

图 6-3　贸易中的规模经济

图 6-3 中，假设两国资源赋予程度和生产技术相同，那么两国长期平均成本线 LAC 相同，假设甲国 A 产品国内需求规模大，在国内组织生产，产量为 100 单位，价格为 50 元；而乙国 A 产品国内需求规模小，在国内组织生产，产量为 20 单位，价格为 110 元。如果乙国放弃生产，专门从甲国进口，那么甲国 A 产品将进一步扩大到 120 单位，成本进一步下降，价格降为 45 元。同理，假设乙国在 B 产品上国内需求规模大，而甲国国内需求规模小，那么甲国可以用 A 产品去交换乙国的 B 产品，结果两国的规模效应都更加明显。可见，规模经济也能影响各国生产成本和比较优势，从而影响国际贸易格局和利益。在现实中，为实现这种规模经济，建立区域经济组织是一个较好的办法，如欧盟、北美自由贸易区。

2. 需求偏好相似说

需求偏好相似说(Theory of Demand Preference Similarity)又称偏好相似说或收入贸易说(Income Trade Theory)，是由瑞典经济学家林德(S. B. Linder)在 1961 年发表的《贸易与变化》(*An Essay on Trade and Transformation*)一书中提出的，他用国家之间需求结构相似来解

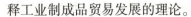

释工业制成品贸易发展的理论。

林德认为H-O模型只适用于工业制成品和初级产品之间的贸易，而不适用于工业制成品之间的贸易。工业制成品生产的初期是满足国内的需求，一旦国内市场大到可以实现规模经济时，才会扩大销售范围，将产品推向国际市场，首先出口的是那些需求相似的国家。这些国家的需求结构和需求偏好与本国越相似，贸易量就越大。那么，影响一国的需求结构的因素是什么？林德认为主要是人均收入，一国的需求结构和人均收入是直接相关的。人均收入越相似的国家，其消费偏好和需求结构越相近，产品的相互适应性就越强，贸易交往也就越密切。

如果同时考察两个或者两个以上国家的供需状况，就会发现，不同国家的产品层次结构和消费层次结构存在重叠。对不同的发达国家来说，由于经济发展水平相近，其产品层次和消费层次的结构都大体相同。也就是说，两国厂商所提供的各种档次的同类产品，基本上都能够被对方各种层次的消费者所接受。正是这种重叠导致了发达国家之间产业内贸易的产生。不仅如此，发达国家与发展中国家的产品层次与消费层次结构也存在部分重叠的现象，发展中国家能够为发达国家的消费者提供适合的产品，反过来也能够接受发达国家的部分产品。这种部分的重叠为发达国家与发展中国家之间的产业内贸易提供了前提和基础。例如，假设甲、乙两国都能够生产小汽车，小汽车可以分为6个档次，而甲国的人均收入较高，需求小汽车的档次范围为3~6档；乙国的人均收入较低，需求小汽车的档次范围为1~4档，如表6-3所示。

表6-3　收入水平不同国家之间的需求重叠

档次	甲国（人均收入高）	乙国（人均收入低）
1		√
2		√
3	√	√
4	√	√
5	√	
6	√	

表6-3中，虽然两国对汽车的需求档次不同，但是他们对3档和4档汽车的需求是重叠的，在这两档汽车上，它们之间是可以进行贸易的。如果重叠的档次越多，贸易的范围就越大。可以看出，如果两国人均收入水平相近，则需求偏好就相似，相互需求就越大，两国之间贸易的可能性也越大；如果两国之间人均收入水平有较大差异，那么需求偏好也会产生差异，两国之间贸易的可能性就小。

六、对产业内贸易理论的简评

1. 产业内贸易理论更符合实际

首先，它的假设前提更符合当代实际；其次，如果产业内贸易的利益能够长期存在，那么其他厂商就不能自由进入这一行业，这就说明了自由竞争的市场是不存在的；最后，产业内贸易的利益来源于规模经济，这种分析比较符合实际。

2. 产业内贸易理论考虑了需求因素

它从供给和需求两个方面分析了产业内贸易现象出现的原因。在供给方面，由于参与国际贸易的厂商通常处在垄断竞争的条件下，因此产生了同类产品的差异化；在需求方面，消费者的偏好具有多样性，而且各国之间的消费需求常常存在互相重叠的现象。

3. 产业内贸易理论对发展中国家的启示

一方面，发展中国家要在国际贸易中提高地位，仅仅依靠资源丰富是远远不够的，必须从规模经济入手提高国际竞争力；另一方面，政府在产业政策、贸易政策等方面加强干预是十分必要的。产业内贸易理论是对比较优势理论的补充和发展，但它依然是从静态角度进行分析，这也是它的不足之处。

第五节　国家竞争优势理论

国家竞争优势理论(The Competitive Advantage of Nations)由美国哈佛大学商学院教授迈克尔·波特(Michael. Porter)提出。20世纪80—90年代，迈克尔·波特经过一系列研究，相继出版了《竞争战略》(1980)、《竞争优势》(1985)、《国家竞争优势》(1990)三本书，分别从微观、中观和宏观三个层面较为系统地论述了竞争(企业竞争、产业竞争、国家竞争)问题，系统地提出了竞争优势理论，使得对国际贸易的解释更具统一性和说服力，形成了一个新的理论框架形。迈克尔·波特在其《国家竞争优势》中指出：一个国家的竞争优势就是企业与行业的竞争优势，国家能否在国际市场中取得竞争优势在于其产业发展和创新能力的高低，而竞争优势形成的关键在于能否使主导产业具有优势；产业的竞争优势又源于企业是否具有创新机制。然而，各国的竞争格局存在明显的区别，没有任何一个国家能够或将能够在所有产业或绝大多数产业上具有竞争优势，各国至多能在一些特定的产业竞争中获胜，这些产业的国内环境往往最有动力和最富挑战性。

一、国家竞争优势理论产生的经济背景

国家竞争优势理论的产生是以美国国际经济地位的变化为背景的。在第二次世界大战后的20年里美国经济实力强盛，遥遥领先于世界各地。但此后，由于其他西方国家经济的快速增长，美国各项经济指标在世界经济中的比重不断下降。20世纪70年代以来，欧洲共同市场的形成和壮大、日本的崛起，都对美国在国际经贸中的地位构成严重挑战。美国在国际市场上的竞争优势严重削弱，连新兴工业化国家和地区(如亚洲"四小龙")都在夺取美国在世界市场上的份额。到了80年代，世界经济贸易领域的竞争进一步加剧，美国对外贸易逆差和国际收支赤字有不断扩大之势，迈克尔·波特的竞争优势理论正是在这种情况下产生的。

二、国家竞争优势理论的主要内容

迈克尔·波特的竞争优势理论是从微观企业竞争优势、中观产业竞争优势和宏观国家竞争优势三个层面展开讨论的。他既探讨了要素、技术及其他因素对国际贸易的影响，又反映竞争优势与国际贸易的动态变化。

（一）微观竞争机制

国家竞争优势的基础在于其企业内部的活力。企业缺乏活力、不思创新，国家整体竞争优势就如无本之木。企业经济活动的根本目的在于使其最终产品的价值增值，而增值要通过研究、开发、生产、销售、服务等环节才能逐步实现。这就要求企业重视各个环节的改进和协调，在强化管理、加强研究开发、提高质量、降低成本等方面实行全面改革。

（二）中观竞争机制

中观层次的分析由企业转向产业、区域等范围。从产业看，个别企业最终产品的价值增值不仅取决于企业内部要素，而且有赖于企业的前向、后向和旁侧关联产业的辅助与支持；从空间看，各企业为获得理想的利润和长期发展，需要有产业发展空间，利用产业链构建一个最优的区域组合，以达到降低成本、提高快速反应能力等目的。

（三）宏观竞争机制

国家竞争优势并非个别企业、产业竞争优势的简单加总。一国的宏观竞争机制对其是否能取得国家竞争优势有决定性作用，而这取决于几组基本要素：生产要素（Factor Conditions），需求状况（Demand Conditions），相关产业和支持性产业（Related and Supporting Industries），企业战略、结构和竞争对手（Firm Strategy、Structure and Rival），这四组基本要素组成一个系统，共同决定国家竞争优势。另外，国家竞争优势还受机遇（Opportunity）和政府（Government）作用的影响，但它们都要通过四组基本因素才能影响国家竞争优势，所以属于辅助因素。为此，迈克尔·波特提出了国家竞争优势的获得取决于四个基本因素和两个辅助因素的整合作用的钻石体系，如图6-4所示。

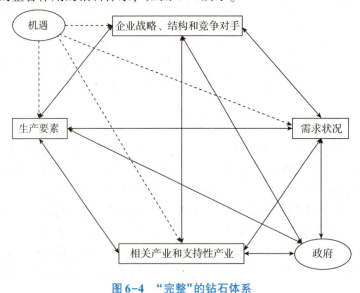

图6-4　"完整"的钻石体系

每一个因素都可单独发生作用，但同时又对其他因素产生影响。各个因素结合成一个有机体系，其共同作用决定着国家的竞争优势。

1. 生产要素

生产要素是指一个国家在特定产业竞争中有关生产方面的表现，包括土地、自然资源、人力资源、资本资源、知识资源和基础设施等。这些资源可进一步分为基本要素（Basic Factors）和高级要素（Advanced Factors）两类，前者是指一国先天拥有或不需太大代价便能得到的要素，如自然资源、地理位置、气候、非熟练或半熟练劳动力等；后者是指须通过长期投资和培育才能创造出的要素，如现代化的基础设施、高素质的人力资源或高新技术等。在过去，基本要素在许多行业对企业的竞争优势具有决定性的影响，但现在其重要性日趋减弱，取而代之的则是高级要素。高级要素的优势是企业国际竞争力在未来持续可靠发展的源泉。对于国家竞争优势的形成，后者更为重要。但是，在特定条件下，一国某些基本要素上的劣势反而可以刺激其创新，使企业在威胁面前为提高自己的竞争地位而努力，最终使国家更具竞争力，从而创造出动态的竞争优势。当然，这需要国家创造一个使劣势转化为优势的有利环境。

2. 需求状况

需求状况是指本国市场对该项产业提供产品或服务的需求情况。迈克尔·波特认为，国内需求状况的不同会导致各国竞争优势的差异，能够在激烈竞争中生存并发展壮大的企业更有可能获得竞争优势，在提升企业持续竞争力方面，最重要的是市场的特征而不是市场的大小。不同的国内需求使厂商对买方需求产生不同的看法和理解，并做出不同的反应。本国市场的需求大，将有利于企业迅速达到规模经济。如果本国消费者特别挑剔，要求复杂且标准很高，则会促使本国企业努力改变产品质量和服务，进行创新，提供更先进的产品，从而获得竞争优势。

3. 相关产业和支持性产业

相关产业和支持性产业是指因共用某些技术、共享同样的营销渠道或服务而联系在一起的产业或具有补性的产业。相关产业和支持性产业的表现是指相关产业和上游产业是否具有国际竞争力。一个国家的产业要想获得持久的竞争优势，就必须具备在国际上有竞争力的供应商和相关产业，其重要性不但在于他们以最有效的方式及早地、迅速地为国内公司提供最低成本的投入品，而且，它们与主导产业在空间分布上的邻近，将有利于他们之间的信息传递、技术交流，从而促进企业的科技创新，形成良性互动的产业簇群。

4. 企业战略、结构和竞争对手

企业战略、结构和竞争对手是指企业在一个国家里的基础、组织和管理形态以及国内市场竞争的表现，包括公司建立、组织和管理的环境以及国内竞争的性质。不同国家的公司在目标、战略和组织方式上都大不相同。在现实经济生活中，企业都有自己的规模、组织形式、产权结构和竞争目标，它们构成企业的管理机制。企业要在竞争中赢得优势，必须根据内部条件和外部环境进行合适的选择。迈克尔·波特强调，强大的本国竞争对手是企业竞争优势产生并得以长久保持的最强有力的刺激。没有任何战略是普遍适用的，战略的适用性取决于某时、某地、某企业的有关工作的适应性和弹性。

5. 机遇

机遇包括重要的新发明、重大技术变化、外汇汇率的重要变化、突然出现的世界或地区需求、外国政府的政治决定和战争等。机遇对于竞争优势的重要性在于它可能打断事物的发展进程，改变一个国家在一个产业中的国际竞争地位，使原来处于领先地位的公司的竞争优势无效，使落后国家的公司能顺应局势的变化，抓住新机会获得竞争优势。

6. 政府

政府对国家竞争优势的作用主要在于对四种基本因素的影响。政府可以通过补贴、对资本市场加以干预或制定教育政策等影响要素条件；通过确定地方产品标准、制定规则等影响买方需求；政府也能以各种方式决定相关产业和支持性产业的环境，影响企业的竞争战略、结构和竞争状况等。因此，政府的作用十分重要。

迈克尔·波特又通过研究德国、美国、意大利和日本等国经济发展状况，从实证角度对其理论予以说明。他认为，日本经济在 20 世纪 70—80 年代正处于创新阶段，经济发展后劲较强；而美国经济在 20 世纪 80 年代则处于财富推动的阶段，许多工业正在衰退，竞争处于垄断状况，经济缺乏推动力。根据这一理论，一国要提高经济实力和竞争力，必须创造公平竞争的环境，重视国内市场的需求，重视企业的创新机制和创新能力。

三、国家竞争优势理论与比较优势理论的关系及其意义

国家竞争优势理论所要解释的是企业或行业国际竞争力的来源，因此，国家竞争优势理论直接构成一种国际贸易理论。国家竞争优势理论的追随者往往将比较优势与竞争优势看作两个完全对立的范畴，或者认为国家竞争优势理论的提出就是为了替代比较优势理论。这种观点是对比较优势和竞争优势的误解。国家竞争优势理论与比较优势理论既有区别又有联系。

1. 区别

国家竞争优势理论是对比较优势理论的发展和超越，是对当代国际贸易现实的逼近。比较优势理论着眼静态分析，而国家竞争优势理论则强调以竞争、创新为基础的动态分析，可以说是对传统理论的突破，这是两者的根本区别。比较优势理论不重视国内需求状况、相关与支持性产业及国内竞争等因素对于企业竞争优势的影响；迈克尔·波特非常肯定地认为，国内因素与竞争优势之间存在因果关系。

2. 联系

在比较优势理论与国家竞争优势理论之间并不存在一种对立的或者相互替代的关系。实际上，二者之间的关系更接近于一种相互补充的关系。

（1）在生产要素方面，比较优势理论和国家竞争优势理论都强调生产要素在企业和产业创造竞争力过程中所发挥的作用。比较优势理论强调一国在其产品、技术和产业选择中，只有充分利用其相对丰富的生产要素，才能降低成本，提高竞争力，国家竞争优势理论更加强调高级要素的重要性。因此，遵循比较优势，充分利用现有要素禀赋所决定的比较优势来选择产业、技术、生产活动，是企业和国家具有竞争力的前提。

（2）在同业竞争方面，国家竞争优势理论认为，激烈的同业竞争能够给企业提供足够的压力，使企业增加对高级要素的投资，有利于推进企业的创新。但是对一个特定的行业来说，只有该行业是符合经济体的比较优势时，同业间的良性市场竞争才有可能实现。

（3）相关产业和支持性产业。国家竞争优势理论非常强调相关产业和支持性产业对企业和产业创造竞争优势的重要性，但这与国家的经济发展战略有关。在违背比较优势的经济发展战略下，一个具有良好发展前景的产业簇群是很难出现的。

综上，充分地发挥经济的比较优势是迈克尔·波特"钻石体系"中的四种基本因素存在和发挥作用的必要条件，或者说充分发挥经济的比较优势是国家创造和维持产业竞争优势的基础。比较优势与竞争优势往往同时作用于一国产业的发展，一国往往有的产业具有比较优势，有的产业具有竞争优势；比较优势与竞争优势可以互相转化，有比较优势的产业有利于创造竞争优势，比较优势是竞争优势的基础；两者都是产业竞争力的比较，比较优势侧重产业发展的潜在竞争力，竞争优势强调现实的竞争力。

四、对国家竞争优势理论的简评

1. 国家竞争优势理论是当代国际经济学理论的重大发展

国家竞争优势理论弥补了其他国际贸易理论的不足，提出了国际竞争优势应该是国际贸易理论的核心，建立国际竞争优势才能获得持久的比较利益。同时该理论突破了传统贸易理论对于在要素基础上形成优势的静态观点，弥补了单项因素或其简单组合为出发点来展开理论分析的不足。

2. 国家竞争优势理论在当代国际贸易分工中也具有重要的现实意义

伴随着当今经济的一体化到全球化，国际分工日益深入，国际竞争日益激烈，在这种竞争中，任何一个国家不再可能依靠基于禀赋条件的比较优势赢得有利的国际分工地位，而只有创造竞争优势，才能提高自己的竞争力，增进本国人民的福利。迈克尔·波特强调加强国家竞争优势的扶持和培育，这对于发展中国家竞争优势的发展无疑具有积极的指导意义。

总之，国家竞争优势理论超越了传统理论对国家优势地位形成的片面认识，首次从多角度、多层次阐明了国家竞争优势的确切内涵，指出国家优势形成的根本原因在于竞争，在于优势产业的确定。从这个意义上说，国家竞争优势理论摆脱了传统理论的孤立性、片面性，建立了国家竞争优势的概念体系和理论框架。

第六节　新新贸易理论

新新贸易理论是美国哈佛大学教授赫尔普曼（Helpman）、梅里兹（Melitz）、安切斯（Antras）等在保罗·克鲁格曼（Paul Krugman）的新贸易理论基础上提出的一种解释国际贸易现象的理论。该理论认为，一个国家是否以及如何参与国际经济贸易活动，不仅取决于比较优势、自然禀赋等因素，更取决于该国企业的状态、效率和竞争力状况。一个国家的企业如果效率很高、竞争力很强，对其他国家的企业具有优势，就可以在很大程度上让全球变为自己的市场，否则就只能龟缩在国内，甚至被淘汰。不仅贸易行为，企业投资行为也是如此。

一、新新贸易理论产生的背景

新贸易理论是指 20 世纪 80 年代初以来，以克鲁格曼为代表的一批经济学家提出的一系列关于国际贸易的原因，国际分工的决定因素，贸易保护主义的效果以及最优贸易政策的思想和观点。起初，新贸易理论旨在用实证的方法解释贸易格局，填补传统贸易理论的逻辑空白，后来发展成为以规模经济和非完全竞争市场为两大支柱的完整的经济理论体系。自赫尔普曼和克鲁格曼提出新贸易理论以来，在近20年中，国际贸易理论的前沿进展甚少，其分析视角是从国家或产业层面入手，模型中企业是同质的、无差异的，无法解释国际贸易中更为微观层面的许多现象，如为什么同一产业内有的企业从事出口，而其他企业却仅仅涉足于国内市场等问题。直至2003年梅里兹提出"异质企业贸易模型"，形成了以企业层面研究国际贸易的新新贸易理论。

二、新新贸易理论的主要内容

新新贸易理论有两个分支：一是以梅里兹（Melitz）为代表的学者提出的异质企业贸易模型，另一个是以安切斯（Antras）为代表的学者提出的企业内生边界模型。异质企业贸易模型主要解释为什么有的企业会从事出口贸易而有的企业则从事国内贸易；企业内生边界模型主要解释什么因素决定了企业会选择公司内贸易、市场交易还是外包形式进行资源配置。二者都研究了什么决定了企业会选择以出口方式还是外国直接投资（Foreign Direct Investment，FDI）方式进入国际市场。

（一）新新贸易理论的异质企业贸易模型

1995年，伯纳德（Bernard）和杰森（Jensen）在研究美国企业时发现，美国只有很少一部分企业从事出口，与非出口企业相比，美国的出口企业有很大的不同，表现为出口企业规模都相当大，生产率较高，支付的工资较高，使用更熟练的技术工人，更具备技术密集型和资本密集型特征，这些差异被称为企业的异质性。异质企业贸易模型就是探讨异质企业是如何从事国际贸易，贸易对企业的生产率增长和福利究竟会产生哪些影响。

梅里兹异质企业贸易模型认为，在同一产业内部，不同企业有不同的生产率，不同企业在进入该产业时面临不可撤销投资的初始不确定性也各不相同，进入出口市场也是有成本的，企业在了解生产率状况之后才会进行出口决策。梅里兹的研究结果显示，贸易能够引发生产率较高的企业进入出口市场，而生产率较低的企业只能继续为本土市场生产甚至退出市场。国际贸易进一步使得资源重新配置，流向生产率较高的企业。产业的总体生产率由于资源的重新配置获得了提高，这种类型的福利是以前的贸易理论没有解释过的。

一个产业部门的贸易开放将会提高工资和其他要素价格，驱使生产率最低的企业被迫退出市场。生产率最高的企业将能够承担国际营销的固定成本并开始出口，生产率居于中游的企业将继续为本土市场生产。利益分配将有利于那些生产率较高的企业，因为这些企业既为本土市场生产也为出口市场生产，而生产率最低的企业已经退出市场，其结果是整个产业的生产率因为国际贸易而得到提升。当削减关税、降低运输成本或增加出口市场规模时，整个产业的生产率也会得到相应提高，这些贸易措施都将提高本土和出口市场销售的平均生产率。

（二）新新贸易理论的企业内生边界模型

企业在国际化过程中面临着两个关键选择：一是是否进入国际市场，是继续做一个本土的企业还是选择进入国际市场？二是以何种方式进入国际市场，是选择出口还是FDI的形式？原有模型能解释为什么一家本土企业有在外国进行生产的动力，但是这些模型无法解释为什么这些海外生产会发生在企业边界之内，而不是通过常见的市场交易、分包或许可的形式进行海外生产。新新贸易理论的企业内生边界模型从单个企业的组织选择问题入手，将国际贸易理论和企业理论结合在一个统一的框架下。

安切斯和赫尔普曼探讨了企业异质性对企业边界、外包以及内包战略选择的影响，为研究企业全球化和产业组织提供了全新的视角。

企业内生边界模型认为，企业进入国际市场时面临一体化(Integration)和外包(Outsourcing)两种选择，而一体化和外包又分为国内和国外两种情况。

(1)国内一体化，也称国内内包(Insource Home)，指企业只在国内生产。

(2)国际一体化，又称国际内包(Offshore Insource)或垂直对外直接投资(Vertical Foreign Direct Investment)，指企业通过在国外设立分公司生产部分中间产品和零部件，再通过公司内贸易出口到国内母公司的生产形式，其涉及公司内贸易(Intra-firm Trade)。

(3)国内外包(Outsource Home)，是指企业通过在国内外包的形式组织生产。

(4)国际外包(Offshore Outsource)，是指企业将部分中间产品和零部件在国外市场外包，再通过贸易进口到国内来组织生产。

异质性企业会根据自身的特点选择不同的生产方式，进而选择不同的组织或契约制度。一般而言，具有资本和技术密集型特征的企业往往倾向于采用内部一体化或垂直一体化，相应的贸易模式更多采用母公司与子公司之间或者于公司之间的内部贸易，而对市场的依赖较少。

三、对新新贸易理论的评价

(一)贡献

以梅里兹异质企业模型为核心的新新贸易理论开启了国际贸易研究新领域，其贡献主要表现为以下几个方面。

1. 新新贸易理论确立了新的研究视角

21世纪诞生的新新贸易理论突破了新古典贸易理论和新贸易理论以产业为对象的研究范畴，将分析变量进一步细化到企业，以异质企业的贸易投资作为研究重点，使国际贸易理论有了新的微观基础和视角。新新贸易理论通过异质企业贸易模型的建立，阐明了现实中只有部分企业选择出口和对外直接投资的原因；通过企业内生边界模型的建立和拓展，将产业组织理论和契约理论的概念融入贸易模型，很好地解释了公司内贸易模式，并在企业全球化生产研究领域进行了理论创新。

2. 新新贸易理论创新了研究方法

新新贸易理论是对传统贸易理论的补充，尤其是对新贸易理论的补充，它在垄断竞争模型的基础上放松了企业同质的假定，从异质企业角度提出了贸易的新观点，成功将企业生产率内生到模型中，将贸易理论研究对象扩展到企业层面，从而在研究方法上取得了突破。

(二)局限

当然，尽管新新贸易理论的体系正在逐渐完善，但其较为严格的假设前提仍然导致了解释力的局限性。第一，该理论没有充分考虑产品差异性，产品的差异不仅体现在产品的功用上，还体现在技术含量、功能多样性、质量、档次等方面，现代企业越来越重视产品差异化和市场细分，将市场分为高端和低端，一些企业的产品主要销往高端市场，而一些企业产品销往低端市场，新新贸易理论还不能解释如技术含量等差异带来的产业内贸易现象。第二，新新贸易理论还有待引入企业异质性的其他内涵，企业异质性不仅体现在生产率、企业规模、组织结构等方面，还体现在跨国经营方式（出口、FDI、独资、合资等）、企业战略、市场定位等方面。

📝 本章小结

20世纪60年代以来，国际经济和国际贸易进入了一个新的发展阶段，出现了一些传统国际贸易理论所没有也不可能说明的新现象与问题，国际贸易新理论正是顺应了历史的需要而逐渐产生与发展起来。

随着现代国际经济的发展，西方经济学家认为生产要素还包括技术、人力技能、研究与开发、信息、规模经济与管理。

技术差距与产品生命周期理论将各国技术的动态化作为引发国际贸易的单独因素，从动态的角度说明贸易格局的变化。

产业内贸易理论是另一新的理论成果，它是指同一产业内的产品在两国间进行互相进口与出口。它的出现是由供给和需求两方面原因共同造成的。它的发展程度可用产业内贸易指数（G-L指数）进行衡量。它的商品必须具备两个条件：一是在消费上能相互替代；二是生产中需要相近或相似的生产投入。它是对比较优势学的补充，但其不足之处是依然用一种静态的观点分析问题。

国家竞争优势理论被认为是对外贸易理论的一个重要综合和发展，它较全面和综合地阐述了国际竞争力的主要来源。它的决定因素主要由要素条件、需求条件、相关与支持产业、企业战略、结构与竞争几个方面构成，同时政府和机遇的影响也不可忽视。而要素驱动阶段、投资驱动阶段、创新驱动阶段、财富驱动阶段共同组成的四个发展阶段，使其首次从多角度、多层次阐明了国家竞争优势的内涵。

新新贸易理论是指有关于异质企业模型和企业内生边界模型的理论，这个理论将国际贸易的研究范畴从传统贸易的产业间贸易理论研究转变为研究同一产业内部有差异的企业在国际贸易中的选择。新新贸易理论更多是从企业的层面来解释国际贸易和国际投资现象。

📋 思考题

1. 什么是规模经济？它为何能成为国际贸易的基础？
2. 根据产品生命周期理论，国际贸易是如何发生的？
3. 简述产业内贸易的主要内容。
4. 试述国家竞争优势理论的主要内容。为创造国家竞争优势，我们应采取怎样的产业发展对策？

本章思考题参考答案

 典型案例

结束是为了更好的开始

——苹果播放器最后的"欢呼"

iPod 播放器是乔布斯重返苹果之后推出的重大产品，改变了苹果的命运。后来，苹果再次推出了 iTunes 音乐商店，带来了全球数字音乐的第一场革命。iPod 甚至成为一种流行文化，让苹果品牌在全球家喻户晓。iPod 系列的出现改变了人们听音乐的习惯，引领十多年 MP3 热潮，直到触屏智能手机的出现。

苹果公司一直致力于树立一种前卫新潮的反传统企业形象。例如，对于 iPod 产品的宣传，一位充满金属感的舞者形象将苹果反潮流文化的倾向体现得淋漓尽致，再配以奇幻的色彩和另类的音乐，iPod 成为追逐新潮的用户的最爱。苹果旗下拥有大量的用户，对于公司的产品可谓"忠心耿耿"。简单的外形风格设计以及方便的使用方式，这一切最终缔造了 iPod 的成功。据统计，在数字音乐播放器市场上，苹果公司的占有率曾高达 75%，远远领先于戴尔和三星等主要竞争对手。

苹果还积极鼓励 iPod 附件产品的研发，不过在消费者电子市场，前卫和"酷"永远都只是暂时的。2019 年 5 月 28 日晚上 8 点 47 分，苹果在官方微信公众号上发送了《新 iPod touch 上场，这下好玩了》的通知，宣布推出新款 iPod touch。苹果第一代 iPod touch 产品推出于 2007 年 9 月 5 日，其后经历了 6 个版本的迭代，最后一代产品发布于 2015 年 7 月 15 日。这次新推出的 iPod touch 产品，距离 iPod touch 6 发布，间隔了近 4 年时间。

iPod touch 用户使用最多的两个场景是游戏和听歌，是数字播放器时代的经典产品。然而，自从 iPhone 推出后，iPod touch 的地位就江河日下，因为其主要功能跟 iPhone 是重叠的，除非特殊因素，否则，在 iPhone 与 iPod touch 之间，用户必然会选择前者。新 iPod touch 最显著的更新就是用上了 A10Fusion 芯片，跟苹果在 2016 年 9 月 8 日推出的 iPhone 7 是同款处理器，而现在苹果最新的处理器是 A12，很有可能会再次推出新的处理器。这一对比使 iPod touch 优势全无，毫无吸引力。随着时间的碎片化、体验和交互的多元化以及社交互动的繁荣，iPod 也逐渐走上了它生命周期的末路。

学习提示：

(1)思考点：

①苹果 iPod 产品线的产品生命周期；

②苹果 iPod 产品线在不同阶段的市场和投资策略。

(2)关键知识点：产品生命周期理论。

(3)能力点：运用经典理论分析解决具体行业或产品实际不同发展阶段的问题。

第 三 篇

国际贸易政策

　　国际贸易政策在各国经济增长和经济发展中发挥着重要的作用，它已成为国际贸易环境的重要组成部分。一国的对外贸易政策是该国在一定时期内对进口贸易和出口贸易所实行的政策，是一国总的经济政策的组成部分，是为该国经济基础和对外政策服务的。各国的对外贸易政策因各自的经济体制、经济发展水平及其产品在国际市场上的竞争能力而有所不同，并且随其经济实力的变化而不断变换，但就其制定对外贸易政策的目的而言，大体上是一致的，即保护本国的市场；扩大本国产品的出口市场；促进本国产业结构的改善：积累资金；为本国的对外政策服务。

国际贸易政策的演变

 教学目的

- 了解自由贸易政策和保护贸易政策的发展和演变
- 掌握对外贸易政策的目的和影响对外贸易政策制定的因素
- 熟悉第二次世界大战后发达国家和发展中国家的对外贸易政策

关键术语

自由贸易政策　保护贸易政策　进口替代　出口导向

国贸视野

韩国对外经济政策的历史演变

过去50多年，韩国经济高速发展，创造了举世瞩目的成绩。在其成长的过程中，尽管也曾经历过东亚金融危机和全球金融危机的冲击，但韩国最终都成功脱险，诺贝尔经济学奖获得者道格拉斯·诺斯称韩国为第二次世界大战后8个走出中等收入陷阱的国家典范。作为一个人口仅有5 000多万、国内市场相对狭小的国家，韩国的腾飞离不开其成功的对外经济政策。纵观其经济成长历程，可以说韩国紧紧地抓住了国际经济格局变化的各种契机，将自己成功地融入了世界经济的发展大潮之中，充分分享到了经济全球化和区域经济一体化的红利。总体看，韩国的对外经济战略大致经历了三个阶段。

一、独立初期至20世纪50年代的进口替代战略

1948年独立初期，韩国是一个贫困的农业国，基础设施落后，缺乏完善的工业体系，工业企业技术效率低下，在国际市场上也缺乏竞争力，其第二产业增加值占GDP比重一直很小。在当时的国内、国际政治经济形势下，政治安全与完善工业体系成了韩国的第一诉求。因此，李承晚政权选择了完全依赖美国援助的进口替代战略。韩国通过紧密的美韩关系确保了其国家安全，同时，美国的大量援助也保障了民众的基本生存与推行进口替代战略的资金来源，在最高峰时美国的援助曾占韩国进口额的80%。此外，韩元高估的汇率政策也鼓励其从国外进口先进的技术设备，一定程度上为此后韩国实现工业快速发展奠定

了重要基础。然而，韩国经济落后，市场狭小，进口替代战略缺乏国内市场依托，同时高估的汇率又恶化了本不具备竞争力的出口状况，使得韩国国际收支持续失衡。在经济危机下，随着李承晚政权的倒台，进口替代战略也开始向出口导向战略转变。

二、1960—1990 年的出口导向战略

1961 年朴正熙政府上台，面对国内经济的低迷，政府放弃了通过援助资金支撑的进口替代战略，实施"单一浮动汇率制"，通过货币贬值，开始谋求转向具有雄心抱负的"经济第一、增长第一、出口第一"的出口外向型发展战略。此时在世界经济领域，国际分工结构开始改变，美、日等发达国家开始由劳动密集型产业向资本密集型产业发展，为韩国转向出口导向战略创造了机遇。此后韩国凭借丰富、低廉的劳动力吸引了从美、日等发达国家转移过来的大批企业与资金，再加上日韩经贸发展，使韩国以轻纺业为主的工业迅速成长起来，在 1969 年其工业增加值占 GDP 比重首次超过农业比重，实现了历史性的转变。在 70 年代，韩国再次抓住发达国家从资本密集型产业向技术密集型产业调整的机遇，开始发展资本密集型产业，实现了国内产业升级。为应对日益激烈的国际市场竞争，80 年代起，韩国陆续把失去比较优势的劳动密集型产业向中国和东盟国家转移，自身发展以电子信息业为重点的高技术型产业，实现了新一轮的产业升级，缩小了与发达国家之间的差距。

三、东亚金融危机后持续至今的 FTA 战略

在经历了 30 余年的高速增长之后，韩国逐渐迈入成熟的经济体行列，其制造业在 GDP 和就业中所占的份额分别在 1988 年和 1989 年达到高峰，此后开始像其他成熟经济体一样回落。与此同时，韩国的服务业却未能像其他经济体一样得到较好发展，主要是因为其一向以牺牲服务业为代价来进行商品出口以及政府对服务业的监管管制。这就使得韩国经济在 90 年代中期出现国际竞争力下降、国际收支状况恶化、企业债务负担大幅提高等一系列问题，出口导向政策此时遇到了巨大挑战。

在 WTO 主导下的多边国际贸易谈判陷入僵局之时，各国开始转向推进双边自由贸易区(Free Trade Area, FTA)。1992 年欧盟的成立和 1994 年北美自由贸易的生效则给各国提供了可供借鉴的范本，这些都刺激着韩国开启它的 FTA 战略，以此跟上全球 FTA 竞赛并倒逼国内经济改革与锁定已有改革成果。截至 2021 年 1 月，韩国已与智利、新加坡、东盟、印度、欧盟、秘鲁、美国、土耳其、加拿大、澳大利亚、新西兰、哥伦比亚、英国等经济体签署了 17 个 FTA 协议，再加上已完成谈判的韩越 FTA 以及谈判中和准备谈判的 FTA，已涉及 70 余个国家和地区，是东亚地区国家 FTA 数量与质量最高的国家。截至 2019 年，韩国与自贸伙伴间的贸易额占进出口总额的七成左右，预计 2021 年将超过 77%。2022 年 1 月，随着全球最大的自由贸易协定——《区域全面经济伙伴关系协定》生效，双边、多边和区域自贸协定会交叉重叠，韩国企业可以从中选择更有利的自贸协定。另外，韩国还会积极争取拓宽与柬埔寨、南方共同市场(巴西、阿根廷、巴拉圭、乌拉圭)、菲律宾、俄罗斯等新兴国家的自贸"伙伴圈"，升级现行自贸协定。

资料来源：节选自人民论坛 刘洪钟 韩国对外经济战略的历史演变与启示 http://www.rmlt.com.cn/2016/0628/430483.shtml. 每日经济 2021 年韩国与 FTA 生效国间贸易占比将超 77%. https://cn.dailyeconomic.com/business/2021/01/04/34869.html. 编者有整理.

第一节　对外贸易政策概述

一、对外贸易政策

对外贸易政策是各国在一定时期对进出口贸易进行管理的原则方针和措施手段的总称。它所包含的基本要素为贸易政策主体、贸易政策客体、贸易政策目标、贸易政策内容和贸易政策手段五个方面。

1. 贸易政策主体

贸易政策主体是指对外贸易政策的执行者和实施者，一般是一国或地区的政府。

2. 贸易政策客体

贸易政策客体是贸易政策所规划指导和调整的贸易活动以及从事贸易活动的企业机构或个人。

3. 贸易政策目标

贸易政策目标是指贸易政策所要达到的目的。

4. 贸易政策内容

贸易政策内容是指贸易政策的倾向、性质、种类和结构。

5. 贸易政策手段

贸易政策手段是指为了实现政策目标而采取的具体措施，如关税、非关税壁垒等。

对外贸易政策是一国经济政策的重要组成部分，也是一国对外政策的重要内容。

二、制定对外贸易政策的目的

制定对外贸易政策的目的：①保护本国市场；②增加出口贸易，扩大本国对外开放的规模和范围；③改善本国产业结构，促进经济发展；④在维护国家主权和利益的前提下，协调与各国的经济贸易关系。

对外贸易政策不但影响一国的对外贸易活动，还会通过对外贸易活动渗透到国民经济的各个部分，同时也会在一定程度上影响其贸易伙伴国的经济发展。因此，对外贸易政策的制定与实施总是从本民族的利益和整个国民经济发展出发的，但又要考虑国际贸易环境，甚至还要协调与贸易伙伴国的对外贸易关系。

三、对外贸易政策的类别

从一国对外贸易政策的内容结果、实施情况看，各国对外贸易政策可以分为两大基本类型：自由贸易政策（Free Trade Policy）与保护贸易政策（Protective Trade Policy）。

自由贸易政策是指国家对进出口贸易不加干涉和限制，也不给予补贴和优惠，允许货物和服务自由输出和输入，使其在国内外市场上自由竞争的一种政策。保护贸易政策是指为保护本国产业和市场，国家采取各种措施限制货物和服务的进口，同时对本国出口商给予各种补贴和优惠，以鼓励出口的一种政策。总体而言，世界贸易的历史就是一部自由贸易政策和保护贸易政策不断转换斗争的历史。

当然，一国实行自由贸易政策并不意味着完全的自由。从实践上看，西方发达国家在标榜自由贸易的同时，往往或明或暗地对某些产业提供保护。同样，实行保护贸易政策也并不是完全闭关自守，不发展对外贸易，彻底排除国外的竞争，而是对某些领域的保护程度高一些，即将外部的竞争限制在本国经济实力能够承受的范围之内。即使采取保护贸易政策，也要在保护国内生产者的同时，维持同世界市场的联系。

四、制定对外贸易政策的主要依据

一国对外贸易实行自由贸易政策，还是推行保护贸易政策，一般是由以下几个因素决定的。

1. 经济发展水平和经济结构

一国的经济发展水平高，技术先进，资金充裕，经济结构高度现代化，产品竞争力强，该国政府就会推行自由贸易政策，以在国际市场上获取更大的经济利益；相反，一国的经济发展水平低，资金和技术要素处于劣势，现代化工业尚未真正建立，其产品在国际市场上缺乏竞争力，该国政府就会倾向于采取保护贸易政策，以保护国内产业免受外国产品的冲击。

2. 经济发展战略

一般而言，采取外向型经济发展战略的国家往往制定较为开放和自由的外贸政策，因为对外贸易在该国经济发展中的作用越重要，该国越需要在世界范围内扩大产品出口，加强与世界各国和地区的经济合作。而采取内向型经济发展战略的国家，则缺乏从各国发展对外经济贸易关系的紧迫感，为了保护本国产业的成长，还会采取较为强硬的保护贸易政策。

3. 国际分工中的地位

一国在国际分工中处于主导地位，国际市场扩张能力强，往往倾向于自由贸易政策。而在国际分工中处于附属地位的国家，国际市场的开拓能力有限，面对国外产品服务的大举进入，则倾向于采取保护贸易政策。

4. 各种利益集团力量的对比

一国不同的贸易政策对本国不同利益集团产生不同的影响，自由贸易政策有利于出口商，但不利于进口商；而保护贸易政策使国内竞争性企业得到保护，但消费者利益受到损害。通常，各国直接参与对外贸易的企业集团崇尚自由贸易，而那些同进口发生竞争关系的行业及其相关组织则是推行贸易保护主义的主要支持者，不同利益集团的力量对比会影响各国对外贸易政策的取向。

5. 政府决策者倡导的经济理论与贸易思想

各国对外贸易政策往往通过法律的形式表现出来。而法律的制定、修改要通过立法机构进行。政府决策者倡导的经济理论与贸易思想往往转变为政府的政策，并通过立法机关将政策转变为法律。

6. 本国与别国的政治经济关系

一国愿意同政治、外交关系友好的国家积极发展经济贸易关系，扩大货物与服务的出口，而对政治上、经济上敌对的国家采取保护贸易政策。

总之，一国采取哪种对外贸易政策，是由其经济发展水平，在国际经济中所处的地位及其经济实力决定的，一国在经济发展的初期一般采取保护贸易政策，随着本国产业竞争实力的增强，保护贸易政策让位于自由贸易政策，而当其竞争地位受到威胁时，贸易保护主义又会抬头。

五、对外贸易政策的内容

从对外贸易政策的内部构成来看，对外贸易政策主要包括三个层次内容。

1. 对外贸易总政策

对外贸易总政策包括进口贸易政策和出口贸易政策，它是一国根据国际政治经济的基本状况和发展趋势，结合本国的资源状况、产业结构、经济发展水平和在世界经济贸易中所处的地位，从有利于本国国民经济发展出发，制定的较长时期的原则与方针。例如，19世纪的英国率先完成了第一次工业革命后，生产力大大提高，其产品在国际市场上具有很强的竞争力，因而推行了自由贸易政策；同时期的德国、美国，则因生产力低下，产品竞争力弱，而推行了贸易保护政策，以保护本国幼稚产业的发展。

2. 对外贸易进出口产品政策

对外贸易进出口产品政策是一国在其对外贸易总政策的基础上，根据本国不同产业的发展需要，不同产品在国内外的需求和供应情况以及在世界市场上的竞争力，针对各种进口产品的生产销售分别制定的具体政策，对不同产品的进出口给予不同的待遇。例如，我国为了优化产业结构，对某些高污染、高能耗、高排放产品的出口征收高额的出口关税，并降低甚至取消对这些产品的出口退税。与此同时，为了鼓励某些新兴产业的发展，对这些产业所需的关键设备进口征收低关税甚至免税进口。

3. 对外贸易国别(或地区)政策

对外贸易国别(或地区)政策是根据对外贸易总政策以及世界政治经济形势、本国与不同国家(或地区)的政治经济关系，分别制定的适应特定国家(或地区)的对外贸易政策，即对不同国家采取不同的外贸政策和措施。具体来说，就是对不同国家的出口产品规定差别关税、税率差别优惠待遇、差别配额水平等。

第二节　国际贸易政策的历史演变

从整个世界范围来看，自资本主义生产方式出现以来，自由贸易政策和保护贸易政策始终相伴随。但在不同的发展时期，贸易政策基调不尽相同，有时以自由贸易政策为主，有时又会掀起保护贸易政策的浪潮。

一、重商主义时期的国际贸易政策

16世纪至18世纪中期，西方各国普遍实行重商主义的保护贸易政策，通过限制货币(贵金属)的输出和扩大贸易顺差的办法积累财富，具体有以下措施。

1. 限制外国制成品的进口

西欧各国采取征收较高关税的办法，限制外国制成品，特别是奢侈品的进口。法国在 1667 年规定把从英国、荷兰进口的呢绒和花边等装饰品的税率提高一倍，英国在 1692 年规定，对从法国进口的全部商品征收 25% 的从价税。

2. 鼓励本国制成品的出口

政府通过减免出口税或退还进口原材料时征收的关税来鼓励本国制成品的出口。

3. 限制本国原材料的出口，鼓励外国原材料的进口

根据重商主义的政策，对出口原料制定高额关税以禁止出口，同时为鼓励本国手工业的发展和制成品的出口，对进口国外原材料减免关税。

4. 推行殖民扩张和垄断外贸政策

西欧各国为了进行原始资本积累，从 16 世纪上半期开始，通过残酷的战争将美洲、亚洲和非洲各国先后纳入自己的殖民地势力范围，同时欧洲各国还制定各种法律对殖民地实行贸易垄断。由各国王室或经政府批准的私人公司专营殖民地贸易，荷兰东印度公司、英国东印度公司就是典型的代表。葡萄牙、西班牙和英国都曾规定，凡是同殖民地贸易或同外国贸易都必须使用王室或本国船只，禁止使用外国船舶。

5. 促进本国产业发展

为保证实施贸易顺差，各国都先后制定了发展本国工业的政策，法国在路易十四时期（1661—1715）重商主义政策达到顶点，当时法国政府创办了 100 余家"王家手工工场"，并通过拨给手工业工场主大量的津贴和贷款，或免除工厂组合实价的捐税等措施，扶持其发展。

这一重商主义的贸易保护政策推动了西欧各国资本的原始积累，为资本主义生产方式的建立奠定了物质基础。

二、资本主义自由竞争时期的国际贸易政策

（一）以英国为代表的自由贸易政策

18 世纪至 19 世纪后期，随着第一次工业革命的完成，英国成为世界工厂，迫切希望打开世界市场。自由资本主义盛行，表现在贸易政策上，就是实行自由贸易政策。英国的自由贸易政策主要有以下内容。

1. 减少应税产品，逐步降低关税税率

在重商主义时期，英国有关关税的法律多达千条，内容极其庞杂。1825 年，英国开始简化税法，降低关税税率。1841 年英国应税商品项目有 1 163 种，到 1882 年只有 20 种。工业制成品的平均关税率为 30% 左右，原料的平均关税率为 20%。

2. 取消经营外贸的特权

1813 年和 1834 年，英国先后废止了东印度公司对印度和中国的贸易垄断权，对外贸易领域向所有人开放。

3. 废除《谷物法》和《航海条例》

《谷物法》是英国政府 1815 年颁布的限制或禁止谷物进口的法律，该法律通过维持较

高的国内粮食价格而维护地主阶级的利益，《谷物法》严重阻碍了英国工业资产阶级的发展，在英国资产阶级的不懈努力下，终于在 1846 年被废除了。

《航海条例》是英国限制外国航运业的竞争，垄断殖民地航运的一项法律。随着英国航运业的发展，航运业具有了绝对优势，完全可以开放了，从 1824 年起，英国和其他国家订立的贸易条约中废除了原有的《航海条例》。

4. 与其他国家签订贸易条约

从 1860 年起，英国根据自由贸易原则，同其他国家签订了一系列贸易条约。1860 年英法之间签订的《科伯登—谢瓦里埃条约》，是第一个体现自由贸易精神的贸易条约。

（二）美国和德国的保护贸易政策

与英国的自由贸易政策不同，这一时期美国和德国基本上实行的是保护贸易政策，由于这些国家工业起步较晚，无法与英国工业产品竞争，不得不实行一系列限制进口的保护贸易政策，扶持本国工业的发展。例如，美国在 1789 年制定的第一个关税税则，平均税率为 8.5%，此后历次关税税额的修改都在提高关税，到 1816 年进口平均税率为 20%，其中棉制品的税率为 25%。保护贸易政策的实施，成功地促进了这些国家工业的迅速发展。

三、垄断资本主义时期的国际贸易政策

19 世纪末 20 世纪初资本主义国家进入垄断资本主义阶段，1929 年爆发的世界性经济危机表明了世界市场问题日益尖锐化。正是在这一背景下，超保护政策应运而生。许多国家提高了关税，对进口商品实行数量限制，并实行外汇管制，同时政府采取各种有利于垄断组织夺取国际市场的措施。

超保护贸易政策是一种侵略性的保护贸易政策，与自由贸易时期的保护贸易政策有明显的区别：它不是防御性地保护本国幼稚产业，而是保护国内高度发展和出现衰落的垄断工业；它保护的不是一般的工业资产阶级，而是垄断资产阶级；它不是消极地限制进口，而是主动出击，加紧扩张，占领国外市场；它不是单一运用关税措施，而是将各种"奖出限入"的措施融为一体。

到 19 世纪 70 年代中期，英国在国际经济贸易中的优势地位逐步丧失，取而代之的是美国贸易地位的提高。进入 20 世纪 30 年代后，英国彻底抛弃了自由贸易政策，对许多商品规定了高额关税，并采取了其他保护贸易措施。

第三节　第二次世界大战后发达国家的对外贸易政策

一、第二次世界大战后至 20 世纪 80 年代的发达国家外贸政策

（一）第二次世界大战后至 20 世纪 70 年代初期的自由贸易政策

第二次世界大战后，随着生产国际化和资本国际化以及国际分工向深度广度的发展，在世界范围内出现了贸易自由化倾向，1947 年签署的《关税与贸易总协定》旨在消除贸易

中的歧视待遇，促进世界贸易的增长。《关税与贸易总协定》的临时适用，极大地推动了贸易自由化，各国纷纷降低关税，减少非关税壁垒，这对迅速恢复第二次世界大战后的经济、促进国际贸易的发展起到了积极的作用。

第二次世界大战后贸易自由化具有以下特点：第一，贸易自由化是通过多边贸易条约与协定的形式来进行的。在关税与贸易总协定的主持下，发达国家的关税有了大幅度的下降，区域贸易集团内部相互削减关税，全球关税大幅下降。第二，贸易自由化是垄断资本主义对外扩张的要求，符合大垄断资本主义集团的利益。第三，贸易自由化是有保留的、有选择的自由化，表现为发达国家之间的贸易自由化程度超过发达国家与发展中国家的贸易自由化程度，区域集团内部的自由化超过了集团外部的贸易自由化。各类商品之间的贸易自由化也不尽相同，工业品的贸易自由化超过了农产品的贸易自由化，机器设备的贸易自由化超过了工业消费品的贸易自由化。第四，在实行贸易自由化的同时，并不完全排除保护贸易措施的运用。

(二)20世纪70年代中期至80年代的新贸易保护主义

从20世纪70年代中期起，世界又掀起了一股新的贸易保护主义浪潮。在1974—1975年和1980—1982年两次世界经济危机的打击下，经济严重停滞，国际市场竞争日趋激烈，导致了贸易保护主义的爆发，美国成为新贸易保护主义的重要发源地。在各国对外贸易政策的相互影响下，新贸易保护主义不断蔓延与扩大，对国际贸易的正常发展带来了不利影响。

新贸易保护主义具有以下几个特点：第一，贸易保护措施多样化，由过去的关税措施向非关税措施转变；第二，贸易保护措施法制化、系统化和综合化；第三，贸易保护范围扩大化，被保护的商品从传统的农产品和一般工业制成品，转向知识技术密集型的制成品和服务部门；第四，贸易保护的重点从限制进口转向鼓励出口。

二、20世纪90年代至今的发达国家外贸政策

20世纪90年代以来，随着全球贸易自由化的推进，西方发达国家对外贸易政策呈现出一些新的特点和趋势。

(一)协调管理贸易政策发达国家的主要贸易政策

协调管理贸易政策是指一国对内通过制定一系列的贸易政策与法规，加强对内贸易秩序的管理，对外通过签订双边区域以及多边贸易条约或协定，协调与其他贸易伙伴的经济贸易关系。这一政策的特点是：第一，加强贸易立法，使贸易保护主义向合法化和制度化发展；第二，力求确保本国国际收支的平衡，降低失业率，保护适度的经济增长速度；第三，注重主动出击，积极开拓国际市场，发挥新兴产业的竞争优势，挖掘其潜在的规模经济效益；第四，双边区域多边贸易协调日益加强，并与国际多边贸易协调体制相交织。

(二)"公平贸易"和"互惠贸易"代替"自由贸易"和"多边主义"，成为发达国家对外贸易政策的主旨和原则

近年来，西方发达国家一方面反对贸易保护主义，另一方面又强调贸易的公平性。这种公平贸易不同于高筑壁垒抑制外国竞争的保护主义或放任自流的自由主义，而是在支持

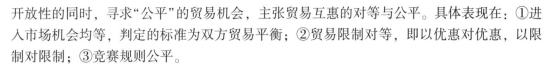

开放性的同时，寻求"公平"的贸易机会，主张贸易互惠的对等与公平。具体表现在：①进入市场机会均等，判定的标准为双方贸易平衡；②贸易限制对等，即以优惠对优惠，以限制对限制；③竞赛规则公平。

(三)对外贸易政策与对外政策、其他经济政策进一步融合

对外贸易在各国处理国家之间关系中的作用越来越重要。例如，美国克林顿政府执政后曾把对外贸易提到"美国安全的首要因素"的高度，通过调整贸易政策的方式来调节对外关系，把对外贸易政策作为调节对外关系、实现政治与经济目标的主要手段之一，还注重对外贸易政策与其他经济政策的协调，最大限度地维护本国的公共利益和国家安全。

(四)促进高科技产业发展成为推动外贸活动的主导措施

随着经济全球化的发展，国际市场的竞争日益激烈。各国竞争实力的强弱最终是由科技水平决定的。因此，西方发达国家出于经济利益的驱使，纷纷制定了促进高科技产业发展的政策，竞相资助研发活动，大力鼓励发展高技术部门，积极促进高科技产业的发展，确保本国在高科技领域处于领先地位，并对来自潜在竞争对手国家的科技产业进行打击，以维持本国在高科技领域内的领先地位。

(五)非关税壁垒成为对外贸易的主要保护手段

在经济全球化和贸易自由化的背景下，经过关贸总协定和世界贸易组织的多轮多边贸易谈判，发达国家的总体关税已降至较低水平，正常关税已起不到保护的作用，非关税贸易壁垒日益成为西方各国贸易政策工具的主体。例如，西方发达国家不断采用技术性贸易壁垒和环境贸易壁垒来抵制发展中国家劳动密集型产品的进口。

(六)建立区域经济一体化组织，实行共同的对外贸易政策

进入20世纪90年代以来，区域经济贸易集团化发展迅速，发达国家通过建立各种一体化组织，加强与成员方之间的贸易自由化，并以联合的经济实力和共同的对外贸易政策来参与国际经济事务。随着区域经济集团化的发展，区域内采取更加统一的对外贸易政策的趋势将进一步加强。

第四节　发展中国家的对外贸易政策

第二次世界大战前，大多数发展中国家是帝国主义的殖民地、半殖民地国家或者是附属国，没有独立自主的对外贸易政策。第二次世界大战后，这些国家政治上取得独立，开始致力于工业化和民族经济的发展。它们推行的贸易政策各不相同。

一、进口替代政策

第二次世界大战后，初级产品对制成品贸易的比例下降，发展中国家国际支出与年俱增。为改变单一经济、发展民族工业，利用国内的工业制成品来代替同类进口产品的进口替代政策应运而生。拉丁美洲一些国家率先实施了进口替代政策，随后亚洲一些国家纷纷效仿。20世纪60年代，进口替代成为发展中国家占主导地位的贸易政策形式。

(一)进口替代政策的含义

进口替代政策是指一国采取各种措施，限制某些外国工业品进口，促进国内有关工业品的生产，逐渐在国内市场上以本国产品替代进口产品，为本国工业发展创造有利条件，实现工业化。它是以实现经济上的独立自主为目的，减少或完全消除某些商品的进口，国内市场需求完全由本国生产者供应的政策，又称为进口替代工业化政策，是内向型经济发展战略的产物。

狭义的进口替代政策局限于采取贸易措施，以本国生产的产品替代一种特定产品的进口。但从广义的方面看，进口替代政策其目的是通过减少或禁止某些产品的进口，引起国内经济结构的变化，或者创造向国内非传统领域进行投资的推动力，使资源有机会进入这个新的工业部门，导致生产活动的产生和扩大，从而使总体经济结构得到改善。

(二)进口替代政策的主要措施

为使国内替代产业得以发展，进口替代战略必须有配套的贸易措施限制外国工业品进口，以使国内受进口竞争的工业在少竞争、无竞争的条件下发育成长，并增强其在国内市场的竞争力。实施进口替代战略有以下贸易政策措施。

第一，关税保护，即对最终消费品的进口征收高关税，对生产最终消费品所需的资本品和中间产品征收低关税或免征关税。

第二，进口配额，即限制各类商品的进口数量，以减少非必需品的进口，并保证国家扶植的工业企业能够得到进口的资本品和中间产品，降低他们的生产成本。

第三，使本国货币升值，以降低进口商品的成本，减轻外汇不足的压力。其中关税和配额是进口替代战略中最重要的保护措施。

第四，辅助的内部保护措施在资本、劳动力、技术、价格、收益等方面给予进口替代工业各种优惠。

(三)进口替代政策的优点

一个国家推行这一政策首先要正确选定作为替代对象的工业品种类，即决定哪些工业作为进口替代工业。一般是选择那些国内市场虽有需求却经不起外国竞争的工业，然后通过保护措施使这些国内进口竞争工业变为进口替代工业，以加快工业化进程。

1. 进口替代政策将有助于刺激国内需求

进口替代政策的一个特点就在于，它是某种程度的国家干预和保护，利用本国资源从事在国内具有较大需求的工业制成品的生产。一旦实施该政策，就意味着大规模的国内生产和投资行为的开始，这将对国内的投资需求产生极大的刺激作用，如果实现了成功的替代，就意味着将实现由过去对国外市场同类产品的大量需求向对国内市场大规模需求的转变，这对于开拓国内市场并刺激国内消费需求是非常重要的。

2. 进口替代政策将为本国发展战略产业和实现工业化创造必备条件

进口替代政策既可以在不断地学习和借鉴过程中为本国培育大量技术和管理方面的人才，逐渐促进国内工业的多样化和现代化，实现某些产品的自给自足，又能在摆脱对同类产品过度进口的同时，减少外汇支出，积累国内建设资金，进一步发展国内的战略产业，并转向出口创汇。

3. 进口替代政策将有助于提高一国的对外贸易水平

通过进口替代政策的实施，将有利于国内市场的开拓，降低对外部经济的依赖性，为参与全球化竞争的企业提供稳固的国内保障；并且，随着国内企业的成长，有助于提高其产品的国际竞争力，改善一国对外贸易的结构和条件，提高一国的对外开放水平。

(四)进口替代政策存在的主要问题

进口替代政策对一些发展中国家的进口替代工业部门的发展起到一定作用，但也存在诸多问题，如高成本进口替代产业导致国际收支进一步恶化；非进口替代工业部门及农业部门得不到正常发展，带动国民经济发展的宗旨难以实现；进口替代工业的后续发展难以维持等，这些都迫使发展中国家调整其对外贸易政策。

进口替代政策必然是以牺牲国内消费者为代价，而且由于其降低了该国与世界市场的联系程度，造成国内市场相对狭小、生产成本高、经济效益低、产品质量差、竞争能力不够。

因此，实行进口替代政策的发展中国家，虽然在一定程度上促进了国内轻工业的发展，工业增长速度有所加快，但这只是短期现象。这就迫使这些国家进行调整，转而实行出口替代工业化政策。但是这一战略对刺激民族工业的发展作用是有限的，因为它并不能完全消除对外贸易的依赖性，它依然在很大程度上依赖进口，而只是改变了进口商品的结构，从成品进口改为进口国内不具备的原料、技术专利、机器设备、中间产品与资本等。当发展中国家用高关税保护民族工业时，发达国家也用各种措施破坏或打破关税保护，抵制发展中国家的进口替代。一些学者认为，进口替代政策的核心问题是它违背了比较利益原则。

二、出口导向政策

随着进口替代政策缺陷的显露，一些发展中国家尤其是新兴工业化国家开始重视扩大制成品出口的必要性。自20世纪60年代起，许多发展中国家开始转向鼓励加工，鼓励工业产品出口，实施出口导向政策。东亚和东南亚一些国家率先实施出口导向政策，在他们的示范影响下，其他国家相继效仿。

(一)出口导向政策的含义

出口导向政策也称出口替代政策，是指国家采取种种措施促进面向出口的工业部门的发展，以非传统的出口产品来代替传统的初级产品的出口，扩大对外贸易，使出口产品多样化，以推动工业和整个经济的发展。

出口导向政策的核心思想是使本国的工业生产面向世界市场，并以制成品的出口代替初级产品的出口。从本质上看，它是一种外向型贸易政策。该政策是根据国际比较利益的原则，通过扩大其有比较利益的产品的出口，以改善本国资源的配置，从中获得贸易利益和推动本国经济的发展。

这种模式将本国产品置于国际竞争的环境中，其优点是比较显著的。采取这种政策发展的国家，大都取得了实绩优良的高速经济增长，这一事实成功推翻了传统的工业发展只能通过进口替代来实施的观点。

(二)出口导向政策的主要措施

出口导向战略下的贸易政策措施有出口补贴，这种补贴既可以针对出口产品，也可以针对出口产品的生产；出口退税、出口信贷；出口工业投入品实行的优惠价格供给；给出口生产企业提供低息贷款，优先提供进口设备、原材料所需的外汇，大力引进资本、技术、经营管理知识，建立出口加工区等措施。

出口导向政策下的平均关税水平较低，这使得进口所需投入品的成本较低，同时自然淘汰低效率的进口替代工业；降低本国币值汇率，从而使以外币衡量的本国出口产品价格下降，进而推动出口。

(三)出口导向政策的利弊

1. 出口导向政策的优势

在一个资金、技术缺乏，市场狭小和大部分人从事农业的不发达经济中，选择出口导向型战略。其优势有以下几点。

(1)出口导向政策有利于合理配置资源。因推行一定程度的贸易自由化，本国生产要素能够迅速转移到经济效益较高的产业，生产并出口本国具有比较优势的产品，以缓解一国的外汇压力。

(2)出口导向政策有利于提高产品的国际竞争力。因为出口导向产业面向国际市场，因而可以实现规模经济效益，从而提高其竞争力。

(3)可以通过对外贸易，互通有无，使本国居民享受到更多的经济福利，提高其生活水平。

(4)出口导向政策有利于改善国际收支。

(5)出口导向政策有利于提高就业水平。出口导向产业往往集中于劳动密集型产业，能够吸收更多的劳动力，促使就业结构日趋合理，劳动力素质也会不断提高。

2. 出口导向政策存在的弊端

(1)出口导向型发展模式对于大国和小国的作用是不同的。一般而言，小国因地域狭小，人口总量不大，市场容量较小，如采取出口导向型经济发展模式，积极扩大外贸出口，就可以使其产品生产达到规模经济的要求，取得较大的规模经济效益。

(2)会增加本国经济的对外依赖性，从而丧失经济发展的主动权，更易受到外部市场的影响，这对一国经济的长远发展是非常不利的。发展中国家对外开放的水平受制于其国内的经济发展水平，这决定了即使一个经济落后的国家实行了全面的对外开放，其水平和层次也不会很高，这必然会降低其在开放中所能获取的比较利益。

(3)其作用受到市场发展的制约。亚洲一些国家所奉行的出口导向型是以国外市场的需求，且主要又是发达国家的市场需求为重点的。在20世纪70年代，正值西方产业结构调整的高潮，西方产业结构的高级化使得一些传统产业逐步退出其市场，这时实施出口导向型战略，将大量传统产业打入发达国家市场，正好适应了其市场上传统产品不足，需要填补的要求。进入20世纪90年代以后，实施出口导向型战略的国家增多，并加入传统产品的生产行列，这时，所有实施该战略的国家就不仅要面临来自发达国家具有更高生产效率对手的竞争，还要面临来自发展中国家之间的竞争，这就使得其出口增长下降成为必然。

 知识链接

反思出口导向政策

中国经济在改革开放以来的持续强劲增长,出口导向政策功不可没。然而,正像一些用出口导向政策支持经济增长的东亚国家和地区经验告诉我们的那样,随着经济的发展,这套以国家保护和本币低估为主要内容的政策需要及时调整,否则其负面效应将会日益突显。

从微观经济的角度看,在出口产业已经发展到相当规模以后,出口导向政策容易使出口国的企业依赖于低要素价格和低汇价,缺乏从事技术革新和产品升级的压力和动力,成为斯蒂格利茨所说的"劳动密集型产品专业户"。此外,在这类政策支持下的低档商品出口利润很薄,出口商只能靠数量扩张创收,这就容易引起出口国与贸易伙伴国之间的贸易摩擦,以及进口国蓝领工人对出口国的敌意。

从宏观经济的角度看,出口导向政策的成功,会使出口国面临外汇储备大增和本币升值的压力。而为了抑制本币升值的势头,中央银行只能频繁介入外汇市场,收购外汇。货币过量供应和流动性泛滥,有两种可能的结果:一种是一般商品价格的上涨,也就是通货膨胀;另一种是资产价格(如房地产股票价格)上涨和资产"泡沫"的形成。不管哪一种结果,最终都会带来严重的经济和社会后果。根据以上情况,我们有必要对目前的出口导向相关政策进行全面的考量,进行必要的调整。理论分析和经验证据表明,这种调整的主要方向是减少政府的贸易保护和对汇率形成机制的干预,即进一步的市场化。

资料来源:吴敬琏. 反思出口导向政策[J]. 财经,2006(20).

三、中国的对外贸易政策

我国对外贸易政策的制定与中国经济和改革实践密切相关,中国一直根据自身的需要自主地选择贸易政策。由于我国经济历经计划经济、商品经济、社会主义市场经济几个阶段,对对外贸易的政策主张和战略安排也有很大不同。

(一)统制下的封闭的保护贸易政策(中华人民共和国建立初期至1978年)

1949年9月,《中国人民政治协商会议共同纲领》规定,我国实行对外贸易统制,并采用贸易保护政策。可以说,封闭型经济和统制经济是这一时期保护性贸易政策的主要历史背景。

为了抵御中华人民共和国建立初期美国等资本主义国家对我国的封锁和禁运政策,防止国际市场对本国经济的冲击,保护民族工业,避免国际收支逆差和对外举债,保持与某些国家一定的外贸关系外,我国基本上是采取关起门来搞建设的做法。当时的对外贸易被定位为国内经济的补充,对外贸易总量相对较小,1978年我国进出口贸易总值只有206.4亿美元。这一阶段我国在经济发展战略上实行了与保护贸易相对应的坚定内向型的进口替代政策,即通过限制某些重要工业制成品的进口来扶持和保护本国相关工业部门的发展,从而达到利用国内生产的工业品替代进口产品,减少本国对国外市场的依赖,促进

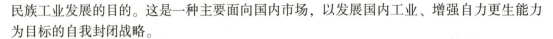

民族工业发展的目的。这是一种主要面向国内市场，以发展国内工业、增强自力更生能力为目标的自我封闭战略。

（二）统制下的开放型贸易保护政策（1978 年至 20 世纪 90 年代初）

改革开放初期到 20 世纪 90 年代初，我国在沿袭中华人民共和国建立后进口替代发展战略的同时，提出了出口导向的发展战略，主要采取的是"奖出限入"政策。实施促进国内工业发展的贸易保护政策措施主要是关税、进出口许可证、外汇管制、商品分类经营，以及国有贸易等较为严格的传统贸易措施。

随着我国外贸体制实践中的外贸承包经营责任制、下放部分外贸经营权、开展工贸结合、取消财政补贴等改革进程，国家采取了放宽外汇管制、实行出口退税政策等一系列配套措施，为外贸企业自主经营创造了外部环境，为对外贸易的市场化改革奠定了基础。随着经济的开放、外资的进入，国家制定了一系列吸引外资的政策和法规。1988 年，沿海地区外向型经济发展战略的实施，使我国经贸发展战略模式由进口替代战略，开始转向进口替代与出口替代相结合的发展模式。

（三）贸易自由化倾向的过渡型贸易政策（20 世纪 90 年代初至 2001 年）

进入 20 世纪 90 年代到我国入世前，是我国对外贸易全面深化改革、经济体制向社会主义市场经济体制转变的时期。该时期我国提出了经济"外向型"发展和"国际大循环"战略，为此国家外经贸部提出"大经贸战略"和"科技兴贸战略"。

该时期对进口管制进行了较大的改革，在进口方面，1992 年开始按照 HS 编码协调制度对 225 个税目进行进口税率下调，减少和取消配额和进口限制等非关税壁垒，实行单一的、有管理的浮动汇率制度等；在出口方面继续实行出口退税制度，成立中国进出口银行专门扶持企业的对外出口，大力发展加工贸易等。特别是以 1994 年外汇并轨制为代表的我国外贸体制改革的深化，对外贸企业实行统一的结汇制、减少进出口数量限制、鼓励企业所有制的多元化、加强出口退税制等，理顺了连接国内市场价格体系与国际市场价格体系的通道，有效促进了我国对外贸易的迅速增长。到 2001 年我国对外贸易总额达到 5 097.68 亿美元，是 1987 年 206.4 亿美元的 24.6 倍，是 1992 年 1 655.3 亿美元的三倍。

（四）有管理的贸易自由化政策（2001 年至 2007 年）

加入世界贸易组织以后，我国面临入世后如何推进外贸体制的市场化改革和内外贸一体化的变化。为适应新的国际经济环境以及我国在世界经济中地位的变化，实现经济的可持续发展，增强经济安全成为新时期中国外贸战略理念的核心。对外贸易政策目标以构造有利于经济均衡发展的产业结构、实现产业的持续升级、推动中国经济在适度内外均衡基础之上高速发展和对外贸易由静态比较优势向动态比较优势转移为重点。尤其是 WTO 非歧视原则下的国民待遇、公平竞争与贸易、贸易政策的透明度等，在相当程度上制约着我国贸易政策的基本取向。

为履行入世承诺，2005 年年底，中国关税总水平由 1992 年的 42.7% 降到 10.1%，并于 2005 年 1 月 1 日取消了 400 多个税号的非关税措施，基本取消非关税壁垒。此阶段，我国采取的基本是相对较低的保护与温和的出口鼓励政策相结合的措施，即运用关税、反倾销、反补贴、反垄断、保障、政府采购等措施对国内具有竞争优势的产业实行动态的、以扩张出口为目标的保护；运用低估汇率、调整出口退税和补贴鼓励企业参与国际竞争的出口鼓励措施。入世后我国的对外贸易地位急剧上升，2004 年进出口总额突破 1 万亿美元大关，达到 11 547.4 亿美元，成为仅次于美国和德国的第三大贸易国，2012 年，全国进出口总额达 38 667.6 亿美元，是 2001 年入世时的 7.55 倍，是 1987 年的 181.14 倍。

（五）后危机时代中国对外贸易政策取向

2008 年金融危机发生后，全球经济普遍下滑。在国内经济不振以及失业加剧的压力下，以美国、欧盟为代表的国家纷纷开始回归保护性贸易政策，增加了出口促进措施，对进口则严加控制。而中国在危机后的对外贸易表现却十分突出，2009 年，我国出口规模上升至第一位，并在 2010 年、2011 年连续两年保持全球第一的位置。中国对外贸易地位不断加强，但中国与其他国家的贸易摩擦也迅速增加，近年来，中国成为遭遇贸易反倾销和反补贴诉讼最多的国家。与此同时，中国不断激增的外汇储备也对我国人民币汇率带来了巨大升值压力，出口贸易结构不合理所导致的国内资源价格扭曲、资源耗费巨大等问题也随着外贸出口量的增加而不断恶化。在这种背景下，中国对外贸易政策需要进一步优化。

2011 年，中国的对外贸易政策悄然发生了一些变化。我国政府已经不再回避有关全球经济增长再平衡的敏感话题，政府官员在多个场合表示，中国不再追求过大的贸易顺差，实现贸易平衡将是中国外贸政策的基本取向，因为外贸要健康和可持续发展，就必须保持贸易的基本平衡。

为了应对美欧等传统出口市场日益加剧的贸易保护政策，2013 年 9 月和 10 月习近平分别提出建设"新丝绸之路经济带"和"21 世纪海上丝绸之路"的合作倡议，积极拓展与"一带一路"相关国家的贸易交流和合作，东盟等"一带一路"国家逐渐成为我国最重要的贸易伙伴。同时，在高举"自由贸易"大旗的同时，对美国日益加剧的对华贸易制裁采取了反制措施，积极抓住信息技术和数字技术发展的浪潮，促进"数字贸易"的发展，积极促进外贸结构的转型升级，提高外贸发展水平，拓宽发展层次。

本章小结

通过本章学习，我们了解了对外贸易政策的含义、内容；了解了自由贸易政策和保护贸易政策的发展及演变；通过学习发达国家和发展中国家贸易政策的演变、对贸易政策制定的影响因素，对外政策与国家经济政策和国家安全等之间的关系有了深入的理解。同时，通过梳理中国对外贸易政策，更好地理解了近年来我国对外贸易政策的转变和原因。

思考题

1. 制定对外贸易政策的目的是什么？
2. 制定对外贸易政策的影响因素有哪些？
3. 出口导向政策是否适用于诸如中国、印度等市场规模较大的发展中国家？
4. 我国对外贸易政策发生了哪些变化？

本章思考题参考答案

典型案例 ▷▷▷

在国家主义视角下理解美国贸易政策的战略属性

历史上，对外贸易政策经常被美国决策者纳入国家安全战略的范畴，美国对经济制裁和经济接触政策的运用频率也远远高于其他国家。贸易保护、禁运、经济抵制、经济制裁、经济接触、双边或地区贸易安排等，都曾被美国政府用来维护国家的独立、生存、扩张等战略目标。因此，理解美国对外贸易政策，需要分析安全战略在其中所扮演的角色。

20世纪70年代末，尤其是80年代开始兴起的国家主义理论能够帮助我们更好地解释美国对外政策中经济与安全之间的关系。在对美国对外贸易政策的分析上，国家主义理论关注国家或政府的角色，强调以总统、国务卿、国防部长等为代表的负责外交和安全事务的行政官员或国务官员的作用，认为这些国务官员具有独立的贸易政策偏好，会更倾向于从国家整体的战略角度看待国际贸易问题，并且有能力将自身的政策偏好反映到美国对外贸易政策当中。

国家主义理论的一个重要贡献是把国际关系领域的国际无政府状态和国家安全等概念引入国内层面。根据国家主义理论的分析视角，在美国，以总统为代表的国务官员处在国际与国内交会的特殊位置，需要对外国安全威胁以及美国的战略需求做出反应。由于国际经济活动对于国家安全来说具有"外部性"，因此负责美国外交和安全事务的国务官员必须考虑对外经济政策与国家安全之间的联系。

以国际贸易为例，商品的跨境流动不仅关系到本国的经济福祉，同样会对国家安全造成正面或负面的影响。第一，商品的跨国流动能够直接或间接地增加贸易伙伴国的军事实力。向贸易伙伴国出口战略性商品特别是能够被直接应用于军事用途的商品，能够直接增强对方的国防能力，进而影响到双方军事力量的对比。此外，由于商品的流动有利于增加对方国内资源的利用效率，国际贸易还能够使贸易伙伴国间接地增强军事实力。第二，国际贸易会产生非对称的相互依赖和增加本国的脆弱性。这种非对称的相互依赖不仅体现为弱小的一方会对贸易的中断更为敏感，同时体现为一方相对于另一方在贸易中断后进行政策调整时所付出的代价更为高昂。正因为此，非对称的贸易联系会成为强国影响甚至控制弱国的重要方式。第三，对外贸易往来还会改变本国国内政治联盟的力量对比，进而限制决策者的政策选择空间。

国际经济在安全上的外部性，使得对外经济政策经常被决策者用来增强盟国的实力和削弱敌国、在目标国国内培养或增强支持友好关系的势力以及向相关国家显示本国的战略意志和决心等。总体来看，国家将对外经济政策作为战略工具的方式无外乎两种，即消极的经济战略和积极的经济战略。消极的经济战略又称经济制裁、经济战、经济胁迫等，是指通过经济威胁或惩罚来影响目标国的行为，或者通过限制与目标国之间的经贸联系来延缓目标国的经济发展，削弱目标国的军事实力和战争潜力。具体手段包括贸易上禁运、抵制、增加关税、关税歧视等，以及资金上的冻结资产、征用、取消援助等。积极的经济战略又称经济接触、经济劝诱，是通过经济上的允诺或奖赏来改变目标国的行为，或者通过单方面决定保持或扩大与目标国之间的经贸往来，从长远角度来影响目标国的国内政治和对外政策。具体手段包括贸易上给予优惠关税待遇、关税减让和放松进出口管制等，以及在资金上提高援助水平、扩大投资和鼓励借贷等。

当然，由于面临来自国内的压力，决策者在将对外经济政策作为安全战略工具时，也要在经济利益与安全利益之间寻求平衡。在政策制定过程中，决策者是倾向于安全利益还是经济利益，不仅受到国内政治和领导人偏好的影响，更受到对国际形势、大国力量对比、目标国威胁程度等外部因素认知与判断的影响。

资料来源：国家主义视角下理解美国贸易政策战略属性 http://ex.cssn.cn/gjgxx/gj_bwsf/201912/t20191212_5057728.shtml 中国新闻网.

学习提示：

（1）思考点：

① 什么是美国的国家主义战略？

② 国际贸易如何影响国家安全？

③ 在美国的政治体制中如何平衡安全利益和经济利益？

④ 从美国对外贸易政策制定的角度，剖析特朗普政府对我国企业特别是高新技术企业实施贸易制裁的原因。

（2）关键知识点：制定对外贸易政策的依据。

（3）能力点：从对外贸易政策制定的依据，合理看待美国实施的贸易保护政策，对中国企业特别是高新技术企业的遏制和打压，树立全局观，理解国家"国内国际双循环战略"实施的背景和目标。

第八章　关税措施

教学目的

- 了解关税作用，了解海关税则与通关手续
- 熟悉关税的基本分类
- 掌握关税的基本概念，能够运用所学知识对关税的经济效应进行简单分析

关键术语

关税　进口税　进口附加税　反倾销税　反补贴税　普遍优惠制　海关税则　关税的经济效应　名义保护率和有效保护率

国贸视野

一家美国百年老店的关税之苦

2018 年 6 月 15 日，美国政府发布了加征关税的商品清单，将对从中国进口的约 500 亿美元商品加征 25% 的关税，其中对约 340 亿美元的商品自 7 月 6 日起实施加征关税，其中，约 160 亿美元商品加征关税预计将在两周后生效。

首批开征的 340 亿美元中国商品，包含了 818 个税则号，商品主要涉及机械电子、成套设备、资源化工三大类 73 种商品。

肯特国际是一家有着近 110 年历史的家族企业。现年 68 岁的阿诺德是第三代掌门人，他的祖父 1909 年开办了一家自行车行，成为这家百年老店的起点。经过几十年的发展，凯姆勒家族的生意越做越大。1958 年，阿诺德的父亲、公司第二代掌门人将公司更名为肯特国际(以下简称肯特)。阿诺德于 1982 年接管公司业务，目前担任公司董事会主席和 CEO。

肯特与中国的结缘始于 1987 年。公司当年与上海的一家工厂建立了合作关系，次年便将 30 万辆儿童自行车运回美国。此后，公司不断扩大在中国的业务。1991 年，阿诺德将生产线转移到中国。阿诺德说，中国工厂提供的优质、低价的产品令人无法拒绝。同时，中国合作伙伴身上那种无所畏惧的进取精神促使他将宝押在了中国。

事实证明，与中国的合作让肯特取得了长足的发展，产量与销售业绩节节攀升，在美国的市场份额达到17%。目前，公司与上海、昆山、深圳、天津等地的工厂均保持着紧密的合作关系。用阿诺德的话说，他与中国合作伙伴的关系"早已超越生意伙伴，更像是家人"。

但是，中美不断升级的贸易争端、一轮又一轮的关税措施使肯特的经营受到严重影响。根据美国政府公布的针对从中国进口商品的征税清单，该公司从中国进口的自行车整车、零配件、骑行用品等几乎全部被列入其中，仅有头盔和车灯两种产品"幸免于难"。

阿诺德表示，公司预计今年将从中国进口260万辆整车，其在美销售占公司全部销售额的85%。他说，"如果加征10%的关税，我们尚能应对。如果把税率提高到25%，我们就要考虑将目光转向其他国家了。"

除了整车，针对零配件加征的关税也对肯特造成损害。为了响应"买美国货"的号召，该公司于2014年在南卡罗来纳州曼宁市建立了一家自行车组装工厂。随着产能的不断提升，该厂目前每年能生产约30万辆整车。工人数量从最初的47人增加到167人。

按照肯特此前制定的发展战略，该厂的设计产能为每年100万辆。但是，由于该厂组装所使用的零配件绝大部分来自中国，关税措施让该厂背上沉重负担，产量扩容计划不得不暂时搁置。

此外，关税措施还对肯特员工的工作岗位构成威胁。阿诺德表示，如果关税水平提升到25%，新泽西总部和南卡工厂都将面临裁员的局面。

阿诺德对于美国政府采取的关税措施十分反感，认为此举将在美国自行车行业引发"灾难性"后果。他表示，过去两年，在美销售的全部自行车整车超过95%来自中国大陆，约3.5%来自中国台湾。关税措施无异于向所有自行车企业征税，由此产生的成本注定会传导到消费者身上。

根据美国自行车产品供应商协会的数据显示，美国每年从中国进口1 500万辆自行车整车，总价值超过11亿美元；同时从中国进口价值超过3亿美元的零配件；此外，美国大部分自行车头盔、车灯、儿童拖挂车等安全配件也从中国进口，价值在1亿美元左右。

阿诺德认为，大多数美国自行车企业不会将生产线搬回美国，因为美国的就业市场已趋近饱和，招工难已成为突出问题。

阿诺德迫切期盼美中两国政府能够停止对峙的局面，早日破解关税困境。

资料来源：一家美国百年老店的关税之苦 https://baijiahao. baidu. com/s? id = 1614247602746357281 &wfr＝spider&for＝pc 中国新闻网.

第一节　关税概述

一、关税的含义

关税（Customs Duty；Tariff）是指当进出口货物通过一国关境（Customs Frontier）时，由政府设置的海关（Customs House）向本国进出口商所征收的税收。

关税的征收是由海关来执行的。海关是设立在关境上的国家行政管理机构，是贯彻执行本国有关进出口政策、法令与规章的重要部门。其职责是依照国家法令，对进出口货物、货币、金银、行李、邮件、运输工具等进行监督管理、征收关税、查禁走私货物、临时保管通关货物和统计进出口商品等。征收关税是海关的重要任务之一。

海关征收关税的领域称为关境或关税领域，它是海关管辖和执行海关法令与规章的区域。货物只有在进出关境时才被视为进出口货物而征收关税。一般情况下，一国的海关在其国境内实行统一的贸易和关税法令。此时，一国关境与国境是统一的。但有些国家在本国境内设立了自由港、自由贸易区、出口加工区等经济特区，从征税的角度看，这些区域在该国关境以外，这时关境小于国境。同时，如果几个国家缔结了关税同盟协议或自由贸易区协定，对内取消关税，对外建立统一的关税制度，参加关税同盟的国家都将进入统一的关境管辖体系内，这时关境大于国境。因此，关境和国境并不能完全画等号。

二、关税的特征

(一)关税具有强制性、无偿性和预定性

关税作为国家的一种税收，具有与其他税收形式相同的强制性、无偿性和预定性。强制性是指关税的征收不是自愿献纳，而是凭借国家法律强制征收的。凡是要纳税的产品都要按照国家法律规定无条件地履行自己的义务，否则将受到法律的制裁。无偿性是指征收的关税都是国家向纳税人征收的税款，全部作为国家财政收入，不必把税款直接返还纳税人。预定性是指国家对税目、种类、税率以及征收方法等内容有明确具体的规定，在一定时期内相对稳定，征、缴双方必须同时遵守执行，不得随意变化、减免等。

(二)关税是一种间接税

关税主要是对进出口产品征收，其税负可以作为成本的一部分加在货价上，转嫁给买方或消费者。因此对外国即将进入本国的产品征收高关税，就会削弱外国产品的竞争力，从而保护本国同类产品的生产与出售。

(三)关税的税收主体和客体是进出口商和进出口产品

关税的税收主体是本国的进出口商，当产品进出国境或关境时，进出口商根据海关法的规定向当地海关缴纳关税，他们是关税的纳税人；关税的税收客体是进出口产品，根据海关法的相关规定，对各种进出口产品制定不同的税目和税率，征收不同的关税。

(四)关税具有涉外性

关税是否征收、征收多少、怎样征收等问题不仅涉及本国利益，还会影响贸易相关方的国家利益。因此，各国会通过制定和变动税率来体现本国的对外贸易政策，关税成了国际经济合作与斗争的工具，具有明显的涉外性质。

三、关税的作用

关税通过提高进出口的成本发挥作用，它对一个国家的经济所产生的作用主要有以下几个方面。

(一)增加本国财政收入

海关征收关税后即上缴国库，关税成为国家财政收入。在前资本主义时期和资本主义

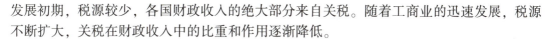

发展初期，税源较少，各国财政收入的绝大部分来自关税。随着工商业的迅速发展，税源不断扩大，关税在财政收入中的比重和作用逐渐降低。

(二)保护国内产业，调整产业结构

合理的关税结构有利于保护国内产业。对本国较具竞争力的产业实行低关税政策，使这些产业中的企业在同国外同类企业的竞争中不断强大。例如，我国逐步取消了彩电、空调、洗衣机等产品的高关税，于是长虹、海尔、康佳等企业在竞争中迅速发展。对本国较有发展潜力的产业，一段时间采用较高关税的保护，有利于这些企业在免受国外企业竞争的条件下度过襁褓期。对国内不能生产的产品，低关税和免关税政策有利于这些产品的进口，并满足国内生产和消费的需要，国内经济的发展不受影响。

(三)保护国内市场

以关税税率控制进出口商品的数量，保证市场供求平衡。关税可以调节国内市场价格，调剂国内市场供应。当国内某商品供不应求时，可通过降低进口关税，设置出口关税，增加商品进口，抑制商品出口，从而满足国内需求。

(四)对外贸易政策的重要手段

关税一直与国际经济关系和外交关系有着密切的联系。例如，各国可以利用关税税率的高低和不同的减免手段来对待不同国家的进口，以开展其对外经贸关系。利用优惠待遇，可以改善国际关系，争取友好贸易往来；利用关税壁垒，限制对方进口甚至作为惩罚或报复手段。发展中国家还普遍利用关税减让承诺来取得 WTO 成员方地位，或者作为对外谈判的筹码，迫使对方做出让步。

第二节　关税的种类

一、按照征收的对象和商品流向分类

按照征收的对象和商品流向关系，关税可以分为进口税、出口税和过境税。

(一)进口税

进口税(Import Duty)指外国商品进入一国关境时或者从自由港、出口加工区、保税仓库进入国内市场时，由海关根据海关税则对本国进口商所征收的一种关税。

进口税是关税中最重要的税种，也是保护关税的主要手段。通常所说的关税壁垒，主要是指征收进口税。一国对进口商品征收高额关税，可以提高进口商品的成本、削弱进口商品的竞争力、保护国内市场和生产。关税壁垒是一国推行保护贸易政策所实施的一项重要措施。进口税还是一国进行贸易谈判时迫使对方做出让步和妥协的重要手段。

各国进口税税率的制定基于多方面因素的考虑，从有效保护和发展经济出发，对不同商品制定不同的税率。一般来说，进口商品加工程度越高，进口税率越高：原料等初级产品税率最低，甚至免税；半制成品次之，工业制成品税率最高。这被称为关税升级(Tariff Escalate)。对于进口国国内紧缺而又急需的商品给予低关税甚至免税，而对国内能够大量生产的商品或奢侈品征收高关税。

进口国同世界各国的政治、经济、外交等关系不尽相同，对同一种进口商品根据不同的生产国或出口国制定了不同的进口税率。进口税率分为普通税率（General Rate）、最惠国税率（The Most-favored-nation Rate of Duty）和普惠制税率（GSP Rate）。普通税率适用于与进口国没有双边或多边贸易协定的国家和地区所进口的商品，税率最高；最惠国税率适用于与进口国签有双边或多边贸易协定的国家和地区所进口的商品；普惠制税率适用于享受普惠制待遇的发展中国家的商品，税率最低。

（二）出口税

出口税（Export Duty）是出口国海关对输往国外的商品向本国出口商征收的关税。由于征收这种税会增加出口商品成本，削弱竞争能力，不利于扩大出口，故目前很少有国家征收。少数国家对在世界市场上已有垄断地位的商品和国内供不应求的原料品，酌量征收。例如，瑞典和挪威等国对木材出口征税，以保护其纸浆及造纸工业。某些发展中国家，出于增加财政收入的考虑也对本国资源丰富、出口量大的商品征收出口税，但有逐渐减少的趋势。拉丁美洲的大多数国家征收 1%～5% 的出口税，亚洲、非洲的发展中国家也有征收出口税的。例如，为了防止跨国公司利用"转移定价"逃避或减少其在所在国的纳税，多向跨国公司出口产品征收高额出口税，维护本国的经济利益。

我国为了控制一些商品的出口量，采用了对极少数商品征收出口税的办法，被征收出口税的商品主要有生丝、有色金属、铁合金、绸缎等，税率从 10%～100% 不等。

（三）过境税

过境税（Transit Duty）一般也称"通过税"或"转口税"，它是指当他国货物通过本国领域，由本国海关征收的关税。过境税一般是由那些拥有特殊或有利地势的国家对通过本国海域、港口、陆路的外国货物征收的税。过境税在重商主义时期盛行于欧洲各国，19 世纪后半期，各国相继废除了过境税。目前，大多数国家对过境货物只征收少量的签证费、印花费、登记费、统计费等。

二、按照征收关税的目的分类

按照征收关税的目的，关税可以分为财政关税和保护关税。

（一）财政关税

财政关税（Revenue Tariff）又称收入关税。为了达到增加财政收入的目的，对进口货物征收关税时，必须具备以下三个条件：①征税的进口货物必须是国内不能生产或无替代品而必须从国外进口的货物；②征税的进口货物在国内必须有很大的消费量；③关税税率要适中或较低，如果税率过高，将阻碍进口，达不到增加财政收入的目的。

（二）保护关税

保护关税（Protective Tariff）是以保护本国产业为目的而征收的关税。一般来说，保护关税的税率比较高，有时高达百分之几百，实际上等于禁止进口，从而达到保护的目的。目前，虽然可以采用进口许可证、进口配额等办法直接限制进口，以及采用倾销、资本输出等办法，冲破关税的限制，使保护关税的作用相对减低，但它仍是保护贸易政策的重要措施。

三、按照差别待遇和特定的实施情况分类

按照差别待遇和特定的实施情况，关税可以分为进口附加税、差价税、特惠税和普遍优惠制。

(一)进口附加税

进口附加税(Import Surtax)又称特别关税，它是指进口国海关对进口的外国商品在征收进口关税的同时，出于某种特定的目的而额外加征的关税。进口附加税不同于进口税，在一国的海关税则中并不能找到，也不像进口税那样受到世界贸易组织的严格约束而只能降不能升，其税率的高低往往视征收的具体目的而定。

进口附加税通常是种临时性的特定措施，其目的主要有：①应付国际收支危机，维持进出口平衡；②防止外国货物低价倾销；③对某个国家实行歧视或报复等。例如，美国1971年出现贸易逆差，为了应付国际收支危机，维持进出口平衡，实行新经济政策，对于进口商品在征收一般进口关税的基础上再加征10%的进口附加税。

一般而言，对所有进口商品征收进口附加税的情况较少，更常用的是针对特定国家和特定商品征收。进口附加税主要包括反倾销税、反补贴税、紧急关税、惩罚性关税和报复关税。

1. 反倾销税

反倾销税(Anti-dumping Duty)是对实行倾销的进口货物所征收的一种临时性进口附加税。其目的在于抵制商品倾销，保护本国产品的国内市场。因此反倾销的税额一般按倾销差额征收，由此抵消低价倾销商品价格与该商品正常价格之间的差额。通常由受损害产业有关当事人提出出口国进行倾销的事实，请求本国政府机构征收。政府机构对该项产品的价格状况及产业受损害的事实与程度进行调查，确认是倾销时，即征收反倾销税。政府机构认为必要时，在调查时间，还可先对该项商品进口暂时收取相当于税额的保证金。如果调查结果倾销属实，即作为反倾销税进行征收；倾销不成立时，即予以退还。有的国家还规定基准价格，凡进口价格在此价格以下者，即自动进行调查，不需要当事人申请。倾销停止时，应立即取消征收。

世界贸易组织的《反倾销协议》对倾销有如下规定。

(1)倾销的确定。《反倾销协议》第二条指出："在正常的贸易过程中，当一项产品的出口价格低于其在正常贸易中出口国供其国内消费的同类产品的可比价格，即以低于正常价值的价格进入另一国市场，则该产品被视为倾销。"正常价值的确定有三种方法。

①按正常贸易过程中的出口国国内销售价格。出口国国内销售价格一般是指被指控的同类产品在调查期内(通常是1年至1年半)，在其本国国内市场正常贸易中的成交价(包括批发价格)或销售价或一段时间内的加权平均价。

②向第三国正常贸易中的出口价格，是指出口到适当的第三国的可比价格。选用向第三国正常贸易中的出口价格应考虑如下因素：第一，产品具有可比性；第二，向所有第三国销售价格较高的产品价格；第三，向该第三国的销售做法与向反倾销调查国销售该类产品的做法相类似；第四，不能以低于成本销售，且出口量一般不低于出口到反倾销调查国市场总量的5%。

③结构价格是通过同类产品在原产国的生产成本(实际消耗的原材料、折旧、能耗和

劳动力等)加上合理金额的管理费、销售费、一般费用和利润确定的。出口价格是指在正常贸易中一国向另一国出口的某一产品的价格,也就是出口商将产品出售给进口商的价格。在特定情况下,如果不存在出口价格,如易货贸易、补偿贸易,或是出口价格因进出口商有关联关系等原因不可靠时,出口价格可在进口产品首次转售给独立买主的价格基础上进行推定。如果该产品不是转售给独立买主或不是以进口时的状态下转售时,进口成员方当局可以在合理的基础上确定出口价格。

(2)损害的确定。产业损害有三种情况。

①实质损害。这是指对进口国国内产业造成实质性的重大损害,轻微的影响不能予以考虑。对损害的确定应依据肯定性证据,并应审查下述有关内容。第一,进口产品倾销的数量情况,包括调查期内被控产品的进口绝对数量,及相对于进口成员方国内生产或消费相对数量,是否较以前有大量增长。第二,进口产品的倾销对国内市场同类产品价格的影响,包括调查期内是否使进口成员方同类产品的价格大幅下降、或在很大程度上抑制价格的上涨或本应该发生的价格增长。第三,进口产品的倾销对国内同类产品、产业产生的影响。应考虑和评估所有影响产业状况的有关经济因素和指标,包括销售、利润、产量、市场份额、生产率、投资收益或设备利用率的实际和潜在的下降;影响国内价格的因素;倾销幅度的大小;对流动资金、库存、就业、工资、增长率、筹措资本与投资的能力的实际和潜在的消极影响等。

②实质损害威胁。这是指进口成员方的有关产业尚未处于实质损害的境地,然而事实将会导致这种境地。对实质损害威胁的确定应依据事实,而不是依据指控、推测或极小的可能性。

③实质阻碍产业的新建。确定新建产业受阻必须有充分的证据。这不能被理解为倾销产品阻碍了建立一个新产业的设想或计划,而应是一个新产业的实际建立过程受阻。

如果某进口商品最终确认符合被征收反倾销税的条件,则所征的税额不得超过经调查确认的倾销差额。征收反倾销税的期限也不得超过为抵消倾销所造成的损害必需的期限。一旦损害得到弥补,进口国应立即停止征收反倾销税。另外,被指控倾销其产品的出口商愿做出"价格承诺"(Price Undertaking),即愿意修改其产品的出口价格或停止低价出口倾销的做法,进口国有关部门在认为这种方法足以消除其倾销行为所造成的损害时,可以暂停或终止对该产品的反倾销调查,不采取临时反倾销措施或不征收反倾销税。

2. 反补贴税

反补贴税(Countervailing Duty),又称反津贴税、抵消税或补偿税。它是对直接或间接接受出口国政府或公共机构任何奖金或补贴的外国商品的进口所征收的一种进口附加税。反补贴税的目的在于增加进口商品价格,抵消国外竞争者得到奖励和补助产生的影响,削弱其竞争力,使其在进口国国内市场上不能进行低价竞争或倾销,从而保护进口国的制造商。

这种奖励和补贴包括:①对外国制造商直接进行支付以刺激出口;②对出口商品进行关税减免;③对出口项目提供低成本资金融通或类似的物质补助。美国通过商务部国际贸易管理局实施反补贴税。近年来,这些反补贴税已日益成为国际贸易谈判中难以取得进展的领域,并且这也使国际对等贸易的安排复杂化,因为在对等贸易中衡量政府补贴非常困难。

1994 年《关税与贸易总协定》第 6 条和第 16 条对反补贴税有明确规定：①反补贴税一词应理解为：为了抵消货物于制造、生产或输出时所直接或间接接受的任何奖金或补贴而征收的一种特别关税。②补贴的后果会对国内某项已建的工业造成重大损害或产生重大威胁，或严重阻碍国内某一工业的新建，才能征收反补贴税。③要征收的反补贴税的税额不能高于足以抵消对国内产业所造成损害的程度，但可以低于这一水平；对任何进口产品所征收的反补贴税不得超过确认存在的补贴额，补贴额应以每单位出口产品所得到的补贴来计算。④对补贴方征收反补贴税应适用无歧视原则。⑤对于受到补贴的倾销货物，进口国不得同时对它既征收反倾销税又征收反补贴税。⑥在某些例外情况下，如果延迟将会造成难以补救的损害，进口国可在未经全体成员事先批准的情况下，征收反补贴税，但应立即向全体成员报告，如未获批准，这种反补贴税应立即予以撤销。⑦对产品在原产国或输出国所征收的捐税，在出口时退还或因出口而免税，进口国对这种退税或免税不得征收反补贴税。⑧对初级产品给予补贴以维持或稳定其价格而建立的制度，如符合该项条件，不应作为造成了重大损害来处理。

世界贸易组织《补贴与反补贴措施协议》进一步明确了"补贴"的定义及分类。按《补贴与反补贴措施协议》，补贴是指在一成员方（以下称"政府"）领土内由一个政府或任一公共机构做出的财政支持，包括"政府的行为涉及一项直接的资金转移（即赠予、贷款和资产投入），潜在的资金或债务（即贷款保证）的直接转移；政府预定的收入的扣除或不征收（即税收方面的财政激励）；政府对非一般基础设施提供货物或服务，或者购买货物；政府向基金组织或信托机构支付或指示某个私人机构执行上述所列举的、一般由政府行为承租的作用"。

《补贴与反补贴措施协议》把补贴分为三大类，即禁止的补贴、可申诉的补贴和不可申诉的补贴。禁止的补贴是指"在法律上或事实上仅向出口活动，或作为多种条件之一而向出口活动提供的有条件的补贴；在法律上或事实上仅向使用本国产品以替代进口，或作为多种条件之一向使用本国产品以替代进口而提供的有条件的补贴"。可申诉的补贴措施是指在一定范围内允许实施，但如果在实施过程中对其他成员方的经济贸易利益造成了严重损害，或产生了严重的歧视性影响时，则受到损害和歧视影响的成员方可对其补贴措施提出申诉。不可申诉的补贴是指补贴不具有专向性。所谓专向性是指向特定的企业或行业的部分企业提供的补贴；如有专向性，则要符合《补贴与反补贴措施协议》的规定条件。

此外，《补贴与反补贴措施协议》特别规定，在决定征收反补贴税时，应考虑国内其他利益集团的意见，如进口商品的消费者和工业用户等。与反倾销制度相似，《补贴与反补贴措施协议》也对追溯征税有明确规定（第 20 条）。在紧急情况下，如果在短期内补贴的产品大量进口，并且由此给国内产业造成难以弥补的损害，当局为了避免再发生类似的事态，可决定对补贴产品进行追溯征收反补贴税。在这种情况下，当局对采取临时措施之日前 90 天内进口的补贴进口产品可以追征反补贴税。

3. 紧急关税

紧急关税（Emergency Tariff）是为消除外国商品在短时间内大量进口对国内同类产品生产造成重大损害和重大威胁而征收的一种进口附加税。当短期内外国商品大量涌入时，一般正常关税已难以起到有效保护作用，因此需要借助税率较高的特别关税限制进口，保护国内生产。韩国自 2009 年起，对红参、绿豆、荞麦、红豆等 29 种农产品实施特别紧急关税。

由于紧急关税是在紧急情况下征收的临时性关税，因此，紧急情况一旦解除，紧急关税必须撤除，否则会受到他国的关税报复。

4. 惩罚性关税

惩罚性关税(Penalty Tariff)是指出口国某商品违反了与进口国之间的协议，或者未按照进口国海关规定办理进口手续时，由进口国海关向该进口商征收的一种临时性的进口附加税。这种特别关税具有惩罚和罚款性质。例如，某进口商以低价假报进口价格，一经发现，进口国海关将对该进口商征收特别关税作为惩罚。此外，惩罚关税有时还被作为贸易谈判的手段。

5. 报复关税

报复关税(Retaliatory Tariff)是指一国为报复他国对本国商品、船舶、企业、投资或知识产权等方面的不公正待遇，对从该国进口的商品所课征的进口附加税。通常在对方取消不公正待遇时，报复关税也会相应取消。当然，报复关税和惩罚关税一样，容易引起他国的反报复，最终导致关税战。

(二)差价税

差价税(Variable Levy)又称差额税，是当本国生产的某种产品的国内价格高于同类进口商品的价格时，为削弱进口商品的竞争力，保护本国生产和国内市场，按国内价格与进口价格之间的差额征收的关税。征收差价税的目的是使该种进口商品的税后价格保持在一个预定的价格标准上，以稳定进口国国内该种商品的市场价格。

对于征收差价税的商品，有的规定按价格差额征收；有的规定在征收一般关税以外另行征收。这种差价税实际上属于进口附加税。差价税没有固定的税率和税额，而是随着国内外价格差额的变动而变动，因此是一种滑动关税(Sliding Duty)。

征收差价税的典型例子是欧盟所实行的共同农业政策中的差价税制度。该政策的目的在于统一欧盟区域内的农产品市场价格，保护其农畜产品免受非成员方低价农产品竞争。欧盟征收差价税首先在共同市场内部以生产效率最低而价格最高的内地中心市场的价格为准，制定统一的指标价格(Target Price)，这种价格一般比世界市场的价格高。为了维持这种价格水平，还确定了干预价格，一旦中心市场的实际市场价格跌到干预价格水平，有关机构便从市场上购进农畜产品，以防止价格继续下跌。在指标价格中扣除有关商品从进口港运到内地中心市场的运费、保险费、杂费和销售费用后，得到门槛价格(Threshold Price)，或称为闸门价格，它是差价税的基础。最后根据有关产品的进口价格与门槛价格的差额确定差价税额。其计算公式为：

$$差价税额 = 门槛价格 - 进口价格 \tag{8-1}$$

(三)特惠税

特惠税(Preferential Duty)又称优惠税，是对来自特定国家或地区的进口商品给予特别优惠的低关税或免税待遇。但它不适合非优惠国家或地区的商品，其目的是增进与受惠国之间的友好贸易往来。特惠税有的是互惠的，有的是非互惠的。

特惠税最早开始于宗主国与其殖民地及附属国之间的贸易，其目的在于保护宗主国在其殖民地及附属国市场上的优势。目前仍在起作用的，且最有影响的是签署了《洛美协定》国家之间的特惠税。《洛美协定》的特惠关税是世界上免税程度最大的特别优惠关税，它是欧盟向参加协定的非洲、加勒比海和太平洋地区的发展中国家单方面提供的特惠关税。于2002年正式生效的第5个《洛美协定》中，受惠的非加太国家从最初的46个增加到86个。按照《洛美协定》，欧盟在免税、不限量的条件下，接受受惠国的全部工业品和96%的农产品进入欧盟市场，而不要求受惠国给予反向优惠，并放宽原产地限制和部分非关税壁垒。然而，它也有严格限制受惠出口国"免检进入"欧洲市场的条款。

（四）普遍优惠制

普遍优惠制（Generalized System of Preferences，GSP）简称普惠制，是发达国家承诺对从发展中国家和地区进口的某些商品，特别是制成品和半制成品（包括某些初级产品）给予普遍的、非歧视的、非互惠的关税优惠待遇。普遍性、非歧视性和非互惠性是普惠制的三项基本原则。普遍性是指发达国家对所有发展中国家或地区出口的制成品或半制成品给予普遍的关税优惠待遇；非歧视性是指所有发展中国家或地区都不受歧视、无例外地享受普惠制待遇；非互惠性即非对等性，是指发达国家应单方面给予发展中国家或地区关税优惠，而不要求发展中国家或地区对发达国家提供反向优惠。

普惠制的目的是，扩大发展中国家对发达国家制成品和半成品的出口，增加发展中国家的外汇收入，促进其工业化水平的提高，加速国民经济的增长。普惠制是发展中国家在联合国贸易与发展会议（简称贸发会议）长期斗争的成果。从1968年联合国第二届贸发会议通过普惠制决议，1971年7月正式实施至今，普惠制已实施了51年。目前，全世界享受普惠制待遇的发展中国家和地区已有190多个，给惠国则达到41个。

 知识链接

普惠制方案

目前全世界共有13个普惠制方案，各给惠国的方案不尽相同，但大多包括以下几个方面：

1. 受惠产品范围

一般农产品的受惠商品较少，工业制成品或半制成品只有列入普惠制方案的受惠商品清单，才能享受普惠制待遇。一些敏感性商品，如纺织品、服装、鞋类以及某些皮制品、石油制品等常被排除在受惠商品之外或受到一定限额的限制。

2. 受惠国家和地区

普惠制原则上是无歧视的，但发展中国家能否成为普惠制方案的受惠国是由给惠国单方面确定的。给惠国从各自的政治、经济利益出发，对受惠国家和地区进行限制。例如，在美国的方案中，石油输出国组织、非市场经济的社会主义国家、与美国的贸易中有歧视或敌对的国家均被排除在受惠国名单之外。

3. 受惠商品关税削减幅度

普惠制的关税削减幅度取决于最惠国税率与普惠税率之间的差额，最惠国税率越高，普惠税率越低，差额越大。由于多数普惠制方案对农产品实行减税，对工业品实行免税，所以一般工业品差幅较大，农产品差幅较小。

4. 对给惠国的保护措施的规定

给惠国一般都规定保护措施，以保护本国某些产品的生产和销售。一般有以下三种保护措施。

(1)预定限额。预定限额是指给惠国根据本国和受惠国的经济发展水平及贸易状况，预先规定一定时期内（通常为1年）某项产品的关税优惠进口限额，达到这个额度后，就停止或取消给予的关税优惠待遇，而按最惠国税率征税。给惠国通常引用预定限额对工业产品的进口进行控制。

(2)免责条款。当受惠国的商品出口量增加到对本国同类产品，或有竞争关系的商品的生产者造成或即将造成严重损害时，给惠国保留完全取消或部分取消关税优惠待遇的权利。

(3)竞争需要标准。对来自受惠国的某种进口货物，如超过当年所规定的进口额度，则取消下年度该种商品的关税优惠待遇。

5. 对原产地的规定

为了确保普惠制待遇只给予发展中国家和地区生产和制造的产品，各给惠国制定了详细和严格的原产地规则。原产地规则是衡量受惠国出口产品能否享受给惠国给予减免关税待遇的标准。原产地规则一般包括三个部分：原产地标准、直接运输规则和书面证明书。所谓原产地标准，是指只有完全由受惠国生产或制造的产品，或者进口原料或部件在受惠国经过实质性改变而成为另一种不同性质的商品，才能作为受惠国的原产品享受普惠制待遇。所谓直接运输规则，是指受惠产品必须由受惠国直接运到给惠国。由于地理上的原因或运输上的需要，受惠产品可以经过他国领土转运，但必须置于过境国海关的监管下，未投入当地市场销售或再加工。所谓书面证明书，是指受惠国必须向给惠国提供由受惠国政府授权的签证机构签发的普惠制原产地证书表格A(Form A)，并以此作为享受普惠制减免关税优惠待遇的有效凭证。

6. 毕业条款

一些给惠国按照自己的定义和标准，取消一些已经获得较强出口竞争力的发展中国家的普惠制待遇。毕业标准可分为国家毕业和产品毕业两种。当从受惠国进口某项产品的数量增加到对给惠国相同产品或直接竞争性产品的生产、制造商造成或可能造成威胁或损害时，给惠国则对该受惠国的该项产品完全或部分取消普惠制优惠关税待遇的资格，称之为产品毕业。一旦某发展中国家(地区)工业化程度和经济发展水平有了较大的提高，并且在国际贸易中显示出较强的出口竞争能力，在国际市场上占有较大份额时，给惠国则对该发展中国家(地区)完全取消受惠国资格，称之为国家毕业。

2013年12月31日，欧洲委员会第1421/2013号规例，修订了欧盟的普惠制规则，在其生效1年后把中国内地剔除受惠国行列。因此，中国从欧盟普惠制"毕业"，中国所有产品于2015年1月1日起不再享受普惠制优惠待遇。

7. 普惠制的有效期

普惠制的实施期限为10年，经联合国贸易与发展会议全面审议后可延长。

普惠制对发展中国家的出口起了一定的积极作用。但由于各给惠国在提供关税优惠的同时，还有烦琐的规定，又有相当严厉的限制措施。因此，发达国家实际上尚未普遍、全面地向发展中国家提供关税优惠。

第三节　关税的征收

一、征收关税的方法

关税的征收方法又称关税的征收标准，一般分为从量税、从价税、混合税和选择税四种。

(一) 从量税

从量税(Specific Duty)是以货物的重量、数量、长度、容量和面积等计量单位为标准计征的关税。各国早期的关税，由于产品品种、规格简单，同一品种产品的价格差异不大，因此常以从量税方法计征。在 20 世纪 70 年代以前，美国和一些发达国家大多是以从量税的形式征税。因此，从量税曾经在关税征收历史上占据重要的地位。

从征收方式看，重量单位是最常用的从量税计量单位。例如，美国对薄荷脑的进口征收从量税，普通税率为每磅 50 美分，最惠国税率为每磅 17 美分。从量税较适合于标准化产品和原材料产品，其与商品计量单位数的多少成正比关系，计算公式为：

$$从量税额 = 商品计量单位数 × 从量税率(每单位的从量税) \qquad (8-2)$$

虽然重量单位是最常用的从量税计量单位，但各国在实际应用中计算重量的标准各不相同，一般采用毛重、法定重量和净净重。毛重(Gross Weight)是指商品本身加内外包装的总重量；法定重量(Legal Weight) 是指商品总重量扣除外包装后的重量；净净重(Net Net Weight)则指扣除了所有内外包装的商品本身的纯重量。

从量税的优点在于课税标准一定，而且征收手续比较简便；缺点在于税负不合理，同种类的货物不论等级高低，均课以同税率的关税，使得课税有失公平，而且其税额也不能随物价的变动而调整。征收对象一般是谷物、棉花等大宗产品和标准产品。

按从量税方式征收关税，在某商品价格下跌和商业衰退时期，会加重商品的关税税负，而且对于廉价物品会课征较重的关税，因此，这种关税征收方式实际上是鼓励同类产品中质量高、价格高的商品进口。例如，对每双鞋征收 2 美元的从量税，实际上是鼓励每双价格是 25 美元的鞋进口，而不是每双价格是 10 美元的鞋进口。在进口货物时，海关当局无须确定其价值而只需要知道其数量便可征纳关税。由于征收从量税对货物价值不敏感，从而其保护作用会受到通货膨胀的抵消。又由于世界范围内通货膨胀和制成品贸易比重的上升，从量税逐步被从价税替代。

(二) 从价税

从价税(Ad Valorem Duty)是以商品的价格为标准征收的关税。它是按价格的一定百分比征收。例如，对酒征收 10% 的从价关税，其计算公式为：

$$从价税额 = 进口货物总值 × 从价税率 \qquad (8-3)$$

从价税额随价格的上升而增加，随价格下跌而减少，关税收入直接与价格挂钩。进口从价关税势必影响进口商品国内价格，使之高于进口价格，差额应相当于进口税额，从而减少国内需求。出口从价关税势必影响出口商品的出口价格，使之高于国内价格，差额相当于出口税额，从而减少国外需求。而如何确定进出口商品的完税价格是征收从价税的关键。所谓完税价格，是指经海关审定的作为计征关税依据的货物价格。各国规定了不同的海关估价确定完税价格，目前大致有以下三种：成本加保险费加运费，装运港船上交货，进口国的官方价格。美国、加拿大等国采用 FOB 来估价，而西欧等国采用 CIF 价格作为完税价格。不少国家甚至故意抬高进口商品的完税价格，以此增加进口商品成本，把海关估价变成阻碍进口的非关税壁垒。

从价税的特点有以下几个。

(1)税负合理。同类商品质高价高，税额也高；质次价低，税额也低。加工程度高的商品和奢侈品价高，税额较高，相应的保护作用较大。

(2)从价税率按百分数表示，便于与各国进行比较。

(3)由于从价税随着商品价格的升降而变化，所以在价格上升时，税额增加，保护作用大，价格下降时，税额减少，保护作用小。

(4)完税价格不易掌握，征税手续复杂，大大增加了海关的工作负荷。

目前，单一使用从价税的国家并不太多，主要有阿尔及利亚、埃及、巴西、墨西哥等发展中国家。由于从量税和从价税都存在一定的缺点，因此，在两者基础上又产生了混合税。

(三)混合税

混合税(Mixed Duty)是在税则的同一税目中订有从量税和从价税两种税率，采用从量税和从价税同时征收的一种方法。比如对酒征收 5% 的从价税，另外每公升加征 1 美元的从量税。混合税计算公式为：

$$混合税额 = 从量税额 + 从价税额 \qquad (8-4)$$

按从量税、从价税的主次不同又可分为两种情况：一种是以从量税为主加征从价税，另一种是以从价税为主加征从量税。

(四)选择税

选择税(Alternative Duty)是指对某种商品同时制定从量税和从价税，但按规定征收其中的一种，一般是选择税额较高的一种税率征收，在物价上涨时使用从价税，物价下跌时使用从量税。有时，为了鼓励某种商品的进口，或给某出口国以优惠待遇，也有选择税额较低的一种税率征收关税的。比如，日本对坯布的进口征收税率有协定税率 10% 和 7.5%，另外每平方米加征 2.6 日元两种，具体征收关税时，按其中较高者进行。

二、海关税则的分类

1. 根据海关税则同一税目下税率种类的多少，可分为单式税则和复式税则

(1)单式税则。单式税则(Single Tariff)，是指一个税目下只有一个税率，适用于来自任何国家同类商品的进口，没有差别待遇。在垄断前资本主义时期，各国都使用单式税则。进入垄断阶段以后，为了在国际竞争中取得优势，在关税上都采用差别和歧视待遇，改用复式税则。目前，只有少数发展中国家(如委内瑞拉、巴拿马、肯尼亚等)还在使用单式税则。

(2)复式税则。复式税则(Complex Tariff)，是指个税目下有两个或两个以上税率，对来自不同国家的进口商品按不同税率征税，实行差别待遇。各国复式税则不同，有二、三、四、五栏不等，设有普通税率、最惠国税率、协定税率、特惠税率等。一般是普通税

率最高，特惠税率最低。美国、加拿大等国实行三栏税则，而欧盟等国实行四栏税则。

2. 根据各国制定税则的权限不同，可分为自主税则和协定税则

（1）自主税则。自主税则又称国定税则，是一国立法机关根据关税自主原则独立制定的一种税则，它是单独制定的，但要遵守对外签订的贸易条约或协定的约束。

（2）协定税则。这是一国与其他国家或地区通过谈判，以贸易条约与协定的形式而订立的一种税则。它是在本国原有自主税则的基础上，通过关税减让谈判，另行规定一种税率。不但适用于该贸易条约或协定的签字国，而且某些协定税率也适用于享有最惠国待遇的国家。

3. 根据进出口商品流向不同，可分为进口货物税则和出口货物税则

三、关税的征收程序

征收关税的程序即通关手续，又称报关手续，是指出口商或进口商向海关申报出口或进口，提交报关单和有关证明，接受海关的监督与检查，履行海关规定的手续。办完通关手续，结清应付的税款和其他费用，经海关同意，货物即可通关放行。通常包括申报（Declaration）、查验（Inspection）、征税（Taxation）、放行（Release）四个基本环节。

1. 货物申报

货物进出境时，必须由货物所有人或其代理人按照规定向海关申报。

申报时应交验报关单、许可证、提单或运单、发票、装箱单、原产地证书、合同或有关规定的文件证明等。

2. 货物的查验、征税与放行

海关在审核单证、查验有关单证与货物，计算进出口税额，由进出口商缴纳关税和其他费用后，即在一切海关手续办妥后，在提单、运单、装货单上加盖海关放行图章以示放行进出口货物，至此才算通关。由收、发货人据以向港口、民航、车站、集装箱场或邮局办理提取或托运手续。

3. 报关时限

报关时限主要是指进口商应在货物到达港口后，在规定的工作日期限内向海关办理申报手续。如果进口商对于某些特定的商品，如水果、蔬菜、鲜鱼等易腐商品，要求货到时立即从海关提出，可在货到前先办理提货手续，并预付一笔进口税，至次日再正式结算进口税。如果进口商想延期提货，在办理存栈报关手续后，可将货物存入保税仓库，暂时不缴纳进口税。在存仓期间，货物可再行出口，就不必再付进口税，如打算运往进口国国内市场销售，应在提货前办理通关手续。

货物到达后，超过法定申报时限进口商未向海关申报的，海关有权将货物存入候领货物仓库，期间一切责任和费用由进口商负责。如果存仓货物在规定期间内仍未办理通关手续，海关有权处理该批货物。

4. 填写报关单

经海关审批准予注册，可以直接向海关办理进出口海关手续的报关单位，指派经海关考核认可并持有海关签发的报关证件的报关员向海关报关。填写《进口货物报关单》或《出口货物报关单》，作为向海关申报的书面文件。进出口货物报关单的各项内容必须与实际

货物及交验的单证一致，做到单、货、证三者相符。报关单的主要项目为：经营单位、贸易性质、贸易国别、原产国别(地区)、货名、规格及货号、成交价格、数量、单位等。

最后应注意，一些国家的报关手续十分繁杂，为了及时通关提货，可以委托熟悉海关规章的报关行代办报关手续。

第四节　关税的经济效应

征收关税会引起商品价格和国内进口替代商品价格的变化，也影响商品供需矛盾，对进出口双方国家的经济会产生不同程度的影响。也就是说，关税的征收会带来一系列的经济效应。关税的经济效应是指一国征收关税对本国国内价格、贸易条件、生产、消费、贸易、税收、再分配以及国民福利等方面产生的综合影响。对关税的经济效应的分析主要包括静态和动态两个方面，前者分析关税的直接经济影响，后者分析关税对一国经济产生的进一步影响。因动态分析较为复杂，且不同的学者之间有很大争议，本节只通过静态经济效应分析关税所产生的直接经济影响。

在分析关税的经济效应时，把参与贸易的国家分为两类：一类为贸易小国，这类国家在某种特定商品的国际贸易中占有的份额很小，不足以对世界市场产生实质性影响，它只是国际贸易过程中的价格接受者；另一类为贸易大国，这类国家在某种特定商品的国际贸易中具有举足轻重的影响力，其本身进出口数量的变化足以改变世界市场的供求关系，从而带动国际市场价格发生变化，同时它也是国际贸易中的价格制定者。

一、对贸易小国的经济效应分析

假设在某种商品的国际贸易中，A 国为贸易小国，其在该商品上的国内市场的关税效应如图 8-1 所示，在 A 国对该种进口商品不征收关税的情况下，若世界市场价格为 P_t，A 国的国内市场价格也为 P_w，A 国国内市场该商品生产量为 Q_1，消费量为 Q_4，进口量为 Q_1Q_4。当 A 国对每一单位进口商品征收的进口关税为 t 时，因世界市场价格仍维持在 P_w 水平，A 国国内市场价格将因关税的征收而上升至 $P_t(P_t=P_w+r)$，国内生产量增加至 Q_2，国内消费量减少至 Q_3，进口量缩减到 Q_2Q_3。具体来讲，关税的征收给 A 国带来如下经济效应。

(一)价格效应

价格效应(Price Effect)是指征收关税对进口国国内市场价格的影响。对进口商品征收关税首先会使进口商品的价格上涨，从而引起国内进口替代部门生产的产品价格上涨，但整个国内市场价格上涨幅度的大小，要看征收关税对世界市场价格的影响力，由于贸易小国在世界市场中所占份额很小，因此在征收关税后对世界市场价格基本没有影响。A 国对进口品征税并不改变世界市场价格，但征收关税之后，进口商除需要按世界市场价格支付价款外，还需要向本国海关缴纳进口关税，进口成本提高，进口商品及国内替代品的市场价格也必然提高。

(二)生产效应

生产效应(Production Effect)是指征收关税对进口国进口替代品产生的影响。对于国内的竞争生产者来说，是可以从保护关税中获利的。在允许自由进口的情况下，国内生产的商品数量将被压缩到 OQ_1，其余部分的需求就要通过进口来满足，此时的进口数量为 Q_1Q_4。当关税使国内市场的价格提高后，国内的生产数量也从 OQ_1 扩大到了 OQ_2，图 8-1 中 a 代表了生产者剩余的上升，即国内的生产者利润的增加。也就是说，由于关税所减少的那部分进口数量中，有一部分是由国内生产所代替。一般而言，关税的税率越高，生产者受到的保护程度也就越大。事实上很多国家以关税限制进口，就是希望通过给国内生产厂商提供保护，推动国内生产的扩大和就业水平的提高。

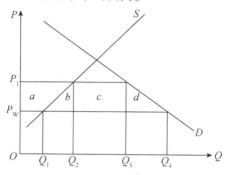

图 8-1　贸易小国的关税效应

（三）消费效应

消费效应（Consumption Effect）是指关税对进口商品消费的影响。对进口商品征收关税首先会使进口商品及国内替代品的市场价格提高，还会导致国内市场需求的下降，消费数量的减少，产生消费效应。价格的上升和消费数量的减少使消费者蒙受损失，损失的程度可由消费者剩余的变动来衡量。在图 8-1 中，价格上升后，消费者剩余减少了大梯形面积（$a+b+c+d$），这就是征收关税使国内消费者损失的福利。

（四）贸易效应

将关税的生产效应与消费效应结合起来，即可得到关税的贸易效应（Trade Effect）：消费数量的减少和本国替代品生产数量的增加必然导致进口数量的萎缩，即图中减少的消费 Q_3Q_4 以及增加的生产 Q_1Q_2。关税的贸易效应是消费效应和生产效应之和。

（五）财政收入效应

财政收入效应（Fiscal Revenue Effect）是指进口对国家财政收入的影响。对进口关税的征收为政府直接带来了税收，从而增加了财政收入，这就是关税的税收效应。在图 8-2 中，关税收入为矩形面积 c，它代表政府从关税得到的收益，其大小等于进口数量乘以税率。

（六）福利效应

关税的征收使国内不同的经济主体的利益发生不同的变化：生产厂商获得利益，政府获得税收，但消费者会蒙受损失。从前面的分析可知，厂商获利 a 与政府税收 c 二者之和也不能弥补消费者损失（$a+b+c+d$），关税的征收使一国产生了（$b+d$）的净福利损失，这就是贸易小国的关税福利效应（Welfare Effect）。不难看出，在如上的分析模型中，贸易小国对进口品征收关税只会降低自身的福利水平。因此，对贸易小国而言，自由贸易是最佳选择。

二、对贸易大国的关税经济效应分析

大国与小国征收关税的最大差异是：大国是价格的影响者或决定者，大国征收关税能够影响贸易条件，从而能将其关税部分转嫁给出口国，这正是关税分析的大国模型与小国模型的基本区别。

假设在某种商品的国际贸易中，B 国为贸易大国，其在该商品上的国内市场供求情况如图 8-2 所示。与贸易小国 A 情况相同，在 B 国对该种进口商品不征收关税的情况下，若世界市场价格为 P_w，B 国的国内市场价格也为 P_w，那么这时 B 国国内市场该商品生产量为 Q_1，Q_4 是该商品的消费量，进口量为 Q_1Q_4。当 B 国对每一个单位进口商品征收的进口关税为 t 时，与贸易小国 A 的情况不同，由于关税的征税致使该国对商品的进口数量的下降，减少对世界市场上该商品的需求，从而导致该商品世界市场价格降低。此时假定降低后的世界市场价格为 P_w'，那么由于关税的征收，B 国国内市场价格将上升至 P_t（$P_t = P_w' + t$），国内生产量增加至 Q_2，国内消费量减少至 Q_3，进口量缩减到 $Q_3 - Q_2$。

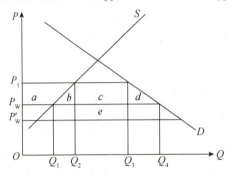

图 8-2　贸易大国的关税效应

贸易大国的关税经济效应与贸易小国相同，关税的征收同样给贸易大国带来了价格上涨的价格效应、生产扩大的生产效应、消费下降的消费效应、进口萎缩的贸易效应以及增加财政收入的税收效应等经济效应。尽管如此，贸易大国还是存在与贸易小国不同的关税效应特征。

（一）国内价格的上涨

与贸易小国不同的是贸易大国国内价格的上涨幅度小于贸易小国，这是因为关税的征收使世界市场价格被压低，进口国国内价格为新的世界市场价格与进口关税相加，那么与贸易小国价格上涨幅度等于关税水平的情况相比，此时贸易大国的价格上涨程度更低。一般来说，贸易大国关税价格效应的这一特征也使其在生产增长幅度、消费降低幅度和贸易减少程度方面均小于贸易小国。

（二）贸易条件效应

贸易大国征收关税，会引起对进口商品的需求减少，从而导致进口商品的价格下降，同时也降低了该商品的世界市场价格，从实际上讲是降低了该国的进口价格，在其他因素不变的情况下，意味着改善了本国的贸易条件。

（三）福利效应

消费者蒙受损失，但不同的是贸易大国的净福利变动却不同于贸易小国。由图8-2可以看出，此时厂商获利为a，消费者损失为$(a+b+c+d)$，而政府的关税收入却应该是$(c+e)$，净福利变动就是$[e-(b+d)]$，这就使贸易大国的净福利变动出现三种可能：其一，净福利损失，e小于$(b+d)$；其二，净福利变动为零，e等于$(b+d)$；其三，净福利增加，e大于$(b+d)$。也就是说，贸易大国的征税有可能带来福利的增加，而贸易小国征收关税却只能带来福利的损失。这种可能性可以通过贸易条件效应进行解释，由于贸易大国具有强大的市场影响力，那么通过压低进口价格，改善自身贸易条件，使一部分利益从国外出口商那里转移至本国，从而部分甚至全部补偿本国因征税导致价格上涨、贸易减少而蒙受的损失。因此，一般来说，贸易大国与贸易小国相比通常处于更为有利的地位。

第五节 关税的名义保护率和有效保护率

一般来说，我们用关税的保护程度来衡量一个国家对进口产品征收关税，从而评估其对本国经济的保护程度。其中关税对一国整体经济的保护程度可用关税水平（Tariff Level）来衡量，关税对一个产业中个别产品的保护程度可用保护率来衡量。

一、关税水平

关税水平是指一个国家进口关税的平均税率，用以衡量或比较一个国家进口关税的保护程度。在关税与贸易总协定和世界贸易组织的关税减让谈判中，关税水平被作为削减关税的指标。

关税水平有不同的计算方法，最基本的方法主要有简单算术平均法和加权算术平均法两种。

（一）简单算术平均法

简单算术平均法是以一国税则中所有税目的税率总和，除以所有税目的总数，求出税率的平均值。相应的计算公式为：

$$平均关税税率=\frac{所有税率之和}{所有税目数之和}\times100\% \tag{8-5}$$

这种计算方法因为有些税目的税率很高，是禁止性关税，实际很少进口，如有些在贸易中的重要税目（如汽车）和不太重要的税目（如汽车座椅等）。作为同样分量的两个税目计算，显然不太合理。此外，从量税率要换成从价税率才能相加，折算也有困难，因此有一些缺点。

（二）加权算术平均法

加权算术平均法是以进口产品的价值作为权数进行平均，按在一个时期内所征收的进口关税总额占所有进口产品价值总额的百分比计算。

由于统计的口径不同、进行比较的范围不同，可有下列几种计算方式：

$$关税水平 = \frac{进口关税总额}{所有进口产品总价值（包括有税产品和免税产品）} \times 100\% \qquad (8-6)$$

$$关税水平 = \frac{进口关税总额}{有税进口产品总价值} \times 100\% \qquad (8-7)$$

在统计分析或对等谈判时，有时只对某大类产品或某个行业产品的关税水平进行比较，相应的计算公式为：

$$某类产品的关税水平 = \frac{该类产品的关税总额}{有税进口产品总价值} \times 100\% \qquad (8-8)$$

如果比较的不只是一类产品，而是几类产品的平均税率，则可先计算出每类产品的关税水平之和（简单算术平均或加权算术平均之和），然后加权平均计算。如果要求比较精确的计算，可把临时减免税税款也加在税款金额之中。在关贸总协定的 8 轮关税减让谈判后，各国的关税水平大大降低，发达国家的平均关税水平已由以前的 40% 降到 4% 左右，发展中国家的平均关税水平仍比较高，大约在 12%。

二、名义保护率

名义保护率（Nominal Rate of Protection，NRP）又称名义关税率，是指一类产品在各种贸易保护措施的作用下，其国内市场价格超过国际市场价格的部分与国际市场价格的百分比，它是衡量一国对某类产品保护程度的一种方法。

$$名义保护率（NRP） = \frac{P' - P}{P} \times 100\% \qquad (8-9)$$

式中，P 为国际市场价格，P' 为进口产品的税后价格。

例如，某产品的进口税率为 10%，进口价格为 30 美元，若加收进口关税 3 美元，实际进口价格为 33 美元，多出的 3 美元就是按 10% 计征的关税，这 10% 的税率就是名义保护率，显然，在其他条件相同和不变的条件下，名义保护率越高，对本国同类产品的保护程度越高。

三、有效保护率

（一）有效保护率的含义

有效保护率（Effective Rate of Protection，ERP）是指关税对国内被保护行业每单位产出的附加值提高的百分比，也就是由于整个关税制度而引起的国内增值部分与自由贸易条件下增值部分相比的百分比。从表面上看，征收关税有利于本国的生产者，保护了国内生产和市场；但从实际看，本国生产者也不是凭空就能生产产品，他们也要购进生产资料，经过若干生产环节，投入若干中间产品来生产，而这些中间产品有可能从国内购买也有可能是从国外进口，那么征收关税在保护某行业生产者的同时，实际上也保护了这些中间产品的供应商。关税抬高了生产者的产品附加值，同时也抬高了中间产品的附加值。那么我们就有必要讨论去掉中间产品附加值后，究竟对本国生产者产品附加值的保护程度有多大，这就催生出了有效保护率的概念。

第二次世界大战后，随着跨国公司的出现，大规模生产由一种产品的全过程垂直全面生产发展到零部件的专业、水平分工，致使中间产品的贸易量不断扩大，逐渐形成了以中间产品为主的国际贸易产品结构。传统的关税保护理论是建立在产品的生产过程，完全发

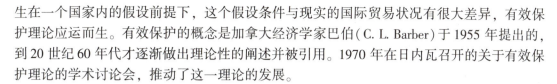

生在一个国家内的假设前提下，这个假设条件与现实的国际贸易状况有很大差异，有效保护理论应运而生。有效保护的概念是加拿大经济学家巴伯（C. L. Barber）于1955年提出的，到20世纪60年代才逐渐做出理论性的阐述并被引用。1970年在日内瓦召开的关于有效保护理论的学术讨论会，推动了这一理论的发展。

（二）有效保护率的计算公式

有效保护不但关注关税对产品价格的影响，也关注投入品（原材料或中间产品）由于征收关税而增加的价格，因此有效保护率计算的是某项加工工业中受全部关税制度影响而产生的增值比，是对一种产品的国内外增值差额与其国外增值的百分比，即

$$有效保护率(ERP)=\frac{国内加工增值-国外加工增值}{国外加工增值}\times100\% \tag{8-10}$$

若以 ERP 表示有效保护率，以 V 表示自由贸易条件下，某生产过程的增值，以 V' 表示在各种保护措施作用下，该生产过程的分值，则有效保护率可以表示为：

$$ERP=\frac{V'-V}{V}\times100\% \tag{8-11}$$

假定在自由贸易的情况下，一辆汽车的国内价格为20万元，其中的15万元是自由进出口的钢材、橡胶等中间投入品的价格，则5万元就是国内生产汽车的附加值；再假定对每辆进口汽车征收10%的名义关税，而对中间产品仍然免税进口，同时假定进口汽车价格上涨的幅度等于名义税率的10%，那么国内汽车的价格上涨到22万元（=20+20×10%）。保护关税使国内制造汽车的附加值增加到7万元（=22-15）。此时，国内汽车的有效保护率为40%〔=(7-5)/5〕。在此名义税率只有10%，但有效保护率却高达40%。

此时如果对中间产品征收10%的进口税，每辆汽车的进口税仍为10%，那么国内汽车制造的附加值就变为5.5万元〔=22-15×(1+10%)〕。此时，国内汽车的有效保护率为10%〔=(5.5-5)/5〕。如果对中间产品征收20%的进口税，每辆汽车进口税仍为10%，那么国内汽车制造的附加值就变为4万元〔=22-15×(1+20%)〕，有效保护率为-20%〔=(4-5)/5〕。

（三）有效保护率与名义保护率的区别

名义保护只考虑了关税对某种产品价格的影响，而不考虑对其投入材料的保护；有效保护不但考虑了关税对成品的价格影响，也考虑了投入的原材料和中间产品由于征收关税而增加的价格。因此，有效保护率计算的是某项加工工业中受全部关税制度影响而产生的增值比，是一种产品的国内外增值差额与其国外增值部分的百分比，这里所说的国外增值是指在自由贸易条件下该产品的增值。

当某产业的产品进口名义关税率高于原料的进口名义关税率时，该产业所受的有效保护率就要高于名义保护率；当某产业的产品进口名义关税率等于原料的进口名义关税率时，该产业所受的有效保护率就等于名义保护率，当某产业的产品进口名义关税率低于原料的进口名义关税率时，甚至会出现负保护的现象，所以以有效关税保护率提高的关键在于原料或中间产品的名义关税率的下降幅度。目前大多数的国家海关税采取的都是瀑布式关税，即对产成品征收较高的关税，而对中间产品、原材料征收梯次降低的关税，正是基于对关税有效保护率影响这一考量。

📝 本章小结

　　一国的关税政策是其对外贸易政策的体现。关税是指当进出口货物通过一国关境时，由政府设置的海关向本国进出口商所征收的税收。按照不同的分类标准，有不同种类的关税，如进口税和出口税；财政关税和保护关税等。在熟悉并掌握关税的含义和功能的基础上，能够理解并针对关税对于大国和小国产生的不同经济效应进行分析，从而尝试理解并分析近年来国家之间关税之争的现实意义。

📰 思考题

1. 简述关税的含义和功能。
2. 简述普惠制的基本含义。
3. 简述关税的分类。
4. 请结合图8-2，分析关税对于大国的经济效应。
5. "关税能为政府带来收入并能为国内产业提供保护，因此，关税税率越高，对于国内产业的保护率就更高。"请对该观点进行分析。

本章思考题参考答案

典型案例 ▶▶▶

中美贸易战哨壁下的"关税之伤"

一、背景介绍

　　2017年8月18日，美国贸易代表莱特希泽宣布，正式对中国发起"301调查"。将调查中国政府在技术转让、知识产权、创新等领域的实践、政策和做法是否不合理或具有歧视性，以及是否对美国商业造成负担或限制。2018年3月22日，美国总统特朗普签署总统备忘录，依据"301调查"结果，将对从中国进口的商品大规模征收关税，并限制中国企业对美投资并购。自2018年7月6日起，美国正式针对中国输入商品实施第一轮关税加征措施，税率25%，涉及商品340亿美元；2018年8月23日美国开始第二轮关税加征措施，税率25%，涉及商品160亿美元；2018年9月24日美国开始第三轮加征措施，税率10%，该轮加征税率在2019年5月10日被上调至25%，涉及商品2 000亿美元；2019年9月1日和12月15日，美国进行了第四轮关税加征，税率15%，涉及商品3 000亿美元，但只生效了其中的1 200亿美元。这四轮关税有效期都是4年。

　　针对美国对华输入商品的关税制裁，中国政府采取了反制措施，2018年4月2日起对原产于美国的7类128项进口商品中止关税减让义务，在现行适用关税税率基础上加征关税，对水果及制品等120项进口商品加征关税税率为15%，对猪肉及制品等8项进口商品加征关税税率为25%；针对2018年美方第二轮关税加征措施，中方亦从7月6日对原产于美国的约500亿商品加征25%的关税；针对2018年美方第三轮加征关税的措施，中方于2018年9月24日对原产于美国的5 207个税目约600亿美元的商品加征5%或10%不等的关税，并于2019年6月1日起，对已实施加征关税的600亿美元清单美国商品中的部分，提高加征关税税率，分别实施25%、20%或10%加征关税；对美方第四轮加征关税

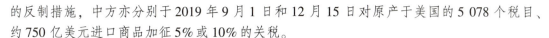

的反制措施，中方亦分别于2019年9月1日和12月15日对原产于美国的5 078个税目、约750亿美元进口商品加征5%或10%的关税。

二、美国对华征收关税对美国的影响

(一)推高通胀，加剧经济衰退风险

自中美贸易战开始后，美国国内通胀连续创下40年来通胀最高水平，美国投资者警告美国有可能陷入通胀失控的困境，美国可能面临一场经济上的"超级飓风"。迫于高物价的压力，美国政府主要官员不断放风要取消对华加征关税。虽然取消部分对中国商品加征的关税不太可能帮美国大幅抑制通胀，但拜登政府官员承认"几乎没有其他选择"。

(二)增加支出，民众和企业叫苦不迭

美国的企业和民众"苦关税久矣"。相关数据显示，自关税生效以来，美国对华加征的关税使美国公司损失超过1.7万亿美元、美国家庭每年户均开支增加1 300美元。美国《商业日报》认为，美国消费者对中国商品的需求是必然的，从理论上说，如果取消对这些商品加征的关税，那么这些商品将会立即降价或停止涨价。

另外，在美国单方面发动对华贸易战的前三年，即2018年、2019年和2020年，美国每年对华出口都低于2017年的水平，这期间美国丢失了超过24万个工作岗位。美媒援引穆迪投资者服务公司报告称，美方承担了对中国商品加征关税超90%的成本，其中，"大部分关税成本已经转移给美国进口商"。美国政府对华挥舞关税"大棒"，也砸疼了自己人。

(三)反噬美国，经济状况日益糟糕

特朗普政府当初对中国商品加征惩罚性关税，是希望借此缩小美国对华贸易逆差。但到目前为止并没有减少美国对中国的贸易逆差，反而让美国公司和消费者增加了开支。2021年，中国对美国贸易顺差全年累计3 965.8亿美元，美国对华贸易逆差不降反升。成本增加和关税报复抵消了保护主义措施为生产商带来的益处。与美国政府的对华政策不同，美国企业继续在中国大力投资，中美双向贸易额每年超过6 500亿美元，对很多美国企业来说，中国仍然是重要市场，中美脱钩在经济上是不可能的，上海美国商会对300多家在华美国企业进行的新调查显示，与2020年相比，2021年60%的企业对华投资有所增加。贸易战不但没有对中国经济造成负面影响，还像"回旋镖"一样反过来伤害了美国经济。

针对美方关税加征措施，中方多次表明立场，愿意与美方进行务实谈判，"取消全部对华加征关税，有利于中美两国，有利于整个世界。"

资料来源：美国是时候取消对华加征关税了 https://m.gmw.cn/baijia/2022-05-19/1302954124.html. 人民日报海外版. 作者有整理.

学习提示：

(1)思考点：

①中美贸易摩擦的起因？

②美方动机是什么？中方是如何应对的？

③中美贸易摩擦对于中美双方经济的影响？

(2)关键知识点：关税壁垒的运用。

(3)能力点：将关税措施的理论知识运用到国际贸易和国际关系领域的重大事件中去，并思考分析我国在与外国经济往来过程中解决问题的立场与态度。

第九章　非关税措施

教学目的

- 熟悉非关税壁垒的特点与分类
- 掌握进口配额的含义及其经济效应
- 掌握技术性贸易壁垒的含义、分类、特点及性质
- 了解绿色壁垒的含义、形式、特点及性质

关键术语

非关税壁垒　进口配额　"自愿"出口配额制　进口许可证　外汇管制　技术性贸易壁垒　绿色壁垒

国贸视野

碳关税：披着漂亮外衣的新保护主义

近段时间，"碳关税"在国际上成为热门话题。个别国家热衷制定包含"碳关税"条款的法案，也有的国际组织提出，"碳关税"可适用于国际贸易规则。对此，中国商务部新闻发言人姚坚表示，中方对此坚决反对。

"碳关税"是披着漂亮外衣的保护主义。近年来，随着经济一体化和贸易全球化进程的推进，全球自由贸易的程度不断提高，贸易保护主义越来越不得人心。然而，与此同时，一种打着"绿色"幌子的新保护主义兴起了，"碳关税"就是其中之一。

所谓"碳关税"，就是指对高耗能产品进口征收二氧化碳排放关税。美国众议院通过的一项征收进口产品"边界调节税"法案，实质就是从 2020 年起开始实施"碳关税"——对进口的排放密集型产品，如铝、钢铁、水泥和一些化工产品，征收特别的二氧化碳排放关税。

然而，诚如中国商务部新闻发言人姚坚指出的那样，"碳关税"不仅违反了 WTO 的基本规则，也违背了《京都议定书》确定的发达国家和发展中国家在气候变化领域"共同而有区别的责任"原则，是"以环境保护为名，行贸易保护之实"的行为。

"碳关税"不仅不可能真正抑制碳排放，事实上反而会增加一个贸易壁垒，而这个贸易壁垒与 WTO 现行规则有直接冲突。WTO 基本原则中有一条"最惠国待遇"原则，其含义是缔约一方，现在和将来给予任何第三方的一切特权、优惠和豁免，也同样给予其他成员。而征收"碳关税"，各国环境政策和环保措施都不同，对各国产品征收额度也必然差异甚大，这就会直接违反最惠国待遇原则，破坏国际贸易秩序。

法国前总统希拉克提出"碳关税"这个概念，本意是希望欧盟国家针对未遵守《京都议定书》的国家课征商品进口税，以避免在欧盟碳排放交易机制运行后，欧盟国家所生产的商品遭受不公平之竞争。但现实情况是，发达国家多数没有切实遵守《京都议定书》，发展中国家又暂时不承担减排份额，这使得"碳关税"征收缺少了现实的支撑。而美国这个温室气体的头号排放大国甚至拒绝签署《京都议定书》，不愿意承担减少排放额度的义务，现在却突然热衷于对别国产品征收"碳关税"，这除了借气候保护之名行贸易保护之实外，实在找不出更合理的解释。

《京都议定书》实行的是"共同而有区别的责任"原则，发展中国家暂不承担排放额度。发达国家向发展中国家产品征收"碳关税"，结果只能是发达国家"一箭双雕"——在堂而皇之地将发展中国家的财富纳入自己国库的同时，让发展中国家背负污染环境的恶名。这就违背了"共同而有区别的责任"的原则。然而，美国按照自己的标准征收"碳关税"，别的国家难道不可以按自己的标准征收美国的"碳关税"？如此，全球合作减排机制必遭破坏，世界卷入贸易战也不可避免。

贸易保护主义从来不是单行线。历史经验表明，贸易保护主义是把"双刃剑"；全球经济的任何一环出现贸易壁垒，其后果都将是全球性的。一些西方国家打着"绿色"的旗号行保护主义之实，最终只能是损人也害己。

资料来源：碳火税：披着漂亮外衣的保护主义 http://zqb.cyol.com/content/2009-07/07/content_ 2744391.htm 中国青年报.

第一节　非关税措施概述

尽管关税是一种非常有效的进口调节手段，但经过 GATT 八轮减让关税的多边贸易谈判和 WTO 关税减让措施的作用，工业发达国家之间的平均关税水平降到了 3% 左右，发展中国家的平均关税水平也降到了 10% 以下。我国自 2001 年入世以后，按照入世承诺连续下调了进口关税税率，目前关税的算数平均税率为 9.8%，比入世前下降了 36%，如果考虑贸易结构因素，我国实际的关税水平仅为 3% 左右，已经接近发达国家的关税水平。关税减让使国际贸易中的产品出口有效避开了关税壁垒设置的障碍关税，作为限制进口的壁垒，已经失去了昔日的重要地位，各种非关税的进口调节手段，如进口配额制、技术性贸易壁垒、绿色壁垒、外汇管制等，越来越广泛地被各国尤其是发达国家所采用。

一、非关税壁垒的含义

非关税壁垒(Non-tariff Barriers，NTBs)是指除关税措施以外的一切限制进口的措施。

在 WTO 规则体系中，主要包括进口配额、自动出口限制、技术性贸易壁垒、反倾销、反补贴和保障措施等。

非关税壁垒早在资本主义发展初期就已出现，但普遍建立起来却是在 20 世纪 30 年代。由于世界性经济危机的爆发，各资本主义国家为了缓和国内市场的矛盾，对进口的限制变本加厉。一方面高筑关税壁垒，另一方面采用各种非关税壁垒措施阻止他国商品进口。尽管如此，非关税措施这一术语是在 GDP 建立以后才逐渐产生的，真正把非关税措施作为贸易保护政策的主要手段，开始于 20 世纪 70 年代。

总体看，非关税壁垒与关贸总协定和世界贸易组织促进贸易自由化的宗旨是相违背的。关贸总协定较早就意识到这个问题，并在第七轮谈判"东京回合"中第一次把谈判矛头指向了非关税壁垒，提出减少、消除非关税壁垒，减少、消除这类壁垒对贸易的限制及不良影响，以及将此类壁垒置于更有效的国际控制之下等条款。但这些条款和协议往往是有保留的，并且非关税壁垒花样繁多、层出不穷。关贸总协定也不可能对每一种非关税壁垒都用具体条款做出明确规定。因此，非关税壁垒越来越趋向于采用处于总协定法律原则和规定的边缘或之外的歧视性贸易措施（如自动出口限制等），从而成为"灰色区域措施"（Gray Area Measures），以绕开关贸总协定的直接约束。目前，越来越多的西方发达国家使用"灰色区域措施"，这在一定程度上构成了对国际贸易体系的威胁。

二、非关税措施的特点

非关税措施与关税措施都有限制进口的作用，但是，与关税措施相比较，非关税措施具有以下特点。

（一）非关税措施种类繁多，适用范围广泛

据统计，非关税措施已经从 20 世纪 60 年代末的 850 多项发展到了 20 世纪 70 年代的 900 多项，20 世纪 90 年代末已经达到了 2 700 多项，且还在不断增加。与进出口商品、进出口程序有关的种种法律规定，行政管理措施技术标准的适用范围都十分广泛。

（二）非关税措施具有更强的灵活性和针对性

各国关税税率的制定，必须经过立法程序，一旦获得通过，就要保持一定的持续性。若要更改或者调整这些税率，就必须经过严格的法律程序，而这种法律程序往往比较迟缓，在需要紧急限制进口时经常难以适应。同时，关税税率的调整还受到世贸组织及相关贸易协议的制约。而非关税措施的制定和实施通常采用行政手段，调整、改变程序简便，能随时针对实际情况实施、变换限制进口的措施，达到限制进口的目的。

（三）非关税措施更具有效性和合法性

关税措施旨在通过征收高额关税，提高进口商品的成本，达到限制进口的目的。但当出口国采取出口补贴和商品倾销等方法降低出口商品的成本和价格时，关税就很难起到限制商品进口的目的。但一些非关税措施（如进口配额、进口许可证等）预先规定进口的数量和金额，超过限额就直接禁止进口，这样在限制进口方面更直接、更有效、更合理。同时，除了一些传统的非关税措施得到世贸组织的规范和限制，一些新兴的非关税国际贸易

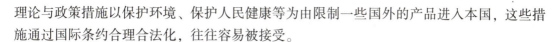

理论与政策措施以保护环境、保护人民健康等为由限制一些国外的产品进入本国，这些措施通过国际条约合理合法化，往往容易被接受。

（四）非关税措施更具隐蔽性和歧视性

关税是经过法律程序确定的，并以法律形式公布于众，依法执行的。与关税不同的是，非关税措施往往不公开，或者规定严格、烦琐和复杂的标准及手续，而且还会经常变化，让出口商难以对付和适应，一些出口商品因为某一点不符合规定就不能进入对方的市场，从而达到保护国内市场和生产的目的。此外，一些国家还针对某个国家采取相应限制性的非关税措施，大大加强了差别性和歧视性。

三、非关税措施的作用

发达国家的贸易政策越来越把非关税壁垒作为实现其政策目标的主要工具。对他们而言，非关税壁垒的作用主要体现在三个方面：一是作为防御性武器限制外国商品进口，用以保护国内陷入结构性危机的生产部门及农业部门，或保障国内垄断资产阶级获得高额利润；二是在国际贸易谈判中以此迫使对方让步，以争夺国际市场；三是作为对他国的贸易歧视手段，甚至作为实现其政治利益的手段。总之，发达国家设置非关税壁垒是为了保持其经济优势地位，维护不平等交换的国际格局，具有明显的剥削性。

必须承认，发展中国家同样也越来越广泛地使用非关税壁垒措施，但与发达国家相比，其目的有所不同：一是限制非必需品的进口，节省外汇；二是限制外国进口品的竞争力，保护民族工业和幼稚工业；三是发展民族经济，摆脱发达资本主义国家对本国经济的控制和剥削。由于发展中国家与发达国家经济发展水平的巨大差距，设置非关税壁垒有其合理性和正当性。为此，关贸总协定在第五轮回合谈判中增加了"贸易与发展"部分，并陆续给予发展中国家更大的灵活性，允许其为维持基本需求和谋求优先发展而采取贸易保护措施。但总的看来，从关贸总协定到世界贸易组织，对发展中国家的要求关注度还不够，发展中国家还要继续为此奋斗。

四、非关税措施的分类

非关税措施的类型有很多，在 20 世纪 80 年代，联合国贸易和发展会议从影响方式及程度角度，将非关税措施分为直接影响性、间接影响性以及溢出或旁及影响性非关税壁垒措施。直接影响性非关税壁垒措施是出于保护国内产业、加强国内产业，出于对国际市场竞争力的考虑而采取的对外国进口进行限制和对本国出口进行限制或鼓励的措施，如配额、许可证、进口押金等。这类措施对贸易的限制很明显，也非常直接。间接影响性非关税壁垒措施，从表面上看是出于其他目的而制定的，比较含蓄不易发现，但被怀疑具有隐蔽的限制贸易动机，如质量标准、广告数量、海关程序等。溢出或旁及影响性非关税壁垒措施是指并非主要针对贸易，却不可避免地导致国际竞争条件失常，从而对贸易发生影响的一些非关税壁垒措施。

为了更清楚地了解非关税措施的主要形式及其特征，本书将其归纳，如表 9-1 所示。

表 9-1　非关税措施分类表

作用机制	影响程度		
	直接影响	间接影响	溢出或旁及影响
控制数量	1. 进口配额、许可证 2. "自愿"出口配额 3. 进出口禁令 4. 当地含量要求 5. 混合规定 6. 禁止性政府采购政策 7. 直接影响贸易的投资措施	1. 通信工具限制 2. 广告数量和市场限制 3. 间接影响贸易的投资措施	1. 产业和地区发展政策 2. 特定的国际收支政策 3. 税收制度的差异 4. 国家社会保障制度 5. 折旧期限的差异 6. 国家订购的规模效应 7. 国际运输协定
影响成本	1. 反倾销措施 2. 进口押金制 3. 国内费用的差别待遇	1. 海关估价 2. 外汇管制 3. 包装、标签规定 4. 质量、卫生、环境标准 5. 安全、劳工标准 6. 报关程序 7. 披露规定和行政指导 8. 专业服务中的许可证、资格证 9. 销售证规定	—

资料来源：赵春明. 国际贸易学[M]. 北京：石油工业出版社. 2003年，第307页.

第二节　直接限制进口的非关税壁垒

非关税措施名目繁多，归纳起来有两大类：一类是直接限制，即进口国直接对进口数量或金额加以限制，如进口配额制、进口许可证制和"自动"出口配额制等；另一类是间接限制，是指对进口商品制定种种严格的标准和条例，间接地限制商品的进口，如进口押金制、最低进口限价、烦琐苛刻的技术卫生检疫标准等。

一、进口配额制

进口配额制(Import Quotas System)又称为进口限额制，是一国政府在一定时期(如一季度、半年或一年)以内，对某些进口商品的进口数量或金额加以直接限制。在规定的期限内，配额以内的货物可以进口，超过配额的不准进口，或者征收较高的关税/罚款后才准予进口。进口配额制是许多国家实行进口数量限制的重要手段之一。

(一)进口配额的分类

1. 绝对配额

绝对配额(Absolute Quotas)是指在一定时期内，对某些商品的进口数量或金额规定一个最高限额，在这个数额之内允许进口，达到这个数额后，便不准进口。在贸易实践中，进口配额的实施通常又有以下两种方式。

（1）全球配额（Global Quotas）。全球配额属于世界范围的绝对配额，对来自任何国家或地区的商品一律适用。它强调的是进口数额，而不是这种商品的出处。全球配额的具体做法是一国或地区的主管当局在公布的总配额之内，按进口商的申请先后或过去某一时期的进口实际数额批给一定的额度，直至总配额发放完为止，超过总配额就不准进口。由于邻近国家或地区地理位置接近，到货较快、比较有利，而较远的国家或地区在这种情况下就处于不利的地位，因此，在配额的分配和利用上很难考虑国别政策。基于这种情况，一些国家为了避免和减少这些不足大多采用国别配额。

（2）国别配额（Country Quotas）。国别配额也称选择配额，是指在总配额内按国别或地区分配给固定的配额，超过规定的配额便不准进口。由于在发放配额时，主管当局带有强烈的国别色彩，所以又称为歧视性配额。同时为了区分来自不同国家和地区的商品，在进口商品时进口商还必须提交原产地证书。实行国别配额可以使进口国根据其与有关国家或地区的政治、经济关系分配不同的额度。国别配额又可分为自主配额、协议配额和进口商配额。

①自主配额（Autonomous Quotas）又称为单方面配额，是由进口国家完全自主地、单方面强制规定在一定时期内从某个国家或地区进口某种商品的配额。这种配额不需要征求输出国家的同意，进口国一般参照某国过去某年的输入实际，按一定的比例确定新的进口数量或金额。但分配额度的差异容易引起某些出口国家或地区的不满和报复，因此，有些国家采用协议配额来缓和彼此之间的矛盾。

②协议配额（Agreement Quotas）又称双边配额，是由进出口国家政府或民间团体之间协商确定的配额。由于协议配额是由双方协商决定的，因而较易执行。协议配额应用很广泛，以欧盟的纺织服装业为例，为了保护其日益失去竞争力的纺织服装业，欧盟对80%以上的进口贸易实行双边配额管理。

③进口商配额（Importer Quotas）是对某些商品进口实行的配额。出于加强垄断资本在贸易中的垄断地位和进一步控制某些商品的进口需要，进口国将某些商品的进口配额在少数进口厂商之间进行分配。例如，日本食用肉的进口配额就是在29家大商社之间分配的。

2. 关税配额

关税配额（Tariff Quotas）是指对进口商品的绝对数额不加以限制，而对一定时期在规定数额以内的进口商品给予低税、减税或免税待遇，对超过配额的进口商品征收较高的关税或征收附加税甚至罚款。按征收关税的目的和优惠程度可分为优惠性关税配额和非优惠性关税配额。

（1）优惠性关税配额。优惠性关税配额是对关税配额内进口的商品给予较大幅度的关税减让甚至免税，而对超过配额进口的商品征收原来的最惠国税率，欧盟在普惠制实施中所采取的关税配额就属于此类。

（2）非优惠性关税配额。非优惠性关税配额是对关税配额内进口的商品征收原来的进口关税，一般按最惠国税率征收，对超过配额的进口商品则征收极高的进口附加税或罚款。例如，1974年，澳大利亚曾规定对除男衬衫、睡衣以外的服装超过配额的部分加征175%的进口附加税，如此高的进口附加税实际上起到禁止超过配额的商品进口的作用。

绝对配额与关税配额的不同之处在于，绝对配额规定一个最高进口额度，超过就不准进口，而关税配额在超过配额限制之后仍可进口，只是对超过部分要征收较高的关税。可见，关税配额是将关税与配额结合起来，主要以经济手段调节进口水平，而不像绝对配额那样以行政手段控制进口的绝对量。它们的相同之处在于都是以配额形式出现，通过提供、扩大、减少配额对贸易对方实施贸易歧视的。

(二)进口配额的分配

在实践中，配额通常与进口许可证结合使用，其分配方法主要有以下三种。

1. 竞争性拍卖

在竞争性拍卖下，政府将配额许可证售卖给出价最高的进口商。

2. 按固定比例优惠发放

政府根据实施配额以前各厂商在进口总额中所占的份额免费发放进口配额。

3. 按申请顺序发放

政府根据进口商申请的先后顺序分配进口配额。这种方式相对公平，但由于申请者众多，配额资源的稀缺，在配额申请中往往会出现一定程度的寻租行为，因此这种分配方式不利于资源的优化配置。

(三)进口配额的经济效应

配额是通过对进口数量的直接限制来影响国内市场的价格，从而调节进口和保护国内的生产。如果实行进口配额的是一个贸易小国，那该国由于配额而减少进口不会影响世界市场价格，而只会引起本国价格的上涨。如果配额使进口商品价格上涨的幅度与征收进口关税相同，那配额所产生的消费效应、生产效应、贸易效应与关税的局部均衡效应完全相同。假如政府采取竞争的手段将配额拍卖，那么财政收入效应也应与等效关税相同。

如果实行配额的是一个贸易大国，那该国就会由于配额限制了外国产品进入本国市场而造成国际市场商品充斥，导致该商品国际市场价格下跌。至于该国会不会因此而改善贸易条件，产生贸易条件效应，就要看具体情况了。在实行配额的条件下，即使国际市场价格下跌，该国也不会增加进口，因此出口国就无法通过降价来扩大出口，对该国就会维持原有的价格水平，甚至可以借机提价。出口国在供给弹性较大的情况下，尤其会这样做。但是如果出口国供给弹性较小且十分依赖该国市场，那该国实行配额限制进口就会改善本身的贸易条件，而使出口国的贸易条件恶化。各种效应都与贸易大国征收关税类似。

下面用图9-1来分析进口配额对贸易效果的经济效应，图中 S 曲线和 D 曲线分别代表该国某商品的国内供给曲线和需求曲线。

在封闭条件下，S 和 D 的交点 E 为国内供求均衡点。在自由贸易条件下，该国面临具有无穷弹性的国际供给，其国内生产 OQ_1，总共消费 OQ_4，缺口为进口量 Q_4-Q_1。现假设该国对进口实行配额规定，只允许进口 OQ_2 数量商品，则此时该国该商品的供给曲线就会变为 S'。在国际市场价格 P_1 之上，不管价格如何变化，它总是在国内供给基础上加上一个固定的进口量。S 和 S' 之间的水平距离即为配额数量。此时国内均衡点为 E'，价格为 P_2，该国消费 OQ_3，国内生产 OQ_2，进口 Q_2Q_3，其产生的经济效应如下：

消费效应：国内消费减少 Q_3Q_4，消费者剩余减少 $a+b+c+d$；

生产效应：国内生产增加 Q_1Q_2，生产者剩余增加 a；

贸易效应：进口减少$Q_1Q_2+Q_3Q_4$，贸易支出减少$e+f$；

配额利润效应：配额拥有者获得配额利润c，即$(OP_2-OP_1)\cdot(Q_2Q_3)$；

再分配效应：消费者剩余减少的$a+b+c+d$中a转化为生产者，剩余c转化为进口商的配额利润，净损失为$b+d$，即配额保护的代价，其中b为生产损失，d为消费损失。

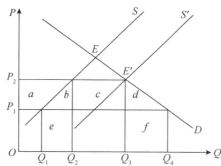

图9-1　贸易小国配额经济效应的局部均衡图

（四）进口配额与关税的比较

进口配额与关税的经济效应有相似之处，但也存在很多差别。

1. 对政府收入的影响

在征收关税的情况下，关税收入为政府所得。实施进口配额条件下所产生的收入归谁所有则取决于配额的分配方式。其一，如果政府将具有配额的许可证进行拍卖，那么拍卖所得的收入归政府所有。其二，如果政府对进口配额实行按固定比例优惠发放政策，那么这一部分收入为一些进口商无偿获得。其三，如果采取按申请顺序分配，那么企业就会为了获得这部分收入，花费时间和金钱对政府官员进行游说和疏通。

2. 对价格的影响

在征收关税的条件下，如果国内对该产品的需求上升，只要消费者愿意承担关税的负担，那么可以继续增加进口，供给也增加，国内价格不变，仍然是国际价格加关税。然而，在实施配额的条件下，国内需求上升，由于进口受到配额的限制不可能再增加，因此，国内价格会随之上升。

3. 对国内厂商的影响

在征收关税的条件下，国内厂商对商品的销售不可能实施垄断。如果国内厂商企图抬高价格进行销售，那么消费者就会转向购买进口产品，迫使国内厂商只能按照世界价格加上关税的价格销售商品。在实施配额的条件下，由于进口量始终保持不变，从而加强了国内厂商的垄断权利，即其可以将价格提高到世界价格加上关税的价格之上。

4. 实施进口配额比征收进口关税更难操作

征收进口关税，海关人员按照从价税或者从量税的税率征税，操作起来相对比较容易。然而，实施进口配额比较难以操作，表现在：其一，在实施进口配额的条件下，便宜的商品往往难于获得配额。由于配额一般是设置进口数量的限制，如布匹是按照长度，钢、铁是按照重量，鞋是按照数量发放配额。因此，进口商为了充分利用配额，获取最大限度的利润，必然进口附加值高的产品，那些比较便宜的商品也就难以进口；其二，实施进口配额，会由配额引起新的配额，配额的种类越演越多，难以控制。例如，某国对进口钢材实施进口配额，那么一些进口商就会转向进口钢材。如果政府进一步对进口钢材实施进口配额，那么进口商又会转向进口无缝钢管或者其他特殊钢材。又如，政府对进口制造纸张的木材实施进口配额，那么进口商会转向进口纸浆；政府对进口纸浆实施进口配额，那么进口商又会转向进口一般纸张；政府对进口一般纸张实施进口配额，进口商还会转向进口高级复印纸张或其他纸张。总之，配额会导致新的配额的产生。正如经济学家布朗和霍根多伦在他们合著的《国际经济学》一书中指出：比较优势类似于洪水，而配额类似于沙袋。当洪水进入时，政府企图用配额这一沙袋来堵住洪水，使用一些沙袋可能堵住了这一部分的缺口。然而，洪水还会冲开另一个缺口，再用沙袋堵塞，洪水照样还会冲出新的缺口。使用配额来对付进口，就如同使用沙袋对付洪水一样，堵不胜堵。

5. 实施进口配额会引发政治上的腐败

由于实施进口配额形成国内价格和世界价格的差额，每一张进口许可证在无形中有了价值。谁获取了配额的进口许可证，谁就可以得到这一高额利润。为了获取进口许可证，一些厂商会不惜用金钱对官员进行贿赂。这种现象不是存在于某一个或几个国家，而是一个较为普遍的现象。此外，如果政府按照固定比例优惠发放的方式分配配额，常常会使一些贸易公司获得大量的配额，但是随着其出口额日益缩小，于是又出现了一些新的出口企业，这些出口企业很强大，但无法获得配额，因此出现了配额转卖的现象。有的贸易公司仅仅靠出售配额就可以赚取"利润"，而一些新的出口企业需要购买配额，这使得出口成本大幅上升。

二、"自动"出口配额制

"自动"出口配额制（Voluntary Export Quotas），又称为"自动"限制出口（Voluntary Export Restraints），是指出口国家或地区在进口国的要求和压力下，"自动"规定某一时期内（一般为 3~5 年）某些商品对该国的出口限额，在限定的配额内自行控制出口，超过配额即禁止出口。

"自动"出口配额的实质和进口配额是相同的，所不同的是，在进行配额的分配时，它是由出口国政府分配给本国的出口公司，美其名曰"自动"，而实际上是在进口国的强大压力下，不得已而为之。因为如果出口国不接受这种较为体面的"自动"限制，那么就会受到进口国更加强硬的制裁，如实施进口配额，或征收 100%、200% 的报复性关税等。"自动"出口限制主要有两种形式：一种是非协定的"自动"出口配额，即出口国在进口国的压力下，在一定时期内自行单方面规定出口配额，限制商品出口；另一种是协定的"自动"出口配额，即出口国与进口国通过谈判签订"自限协定"或"有秩序销售协定"，在协定中规定有效期内某些商品的出口配额。出口国应据此实行出口证制或出口配额签证制，自行限制这些商品出口，进口国则根据海关统计进行检查。自动出口配额大多属于这一种。

三、进口许可证制

进口许可证制（Import License System）是指进口国规定某些商品必须事先领取许可证才可进口，否则一律不准进口的制度。具体使用中，进口许可证有以下种类。

（一）按进口许可证与进口配额的关系分类

1. 有定额的进口许可证

有定额的进口许可证是进口国预先规定有关商品的进口配额，然后在配额限度内，根据进口商的申请对每一项进口货物发给进口商一定数量或金额的进口许可证，配额用完即停止发放。通常，进口许可证是由进口国有关当局向提出申请的进口商颁发的，但也有将这种权限交给出口国自行分配使用的。可见，这是一种将进口配额与进口许可证相结合的管理进口的方法，通过进口许可证分配进口配额；若为自动出口限制，则由出口国颁发出口许可证来实施。

2. 无定额的进口许可证

无定额的许可证不与进口配额相结合，即有关政府机构预先不公布进口配额，颁发有关商品的进口许可证，只是在个别考虑的基础上进行的。由于它是个别考虑的，没有公开的标准，因而就给正常贸易的进行造成更大的困难，起到更大的限制进口的作用。

（二）按进口商品有无限制分类

1. 公开一般许可证

公开一般许可证又称公开进口许可证，或一般许可证和自动进口许可证。它对进口国别或地区没有限制，凡列明属于公开一般许可证的商品，进口商只要填写许可证即可获准进口。因此，属于这类许可证的商品实际上是"自由进口"的商品。填写许可证的目的不在于限制商品进口，而是在于管理进口。例如，海关凭许可证可直接对商品进行分类统计。

2. 特种进口许可证

特种进口许可证又称非自动进口许可证，对于特种许可下的商品，如烟、酒、武器或某些禁止入境的商品，进口商必须向政府有关当局提出申请，经政府有关当局逐笔审查批准后才能进口。这种进口许可证，多数都指定进口国或地区。

为了区分这两种许可证所进口的商品，有关当局通常定期分别公布有关的商品项目并根据需要随时进行调整。为了简化缔约国实施进口货物许可证的手续，关贸总协定从第五轮回合谈判开始对这一问题进行了多边谈判，并在第七轮多边贸易谈判中，制定了《进口许可证手续协议》。第八轮回合谈判在上述协议基础上，达成了《进口许可证程序协议》。这些协议对进口许可证的管理和发放手续、进口许可证管理的专门机构等方面都做出了规定，特别是对发展中国家提供了一些优惠待遇。

第三节　间接限制进口的非关税壁垒

一、外汇管制

（一）外汇管制的含义

外汇管制（Foreign Exchange Control）也称外汇管理，是指一国政府通过法令对国际结算和外汇买卖实行限制，以平衡国际收支和维持本国货币汇价的一种制度。在外汇管制下，出口商必须把他们出口所得到的外汇收入按官方汇率卖给外汇管制机关；进口商也必须在外汇管制机关按官定的汇价申请购买外汇，携带本国货币出入国境也受到严格的限制。这样，国家的有关政府机构就可以通过确定官方汇率、控制外汇供应数量，来达到限制进口商品品种、数量和进口国别的目的。外汇管理和对外贸易密切相关，因为出口必然要收汇，进口必须付汇，因此，如果对外汇有效地进行干预，就可直接或间接地影响进出口。

（二）外汇管制的方式

外汇管制的方式较为复杂，一般可以分为以下几种。

1. 数量性外汇管制

数量性外汇管制是指国家外汇管理机构对外汇买卖的数量直接进行限制和分配，旨在集中外汇收入，控制外汇支出，实行外汇分配，以达到限制进口商品品种、数量和国别的目的。一些国家实行数量性外汇管制时，往往规定进口商必须获得进口许可证后，方可得到所需的外汇。

2. 成本性外汇管制

成本性外汇管制是指国家外汇管理机构对外汇买卖实行复汇率，利用外汇买卖成本的差异，间接影响不同商品的进出口，达到限制或鼓励某些商品进出口的目的。所谓复汇率，是指一国货币的对外汇率不止一个，而是有两个或两个以上汇率，分别用于不同的进出口商品，其作用是利用汇率的差别来限制或鼓励某些商品进口或出口。各国实行复汇率制不尽相同，但主要原则大致相似。

（1）进口方面。对于国内需要而又供应不足或不能生产的重要原料、机器设备和生活必需品，适用较为优惠的汇率；对于国内可大量供应和非重要的原料和机器设备适用一般汇率；对于奢侈品和非必需品只适用最不利的汇率。

（2）出口方面。对于缺乏国际竞争力但又要扩大出口的某些出口商品，给予较为优惠的汇率；对于其他一般商品出口使用一般汇率。

3. 混合性外汇管制

混合性外汇管制是指同时采用数量性和成本性的外汇管制，对外汇实行更为严格的控制，以控制商品进出口。

二、歧视性政府采购政策

歧视性政府采购政策（Discriminatory Government Procurement Policy），是指国家通过制定法令，规定政府机构在购买商品时要优先购买本国产品，从而达到以限制进口商品销售为目的的一种歧视性政策。有的国家虽没有明文规定，但优先采购本国产品已成为惯例，它是政府参与对外贸易的最典型的形式，这种歧视使外国商品处于不公平的竞争地位，是一种非常有效的非关税措施。

美国是世界上最早立法实行政府采购政策的国家，从1933年开始实行，1954年和1962年两次修改的《购买美国货法案》是最为典型的政府采购政策。这一法案规定，美国政府所要采购的货物应该是美国制造的或是使用美国原料制造的。开始时，凡商品的构成中有50%以上是在国外生产的就称外国货。接着又进行了修改，即只有在美国自己生产的

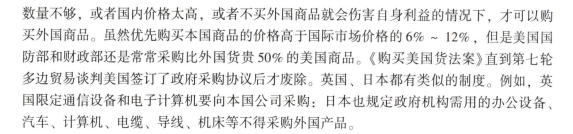

数量不够，或者国内价格太高，或者不买外国商品就会伤害自身利益的情况下，才可以购买外国商品。虽然优先购买本国商品的价格高于国际市场价格的 6% ~ 12%，但是美国国防部和财政部还是常常采购比外国货贵 50% 的美国商品。《购买美国货法案》直到第七轮多边贸易谈判美国签订了政府采购协议后才废除。英国、日本都有类似的制度。例如，英国限定通信设备和电子计算机要向本国公司采购；日本也规定政府机构需用的办公设备、汽车、计算机、电缆、导线、机床等不得采购外国产品。

三、国内税

国内税（Internal Taxes）是指一国政府对本国境内生产、销售、使用或消费的商品所征收的税收。任何国家除了对进口商品征收进口关税以外，还要另行征收各种国内税。这是一种比关税更灵活、更易于伪装的贸易政策手段。国内税通常不受贸易条约或多边协定限制，国内税的制定和执行属于本国政府机构的权限，有时甚至是地方政权机构的权限。一些国家利用征收国内税的办法来抵制国外商品。在征收国内税时，对国内外产品实行不同的征税方法和税率，以增加进口商品的纳税负担，削弱其与国内产品竞争的能力，从而达到限制进口的目的。例如，美国、瑞士和日本对进口酒精饮料的消费税都高于本国的同类商品。

四、进口押金制

进口押金制（Advanced Deposit）又称进口存款制或进口担保金制，是指进口商在进口商品前，必须预先按进口金额的一定比率，在规定的时间、在指定的银行无息存入一笔现金，才能进口。这种制度增加了进口商的资金负担，影响了资金的流转，从而起到了限制进口的作用。进口押金制实质是通过控制或减少进口者手中的可用外汇达到限制进口的目的。但如果进口商以押款收据作担保抵押，在货币市场上获得优惠利率贷款，或者国外出口商为了保证销路而愿意为进口商分担押金金额时，这种制度对进口的限制作用就减弱了。

五、进出口的国家垄断

进出口的国家垄断（State Monopoly）也称国营贸易，是指对外贸易中，某些商品的进出口由国家直接经营，或者把这些商品的垄断权给予某些垄断组织。经营这些受国家专控或垄断的商品企业称为国有贸易企业（State Trading Enterprises）。国有贸易企业一般为政府所有，但也有政府委托私人企业代办。

发达国家的进口和出口国家垄断主要集中在四类商品上。第一类是烟酒。这些国家的政府机构从烟和酒的进出口垄断中可以取得巨大的财政收入。第二类是农产品。这些国家把对农产品的对外垄断销售作为国内农业政策措施的一部分。如美国的农产品信贷公司，就是资本主义世界最大的农产品贸易垄断企业，它高价收购国内的"剩余"农产品，然后以低价向国外倾销，或按照所谓"外援"计划向缺粮国家，主要是发展中国家大量出口。第三类是武器。它关系到国家安全与世界和平，自然受到国家专控。第四类是石油。它是一国的经济命脉，因此，不仅进口国家，而且主要的石油出口国都设立国营石油公司，对石油贸易进行垄断经营。

海关程序(Customs Procedures)是指进口货物通过海关的程序，一般包括申报、征税、检验及放行四个环节。进口的货物在进入关境前，依照各国海关法的规定要按一定的程序办理结关、商品分类、海关估价、征缴关税等手续，一国政府往往利用这一过程贯彻其贸易保护政策，其主要手段有以下几种。

(一)通过海关估价制度限制进口

1. 海关估价制度的含义

海关为了征收关税，确定进口商品价格的制度为海关估价制度(Customs Valuation System)。有些国家根据某些特殊规定，提高了某些进口货物的海关估价，以此来增加进口货物的关税负担，阻碍商品的进口，这就成为专断的海关估价。用专断的海关估价来限制商品的进口以美国最为典型。

2. 海关估价协议

长期以来，美国海关是按照进口商品的外国价格(进口货物在出口国国内销售市场的批发价)或出口价格(进口货物在来源国市场供出口用的售价)两者之中较高的一种进行征税。这实际上提高了缴纳关税的税额。

为了防止外国商品与美国同类产品的竞争，美国海关当局对煤焦油产品、胶底鞋类、蛤肉罐头、毛手套等商品，依"美国售价制"这种特殊估价标准进行征税。这四种商品都是国内售价很高的商品，按照这种标准征税，使这些商品的进口税大幅提高。例如，某种煤焦油产品的进口税率为20%，它的进口价格为每磅0.50美元，应缴进口税每磅0.10美元。而这种商品的"美国售价"每磅为1.00美元，按同样税率，每磅应缴进口税为0.20美元，其实际的进口税率不是20%，而是40%，即增加了1倍。这就有效地限制了外国商品的进口。"美国售价制"引起了其他国家的强烈反对，直到签订了《海关估价协议》后，美国才不得不废除这种制度。

《海关估价协议》包括四个部分，共31条。其中有大量注释和一个议定书。它规定了主要以商品的成交价格为海关完税价格的新估价制度。其目的在于为签字国的海关提供一个公正、统一、中性的货物估价制度，不使海关估价成为国际贸易发展的障碍。这个协议规定了下列六种不同的依次采用的新计价法。

(1)商品的成交价格。根据协议的第一条规定，成交价格(Transaction Value)是指"商品销售出口运往进口国的实际已付或应付的价格"，即进口商在正常情况下申报并在发票中所载明的价格。如果海关不能按上述规定的成交价格确定商品海关估价，那就采用第二种办法。

(2)相同商品成交价格。相同商品的成交价格(Transaction Value of Identical Goods)又称同类商品的成交价格，是指与应估商品同时或几乎同时出口到同一进口国销售的相同商品的成交价格。所谓相同商品，根据《海关估价协议》第15条第2款，其定义为"它们在所有方面都相同，包括相同的性质、质量和信誉。表面上具有微小差别的其他货物，不妨碍被认为符合相同货物的定义"。当发现存在两个以上相同商品的成交价格时，应采用其中最低者来确定应估商品的关税价格。

(3)**类似商品的成交价格**。类似商品的成交价格(Transaction Value of Similar Goods)是指与应估商品同时或几乎同时出口到同一进口国销售的类似商品的成交价格。所谓类似商品，就是与应估商品比较，各方面虽不完全相同，但有相似的特征，使用同样的材料制造，具备同样的效用，在商业上可以互换的货物。在确定某一货物是否为类似货物时，应考虑的因素包括该货物的品质、信誉和现有的商标等。

(4)**倒扣价格法**。倒扣价格法是以进口商品、同类进口商品或类似进口商品在国内的销售价格为基础减去有关的税费后所得的价格。其倒扣的项目包括代销佣金、销售利润和一般费用，还包括进口国内的运费、保险金、进口关税和国内税等。倒扣价格法主要适用于寄售、代销性质的进口商品。

(5)**计算价格法**。计算价格(Computed Value)又称估算价格，是以制造该种进口商品的原材料、部件、生产费用、运输和保险费用等成本费以及销售进口商品所发生的利润和一般费用为基础进行估算的完税价格。这种方法必须以进口商能提供有关资料和单据，并保存所有必要的账册等为条件，否则海关就不能采用这种办法确定其完税价格。这种估价方法一般适用于买卖双方有业务关系的进口商品。根据《协议》规定，第4种和第5种办法可以根据进口商的要求进行调换使用。

(6)**合理法**。合理法又称为"回顾"法(Reasonable Means)。如果上述各种办法都不能确定商品的海关估价，便使用第六种办法。

(二)通过商品归类提高税率

进口商品的税额取决于进口商品的价格大小与税率高低。在海关税率已定的情况下，税额大小除取决于海关估价外，还取决于征税产品的归类。海关将进口商品归在哪一类税号下征收关税，具有一定的灵活性。进口商品的具体税号必须在海关现场决定，在税率上一般就高不就低。这就增加了进口商品的税收负担和不确定性，从而起到限制进口的作用。例如，美国对一般打字机进口不征收关税，但如归为玩具打字机，则要征收35%的进口税。

(三)海关对申报表格和单证做出严格要求

海关要求进口商出示商业发票、原产地证书、货运提单、保险单、进出口许可证或托运人报关清单等，缺少任何一种单证或者任何一种单证不规范都会使进口货物不能顺利通关。例如，法国规定所提交的单据必须使用法文，有意给进口商制造麻烦，以此阻碍进口。

六、最低限价制

最低限价制(Minimum Price)是指一国政府规定某种进口商品的最低价格，凡进口商品低于规定的最低价格，则征收进口附加税或禁止进口，以达到限制低价商品进口的目的。这样，一国便可以有效地抵制低价商品进口或以此削弱进口商品的竞争力，保护本国市场。

1977年，美国为了抵制欧洲、日本等国的低价钢材和钢制品，制定并实施了启动价格制(Trigger Price Mechanism，TPM)，这也是一种最低限价制，它规定了进口到美国的所有钢材及部分钢制品的最低限价，即启动价格。当商品价格低于启动价格时必须加以调整，否则就要接受调查，并有可能被征收反倾销税。

七、技术性贸易壁垒

(一)技术性贸易壁垒的含义

技术性贸易壁垒(Technical Barriers to Trade,TBT)是指进口国通过颁布法律、法令、条例、规定,对进口商品建立各种严格、繁杂、苛刻且多变的技术标准、认证制度、检验制度,从而提高产品技术要求,增加进口难度,最终达到限制进口的目的。它实际上是一些发达工业国家利用其科技上的优势,通过商品法规、技术标准的制定与实施和商品检验及认证工作,对商品进口实行限制的一种措施。它是一种无形的非关税壁垒,是国际贸易中最隐蔽、最难对付的非关税壁垒之一。

(二)技术性贸易壁垒的特征

1. 广泛性

从产品角度看,不仅涉及与资源环境和人类健康有关的初级产品,还涉及所有的中间产品和工业制成品。产品的加工程度和技术水平越高,所受的制约和影响越大。从领域来看,已从有形产品扩展到金融信息等服务、贸易、投资、知识产权及环境保护各个领域;从国别来看,各国均不同程度地设置了 TBT。

2. 系统性

TBT 是一个系统,不但包括世界贸易组织《贸易技术壁垒协议》所规定的内容,还包括《实施卫生与植物卫生措施协定》《服务贸易总协定》等措施。除世界贸易组织以外的其他国际公约、国际组织等规定的许多对贸易产生影响的技术性措施也属于 TBT 的体系范畴。

3. 合法性

目前,国际上已签订了 150 多个多边环保协定,发达国家积极制定技术标准和技术法规,为 TBT 提供法律支持,并且有些条例是专门针对进口国或产品而制定的。世界贸易组织正在制定国际性的技术标准和技术法规,一旦通过,对发展中国家的影响很大,从而使 TBT 有了形式上的合法性。

4. 隐蔽性

TBT 有其合理性,为了实现合法目标可以采取适合的壁垒措施,从而达到合理保护人类健康安全及生态环境的目的;但是,TBT 措施是以高科技标准为基础,使科技水平不高的发展中国家难以判断。一些发达国家凭借自身的技术和经济优势,制定比国际标准更为苛刻的技术标准、技术法规和技术认证制度,借技术标准之名行贸易保护主义之实,已达到限制别国产品进口的目的。此外,这类措施可以巧妙地隐藏在具体的执行过程中,而无须公开声明。

5. 长期性

从 TBT 协议的整体内容、设置技术以及强制性程度看,不可能在短期内彻底消除 TBT 所带来的负面影响。更深层次的原因在于各成员方在进行国际贸易活动时,其根本目的是保护各自的根本经济利益。但由于各成员方技术经济发展的不平衡,必然会长时间使用 TBT 作为维护其经济主权的有效工具。

(三)技术性贸易壁垒盛行的原因

技术性贸易壁垒盛行的原因如下。

1. 科学水平的差异导致技术性贸易壁垒的强化

毋庸置疑，科学技术发展的结果将使工业发达国家的技术法规、标准认证制度及检验制度等方面的制定水平和内容居于领先地位。他们在激烈的国际市场竞争中，凭借先进的技术法规、产品标准等不断生产和出口具备先进性、科学性、经济性、适用性、可靠性、竞争性的产品，因而在国际贸易中始终占据主导地位。由于发展中国家的科技发展水平远远落后于发达国家，其技术法规标准等的制定水平和内容与发达国家相比存在很大的差异，出口产品往往达不到发达国家规定的标准，从而易受技术壁垒的影响。

2. 关税的大幅下降和传统的数量限制性非关税壁垒被抑制，使技术性贸易壁垒成为贸易保护主义的新武器

关贸总协定第八轮回合谈判成功签署了一揽子协议，进一步强化和完善了对于非关税壁垒的约束机制，尤其是对传统的限制性措施规定了取消和限制的时间表。在这种情况下，若进口国再设置高关税、数量限制等障碍，以达到保护本国市场、限制产品进口的目的，必将招致有关国家的谴责和反对，甚至遭到贸易报复。所以，世界各国特别是反对高关税的国家纷纷高筑技术性贸易壁垒这种无形的非关税壁垒。

3.《世界贸易组织协定》中的许多例外条款和漏洞，也为技术性贸易壁垒的实施提供了法律上的依据

例如，《贸易技术壁垒协议》中规定："任何国家在其认为适当的范围内均可采取必要的措施保护环境，只要这些措施不致认为在具有同等条件的国家之间造成任何不合理的歧视，或成为对国际贸易产生隐蔽限制的一种手段。"又如，《实施卫生与植物卫生措施协定》规定"缔约方有权采纳为保护人类、动物或植物生命或健康的卫生和植物卫生措施"，而且只要缔约方确认其措施有科学依据且保护水平适当，就"可以实施或维持高于国际标准的措施"，这意味着技术性贸易壁垒的建立有很强的合法性。

4. 可持续发展观念深入人心，为各国实施技术性贸易壁垒提供了理论支持

如前所述，世界环境问题已引起各国人民及政府的重视，这表明可持续发展观念深入人心。所以，各国为了在国际贸易中取得更有利的地位，在逐步消除一些明显违反 WTO 精神的非关税壁垒的同时，举起了可持续发展大旗，越来越多地转向了卫生检疫标准和环境保护标准等与民众健康和可持续发展相关的非关税壁垒。由于这些措施在很大程度上符合广大民众的意愿(尤其在发达国家)，因此各国实施起来有恃无恐，而且标准越来越苛刻，种类越来越多，这是技术性贸易壁垒愈演愈烈的主要原因。

(四)技术性贸易壁垒的表现形式

1. 技术法规与技术标准

技术法规是指由进口国政府制定、颁布的有关技术方面的法律、法令、条例、规则和章程，它具有法律上的约束力。技术法规所涉及的范围包括环境保护、卫生与健康、劳动安全、节约能源、交通规则、计量、知识产权等方面，对商品的生产、质量、技术、检验、包装、标志及工艺流程进行严格的规定和控制，使本国商品具有与外国同类商品不同

的特性和适用性。对于出口国厂商来说，向国外出口商品时就必须考虑并严格遵守进口国制定的技术法规，否则，进口国有权对违反技术法规的商品限制进口，甚至扣留、销毁，直至提起申诉。技术标准是指由公认的(规定产品或有关生产工艺和方法的)规则指南或机构所核准，供共同和反复使用的、不强制要求与其一致的一种文件。出口商品只有符合进口国规定的标准，才准予进口，从而达到其限制或阻止商品进口的目的。发达国家普遍对许多制成品规定了极为严格、复杂的技术标准，不符合标准的商品不得进口。其中有些规定往往是针对某些国家的。例如，美国对进口的儿童玩具规定了严格的标准；法国禁止含有红霉素染料的糖果。

2. 卫生检疫规定

卫生检疫规定主要适用于农副产品及其制成品。随着贸易战的加剧，发达国家更加广泛地利用卫生检疫的规定限制商品的进口。他们在卫生检疫方面的规定越来越严，对于要求卫生检疫的商品越来越多。例如，日本、加拿大、英国等要求花生黄曲霉素含量不超过百万分之二十，美国、加拿大规定陶瓷制品含铅量不得超过百万分之七。美国对其他国家或地区输入的食品、饮料、药品及化妆品有严格的规定：必须符合美国的《联邦食品、药品及化妆品法》，必须经美国食品药物管理署的检验，否则不准进口。

3. 商品包装和标签的规定

商品包装和标签的规定适用范围很广。许多国家对于在国内市场上销售的商品出台了相关的包装和标签条例。这些规定内容复杂，手续烦琐。若进口商品不符合这些规定，则不准进口或禁止在其市场上销售。许多外国产品为了符合有关国家的这些规定，不得不重新包装和改换商品标签，因而费时费工，增加了商品成本，削弱了商品竞争能力，影响了商品销路。

例如，美国是世界上食品标签法规最为完备、严谨的国家。美国食品和药物管理局要求大部分的食品必须标明至少 14 种营养成分的含量，仅仅是在这一领域，美国制造商每年要多支出 10.5 亿美元，可以想象其他落后国家出口商的成本压力。

4. 合格评定程序

合格评定程序又称质量认证，是直接或者间接用于确定商品是否达到了技术性法规或标准中相关要求的程序。合格评定程序一般由认证、认可和相互承认组成，影响较大的是第三方认证。认证是指由授权机构出具的证明，一般由第三方对某一事物、行为或活动的本质或特征，就当事人提出的文件或实物审核后给予证明，这通常被称为第三方认证。

认证可分为产品认证和体系认证。产品认证是指由授权机构出具证明，认可和证明产品符合技术规定或标准规定。发达国家和地区都设有各种各样的认证制度，对进口商品，尤其是对直接关系到消费者生命健康的产品提出强制性的认证要求，否则不能进入市场。例如，进入美国市场的机电产品必须获得 UL 认证，药品必须获得 FDA 认证；进入加拿大的大部分商品必须通过 CSA 认证；进入日本的很多商品必须获 G 标志、SG 标志或 ST 标志；进入欧盟的产品不仅要通过 ISO 9000 质量管理体系认证，而且要通过 CE、GS 等产品质量认证。

体系认证是指确认生产或管理体系符合相应规定。目前最为流行的国际体系认证有 ISO 9000 质量管理体系认证和 ISO 14000 环境管理体系认证；行业体系认证有 QS 9000 汽车行业质量管理体系认证和 TL 9000 电信产品质量管理体系认证等。

5. 信息技术壁垒

电子商务是 21 世纪全球商务的主导模式，而电子商务的主导技术是信息技术。目前，一些发达国家在电子商务技术水平和应用程度上都明显超过发展中国家，并获得了战略性竞争优势。发展中国家尤其是不发达国家在出口时因信息基础设施落后、信息技术水平低、市场不完善和相关的政策法规不健全等而受到影响，在电子商务时代处于明显的劣势。这是当今世界贸易中发达国家与发展中国家、不发达国家之间的新的技术壁垒。

八、绿色贸易壁垒

（一）绿色贸易壁垒的含义

绿色贸易壁垒（Green Trade Barriers）是指一国以保护有限资源、生态环境和人类健康为名，通过制定苛刻的环境保护标准，直接或间接采取的限制甚至禁止贸易的措施，从而达到限制国外产品进口的目的。

（二）绿色壁垒兴起的原因

绿色壁垒的产生是新贸易保护主义和环境保护运动相结合的产物。

1. 环境保护主义思想的兴起是绿色壁垒形成的驱动力

随着世界工业化的加速和经济的高速增长，资源和环境的破坏及污染变得日益突出，已经演变为全球性的问题，直接影响到人类的生存和发展。因此，人们的消费习惯和价值观点都发生了变化，越来越倾向于购买绿色产品，对绿色产品的需求日益增长，这样就为发达国家绿色壁垒的形成提供了条件。

2. 随着贸易自由化进程的加快，各国之间的贸易竞争日益加剧

进口国政府希望借助其他非关税壁垒来保护本国的市场，而绿色壁垒的出现，正好为贸易保护国提供了新的手段。由于绿色壁垒具有较好的隐蔽性，因而成为新贸易保护主义最好的护身符。发达国家的科技发展水平和环保要求较高，而发展中国家由于经济实力和技术水平的限制，无法达到发达国家对进口产品制定的苛刻环保标准，导致出口被限制。这种做法从环保的观念来说有其合理的一面，但从一定程度上讲，损害了发展中国家的利益，阻碍了发展中国家的发展。

3. 现行国际贸易规则和协定的不健全，也为绿色壁垒的实施提供了条件

从国际范围来看，在 GATT/WTO 体系内许多协议均有涉及环境与贸易的绿色条款。但是这些法律法规突出强调了各成员方的"环保例外权"，即各国有权根据本国的环保水平，制定同时适用于来自其他各国的进口产品的环境标准和措施条件，仅限于"不造成不必要的障碍"。其结果是相关规定很可能被滥用，尤其是很容易为贸易保护主义者滥用。例如，《贸易技术壁垒协议》和《实施卫生与植物卫生措施协议》中很多与环境保护有关的贸易规则内容含混不清、弹性较大，有较大的活动空间，进而给绿色壁垒披上了合法的外衣。因为发达国家有能力采用高于一般国际标准的措施，并可借此达到限制来自发展中国家成员的进口、保护国内市场的目的，但是发展中国家尚未达到国际标准，更无法高于国际标准，这就为一些国家设定苛刻的绿色壁垒提供了借口。

（三）绿色壁垒的表现形式

1. 绿色关税和市场准入

发达国家以保护环境为名，对一些污染环境、影响生态的进口产品，课以进口附加税或者限制进口甚至实行贸易制裁，如美国食品与药品管理局规定，所有在美国出售的鱼类都必须来自经美方证明未受污染的水域。

2. 绿色技术标准

发达国家的科技水平较高，处于技术垄断地位，他们在保护环境的名义下，通过立法手段制定严格的强制性环保技术标准，限制国外产品的进口。这些标准都是根据发达国家的生产和技术水平制定的，发达国家是可以达到的，但发展中国家很难达到，因而势必导致发展中国家的产品被排斥在发达国家市场之外。欧盟启动的 ISO 14000 环境管理体系，要求进入欧盟国家的产品，从生产准备到制造、销售、使用，以及最后处理阶段都要达到规定的技术标准。ISO 14000 系列标准提供了以预防为主的减少和消除环境污染的管理方法，是促进经济与环境协调发展的有效途径，为世界各国在统一的环境管理标准下平等竞争提供了条件，但同时也为发达国家设置环境壁垒提供了依据。

3. 绿色卫生检疫措施

基于对环境和生态资源的保护，确保人类和动植物免受污染物、毒素、微生物添加剂等的影响，许多国家特别是发达国家，制定了严格的环境与技术标志。由于各国环境与技术标准的指标水平和检测方法不同，以及对检验指标设计的任意性，从而使环境和技术标准有可能成为绿色壁垒。同时，根据 WTO《实施卫生与植物卫生措施协议》（以下简称 SPS）的有关规定，WTO 成员制定和实施 SPS 措施必须遵循科学性原则、等效性原则、与国际标准协调一致原则、透明度原则、SPS 措施的一致性原则、对贸易影响最小原则和动植物疫情区域化原则等。缺乏科学依据、不符合上述原则的 SPS 措施均构成贸易壁垒。1986 年，素以"陶瓷王国"之称的我国在美国陶瓷市场所占的份额仅为日本同期同类产品的 1/10，造成我国输美陶瓷产品大幅下跌的主要原因为：美国认为我国陶瓷产品中对人体有害的重金属铅的含量严重超标。

4. 绿色包装要求

绿色包装制度要求节约资源，减少废弃物，用后易于回收再用或者再生，易于自然分解。这些规定虽然有利于环境保护，却为发达国家制造"绿色壁垒"提供了可能，由此引起的贸易摩擦不断。例如，美国的环保法规定，对一些天然材料生产的包装物，要进行卫生和动植物检疫，以防止动植物病虫害的进入，而我国的出口产品包装往往不注重这方面的要求，加之包装材料较差，部分出口的包装中还在大量使用木材、稻草等材料，不仅外观粗陋，而且常常因为其中含有病虫害而一再受到美国的责难和限制，甚至经常因为通不过动植物检疫而影响产品的出口。

5. 绿色环境标志

绿色环境标志又称绿色标志、生态标志，它是由政府管理部门或民间团体，按照严格的程序和环境标准颁发给厂商，附印于产品及包装上，用于向消费者表明该产品从研制、开发到生产、使用直至回收利用的整个过程均符合生态和环境保护要求。绿色环境标志产生的时间不长，但发展十分迅速。发展中国家的产品只有得到绿色环境标志才能进入发达国家市场，因而绿色环境标志又有"绿色通行证"之称。发展中国家要取得该标志认证需要花费的时间和费用使许多中小型企业望而却步。从 1978 年德国率先推出"蓝色天使计划"以来，许多发达国家纷纷效仿，如北欧四国的"白天鹅制度"，欧洲联盟的"EU 制度"，加拿大的"环境选择制度"，日本的"生态标志制度"等。环境标志制度对环境保护的独特作用是毋庸置疑的，但其也为贸易壁垒的形成提供了可能。

6. 绿色补贴

为了保护环境和资源，有必要将环境和资源费用计算在成本之内，使环境和资源成本内在化。发达国家还将严重污染环境的产业转移到发展中国家，以降低环境成本，而发展中国家的环境成本却因此提高。更为严重的是，发展中国家的绝大部分企业无力承担治理环境污染的费用，政府有时只能给予一定的环境补贴。发达国家又以这种补贴违反关贸总协定和世界贸易组织的规定为由，限制发展中国家向发达国家出口相关产品。

九、社会壁垒

社会壁垒(Social Barriers)是指以劳动者生产环境和生存权利为借口而采用的贸易保护措施。社会壁垒由社会条款演变而来，社会条款并不是一个单独的法律文件，而是对国际公约中有关社会保障、劳动者待遇、劳工权利、劳动标准等方面规定的总称，它与公民的人身权利和政治权利相辅相成。国际上相关的国际公约有 100 多个，包括《男女同工同酬公约》《经济、社会与文化权力国际公约》等，国际劳工组织 (International Labour Organization，ILO) 及其制定的相关国际公约也详尽规定了劳动者权利和劳动标准问题。为削弱发展中国家企业因低廉劳动报酬、简陋的工作条件所带来的产品低成本竞争优势，1993 年在新德里召开的第 13 届职业安全卫生大会上，欧盟国家代表德国外长金克尔明确提出把人权、环境保护和劳动条件纳入国际贸易范畴，对违反者予以贸易制裁，促使其改善工人的经济和社会权利，这就是当时颇为轰动的"社会条款"事件。此后，在北美和欧洲自由贸易区协议中也规定，只有采用统一劳动安全卫生标准的国家与地区才能参与贸易区的国际贸易活动。

虽然至今还没有一个真正的国际标准对企业的社会责任进行约束，目前只有一些非政府组织所制定的一些社会责任标准在推行中，但从中可以看到一些新贸易壁垒的端倪，这对于以劳动密集型产品出口为主的发展中国家来说，确实是另一个挑战。

十、动物福利壁垒

动物福利壁垒(Animal Welfare Barrier)是以进口国特别是发达国家，利用经济水平、文化教育、道德标准方面的优势或影响力，依据本国相关法规，阻止出口国，特别是发展中国家动物源性产品的进口。

动物福利(Animal Welfare)是 1976 年由休斯提出的，是指饲养农场中的动物与其环境协调一致的精神和生理完全健康的状态。动物福利不是强调人类不能利用动物，而是强调应该怎样合理、人道地利用动物，要尽量保证那些为人类做出贡献和牺牲的动物享有最基本的权利。

动物福利倡导者普遍认为动物应享有以下自由：一是不受饥渴的自由。要保证提供充足的清洁水和保持健康、精力所需的食物，满足动物的生命需要。二是生活舒适的自由。要为其提供适当的栖息场所，保障动物舒适的休息和睡眠。三是不受痛苦、伤害和疾病的自由。要保证动物不受额外的疼痛，预防疾病和对患病动物及时治疗。四是生活无恐惧和悲伤感的自由。要保证动物免遭各种精神痛苦。五是表达天性的自由。要为其提供足够的空间、适当的设施以及与同类伙伴在一起的环境和条件。通俗地讲就是在动物饲养、运输、屠宰的过程中要尽可能地减少其痛苦，不得虐待动物。

十一、贸易救济措施

反倾销措施、反补贴措施、保障措施和特别保障措施是世界贸易组织允许的、各国为维护公平贸易和正常的竞争秩序以保护本国产业而采取的三大贸易救济手段。

(一) 反倾销措施

倾销(Dumping)是国际贸易中出口国采取的一种不公平贸易手段，为了避免外国商品倾销对本国市场和产业造成重大损害，进口国对实施倾销的进口商品采取征收反倾销税的措施，实行正当的贸易保护。所谓反倾销(Anti-dumping)是进口国的一种政府行为，指进口国有关行政当局或职能部门根据本国反倾销法就本国厂商针对外国倾销提出的起诉进行调查和裁决，如果认定倾销存在并因此对本国相关产业造成损害，就会做出肯定裁决，对倾销商品按倾销幅度征收进口附加税，即反倾销税。

WTO《关于执行1994年关贸总协定第六条的协议》(简称《反倾销协议》)规定，一成员要实施反倾销措施，必须遵守三个条件：第一，确定存在倾销的事实；第二，确定对国内产业造成了实质损害或实质损害威胁，或对正在建立的国内相关产业造成实质阻碍；第三，确定倾销和损害之间存在因果关系。反倾销措施是针对外国倾销进口产品对本国国内产业造成损害而采取的一种保护手段，一般包括出口经营者或其政府做出价格承诺、临时反倾销措施、征收最终反倾销税等形式。

(二) 反补贴措施

WTO《补贴与反补贴措施协议》(简称《反补贴协议》)从形式方面对补贴进行了严格的界定。从形式上看，补贴有两种形式：一种是政府或任何公共机构提供的财政捐助(Financial Contribution)；另一种是任何形式的收入或价格支持(Income or Price Support)。在国际贸易中，出口国的补贴使外国生产同类产品的产业受到实质损害或实质损害威胁时，该国在合理限度内可采取反补贴措施。为了约束规范补贴和反补贴措施，"乌拉圭回合"达成了《反补贴协议》。该协议将补贴分为禁止使用的补贴、不可申诉的补贴和可申诉的补贴。

1. 禁止使用的补贴

禁止使用的补贴是指成员国不得给予或维持的补贴，也称"红灯补贴"。WTO《反补贴协议》规定了两种禁止性补贴、出口补贴和进口替代补贴。出口补贴是指在法律或事实上根据出口业绩给予的补贴。WTO《反补贴协议》列举了12项出口补贴做法。进口替代补贴又称"深红色补贴"，是指对本应使用进口产品时，如果使用者改用国产产品，政府给予使用者或该产品的生产者的补贴。

2. 不可申诉的补贴

不可申诉的补贴是发达国家及发展中国家广泛采用的一些实现合法政策目标的补贴，

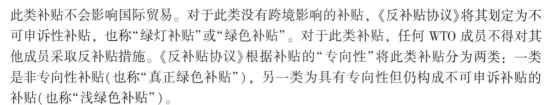

此类补贴不会影响国际贸易。对于此类没有跨境影响的补贴，《反补贴协议》将其划定为不可申诉性补贴，也称"绿灯补贴"或"绿色补贴"。对于此类补贴，任何 WTO 成员不得对其他成员采取反补贴措施。《反补贴协议》根据补贴的"专向性"将此类补贴分为两类：一类是非专向性补贴（也称"真正绿色补贴"），另一类为具有专向性但仍构成不可申诉补贴的补贴（也称"浅绿色补贴"）。

根据《反补贴协定》第 31 条，除不具有专向性的补贴以外，不可申诉补贴已于 2000 年 1 月 1 日起失效。该条文下的所有补贴项目，自那时起成为可申诉补贴。

3. 可申诉的补贴

可申诉的补贴是指如果这种补贴对国际贸易造成一定程度的不利影响，可被诉诸协定规定的争端解决程序，或者通过征收反补贴税而予以抵消的补贴。可申诉的补贴实际上是介于禁止性补贴和不可申诉补贴之间的各种形式的补贴。一方面，协定并不完全禁止成员方实施补贴，同时，其他成员方不得在任何情况下仅依据补贴的存在即采取反补贴的措施或行动；另一方面，此类补贴并不是完全合法的，其他成员国在一定条件下可以采取措施予以反对。因此，此类补贴既不是合法补贴，也不是完全违法的补贴，又被称为"黄灯补贴"或"黄色补贴"。

（三）保障措施和特别保障措施

保障措施是 WTO《保障措施协议》（Agreement on Safeguards）赋予成员方对某些产品进口的紧急救济措施。《保障措施协议》是世界贸易组织管辖的一项多边贸易协议，是关贸总协定第十九条及十二条的具体化。WTO《保障措施协议》规定："一成员只有在根据下列规定确定正在进口至其领土的一产品的数量与国内生产相比绝对或相对增加，且对生产同类或直接竞争产品的国内产业造成严重损害或严重损害威胁，方可对该产品实施保障措施。保障措施应针对某一种正在进口的产品实施，而不考虑其来源。"具体来说，这一条款主要规定了采取保障措施的必要条件，这包括：进口产品数量的绝对或相对激增；进口增加是由不可预见的情况造成的；进口增加是各边贸易谈判所带来的贸易自由化的结果；这种大量进口对国内生产者造成了严重损害或严重损害威胁。针对进口产品数量的大幅增加，可以采取以下措施：①全部或部分停止在正常情况下所承诺的关税减让或其他优惠；②采用数量限制；③如果情况紧急，世界贸易组织的成员还可以根据严重损害的初步裁定采取紧急保障措施。保障措施的实施期限不得超过 4 年，特殊情况下可以延期，但最长不得超过 8 年，发展中国家的实施期限则最长可为 10 年。

特别保障措施是世界贸易组织成员利用特定产品过渡性保障机制针对来自特定成员的进口产品采取的措施，即在 WTO 体制下，在特定的过渡期内，进口国政府为防止来源于特定成员方的进口产品对本国（地区）相关产业造成损害而实施的限制性保障措施。

根据《中华人民共和国加入议定书》第十六条规定，在中国加入 WTO 之日起的 12 年内，如果原产于中国的产品在出口至任何 WTO 成员方时，其增长的数量或国内生产条件对生产同类产品或直接竞争产品的进口方生产者造成威胁或扰乱市场，该成员方可请求与中国进行磋商，包括该成员方是否应根据《保障措施协议》采取措施。如果在中国收到磋商请求后 60 天内未能达成协议，该 WTO 成员有权在防止或补救此种市场扰乱所必需的限度内，对此类产品撤销减让或限制其进口。根据《中华人民共和国加入工作组报告书》第 242 段规定，在 2008 年 12 月 31 日前，WTO 成员可以对来自中国的纺织品采取特别保障措施；

第 245～250 段中则规定了实施特别保障措施的基本程序。

📝 本章小结

> 通过本章学习，我们了解了非关税壁垒的含义、特点以及作用，掌握了进口配额、"自愿"出口配额制等直接的非关税壁垒措施和外汇管制、歧视性政府采购政策、国内税、技术性贸易壁垒、绿色贸易壁垒等间接的非关税壁垒措施的内容及其运用，理解了WTO 框架下的反倾销、反补贴、保障措施和特别保障措施等贸易救济措施的含义和运用，并运用经济模型分析了对不同经济体量的国家实施进口配额的经济效应，为更好理解我国外贸领域面临的非关税壁垒障碍提供了帮助。

📋 思考题

1. 与关税相比，非关税壁垒有哪些特点？

2. 你认为中国产品屡屡遭遇国外反倾销调查和制裁的深层次原因是什么？中国企业应如何应对？

3. 简述进口配额制的经济效应。

4. 简述绿色壁垒的特点、形式及盛行的原因。

5. 与发达国家相比，分析我国在非关税壁垒方面的差距及其完善措施。

6. 列举目前发达国家对我国频繁采用的非关税壁垒措施。

本章思考题参考答案

典型案例 ▶▶▶

"337"调查背后的中美科技博弈

案例背景：

2021 年 9 月，美国国际贸易委员会正式下达对长芯盛(武汉)科技有限公司(以下简称"长芯盛武汉")、FIBBR 有源光缆及其下游产品的"337 调查"案的终裁，同意美国科塞密科技公司(Cosemi)撤诉，终止该案的调查程序。

这起针对中国有源光缆企业的专利侵权案要追溯至 2020 年。2020 年 10 月 29 日，Cosemi 向美国国际贸易委员会提出"337"立案调查申请，主张对美出口、在美进口和在美销售的某些有源光缆和产品侵犯了其专利权(美国注册专利号 8948197、9641250、9971115、9979479)，请求美国国际贸易委员会发布有限排除令、禁止令。其中，长芯盛武汉及菲伯尔(Fibbr Technologies)、美国 Logitech Inc(罗技)、美国 Facebook Technologies 为列名被告。

长芯盛武汉是长飞光纤光缆股份有限公司(以下简称"长飞光纤")与台湾威盛电子股份有限公司共同出资创办的合资企业。目前，长飞光纤间接持股长芯盛武汉 79.90%的股权。长芯盛武汉主要从事光纤光缆、芯片、集成电路产品、光电模组、光电连接器件、系统集成、计算机软硬件等技术产品的研发、生产、销售、相关技术服务及工程服务等，是有源光缆产品和解决方案供应商，旗下拥有 FIBBR、iCONEC 两大子品牌。其中，FIBBR 遭到"337 调查"。资料显示，FIBBR 不仅率先研制出业内首款 8K 高清 HDMI v2.1 光纤线，同时拥有 DP、USB 等多系列光纤数据传输产品，凭借广泛的市场应用和良好的客户口碑，多次斩获行业及各类国际大奖。

面对 Cosemi 公司提出的"337"立案调查申请，从 2020 年年底开始，FIBBR 所属公司长芯盛武汉便对涉及的专利、产品展开内部比对和分析。一方面，针对 Cosemi 国内同族专利，长芯盛武汉在去年 12 月中旬向中国国家知识产权局提交无效申请；另一方面，从去年 11 月底开始进行反诉 Cosemi 昆山公司侵权长芯盛武汉专利的准备工作，并于 12 月底向中国国家知识产权局提交起诉材料，该案也在 2021 年 1 月被正式受理立案。

2021 年 2 月上旬，FIBBR 还与 Cosemi 展开了谈判，但未达成一致。根据长芯盛武汉提供的资料，2021 年 4-6 月，经过专家取证，案件所需资料基本完成收集、整理和提交工作；7 月，中国国家知识产权局宣告 Cosemi 的两件国内专利权全部无效，使得 Cosemi 被迫撤诉。8 月 18 日，美国国际贸易委员会对长芯盛武汉、FIBBR 有源光缆及其下游产品"337 调查"案做出终裁，同意 Cosemi 撤诉。

案例延伸：

"337 调查"是指美国国际贸易委员会根据美国《1930 年关税法》(Tariff Act of 1930) 第 337 节 (简称"337 条款") 及相关修正案进行的调查。"337 调查"的对象为进口产品侵犯美国知识产权的行为以及进口贸易中的其他不公平竞争，目的为禁止一切不公平竞争行为或向美国出口产品中的任何不公平贸易行为。

近年来，我国企业频繁遭遇美国国际贸易委员会的"337"调查。据国家海外知识产权纠纷应对指导中心 2019 年发布的报告显示，目前中国企业涉美"337 调查"案件数量和企业数量均创下了历史新高，中国企业涉案量占比高达美方调查总数的 57.45%，连续多年成为"337 调查"最多的国家。华为、中兴等都是"337 调查"的常客，而像长芯盛武汉这样"胜诉"的依然是少数。在中美经贸关系紧张和科技领域博弈升级的大背景下，"337 调查"也变得愈发敏感并受到广泛关注。

有专家指出，"从此前的'337 调查'案件来看，一般只有进入核心市场的竞争才会引发'337 调查'，该事件在某种程度上代表该公司进入国际主流市场的核心竞争了。"

本次案例中涉及的产品有源光缆是一个新兴的市场。FIBBR 成立于 2015 年，是国内较早介入该领域的品牌，目前拥有三十项授权发明专利、四十多项授权新型专利，十几项海外授权专利，同时参与了 HDMI、USBIF、JIIA、VESA 等国际标准讨论和制定。海外销售市场涉及日本、韩国、美国、波兰、瑞典、意大利、挪威等国家。长芯盛武汉旗下 FIBBR 在国际市场拥有较高知名度，公司经常参加美国市场的展会推广，因产品技术过硬，拿到过不少美国行业内的奖项。

自 2021 年 1 月以来，已发生了二十多起中国企业遭遇美国"337 调查"的案件，这些企业来自电子、通信、医疗等领域，而近几年来，计算机和通信设备领域成为美国对华发起"337 调查"的重要领域，并且数量仍有上升的趋势。从近期的情况看，8 月 31 日，美国对笔记本电脑等启动新一轮"337 调查"，中国企业联想涉案，而在今年 2 月 18 日，联想还涉案另外一起关于集成电路产品的"337 调查"。

相比于传统的美国联邦法院专利侵权诉讼，"337 调查"审理时间更短 (通常委员会在 12 个月到 18 个月内做出最终裁定)，原告更易拿到包括排除令等在内的强有力的救济补偿判决，并且"337 调查"不会因为其他程序的启动 (如涉案专利的无效程序) 而暂停。一旦败诉，其涉案产品将被认定侵权，会被美国限制进出口。也正是因为如此，很多企业都会积极应诉。

本次长芯盛武汉应诉胜利主要是由于自身过硬的技术实力，公司对创新和研发投入很重视，一直很关注新产品中知识产权的自主贡献，在有源光缆领域掌握了核心技术，拥有从芯片到系统的多项核心技术和自主知识产权。

而从过往案例来看，也有企业因为各种原因，遭遇"337调查"，但选择不应诉。一方面是"337调查"极大的杀伤力，另一方面是高额的海外诉讼费用，很多涉案的被告企业选择缺席判决不应诉，直接放弃相应的美国市场，或者支付巨额和解费用换取原告撤诉。根据美国ITC网站公布的信息，以2019年为例，不以和解为前提的原告主动撤诉仅占总案件量的12%，而获得胜诉的中国企业更是少之又少。

事实上，在"337调查"案件中，我国近几年来相对前些年胜诉比例有升高趋势，但还是败诉居多，主要是因为美国的外贸保护政策以及我国企业知识产权布局还不够完善。

愈发频繁的"337调查"对中国科技企业影响也越来越大，以公众熟悉的华为、中兴为例，2011年8月起，华为、中兴连续遭遇5起美国"337调查"，涉案金额高达14亿美元。可以肯定地说，"337"调查是美国限制中国高科技企业海外拓展市场的主要手段，必须予以高度的关注。

资料来源："337调查"背后的中美科技博弈 http://www.cb.com.cn/index/show/bzyc/cv/cv135123211641中国经营网 作者有整理

学习提示：

（1）思考点：

① 为什么说"337调查"是近年来美国对华实施非关税壁垒的新兴手段？

② 美国对中国企业频繁实施"337"调查的原因是什么？

③ 长芯盛武汉应诉成功的经验有哪些？

（2）关键知识点：知识产权保护和美国"337"调查。

（3）能力点：运用辩证思维看待美国的"337"调查，一方面，美国针对中国高新技术企业进行的"337调查"数量不断攀升的深层次原因是美国霸权主义和对中国崛起的限制；另一方面，应充分理解知识产权保护对我国高新技术企业发展，特别是海外市场拓展的作用以及必要性。

第 四 篇

国际贸易体制

　　国际贸易体制是指国家或政治实体之间以贸易协定、协议的形式，达成共同遵守的规则，确定相互权利和义务，促进货物贸易、服务贸易和资本自由流动的自由化，进行公开、公平和无扭曲的竞争，以带动成员方贸易与经济的发展，可以理解为"各国处理贸易关系时必须遵守的一系列国际规则的集合"。

　　第二次世界大战前，国际贸易活动主要以单边或双边的形式进行，各国贸易政策的制定完全从自身的利益出发，缺少地区性的贸易协调机制，更无真正意义上的国际贸易体制。

　　第二次世界大战后，国际间的经济合作与竞争逐渐成为经济发展的主导趋势。国际贸易体制经历了三个发展阶段。第一阶段为第二次世界大战后至20世纪70年代初，世界范围内建立了世界经济三大支柱。在国际上只有一个以法律形式调整国际贸易与贸易关系的规则与程序，并体现成员之间权利与义务的体制。这一体制就是1948年起临时生效的GATT。第二阶段为20世纪70至90年代，区域经济发展兴盛。第三阶段，20世纪90年代以来，国际贸易体制进入新阶段。1995年1月1日，WTO成立及其法律规则生效是国际经济关系发展中的一个里程碑，促进了国际贸易体制的法制化和规范化。多边贸易体制的完善有利于资源的合理配置和全球经济福利的提高。

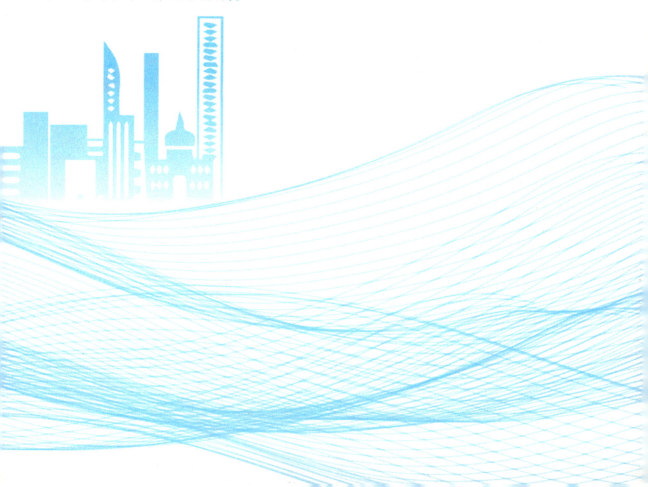

第十章　世界贸易组织

🎯 教学目的

- 了解世界贸易组织与 GATT 的关系。
- 掌握世界贸易组织的内容、特点及重要作用。
- 能够运用世界贸易组织的相关知识对当今国际贸易中的一些现象、问题进行分析和判断。

📝 关键术语

关税与贸易总协定　世界贸易组织　最惠国待遇　国民待遇　透明度原则

🧊 国贸视野

1. 世界贸易组织部长级会议于 2005 年 12 月 13 日正式在中国香港举行，反对世贸的大型活动当天下午在维多利亚公园举行，逾千名来自世界各地的示威者齐集在公园内，部分示威者穿起民族服饰，配备各式各样的工具，如写上反对世贸的红色大气球、形象丑陋的蜘蛛模型、写着反对世贸标语的各式横幅等。集会为时一个多小时，下午三时十五分左右，游行队伍在穿上黄色背心的纠察带领下，和平有序地离开公园，经轩尼诗道游行至政府总部。

资料来源：网易新闻

2. 世贸组织总干事阿泽维多宣布，由于在之前的会议上，美国单方面阻挠，一份决议草案未能通过，致使对国际贸易争端拥有终审判决权的世界贸易组织上诉机构在 11 日由于法官人数不足而无法受理任何新案件，陷入"停摆"状态。

自 2017 年以来，美国以所谓上诉机构"越权裁决""审理超期"、法官"超期服役"等多项问题为由，将上诉机构裁决与遴选挂钩，频频动用一票否决权，单方面反对启动对新法官的遴选程序。

世贸组织总干事阿泽维多警告，全球贸易规则得不到切实履行，世界经济就将倒退回"丛林法则"时代。美国智库卡托研究所专家西蒙·莱斯特警告，我们将"从一个以规则为导向的(国际贸易)体系向一个以力量为导向的体系转变"。

资料来源：央视新闻

3. 世贸组织成员于 2022 年 6 月 17 日在日内瓦成功结束了第 12 届部长级会议，确保了一系列关键贸易倡议的多边谈判成果，包含一系列关于渔业补贴、世贸组织应对紧急情况的前所未有的决定，包括放弃有关 COVID—19 疫苗强制许可、食品安全和农业的某些要求和世贸组织改革。"日内瓦一揽子计划"确认了多边贸易体系的历史重要性，并强调了世贸组织在解决世界最紧迫问题方面的重要作用，尤其是在全球解决方案至关重要的时候。

"你们达成的一揽子协议将对全世界人民的生活产生影响。结果表明，事实上，世贸组织有能力应对我们时代的紧急情况。"世贸组织总干事恩戈齐·奥孔乔伊韦拉说，"它们向世界表明，世贸组织成员可以跨越地缘政治断层走到一起，解决全球公域问题，并加强和振兴这个机构。它们让我们有理由希望，战略合作能够与日益激烈的战略竞争并存。"

资料来源：世界贸易组织官网

第一节　关税与贸易总协定概述

一、关税与贸易总协定的产生、发展

关税与贸易总协定(General Agreement on Tariffs and Trade，GATT)是一个政府间缔结的有关关税和贸易规则的多边国际协定，简称关贸总协定，是世界贸易组织(WTO)的前身。

(一)关税与贸易总协定的产生

关税与贸易总协定的产生可以追溯到第二次世界大战后。当时，世界满目疮痍，各国恢复经济，重建国际经济秩序迫在眉睫。美国作为战后超级政治、经济大国，为了对外扩张，称霸世界，就积极策划、倡导和推动国际政治经济关系有关问题的解决。为此，美国首先倡议建立一个以实现贸易自由化为目标的国际贸易组织。

从 1946 年 10 月到 1948 年 3 月，由 23 国代表组成的宪章起草委员会最后审议通过了《国际贸易组织宪章》，也称《哈瓦那宪章》，目标是建立一个全面处理国际贸易和经济合作事宜的国际组织。但后来由于美国国会认为《哈瓦那宪章》中的许多规定与美国国内立法相抵触，限制了美国的立法主权，最终未予批准。受其影响，绝大多数国家没有批准《哈瓦那宪章》，建立国际贸易组织的计划因此夭折。在《哈瓦那宪章》起草和审议的同时，在美国的倡议下，1947 年 4—10 月举行了包括英、法、荷、比、中国等 23 国参加的关税减让谈判，达成了 123 项关税减让协议。为了尽快获得关税减让的好处，这些国家的代表签署了一项关于商品关税减让的多边协定，即"关贸总协定"，并于 1948 年 1 月 1 日起临时生效。至此，关贸总协定正式登上了历史舞台。关贸总协定的成员虽然具有广泛的代表性，但是发达资本主义国家尤其是美国仍然主导了战后初期的关贸总协定。关税与贸易总协定一直以临时适用的多边协定形式存在。

（二）关税与贸易总协定的发展

随着经济全球化的发展，国际经济贸易关系进一步走向复杂。复杂的国际经济关系之下隐藏的是各国在经济上日益增强的相互依赖和互相渗透现状。为了适应经济全球化趋势，关贸总协定经过不断的变化，也得到了越来越多的认同。到 1994 年年底，关贸总协定的正式缔约方已由原来的 23 个发展到 128 个，这些缔约方的贸易总额约占世界贸易额的 90% 以上。关贸总协定在世界贸易中有着举足轻重的影响：它规范了战后初期的资本主义市场经济，为资本主义经济的恢复和发展奠定了基础；它的产生标志着 20 世纪的国际贸易终于走向了一个自由化的时代。在近半个世纪的历程中，关贸总协定逐渐演变为一个事实上的国际经济组织，是世界历史上第一个全球性多边贸易协调机构。关贸总协定同国际货币基金组织和世界银行并称为调节世界经贸关系的三大支柱，意义十分重大。

二、关税与贸易总协定历次多边贸易谈判的进程

在关贸总协定存在的近 50 年时间里，各方成功举行了八轮多边贸易谈判。这八轮多边贸易谈判的变化体现在：①从单一的关税减让谈判发展为综合性谈判；②谈判方式也趋向多样化；③谈判主体也从当初的以美国为中心发展转变为美国、日本和欧盟三足鼎立、发展中国家成一家之言的局面。具体情况如表 10-1 所示。通过这些谈判，实现了世界各国贸易政策的逐步自由化，大幅度降低了各国关税水平，推动了国际贸易的发展。

表 10-1　关税与贸易总协定历次贸易谈判概况

名称	地点与起止时间	参加国家或地区的数量/个	谈判主要成果
第一轮日内瓦回合	瑞士日内瓦1947 年 4—10 月	23	就 123 项双边关税减让达成协议，涉及 45 000 种商品，平均下调关税 35%。同时制定了包含关税减让和关税约束两份减让表，并绘制成总表。在双边基础上达成的关税减让，无条件自动适用于全体参加方
第二轮安纳西回合	法国安纳西1949 年 4—10 月	33	总计达成 147 项关税减让谈判，涉及减税商品 5 000 余项，平均降低关税 35%。另一成果是美国关税水平大幅下降
第三轮托奎回合	英国托奎1950 年 9 月—1951 年 4 月	39	在关税减让方面，美国与英联邦国家（主要指英国、澳大利亚和新西兰）谈判进展缓慢。本轮谈判共达成 150 项关税减让协议，涉及商品 8 700 多项，平均降低关税 26%

续表

名称	地点与起止时间	参加国家或地区的数量/个	谈判主要成果
第四轮日内瓦回合	瑞士日内瓦1956年1—5月	28	本次谈判英国进行了较大幅度的关税减让，以弥补其前两轮未达成的承诺。另外，日本在对关税与贸易总协定的各缔约方进行了相当的关税减让后，加入了该组织。本轮谈判的最终成果是关税减让商品涉及3 000余项，平均降低关税15%，但仅涉及25亿美元的贸易额
第五轮狄龙回合	瑞士日内瓦1960年9月—1962年7月	45	关税减让商品涉及4 400多项，平均降低关税20%。欧共体六国统一对外关税也达成减让，平均税率降低6.5%
第六轮肯尼迪回合	瑞士日内瓦1964年5月—1967年6月	54	从1968年起的五年内，美国工业品关税平均降低37%，而西欧各国则平均削减35%，涉及关税减让商品项目合计达60 000项之多，平均降低关税35%；制定了第一个反倾销协议；为发展中国家新增了"贸易与发展"的部分；开创了让波兰作为一个"中央计划经济国家"参加关税与贸易总协定多边贸易谈判的先例
第七轮东京回合	瑞士日内瓦1973年9月—1979年4月（在东京发起）	102	第一，从1980年起八年内关税削减幅度为25%~33%，减税范围除工业品外，还包括部分农产品；第二，禁止工业品补贴，除国防、通信和部分能源设备外，各国用竞争性的国际投标方式进行采购；第三，制定海关评估进口关税的准则，消除歧视性海关估价。本轮谈判最终关税减让和约束涉及3 000多亿美元贸易额，平均关税水平下降35%
第八轮乌拉圭回合	瑞士日内瓦1986年9月—1994年4月	128	涉及21个领域，达成28个协议。第一，在货物贸易方面，促进国际贸易的进一步自由化和规模的扩大，加强关税与贸易总协定的作用，改善多边贸易体制，增强关税与贸易总协定对不断变化的国际经济环境的适应能力，鼓励合作以加强国际经济政策决策的一致性；第二，在服务贸易方面，明确服务贸易规则新框架的目标；第三，建立世界贸易组织，取代关税与贸易总协定

三、乌拉圭回合的目标和议题

1986年9月15日，关贸总协定第八轮多边贸易谈判在乌拉圭埃斯特角城正式拉开了序幕，此即乌拉圭回合。乌拉圭回合是关贸总协定有史以来最复杂和最困难的一轮全球多边贸易谈判。

1986 年 9 月 20 日，关贸总协定缔约方部长会议通过《乌拉圭回合部长宣言》(以下简称《宣言》)。《宣言》由前言、货物贸易谈判部分和服务贸易谈判部分组成。货物贸易在关贸总协定的框架内谈判，而服务贸易在关贸总协定的框架外谈判。

《宣言》明确了此轮谈判的主要目标：第一，为了所有缔约方的利益特别是欠发达缔约方的利益，通过减少和取消关税、数量限制和其他非关税措施与壁垒，改善进入市场的条件，进一步扩大世界贸易；第二，加强关贸总协定的作用，改善建立在关贸总协定原则和规则基础上的多边贸易体制，将更大范围的世界贸易置于统一的、有效的多边规则之下。第三，增加关贸总协定体制对不断演变的国际经济环境的适应能力，特别是促进必要的结构调整，加强关贸总协定同有关国际组织的联系；第四，促进国内和国际合作以加强贸易政策与其他影响增长和发展的经济政策之间的内部联系。

此轮谈判共涉及 15 个议题，关税、非关税措施、热带产品、自然资源产品、纺织品和服装、农产品、关贸总协定条款、保障条款、多边贸易谈判协议和安排、补贴和反补贴措施、争端解决、与贸易有关的知识产权(包括冒牌货贸易问题)、与贸易有关的投资措施、总协定体制作用和服务贸易。其中服务贸易、知识产权和投资措施这三个议题是关贸总协定以往不曾涉及的新领域。

关于服务贸易的议题。1990 年达成的《服务贸易多边贸易谈判框架协定(草案)》经多次讨论修改，于 1991 年 12 月完成了《服务贸易总协定》，并作为乌拉圭回合谈判结果的一部分写入了最后文件。协议要求各缔约国应在最惠国待遇和国民待遇原则的基础上开放本国的服务业市场。并要求各缔约国公布其与服务贸易有关的法律、法规和行政命令，增强透明度。但对发展中国家则可根据不同国家的经济发展水平，在逐步扩大市场准入方面给予适当的灵活性。

关于知识产权的议题。乌拉圭回合所达成的《与贸易有关的知识产权协议》是一个高标准、高水平的知识产权保护协议。协议把几乎所有的知识产权形式都纳入了保护范围，在保护期限、权利范围和有关使用的规定方面，都大大超过了现有的任何国际公约，但对发展中国家则规定了某些特殊的优惠待遇。

关于投资措施的议题。乌拉圭回合要谈判的，是那些直接或间接由东道国政府通过政策法令实施的，针对外国直接投资项目或企业所采取的投资激励、经营要求等方面的措施。谈判过程中，发达国家与发展中国家由于各自的利益不同而立场不同。发展中国家的基本立场是，投资措施的采取应有利于一国经济的增长和人民生活水平的提高。发达国家的基本立场是，要求取消发展中国家与贸易有关的投资措施，建立一个能保障跨国公司利益的国际投资体系。最后文件没有将 14 项措施全部列为禁用，但所禁用的措施大多是发展中国家用来对付西方跨国公司的。

第二节　世界贸易组织

一、世界贸易组织的产生

(一)WTO 是 1947 年 GATT 乌拉圭回合谈判的产物

世界贸易组织(World Trade Organization，WTO)的建设是乌拉圭回合多边贸易谈判的一项重大意外成果。它是以市场经济为前提，以多边贸易法律框架为基础，具有国际法人资格，专门协调国际贸易关系的国际经济组织。

关税与贸易总协定虽然取得了一定成绩，但由于它毕竟只是一项临时性的多边协定，缺乏一定的组织框架，法律地位不明确，缺乏强有力的约束机制，还存在大量"灰色区域"，有很多例外，而且其解决国际经济贸易纠纷的主要手段是协商。因此 GATT 各缔约方普遍认为有必要建立一个正式的国际经贸组织，以协调、执行和监督乌拉圭回合谈判的成果。

1990 年年初，意大利首先提出建立一个多边贸易组织的倡议，同年欧共体以 12 个成员方名义正式向乌拉圭回合体制职能谈判小组提出此建议，随后得到美、加等国的支持。1990 年 12 月，乌拉圭回合布鲁塞尔部长会议决定责成体制职能小组负责"多边贸易组织协议"的谈判。经过历时一年的紧张谈判，该小组于 1991 年 12 月形成了一份《关于建立多边贸易组织协议》的草案。后经两年的修改、完善和磋商，最终于 1993 年 11 月中旬形成了《多边贸易组织协议》。同年 12 月根据美国的提议，更名为《建立世界贸易组织协定》。这样，各缔约方于 1993 年 12 月 15 日结束了乌拉圭回合的谈判，并且，各缔约方部长于 1994 年 4 月在摩洛哥的马拉喀什会议上签署了乌拉圭回合的最后文件和关于建立世界贸易组织协定，从而对乌拉圭回合的成果给予了政治上的支持。同时，决定于 1995 年 1 月 1 日正式建立世界贸易组织。在和关税与贸易总协定并存一年后，自 1996 年 1 月 1 日起完全担当全球经济与贸易组织管理者的角色。

（二）《建立世界贸易组织协定》的构成

《建立世界贸易组织协定》是《马拉喀什建立世界贸易组织协定》的简称，由序言、16 个条文、解释性说明和 4 个附件组成。条文本身并未涉及规范和管理多边贸易关系的实质性原则，只是就世界贸易组织的结构、决策过程、成员资格、接受、加入和生效等程序性问题做了原则性规定。

附件 1、2、3 所包括的各项协定称为多边贸易协定，对 WTO 所有成员均有约束力。

附件 1：由 3 个次附件构成，包括货物贸易方面的各项实质性贸易协定(附件 1A)，服务贸易总协定(附件 1B)和与贸易有关的知识产权协定(附件 1C)。附件 1A 包括：《1994 年关税与贸易总协定》《农业协议》《实施卫生与植物卫生措施协议》《纺织品与服装协议》《技术性贸易壁垒协议》《与贸易有关的投资措施协议》《关于实施 1994 年关税与贸易总协定第 6 条的协议》《关于实施 1994 年关税与贸易总协定第 7 条的协议》《原产地规则协议》《进口许可程序协议》《补贴与反补贴措施协议》《保障措施协议》等。

附件 2：《关于争端解决规则与程序的谅解》。

附件 3：建立国际贸易政策多边监督程序的贸易政策审查机制。

附件 4：只对其表示接受的成员有约束力的各项协定，称为"诸边贸易协定"，包括《民用航空器贸易协议》《政府采购协议》《国际奶制品协议》《国际牛肉协议》。

二、世界贸易组织的目标、职能与机构设置

世界贸易组织的目标是建立"贸易自由流通的世界"，即一个完整的，包括货物、服务、与贸易有关的投资及知识产权等内容的，更具活力、更持久的多边贸易体系，使之可以包括关贸总协定贸易自由化的成果和乌拉圭回合多边贸易谈判的所有成果。

作为一个专门国际组织，世界贸易组织有其特定的工作范围和职能。对世界贸易组织职能的规定见乌拉圭回合的各项协定和决议，其中最主要的条款是《建立世界贸易组织的

协定》第3条。世界贸易组织的主要职能具体包括：促进世界贸易组织目标的实现，监督和管理其统辖范围内的各种协议的贯彻实施；组织实施各项多边贸易协议，提供多边贸易谈判和解决贸易纠纷的场所；按照有关贸易政策审议机制，负责定期审议各成员方的贸易制度和与贸易有关的国内经济政策；协调与国际货币基金组织和世界银行等国际经济组织的关系，以保障全球经济决策的凝聚力和一致性，避免政策冲突；编写年度世界贸易报告和举办世界经济贸易研讨会；向发展中国家和转型经济国家提供必要的技术支持。

　　世界贸易组织的各项职能都是由其所属组织机构实现的，其机构框架如图10-1所示，是以部长级会议为中心，由总理事会、众多分理事会以及各种类型的委员会组成的系统。

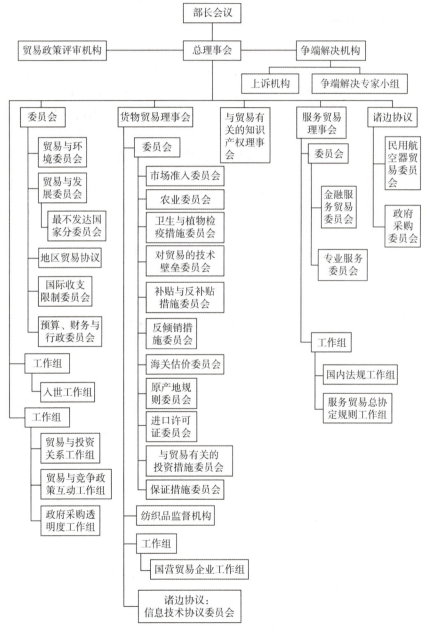

图10-1　世界贸易组织的组织结构图

（一）部长会议

部长会议由所有成员方主管外经贸的部长、副部长级官员或其全权代表组成，是世界贸易组织的最高权力机构，会议通常每两年召开一次。部长级会议可以就多边贸易协定下的所有事项做出决定。

（二）总理事会

总理事会是世界贸易组织的常设决策机构，在部长会议休会期间执行部长会议的各项职能。总理事会也由所有成员方代表组成，可视情况需要随时开会，自行拟定议事规则及议程，以履行其解决贸易争端和审议各成员贸易政策的职责。

（三）委员会

委员会另下设包括贸易与发展委员会，国际收支限制委员会，预算、财务与行政委员会，贸易与环境委员会等在内的 10 多个专门委员会，以处理特定的贸易及其他有关事宜。其中，贸易与发展委员会负责定期评审有关最不发达成员方优惠的特别规定执行情况，并向总理事会提出报告，以便采取适当行动；国际收支限制委员会负责审议以国际收支困难为理由而采取的贸易限制措施；预算、财务与行政委员会负责处理与世界贸易组织的财政和预算有关的问题。

（四）分理事会

分理事会是总理事会的下属机构。总理事会将部分职权授予三个主要分理事会：货物贸易理事会、与贸易有关的知识产权理事会及服务贸易理事会，分别处理不同贸易领域的问题，并向总理事会报告。

（五）诸边协议

诸边协议设置的机构职能由诸边贸易协议赋予，在 WTO 体制框架内运作，并定期向总理事会通告其活动。

三、世界贸易组织的基本原则

世界贸易组织的基本原则贯穿于世贸组织的各个协定和协议中，构成了多边贸易体制的基础，制约着 WTO 成员方的贸易活动。

（一）非歧视原则

非歧视原则，又称无差别待遇，是世界贸易组织全部规则体系中最基本、最重要的原则。它规定成员方一方在实施某种优惠和限制措施时，不得对其他成员方实施歧视待遇。该原则主要是通过最惠国待遇原则和国民待遇原则来体现和实现的。

1. 最惠国待遇

最惠国待遇原则（Most-Favored Nation Treatment，MFN）是指一成员方将在货物贸易、服务贸易和知识产权保护领域给予任何其他国家和地区的优惠待遇（包括优惠、特权和豁免），立即和无条件地给予其他各世贸组织成员方。该待遇适用于进出口商品的关税和费用的征收、与进出口有关的规则和程序等方面。通过最惠国待遇，世界贸易组织将双边互惠变为多边互惠，促进自由贸易。

知识链接

2. 国民待遇

　　国民待遇原则（National Treatment）是指对其他成员方的产品、服务或服务提供者及知识产权所有者和持有者提供的待遇，不低于本国（地区）同类产品、服务和服务提供者及知识产权所有者和持有者所享有的待遇。"不低于"是指其他成员方享受待遇的主体至少享有与本国（地区）相应主体同等的待遇。就货物贸易而言，国民待遇主要包括：第一，不能以任何直接或间接的方式对进口产品征收高于对本国相同产品所征收的国内税或其他费用；第二，在有关销售、分销、购买、运输、分销或使用的法规等方面，进口产品必须享受与同类国内产品相同的待遇；第三，任何成员不能以直接或间接方法对产品的混合、加工或使用有特定数量或比例的国内数量限制，或强制规定优先使用国内产品。第四，成员不得用国内税、其他国内费用或定量规定等方式，为国内工业提供保护。这一原则保证了进口商品和本国商品能在同等条件下竞争，避免成员方利用征收国内税费的办法保护国内产业、抵消关税减让效果。

 知识链接

案例分析：

货物贸易领域的国民待遇原则规定，不对进口产品征收超出本国同类产品所征收的国内税或其他国内费用。本案例中的法令规定对进口原料征收国内税、检查费，对国内卷烟制造商却不征收，违反了国民待遇原则。

3. 最惠国待遇与国民待遇的关系

两者都是非歧视原则的重要构成部分。其区别在于：第一，目的不同。设立最惠国待遇原则的目的是使来自不同成员方的同类产品和服务或服务提供者在进口方获得非歧视待遇，而设立国民待遇原则的目的是使进口的产品和服务或服务提供者在进口方获得与进口方本国同类产品和服务或服务提供者同等或更优惠的待遇。第二，适用对象不同。最惠国待遇要求对其他成员方应平等对待；而国民待遇则要求平等处理本国和其他成员方之间的关系。第三，涉及的事项不同。最惠国待遇主张在入境和结关过程中要对一切外国产品一视同仁；而国民待遇要求在外国产品结关后，应与本国产品同等对待。

（二）关税保护原则

世贸组织主张各成员方主要通过关税来保护国内产业和市场，也就是说，关税是唯一合法的保护手段。关税保护原则又称关税减让原则，其含义包括：一是以关税作为各缔约国唯一的保护手段；二是各缔约国之间应遵循互惠互利的原则，通过关税减让谈判，逐步降低关税水平，以促进国际贸易的开展。也就是，关税水平只能降，不能升。

关税减让原则也存在例外，如保障措施例外、保护幼稚产业措施例外、国际收支限制措施例外、发展中国家例外、成员方依法进行的修改或撤销例外等。

（三）透明度原则

透明度原则是世贸组织的重要原则，目的在于保证各成员方在货物贸易、服务贸易和知识产权保护方面的贸易政策实现最大程度的透明，实现贸易环境的稳定性和可预见性。透明度原则的含义是指世界贸易组织成员方应公布所制定和实施的贸易政策、法规等措施及其变化的情况（如修改、增补或废除等），不公布的不得执行，同时还应将这些贸易措施及其变化情况通知世界贸易组织。

透明度原则的主要内容，包括贸易措施的公布和贸易措施的执行两个方面。

贸易措施公布的主要内容包括：有关海关法规及关税税率等；有关产品进出口管理的措施与要求等；有关进出口支付转账所设立的措施；有关服务贸易的法律、法规、政策和措施；有关知识产权的法律、法规、司法判决和行政裁定等。司法判决、行政裁定和成员方参加的国际贸易协议都在公布之列。世贸组织要求贸易措施的公布要迅速及时；但如果公布后会妨碍法令执行，违反公共利益，或损害某一企业的利益，则可以有例外。

贸易措施的通知是指世界贸易组织对成员方需要通知的事项和程序做了规定，以保证其他成员能够及时获得有关成员在贸易措施方面的信息。世界贸易组织关于通知的规定在实践中得到不断的完善。其中，"乌拉圭回合"的谈判结果，进一步强化了世界贸易组织成员方承担的通知义务，通知的范围从货物贸易扩大到服务贸易和知识产权领域。同时，为便于成员方履行通知义务，世界贸易组织相继制定了100多项有关通知的具体程序与规

则，包括通知的项目、通知的内容、通知的期限、通知的格式等。

（四）公平贸易原则

公平贸易原则又称公平竞争原则，是关贸总协定和世界贸易组织主要针对出口贸易而规定的一个基本原则。该原则是指各成员方和进出口经营者都不应采取不公正的贸易手段进行国际贸易竞争或扭曲国际贸易竞争条件。公平贸易原则体现在贸易区域、服务贸易领域与贸易有关的知识产权领域，既涉及成员方的政府的施政行为，也涉及成员方的企业和经营者的经营行为，同时该原则也要求各成员对各国身份的其他成员平等对待，坚决维护其产品、服务或服务提供者在本国市场的公平贸易活动。

进口国如果遇到其他国家出口商以倾销或补贴方式出口商品，可以采取反倾销或反补贴措施来抵制不公平竞争，维护公平竞争的贸易环境。为防止滥用反倾销和反补贴措施达到贸易保护主义目的，世界贸易组织对反倾销和反补贴规定了严格的程序和标准。

（五）互惠原则

互惠原则，又称对等原则，是两个成员方在国际贸易中相互给予对方以贸易上的优惠待遇。它明确了成员方在关税和贸易谈判中必须采取的基本立场和相互之间对等互惠的贸易关系。互惠原则要求成员方在互惠互利基础上通过多边谈判进行关税或非关税措施的削减，对等地向其他成员方开放本国市场，以获得本国产品或服务进入其他成员方市场的机会。

互惠原则的例外体现在：由于经济发展水平的不同，发达国家之间在关税减让谈判中总体是互惠、对等的；而发达国家与发展中国家之间在遵守互惠原则时，发达国家基于发展中国家的优惠不能要求发展中国家给予对等的回报，否则两者之间经济水平的不平等永远得不到改善。

（六）市场准入原则

市场准入是指一国允许外国的货物、服务与资本参与国内市场的程度，是国家通过实施各种法律和规章制度对本国市场向外开放程度的一种宏观控制，体现一国的法律精神。

市场准入原则在世贸组织的协定和协议中得到了充分体现。在有关货物贸易的几乎所有协议中，都可以找到市场开放原则的要求，尤其体现在各种非关税壁垒的约束和取消上。对服务贸易的市场准入，通过不断提高市场开放承诺的水平，推进服务贸易自由化的进程。总体而言，市场准入原则允许缔约国根据经济发展水平，在一定期限内逐步开放市场，分阶段实行贸易自由化，促进市场的合理竞争和适度保护。

（七）贸易争端的磋商调解原则

世界贸易组织争端解决机制以公正、平等、迅速、有效为原则。这些原则要经全体WTO 成员同意，如果他们认为其他成员正在违反 WTO 规则，受到贸易侵害的成员将使用多边争端解决机制，而不是采取单边行动，这意味着所有 WTO 成员将遵守议定的程序尊重裁决，不管是受到贸易侵害的成员还是违反议定的成员。

四、世界贸易组织的改革思路

世界贸易组织改革是当前国际经济关系博弈的焦点之一。当前，面对单边主义和保护主义的持续威胁，WTO 谈判功能和决策效率日渐低下，其规则体系已不适应新的国际经济关系。国际社会对于 WTO 改革正在凝聚共识，WTO 现代化改革已提上议事日程。2017年 12 月 12 日世贸组织第十一届部长级会议期间，美国、日本、欧盟三方首次发表《联合声明》，正式提出世贸组织改革议程，声明"三方将加强在世贸组织体制内的合作力度，以消除各类市场扭曲行为和保护主义做法对全球技术创新和可持续增长的制约作用"。

从当前各主要成员方的态度来看，对于 WTO 的"生存"问题存在共识，即均承认以WTO 为核心的多边贸易体系的重要性并希望加以维持；即便是执意要让上诉机构"停摆"的美国，也并未全面否定 WTO 的存在价值，而且其在争端解决机制方面的强硬态度未尝不是将之作为谈判筹码、迫使贸易伙伴在实体规则领域做出更多让步的考虑。而在"发展"问题上，成员方的态度和认识则不尽相同：一方面，各方均赞同对 WTO 进行改革，以期打破僵局重拾活力；另一方面，对于改革的原则、内容和优先顺序，则各有偏好和侧重。WTO 各成员方提出的改革方案和推进策略主要涉及三大范畴：一是如何改进争端解决制度和解决上诉机构法官任命僵局的问题；二是如何加强世界贸易组织常设机构和委员会的工作，以改善和强化 WTO 的监督功能和透明度问题；三是贸易规则现代化问题。

2019 年 5 月 13 日，中国正式向世界贸易组织提交了《中国关于世贸组织改革的建议文件》，提出了中国推进 WTO 改革的原则、立场、政策建议和主张。中方认为，世贸组织改革的行动领域主要包括四个领域：一是解决危及世贸组织生存的关键和紧迫性问题；二是增加世贸组织在全球经济治理中的相关性；三是提高世贸组织的运行效率；四是增强多边贸易体制的包容性。对中国而言，以积极的态度推动多边贸易体制和国内经济体制的转型，关系到中国如何在自身与世界关系的变化中寻找新的定位。

第三节　中国与世界贸易组织

以世贸组织为核心的多边贸易体制是国际贸易的基石，是全球贸易健康有序发展的支柱。2001 年中国加入世界贸易组织，是中国深度参与经济全球化的里程碑，标志着中国改革开放进入历史新阶段。

一、中国加入世界贸易组织的历程回顾

中国是关税与贸易总协定的 23 个创始缔约国之一。1971 年 10 月，中国恢复了在联合国的合法席位。

此后，中国始终坚持对外开放的基本国策，积极构建形成全方位、多层次、宽领域的对外开放格局，极大推动了中国拥抱世界的进程，中国不仅从全球化中获益，也为全世界经济发展做出了卓越贡献。

1986 年，中国驻日内瓦代表团大使钱嘉东向 GATT 总干事阿瑟·邓克尔提交了关于恢复中国 GATT 缔约国地位的申请，从此开始了漫长而曲折的"复关"谈判。1995 年，世界贸易组织（WTO）成立，中国的"复关"谈判正式转换为加入世界贸易组织谈判。

经过多年积极的社会主义市场经济体制建设和深入参加世界贸易组织谈判，2001 年 9

月 17 日，在世界贸易组织中国工作组第 18 次会议上，通过了中国入世的所有法律文件，其中包括《中国工作组报告书》《入世议定书》《货物贸易减让表》和《服务贸易减让表》等附件。同年 11 月 10 日，在卡塔尔多哈举行的世界贸易组织第四届部长级会议上，全体与会代表协商一致，审议并通过了中国加入世贸的决定。12 月 11 日，向世贸组织秘书处递交中国入世批准书 30 天后，中国正式加入世贸组织，成为第 143 名成员。

二、中国加入世界贸易组织的重要意义

加入世界贸易组织对中国有着重要的意义，具体如下。

第一，有利于改善中国的国际贸易环境。中国加入世界贸易组织后可获得多边最惠国待遇，并利用多边贸易体制实现出口市场多元化。

第二，享受发展中国家缔约方的优惠待遇，给中国对外经济贸易的发展提供良好的机遇。

第三，改变我国的投资环境，提高法律的透明度，实现国民待遇原则，有利于我国更多、更好地对外资和进行跨国经营。

第四，能够促进中国改革开放与社会主义市场经济的发展，加速与国际市场的接轨，使中国经济保持高速发展。

第五，促进世界贸易的发展，促进外国企业对中国投资和进行更有效的配置资源。

三、中国切实履行加入世界贸易组织的承诺

中国加入世界贸易组织以来，不断完善社会主义市场经济体制，全面加强同多边贸易规则的对接，切实履行货物和服务开放承诺，强化知识产权保护。对外开放政策的稳定性、透明度、可预见性显著提高，为多边贸易体制有效运转做出了积极贡献。

中国不断完善社会主义市场经济体制和法律体系，均衡政府以及市场在资源配置中的作用，深化市场的决定性作用以及政府的宏观调控作用。在法律体系方面，中国坚持依法治国，贯彻执行世界贸易组织规则，完善各项市场经济法律法规，为构建多边贸易规则体制奠定了坚实的法律基础和制度保障。

中国切实履行货物贸易领域开放承诺，大幅度降低进口关税，关税总水平从 2001 年的 15.3% 降至 2010 年的 9.8%；显著削弱非关税贸易壁垒，2005 年 1 月前全部取消进口配额、进口许可证和特定招标等非关税措施，使贸易透明畅通；全面放开外贸经营权，促进经营主体的多元化发展。

中国切实履行服务贸易领域开放承诺，大范围开放服务贸易领域，对外开放 9 大类 100 个服务业分部门，接近发达成员平均开放 108 个分部门的水平，促进服务业各领域的快速发展；逐步放低服务领域外资的准入门槛，扩大允许外资从事服务的领域和范围。

中国加强在知识产权保护方面的作为，完善产权保护制度，激发中国市场企业竞争活力；构建完整、完善的知识产权保护体系，积极借鉴国际范围内先进的立法经验，贯彻落实知识产权保护法，加强司法体系引导作用，发挥法律威慑作用，提高违法成本，大力打击违法行为，调动市场竞争活力。2001—2017 年，中国对外支付知识产权费年均增长 17%。

本 章 小 结

多边贸易体制是"为各国相互处理贸易关系时必须遵守的一系列国际规则的集合"。为恢复和发展第二次世界大战后的国际贸易，基于建立国际贸易多边体制的要求，23国政府1947年签订了关贸总协定。期间，在GATT主持下，1948—1993年举行了八轮多边贸易谈判，谈判内容从关税扩大到非关税，促进了贸易自由化。在第八轮谈判中，达成建立世界贸易组织的协定。1995年WTO成立，取代GATT成为世界贸易新体制的组织和法律基础。2001年，中国加入世界贸易组织，是我国深度参与经济全球化的里程碑。

WTO是1947年关贸总协定的继承和发展，二者既有联系但又不同。以WTO为基础的多边贸易体制影响力大于以GATT为基础的多边贸易体制，具有更强的可行性和持久性。以WTO为基础的世界贸易新体制的主要目标是为出口企业的货物和服务产品提供自由、有保证、可预测的国际市场，促进投资自由化，加强对知识产权的保护。WTO长期运行以来，凭借其有效机制和组织结构，落实多元贸易规则，促进了其成员方之间的经贸发展。当前，世界贸易组织面临诸多挑战，其改革势在必行。

思 考 题

1. 世界贸易组织的基本原则有哪些？

2. 世界贸易组织在解决成员方之间的贸易争端方面，发挥了什么作用？

3. "入世"后我国遭遇的贸易摩擦越来越多，是否可因此否定"入世"的战略意义？

4. 试论世界贸易组织对国际贸易体制的贡献。

本章思考题参考答案

典型案例 >>>

WTO框架下的全球贸易争端

WTO争端解决机制精细的操作程序、明确的时间限制以及严格的交叉报复机制，使其日益成为解决争端的标准有效途径。

WTO成立初期，全球贸易争端频发，1996年到1998年贸易争端案件数量都处于较高的位置。其中，以美、日为参与国的案件占比较大，这主要与20世纪末期美国和日本在纺织品、汽车贸易方面的激烈竞争有关。2001年中国入世后，伴随全球经济的复苏与繁荣，全球贸易争端案件数量明显下降。伴随2008年经济危机及随后的欧债危机，全球贸易争端案件有所回弹。2011年到2014年是全球贸易争端波动最大的一个阶段。2017年以后，特朗普政府无视WTO规则，以美国优先原则对抗WTO的平等原则，肆意动用关税手段，加剧了逆全球化趋势并使得民粹主义抬头，全球贸易争端案件骤然上升，给全球贸易走势带来了较大的不确定性。1995—2019年全球贸易争端变化趋势如图10-2所示。

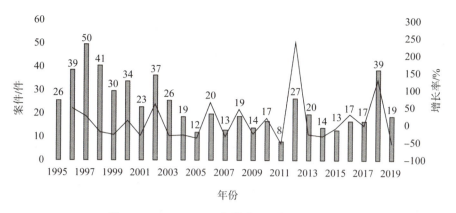

图 10-2 1995—2019 年全球贸易争端变化趋势
资料来源：WTO 官方网站，数据截至 2019 年 12 月

涉及贸易争端案件数量排名前五的经济体分别为美国（279 起）、欧盟（190 起）、中国（65 起）、加拿大（63 起）、印度（56 起）。从起诉和被诉之比来看，排名前五的经济体起诉案件与被诉案件之比分别为加拿大（1.74）、欧盟（1.21）、美国（0.80）、印度（0.75）、中国（0.48）。我国贸易争端案件中起诉案件与被诉案件之比远远低于其他国家（地区）。1995—2019 年全球贸易争端国家（地区）分布如表 10-2 所示。

表 10-2 1995—2019 年全球贸易争端国家（地区）分布

国家（地区）	作为起诉方	作为被诉方	作为第三方
美国	124	155	151
欧盟	104	86	200
中国	21	44	173
加拿大	40	23	147
印度	24	32	160
巴西	33	16	141
阿根廷	21	22	62
日本	26	16	205
墨西哥	25	15	105
韩国	21	18	126
澳大利亚	9	16	109
印度尼西亚	12	15	38
智利	10	13	48
泰国	14	4	93
俄罗斯联邦	8	9	72
土耳其	5	12	95
乌克兰	9	4	41

续表

国家（地区）	作为起诉方	作为被诉方	作为第三方
危地马拉	10	2	53
哥伦比亚	5	7	60
菲律宾	5	6	17
其他	95	91	1 019
总计	621	606	3 115

资料来源：WTO官方网站，数据截至2019年12月

全球贸易争端案件涉及的内容可以分为三类：货物商品事项、知识产权事项与服务商品事项，1995—2019年全球贸易争端案件涉及内容一览如表10-3所示。其中货物商品合计涉及943次，占比高达91.64%，粮食、农产品、钢铁、农业制成品、原材料、纺织品为涉及较多的货物。此外，知识产权事项涉及47次，占比4.57%，涉及次数比较多的主要是专利、版权、商标、所有权、地理标志等。服务商品事项涉及39次，占比3.79%，其中涉及较多的事项为分销服务、通用服务和金融服务。总体来看，全球贸易争端仍主要集中在关系到国民生计的农产品以及原材料上，各国在农业补贴及农产品关税上仍有较大分歧，这也是多哈回合谈判失败的主要原因之一。

表10-3　1995—2019年全球贸易争端案件涉及内容一览

货物商品事项	案件数	知识产权事项	案件数	服务商品事项	案件数
粮食和农产品	109	专利申请	11	分销服务	8
通用商品	52	版权及相关权利	10	通用服务	5
钢铁	33	商标	9	金融服务	5
农业制成品	32	所有权	5	全业务	3
原材料和半成品	28	地理标志	4	通信服务	2
其他制成品	27	药品知识产权	2	电影发行服务	2
纺织品	26	录音	2	视听娱乐产品	1
交通工具	23	酒吧音乐版税	1	古巴自由与民主声援	1
进口措施	20	《综合拨款法》第211条	1	电子支付服务	1
归零方法	18	美国"337条款"	1	赌博和博彩	1
其他	575	其他	1	其他	10

资料来源：WTO官方网站，数据截至2019年12月

特朗普执政期间，中美之间共有9例贸易争端案件，如表10-4所示。中国起诉美国6例，美国起诉中国3例，案件涉及补贴、知识产权保护与加征关税三类。2018年3月23日美国发布"301报告"，认为中国强制合资企业进行技术转让，对美国进行了不平等和有害的技术兼并，通过网络入侵获取商业信息。以此为借口对中国进口的部分商品加征25%

的从价关税，拉开了中美之间贸易较量的帷幕。美国对华提起的 3 例贸易争端诉讼中，补贴、知识产权保护与加征关税各占 1 例，中国对美国发起的贸易争端诉讼 3 例涉及加征关税，3 例涉及美国对进口商品的调查。

表 10-4　特朗普执政期间中美贸易争端案件统计

编号	起诉日期	起诉方	被诉方	标题
DS519	2017/1/12	美国	中国	对原生铝制造商的补贴案
DS542	2018/3/23	美国	中国	知识产权保护若干措施案
DS543	2018/4/4	中国	美国	对中国特定商品加征关税案
DS544	2018/4/5	中国	美国	对钢铁和铝制品特定措施案
DS558	2018/7/16	美国	中国	对美国特定产品加征额外关税案
DS562	2018/8/14	中国	美国	对进口晶体硅光伏产品保障措施调查案
DS563	2018/8/14	中国	美国	可再生能源产业相关措施案
DS565	2018/8/23	中国	美国	对中国特定商品加征关税 II
DS587	2019/9/2	中国	美国	对中国特定商品加征关税 III

资料来源：WTO 官方网站，数据截至 2019 年 12 月

自 1980 年澳大利亚对中国陶瓷餐具启动首例贸易救济调查以来，我国陶瓷行业一直都是贸易摩擦重灾区，特别是 2008 年世界金融危机以来，我国陶瓷行业每年均遭受多起来自欧盟、美国等国家和地区发起的贸易救济调查，频繁受到反倾销调查等贸易摩擦事件的冲击。从 1992 年到 2021 年，我国陶瓷先后遭受欧盟、美国、墨西哥、巴西等 17 个国家和地区发起的主要反倾销、反补贴、保障措施等贸易摩擦案件，涉及日用陶瓷、建筑陶瓷和卫浴陶瓷。福建省陶瓷产业在不同程度上均有所涉及，2005—2014 年福建省陶瓷行业参与应诉国际反倾销案例如表 10-5 所示。

表 10-5　2005—2014 年福建省陶瓷行业参与应诉国际反倾销案例

发起国	涉案产品	开始时间	应诉企业数	最终税率
韩国	瓷砖	2005 年 4 月	2	9.14
巴基斯坦	瓷砖	2006 年 3 月	1	0
欧盟	瓷砖	2010 年 6 月	5	30.6
欧盟	陶瓷餐具	2012 年 2 月	58	17.9
墨西哥	陶瓷餐具	2012 年 8 月	3	0
巴西	陶瓷餐具	2012 年 12 月	28	5.14
巴西	细瓷砖	2013 年 7 月	10	4.98

其中，欧盟于 2012 年发起的日用陶瓷反倾销案件是在福建省商务厅公平贸易局的指导下，由福建省轻工工艺品进出口商会组织德化陶瓷企业主动应诉，并取得良好效果的案件。福建省涉案总额超过 4 000 多万美元，为福建省陶瓷行业遭受的规模最大的一次贸易摩擦案件，单个企业最大涉案金额为 400 万美元左右。

新兴经济体的飞速发展改变了 WTO 赖以设立的 20 世纪旧有经济模式，全球经济发展

重心发生了转移，国际经贸关系走到了新的调整期。另外，世界经济格局将受到国际贸易新规则的冲击。跨太平洋伙伴关系协议（Trans-Pacific Partnership Agreement，TPP）意图构建一个"面向21世纪、高标准、全面的自由贸易平台"；TTIP 谈判由美国和欧盟于2013年6月启动，意图在广泛的经济领域内消除贸易壁垒，包含市场准入、法规与非关税壁垒、应对全球贸易机遇与挑战的规则；日本和欧盟2018年签署的经济伙伴关系协定，形成了一个覆盖6亿人口、约占全球经济总量三分之一的自由贸易区；美国和澳大利亚等牵头于2012年启动的多边服务业协议，意在WTO《服务贸易总协定》的基础上，达成全面覆盖服务贸易各领域的、更高标准的协定，为全球每年4万多亿美元的服务贸易制定新规则；2018年12月30日，全面与进步跨太平洋伙伴关系协定，与 TPP 在市场准入、贸易便利化、电子商务和服务贸易等方面均无差异，最大区别在于新协定冻结了旧协定中关于知识产权等内容的20项条款；2020年11月，东盟十国以及中国、日本、韩国、澳大利亚、新西兰15个国家，正式签署区域全面经济伙伴关系协定，通过削减关税及非关税壁垒，建立全球规模最大的自由贸易协定。多边主义是大势所趋，当前我们讨论的所有单边或双边争端解决机制，都是在全球化深层次变化时刻的一种过渡性选择。

学习提示：

（1）思考点：

① 世界贸易组织的基本原则及其例外，特别是最惠国待遇条款及国民待遇条款的例外。

② 世界贸易组织的争端解决机制。

③ 世界贸易组织规则的弊端及国际贸易新规则的形成。

④ WTO 框架下福建本土产业和企业如何解决贸易争端，消除贸易摩擦？

（2）关键知识点：世界贸易组织规则、作用和发展等相关理论的实践和运用。

（3）能力点：通过综合案例分析过程，说明树立规则意识是长期任务，是一种社会责任感。将世界贸易组织相关规则和功能的理论知识运用到国际贸易规则的实践中去，提升解决我国对外贸易发展中实际问题的能力，认清国际经贸新形势，加深对中国在塑造世界经济政治新秩序和推进世界经济发展的重要作用与大国担当的认识。

第十一章　区域经济一体化

教学目的

- 掌握区域经济一体化的概念、主要形式及其对世界经济和国际贸易产生的影响
- 了解主要区域经济一体化组织
- 掌握区域经济一体化的相关理论，并能联系实际分析中国区域经济一体化的发展对区域内和区域外的分工与贸易产生的影响

关键术语

自由贸易区　关税同盟　共同市场　经济同盟　完全经济一体化　贸易创造效应　贸易转移效应

国贸视野

RCEP 生效将使中国更加主导制定亚太地区贸易规则，美国仍未加入其中

进入 2022 年，全球经贸领域的第一个重磅事件便是《区域全面经济伙伴关系协定》（Regional Comprehensive Economic Partnership，RCEP）于 1 月 1 日正式生效，这一协定有望取消 15 个成员方超 90% 的贸易关税。众多专家和媒体都在关注 RCEP，经济学家认为，这将给亚太地区的贸易带来诸多益处。

"中国与其他亚太国家启动贸易协定时，美国仍在一旁观望。"新年伊始，《华尔街日报》援引一些分析人士的观点称，与日本、澳大利亚等美国盟友共同加入 RCEP 后，中国将在制定亚太地区贸易规则方面发挥更重要的作用，损失的则是美国的利益。

报道分析称，RCEP 不仅将促进地区及全球贸易增长，还将特别加强中日韩三国的贸易关系。此外，中国还已正式提出申请加入更多地区协定，而美国不仅"退出亚太经贸群"，如今仍没有计划重新加入，与亚太地区的经贸渐行渐远，无法参与地区贸易规则的制定。

德国《商报》报道分析认为，东北亚的重量级国家日本、中国和韩国首次通过一项贸易协定联系在一起，这是政治和经济上的关键一步。通过该地区的价值链，它也能给欧洲企

业带来好处。

央视财经报道称，广东惠州一家生产汽车线束的企业，每年都要从日本进口大量塑胶类组件和继电器，之前这两类产品的关税税率为 10%，RCEP 实施后每年将为企业节省 70 万元关税，15 年后关税降为 0。

美国智库在关于 RCEP 的分析中警告称，美国的缺席"使中国能够巩固其作为该地区经济增长动力的作用"，一旦中国未来敲定更多贸易协定，"中国在（地区贸易）谈判桌上的存在，将更加凸显美国在该地区的缺席。"

智库机构亚洲协会政策研究所副所长、前美国贸易官员温迪·卡特勒表示："这将是一个由各国共同努力制定新规则和新标准的体系，美国正朝另一个方向渐行渐远。"

亚洲贸易专家、新加坡管理大学法学副教授高树超则表示，RCEP 可能是一个"警钟"，让美国重新思考其战略并回到亚太地区。他说，RCEP 将使中国的零部件比东南亚供应链工厂制造的更具吸引力，并促进日韩贸易，从而使中国受益。

由于很多专家学者都持相同或类似的观点，《华尔街日报》在其 2022 年 1 月 1 日的报道标题中写道："中国与其他亚太国家启动贸易协定时，美国仍在一旁观望。"

历经 8 年谈判，RCEP 由中国、日本、韩国、澳大利亚、新西兰和东盟 10 国于 2020 年 11 月 15 日共同签署，经各方共同努力，2021 年 11 月 2 日达到生效门槛。

2022 年 1 月 1 日，文莱、柬埔寨、老挝、新加坡、泰国、越南 6 个东盟成员方和中国、日本、新西兰、澳大利亚 4 个非东盟成员方正式开始实施协定，其他国家则预计将在未来几个月批准实施。

RCEP 的生效实施，标志着全球人口最多、经贸规模最大、最具发展潜力的自由贸易区正式落地，充分体现了各方共同维护多边主义和自由贸易、促进区域经济一体化的信心和决心，将为区域乃至全球贸易投资增长、经济复苏和繁荣发展做出重要贡献。

联合国贸易和发展会议的一份研究报告表示，RCEP 缔约国 GDP 总量占全球的 30.5%，远超北美自贸协定（28%）、欧盟（17.9%）、非洲大陆自贸区（2.9%）和南方共同市场（2.4%），将"缔造全球贸易的新重心"。

资料来源：美媒：RCEP 生效将使中国更加主导制定亚太地区贸易规则，美国仍未加入其中 https://k.sina.com.cn/article_1887344341_707e96d5020016yhv.html. 新浪网. 作者有整理

第一节　区域经济一体化概述

一、区域经济一体化的含义

区域经济一体化是 20 世纪下半叶国际经济生活中出现的一大潮流。

区域经济一体化（Regional Economic Integration），是指两个或两个以上的国家或地区通过签订协议或条约，相互取消阻碍经济贸易发展、经济融合障碍，逐步实现彼此间货物、服务和生产要素的自由流动，进行程度不同的政策和制度合作以促进彼此之间经济与贸易的发展。

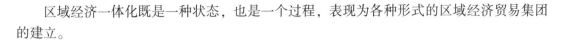

区域经济一体化既是一种状态，也是一个过程，表现为各种形式的区域经济贸易集团的建立。

二、区域经济一体化的形式

区域经济一体化形式的划分主要以一体化程度的高低为标准，从低到高主要有以下几种形式。

（一）优惠贸易安排

优惠贸易安排（Preferential Trade Arrangements）是区域经济一体化最低级和最松散的一种形式。在实行优惠贸易安排的成员之间，通过协议或其他形式对全部货物或部分货物规定特别的关税优惠或非关税方面的优惠。最早的东南亚国家联盟就属于这种一体化组织。

（二）自由贸易区

自由贸易区（Free Trade Area）是指由签订有自由贸易协定的国家组成的贸易区。各成员方之间取消了所有商品贸易的关税壁垒，使商品在区域内完全自由流动，但各成员方仍保持各自的关税结构，按照各自的标准对非成员方征收关税。这是一种较松散的经济一体化形式，基本特点是用关税措施实现成员方与非成员方之间的差别待遇。自由贸易协定也是区域经济一体化最普遍的形式，占区域性协定的90%左右。

最典型的例子是1960年由英国、澳大利亚、丹麦、挪威、葡萄牙、瑞典、瑞士（芬兰在1961年也加入了该协定）等国倡导建立的欧洲自由贸易协定，另一个典型例子是由美国、加拿大、墨西哥在1993年建立的北美自由贸易协定。2001年11月5日，我国国务院总理朱镕基倡导十年内形成的"中国—东盟自由贸易区"也属于此列。

（三）关税同盟

关税同盟（Customs Union）指各成员方之间完全取消关税和其他壁垒，实现内部的自由贸易，并对非成员方的商品进口建立统一的关税制度。结盟的目的在于使参加国的商品在统一关境内的市场上处于有利地位，排除非成员方商品的竞争，它开始带有超国家的性质。关税同盟是比自由贸易区更高一级的区域经济一体化组织形式。例如，早期的"欧洲经济共同体"；1960年建立的安第斯条约组织，由玻利维亚、哥伦比亚、厄瓜多尔、秘鲁和委内瑞拉组成，在成员方之间实现了自由贸易，并对从区域外进口的产品征收5% ～20%的共同关税。

（四）共同市场

共同市场（Common Market）指除了在成员方内完全废除关税与数量限制并建立对非成员方的共同关税外，还取消了对生产要素流动的各自限制，允许劳动、资本等在成员方之间自由流动，甚至企业主可以享有投资开厂办企业的自由。建立一个共同市场需要在财政、货币和就业政策上有相当程度的协调与合作，达到这种程度的合作是比较困难的。共同市场比关税同盟更进一步。欧盟于1993年年初实现了共同市场。

南方共同市场，是巴西、阿根廷、乌拉圭、委内瑞拉（2017年被终止成员方资格）和巴拉圭等南美洲国家的区域贸易协定。1991年巴西、阿根廷、乌拉圭及巴拉圭四国签订《亚松森协定》，并于1994年增修《黑金市议定书》，确立共同市场组织架构。该共同市场成立的宗旨是促进自由贸易及资本、劳动、商品的自由流通。

（五）经济同盟

经济同盟（Economic Union）指成员方之间不但商品与生产要素可以完全自由流动，建立对外统一关税，而且要求成员方制定并执行某些共同经济政策和社会政策，逐步消除各国在政策方面的差异，使一体化程度从商品交换，扩展到生产、分配乃至整个国家经济，形成一个庞大的经济实体。在经济同盟这个阶段，成员还可能实行某种形式的货币同盟，甚至采用共同的货币。这种高度的融合需要一个强有力的协调机制，而且每个成员都要为这个机制牺牲一定的国家主权。

20世纪末建立的欧洲联盟内并非所有成员方都采用欧盟的货币欧元，各国仍存在税费和法规的差异，故还不是一个完全意义的经济联盟。

（六）完全经济一体化

完全经济一体化（Complete Economic Integration）是区域经济一体化的最高级形式。完全经济一体化不仅包括经济同盟的全部特点，而且各成员方还统一所有重大的经济政策，如财政政策、货币政策、福利政策、农业政策，以及有关贸易及生产要素流动的政策，并由其相应的机构（如统一的中央银行）执行共同的对外经济政策。

区域经济一体化的六种形式，也是一体化发展的六个阶段，但阶段之间不一定具有必然过程。现实中的区域经济一体化形式是纷繁复杂的。

区域经济一体化形式特征的比较如表11-1所示。

表11-1　区域经济一体化组织形式的特征比较

特征 类型	关税 减让	商品 自由流通	统一对外 关税	生产要素 自由流动	统一 经济政策	统一协调社会 与政治政策
优惠贸易安排	√					
自由贸易区	√	√				
关税同盟	√	√	√			
共同市场	√	√	√	√		
经济同盟	√	√	√	√	√	
完全经济一体化	√	√	√	√	√	√

三、区域经济一体化的发展趋势

20世纪90年代以来，不仅区域经济一体化协议和经济联合组织在数量上猛增、规模上不断扩大，而且在体制、机制等方面出现多样化和跃进式的变革创新，出现了一系列十分突出的、能给人以启示的重要发展趋势和崭新特点。

（一）以自由贸易区为目标的区域经济一体协议已遍布全球，呈现快速发展态势

伴随经济在全世界范围内协调发展，建立在区域内的双边与多边经济合作开始呈现高速发展趋势。以WTO统计数据来看，区域性的贸易协定实施数量自20世纪80年代末至90年代初步入增速发展阶段，到了21世纪每年以百分之十的比例稳步上升。截至2019年1月31日，在WTO登记的区域经贸组织达681个。

(二)区域经济一体化组织的地理空间迅速扩展，出现泛洲性或跨洲性规模的发展趋势

区域内诞生的经济组织发展壮大的速度越来越快，一体化经济组织有着越来越大的空间范围。随着科技进步，生产力水平提高，日益高端的互联网技术可以让人们在交通运输、信息传递、人员往来等方面感受到更大的便利与安全。区域合作发展开始向更大范围扩张。资源配置、劳动力流动变得越来越灵活，市场开放程度更大，推动了经济一体化从区域转向经济全球化这一层面迈进。

(三)区域经济一体化组织成员之间竞争与合作越发明显

成员方之间由于存在各自政治制度、国家利益、思想文化的差异，会在逐渐频繁的国际化交往中出现摩擦，政治、军事层面也有可能发生激烈对抗。发达国家对于国际经济发展形势的变化需要及时应对才能维持其在全球经济范围的影响力。以我国为首建立的新兴经济体自崛起以来，存在着激烈竞争，发达国家要寻求新载体作为依托来重振自身经济，同时追求国际化的贸易规则制定主导权与话语权，以使其世界经济主导地位得以巩固。

(四)发展中国家在区域经济一体化发展进程中的作用逐渐突出

20世纪90年代以来，南南合作型区域经济一体化组织的增多以及南北混合型区域经济一体化组织的出现，表明发展中国家在国际经济合作和推进区域经济一体化方面的地位与作用大大提高。东盟在推动和加强亚太经合组织方面的作用日益突显，还发起了签订《区域全面经济伙伴关系协定》，形成新型平等协商和自愿自主承诺的模式。发展中国家在亚太经合组织中强调经济技术合作与贸易自由化同等重要，并得到认同和实施，在推动区域经济一体化和国际合作方面，地位不断提高。

第二节 主要区域经济一体化组织

一、欧洲联盟

(一)欧盟的建立和发展历程

欧洲联盟简称欧盟(European Union，EU)，是目前世界上经济一体化程度最高的区域经济组织。

欧盟最初的形式是成立于1951年的欧洲煤钢共同体，成员包括法国、联邦德国、意大利、荷兰、比利时和卢森堡。1957年3月25日，六国又在罗马签订了《建立欧洲经济共同体条约》和《欧洲原子能共同体条约》，统称《罗马条约》。1965年4月8日，六国又签订了《布鲁塞尔条约》，决定将三个共同体的机构合并，统称欧洲共同体，但三个组织仍各自存在，具有独立法人资格。《布鲁塞尔条约》于1967年7月1日生效，欧洲共同体正式成立。

1973年后，英国、丹麦、爱尔兰、希腊、西班牙和葡萄牙先后加入欧共体，成员方扩大到12个。欧共体12国间建立起了关税同盟，统一了外贸政策和农业政策，创立了欧洲货币体系，并建立了统一预算和政治合作制度，逐步发展成为欧洲国家经济、政治利益的代言人。

1991年12月11日，欧共体马斯特里赫特首脑会议通过了以建立欧洲经济货币联盟和

欧洲政治联盟为目标的《欧洲联盟条约》，通称《马斯特里赫特条约》（简称"马约"）。

1993年11月1日"马约"生效，欧洲联盟成立，标志着欧共体从经济实体向经济政治实体过渡。

目前，欧盟共有27个成员方，包括奥地利、比利时、保加利亚、塞浦路斯、克罗地亚、捷克、丹麦、爱沙尼亚、芬兰、法国、德国、希腊、匈牙利、爱尔兰、意大利、拉脱维亚、立陶宛、卢森堡、马耳他、荷兰、波兰、葡萄牙、罗马尼亚、斯洛伐克、斯洛文尼亚、西班牙、瑞典。英国于2020年1月31日23时正式"脱欧"。

（二）欧盟的经济一体化措施

欧盟经济一体化的内涵不断深化，从关税同盟、共同市场发展到现在的经济与货币联盟，成员方之间的产品、劳务、资本、人员实现了自由流动，有了统一的货币和中央银行，内部和外部的经济政策也实现了高度的统一。其具体的一体化措施包含以下几个方面。

1. 有关农业的一体化措施

欧盟实施共同农业政策。一是实行统一的农产品价格管理制度，农产品价格通过收购或投放方法，保证其在"目标价格"和"干预价格"之间波动。二是对部分农产品进口征收差价税，实行农产品出口补贴制度。三是设立农业指导和保证基金，促进农业的机械化和现代化。

2. 有关货币的一体化措施

欧盟的货币一体化措施是建立欧洲货币体系。欧洲货币体系于1973年3月正式创立，它是为促进同盟内贸易、保证各成员方货币相对稳定而建立的国家间货币联合。其主要内容有建立欧洲货币单位；成员方间实行固定汇率，对外实行联合浮动制，从而形成一个相对稳定的汇率制度；建立欧洲货币基金，向成员方提供中短期贷款，以此干预市场、稳定汇率、调节国际收支。

1993年11月1日生效的《马斯特里赫特条约》为建立欧洲货币联盟制定了时间表和步骤。按照"马约"的规定，货币联盟将分三个阶段实施，经过欧盟各国的艰苦努力，货币联盟计划得以顺利进行。1999年1月1日欧元正式发行，法国、德国、意大利、比利时、荷兰、卢森堡、爱尔兰、奥地利、芬兰、葡萄牙、西班牙11国成为欧元创始国。1999年1月1日至2001年12月31日是欧元的转换期，从2002年1月1日起，欧元开始流通，7月1日欧元已取代货币联盟成员方原货币，成为货币联盟内部的单一货币。

3. 贸易及财政政策一体化

（1）货物自由流动。在这一方面，欧盟统一了海关制度，打破了原来的关税和非关税措施。具体体现在：①简化通关手续和商品产地条例，各成员方都执行统一的商品过境管理方案和统一的商品分类目录；②建立一系列专门机构，制定统一的安全、卫生、检疫标准以及统一的产品和技术标准，商品进出口时，只需要提供发运国的检疫证书；③加强技术合作，实现科技一体化，以科技促进经济的发展；④建立税务结算手续，统一增值税和消费税，成员方之间的商品进出口不再办理出口退税和进口征税。

（2）服务自由流动。包括：①各成员之间相互开放服务市场，允许各种职业者任意跨国界开业；②各成员互相承认按各国法律建立的公司与企业，允许银行、证券交易、保

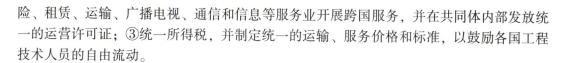

险、租赁、运输、广播电视、通信和信息等服务业开展跨国服务，并在共同体内部发放统一的运营许可证；③统一所得税，并制定统一的运输、服务价格和标准，以鼓励各国工程技术人员的自由流动。

二、北美自由贸易区

北美自由贸易区（North American Free Trade Area，NAFTA）是在区域经济集团化进程中，由发达国家和发展中国家在美洲组成的，是典型的南北双方为共同发展与繁荣而组建的区域经济一体化组织，南北合作和大国主导是其最显著的特征。美国、加拿大和墨西哥于1992年8月12日就《北美自由贸易协定》达成一致意见，并于同年12月17日由三国领导人分别在各自国家正式签署。1994年1月1日，协定正式生效，北美自由贸易区宣布成立。其具体历史沿革过程如表11-2所示。

表11-2　北美自由贸易区的历史沿革

时间	重要沿革
1985年5月	美国和加拿大签署《美加自由贸易协定》
1991年6月12日	美、加、墨三国的贸易部长在加拿大的多伦多进行谈判
1992年8月12日	三国谈判代表宣布谈判成功
1992年8月17日	美国总统通知国会准备签署该项协议
1992年12月17日	前总统布什签署NAFTA
1992年12月20日	三国立法部门陆续核准NAFTA
1994年1月1日	正式生效

（一）成立背景

1. 从三国内部分析，NAFTA是三国经贸关系向纵深发展的客观需要

同一区域内的发达国家基于共同的利益考虑，需要通过合作来共同应对外部经济力量的竞争。

美国和加拿大利用其发达的技术和知识密集型产业，通过商品和资本的流动来进一步加强他们在墨西哥的优势地位，扩大墨西哥的市场；而墨西哥则可利用本国廉价的劳动力来降低成本，大力发展劳动密集型产品，并将商品出口到美加，同时还可以从两国获得巨额投资和技术转让，以促进本国产业结构的调整，加快本国产品的更新换代，在垂直分工中获取较多的经济利益，三国之间密不可分的经济关系成为他们合作的纽带。

2. 从外部分析，国际经济格局的变化是促进NAFTA形成的极为重要的因素

一方面，20世纪80年代以来，欧盟（当时是欧共体）经济实力日益壮大，亚洲的日本经济也急剧膨胀，世界形势的发展对美国出现了一些不利态势，美国已不可能再像以前那样单枪匹马地与对手进行竞争。美国必须创建以自身为核心的、能与其他经济集团和经济强国相抗的区域经济集团，建立自由贸易区有利于巩固美国的世界经济地位。

另一方面，北美自由贸易区的建立也符合加拿大和墨西哥的利益。加拿大经济一直严重依赖美国，原有的《美加自由贸易协定》已不能适应形势的需要。墨西哥作为经济相对落

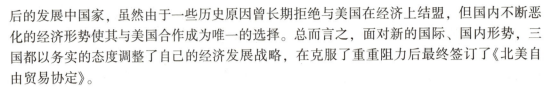

后的发展中国家，虽然由于一些历史原因曾长期拒绝与美国在经济上结盟，但国内不断恶化的经济形势使其与美国合作成为唯一的选择。总而言之，面对新的国际、国内形势，三国都以务实的态度调整了自己的经济发展战略，在克服了重重阻力后最终签订了《北美自由贸易协定》。

(二)《北美自由贸易协定》的主要内容

《北美自由贸易协定》的宗旨是：取消贸易壁垒，协定创造了公平竞争的条件，增加了投资机会，保护了知识产权，建立了执行协定和解决争端的有效机制，能促进三边合作。

《北美自由贸易协定》规定：计划在 15 年时间内，分三个阶段逐步取消三国间的关税，实现商品和服务的自由流通。在 9 000 多种商品中，协定中约 50% 商品的关税立即取消，15% 将在 5 年内取消，其余大部分在 10 年内取消，少数敏感性商品在 15 年内取消。而区外国家无权享受同样的优惠。

在原产地规则方面，《北美自由贸易协定》比《美加自由贸易协定》更为严格，如其要求包含 62.5%（《美加自由贸易协定》规定 50%）以上北美部件的车辆才有资格享受免税待遇。纺织品及服装方面，必须在北美自由贸易区内生产主要部分，才能享受关税减免待遇。另外，协议对服务、投资、知识产权、政府采购等方面做了规定，在较为棘手的汽车、农产品、纺织品、能源、运输、通信、文化及环境等方面还专门列了细则加以说明。

(三)北美自由贸易协定何去何从——USMCA

《美国-墨西哥-加拿大协议》(United States-Mexico-Canada Agreement，USMCA)自由贸易协定是由美国、墨西哥和加拿大政府经过一年的谈判之后于 2018 年签建的。USMCA旨在取代北美自由贸易协定，是三国之间建立的一种较新的自由贸易体系，它考虑到了诸如电子商务、知识产权保护法规体系等现代问题。该协议于 2018 年 11 月 30 日在布宜诺斯艾利斯签署。

USMCA 共包含 34 章内容，协议对国民待遇与市场准入、原产地原则、海关管理与贸易便利化、贸易救济、投资、跨境贸易服务、数字贸易、知识产权、劳工标准、环境标准、监管实践、争端解决等多个领域的标准与实施进行了细致的规定，其中有约 2/3 的章节与 TPP 重合。该协议强调：USMCA 是为三国的工人、农民和公司提供高标准的贸易协议，促成更加自由的市场、更加公平的交易以及更可持续的经济增长。提升中产阶级经济实力，创造高薪就业机会，并为大约 5 亿人带来新机遇。在具体内容上，加拿大所坚持的日落条款——NAFTA 第 19 章争端解决机制得以保留；加拿大放松对美国乳制品交易的限制，同意取消乳品定价协议，向美国开放约 3.5% 的乳品市场份额，同时向受影响的奶农提供补偿；美国保留落实对进口汽车加征 25% 关税威胁的能力，同时对从加拿大和墨西哥进口的乘用车、皮卡和汽车零件豁免关税。

三、亚太经济合作组织

亚太经济合作组织，简称"亚太经合组织"(Asia-Pacific Economic Cooperation，APEC)成立之初是一个区域性经济论坛和磋商机构，是亚太地区内各地区之间促进经济增长、合作、贸易、投资的论坛。亚太经合组织是经济合作的论坛平台，其运作是通过非约束性的承诺与成员的自愿进行对话和平等尊重各成员意见，不同于其他经由条约确立的政府间组织。

亚太经济合作组织始设于 1989 年。现有 21 个成员经济体，分别为澳大利亚、文莱、加拿大、智利、中国、中国香港、印度尼西亚、日本、韩国、墨西哥、马来西亚、新西兰、巴布亚新几内亚、秘鲁、菲律宾、俄罗斯、新加坡、中国台北、泰国、美国和越南。东盟秘书处、太平洋经济合作理事会、太平洋岛国论坛为亚太经合组织的三个观察员。亚太成员从北半球到南半球，从亚洲、大洋洲到南北美洲；有历史悠久的文明古国，也有现代崛起的工业国家；有主权国家，也有地区经济；有经济发展水平居世界领先地位者，也有新兴工业化力量，还有经济尚处于起步阶段的成员；有的人口多至十几亿，有的少至几十万；历史、文化、宗教、习俗也很不同。这就形成了独具特色的"亚太模式"。

（一）发展历程

作为亚太地区层级最高、领域最广、最具影响力的经济合作机制，其宗旨和目标是"为本地区人民的共同利益保持经济的增长与发展；促进成员间经济的相互依存；加强开放的多边贸易体制；减少区域贸易和投资壁垒"，其发展历程如表 11-3 所示。

表 11-3　亚太经济合作组织的发展历程

初期阶段 （1989—1992 年）	这一阶段 APEC 建立了它作为一个区域性经济组织的基本构架。第一、二届双部长会议上，各方就致力于地区自由贸易与投资和技术合作达成了某些共识，确定设立 10 个专题工作组开展具体合作。1991 年通过了《汉城宣言》，它作为 APEC 的基本章程，首次对该论坛的宗旨、原则、活动范围、加入标准等做了规定。1992 年的曼谷会议决定在新加坡设立 APEC 秘书处，由各成员认缴会费，使 APEC 在组织结构上进一步完善
快速阶段 （1993—1997 年）	自 1993 年，APEC 从部长级会议升格到经济体领导人非正式会议，其发展进程加快，1993—1997 年每年都有新的进展，解决了区域合作面临的不同问题，是 APEC 进程的"五步曲"。例如：1993 年解决了"APEC 不应该做什么"的问题；1994 年解决了"APEC 应该做什么"的问题；1995 年解决了"APEC 应该怎么做"的问题；1996 年制定了具体的合作蓝图
调整阶段 （1998 年至今）	1997—1998 年的亚洲金融危机直接影响到 APEC 进程，危机的受害者开始对贸易投资自由化采取慎重态度，在 APEC 内部，始于 1997 年的部门提前自由化在一定程度上超越了亚太地区的现实情况

（二）特点

1. 松散性

APEC 是一个松散的、论坛式的协调机构，其各种活动均建立在"相互尊重、平等互利、协商一致、自主自愿"的基础上，各成员拥有完全的经济和管理的决策权。它是通过成员间的一系列会议，在资源的基础上协商一致，以声明、宣告的形式做出承诺，推动合作。这种承诺，各成员没有义务和责任来履行，因为它不是立法式的或指令性的硬性规定，对成员不具强制性。主要原因是亚太地区地域广大，社会制度不同，经济运作体制相异，经济发展水平参差不齐，且相互间还存在着不少历史遗留下来的领土纷争及现实的政治与意识形态分歧，短期内不可能成为类似欧盟和北美自由贸易区那样的相对紧密的经济合作组织。

2. 开放性

亚太地区大多数国家和地区是通过实行出口导向型战略发展起来的，相对开放的国际贸易体系是他们经济发展必不可少的外部条件。亚太经合组织自建立开始就始终将"开放的地区主义"奉行为行动准则，在注重发展区域经济合作的基础上，尊重各成员的经济利益，力求与国际惯例、国际市场的体制接轨。同时，允许成员与非成员的经济合作。

3. 次区域边缘性

亚太经合组织由于覆盖面广，各成员组织经济发展水平悬殊，政治经济结构复杂，其经济合作具有多层次的态势，呈现次区域边缘性发展的现状。在一个相对松散的区域经济合作中，次区域合作构成了相对紧密的合作关系。除了内部成员次区域的重新组合外，APEC 还面临各成员已经建立或正在积极寻求和区外国家或区域组织达成优惠贸易安排的问题，从而使该区域形成了次区域安排交叉的相互依存与合作的态势。

四、东南亚国家联盟与区域全面经济伙伴关系

（一）东南亚国家联盟

东南亚国家联盟（Association of Southeast Asian Nations，ASEAN），简称东盟，成员方包括马来西亚、印度尼西亚、泰国、菲律宾、新加坡、文莱、越南、老挝、缅甸和柬埔寨。

其前身是马来亚（现马来西亚）、菲律宾和泰国于 1961 年 7 月 31 日在曼谷成立的东南亚联盟。1967 年，印度尼西亚、泰国、新加坡、菲律宾四国外长和马来西亚副总理在曼谷举行会议，发表了《东南亚国家联盟成立宣言》（《曼谷宣言》），正式宣告东南亚国家联盟成立。其宗旨是：本着平等合作的精神，通过共同努力来加速地区的经济增长、社会进步和文化发展；增进地区间的积极合作和相互援助，同国际组织和区域性组织保持紧密和有益的合作。

东盟是一个政治与经济合作并重的综合性区域组织。成立的最初 10 年，其合作内容主要集中在政治领域。20 世纪 70 年代后期，随着新兴工业化经济体的崛起以及世界范围内兴起的经济体制改革浪潮，经济因素在国际关系中的地位日益重要，东盟的合作从政治与经济并重转向了以经济合作为主。1977 年 6 月，5 国签订了关于成员方对产品实行优惠贸易安排的协议。1978 年 6 月，东盟 5 国又达成协议，把优惠产品扩大到 755 种。1979 年的东盟首脑会议达成了将优惠贸易安排从关税领域扩展至非关税领域的协议，使东盟贸易自由化有了发展。20 世纪 80 年代末和 90 年代初，东盟在经历了优惠贸易安排的 10 年实施后，认为单纯在局部范围内实施优惠贸易安排是不够的。1992 年 10 月，东盟签署了《新加坡宣言》《东盟加强经济合作框架协定》和《有效普惠关税协定》，决定从 1993 年起逐步削减关税，在 15 年内（即在 2008 年前）建立东盟自由贸易区。1994 年 9 月，东盟又决定把建立自由贸易区的时间从 15 年缩短至 10 年，并在 2003 年把内部工业和农产品的关税税率降至 0.5%。

另外，东盟还积极与亚洲其他国家开展区域经济合作。其中，最令人瞩目的是东盟与中国 2010 年建立的自由贸易区。

（二）区域全面经济伙伴关系

区域全面经济伙伴关系（Regional Com-prehensive Economic Partnership，RCEP），由东

盟 10 国发起，邀请中国、日本、韩国、澳大利亚、新西兰共同参加（"10+5"），通过削减关税及非关税壁垒，建立 15 国统一市场的自由贸易协定。RCEP 的目标是消除内部贸易壁垒、创造和完善自由的投资环境、扩大服务贸易，还将涉及知识产权保护、竞争政策等多领域，自由化程度将高于目前东盟与这 6 个国家已经达成的自贸协议。RCEP 拥有世界约一半的人口，生产总值占全球的三分之一。

1. 发展历程

区域全面经济伙伴关系发展历程如表 11-4 所示。

表 11-4 区域全面经济伙伴关系发展历程

时间	事件	具体内容
2012 年 11 月	正式启动	在第 21 届东盟峰会上，"区域全面经济伙伴关系协定"正式启动谈判
2013 年 5 月	首轮谈判	RCEP 举行首轮谈判，中国、日本、韩国、澳大利亚、新西兰、印度以及东盟 10 国均派代表团与会
2017 年 11 月	首次领导人会议	RCEP 首次举行领导人会议，与会各国领导人会后发表了联合声明，称需要整合现有自由贸易协定，并建立新的经济联系
2018 年 9 月	已完成 4 章节谈判	截至 2018 年 9 月，16 个参与国部长已完成海关流程和贸易便利化、中小企业和经济合作等章节的谈判
2019 年 11 月	印度退出，谈判基本结束	印度决定不签署《区域全面经济伙伴关系协定》，其余成员方结束全部文本谈判及实质上所有市场准入谈判
2020 年 8 月	谈判接近尾声	部长级会议发布《媒体联合声明》，与会各方决定致力于年内签署协定
2022 年 1 月 1 日	正式生效	《区域全面经济伙伴关系协定》正式生效

2.《区域全面经济伙伴关系协定》的主要内容

《区域全面经济伙伴关系协定》总共 20 个章节，包括货物贸易、原产地规则、海关程序和贸易便利化、卫生与植物卫生措施、标准、技术法规和合格评定程序、贸易救济、服务贸易、自然人临时移动、投资、知识产权、电子商务、竞争、中小企业、经济技术合作、政府采购、一般条款和例外、机构条款、争端解决和最终条款，以及 4 个市场准入承诺表附件（包括关税承诺表、服务具体承诺表、投资保留及不符措施承诺表和自然人临时移动具体承诺表），涵盖电子商务、知识产权、竞争政策、政府采购、中小企业等内容。

在货物贸易方面，RCEP 将贸易自由化与便利化作为首要任务，致力于建立逐步消除所有货物贸易关税和非关税壁垒的高质量自由贸易区。除了传统关税减让外，RCEP 将重点放在了原产地规则和贸易便利化议题上。

在服务贸易方面，RCEP 也将在不同部门领域不同程度地超越世界贸易组织标准，采用包括市场准入、国民待遇以及最惠国待遇等规则对不同分部门进行开放。RCEP 成员方还承诺提高国内政策透明度和政策可预测性，为其他成员方企业降低因政策变化带来的损失，改善整个区域内的营商环境。此次 RCEP 将金融、电信等领域纳入开放条款之中，实质性提高了区域内服务贸易开放水平。另设置了专业服务附件，对资格认可、执照和注册、相互承认协议等边界障碍进行规范。

在投资方面，RCEP 进一步向外国投资者提供实质性开放待遇。RCEP 投资条款主要涉及投资促进、投资保护、投资便利化与自由化等议题，要求成员方不得歧视外国投资者，并向 RCEP 成员方投资提供最惠国待遇。RCEP 还将专门对核心投资资产的保护、投资设施征用赔偿、公平和公正待遇、冲突与内乱造成的损失赔偿以及投资资产自由转移等投资活动相关议题进行规定，旨在为本地区创造一个更加自由、便捷与竞争的投资环境，以有效吸引外国投资。

在政府采购方面，RCEP 政府采购章节将支持 RCEP 各方提高中央政府采购的透明度和合作。RCEP 是东盟作为一个整体将政府采购单独纳入章节的第一个区域贸易协定。通过政府采购规定，提高了区域政府采购透明度和合作水平，为改善区域的商业监管环境和商业机会提供重要平台。

在知识产权方面，RCEP 将制定一套适用于整个区域的知识产权保护和执行规则。RCEP 的知识产权章节将反映 RCEP 成员方对有效和公平知识产权体系的共同承诺；RCEP 将鼓励投资者开展新领域项目，并促进新信息、新知识和新技术在区域内传播；RCEP 在知识产权领域的标准化规则将有助于简化知识产权交易，提高透明度，降低业务成本，支持成员方创意和创新产业在本地区的落地和发展。

RCEP 以东盟和"东盟+"为中心，整合多重自由贸易协定，有助于获得东盟的认可和支持，并最终推动广域范围的一体化进程。其表现出的较大的灵活性和适用度，可以更好地满足本地区各成员方供应链和创新需求，在货物贸易、服务贸易、投资和规则领域方面，在区域不同发展水平的经济体之间实现了利益平衡。

第三节 区域经济一体化理论

在世界经济日益全球化的同时，20 世纪 90 年代以来，区域经济一体化的步伐也在加快。区域经济一体化现象引起了经济学界的广泛关注，许多经济学家对其形成条件、经济效应和收益决定因素等进行了研究和探讨，形成了一系列理论。

一、关税同盟理论

关税同盟是经济一体化组织的基本形式，也是国际一体化进程的核心内容，主要研究对内取消关税和对外统一关税所引起的贸易变化。该理论一直在国际区域经济一体化理论中居于主导地位，也是最为完善的部分。1950 年，美国经济学家雅各布·维纳（Jacob Viner）在其代表性著作《关税同盟理论》中系统地提出了关税同盟理论。任何形式的区域经济一体化对于成员方和集团外国家都将产生一定的影响，这便是区域经济一体化的效应。维纳指出了早期关税同盟理论的不确定性，区分了"贸易创造"（Trade Creation）和"贸易转移"（Trade Diversion），认为关税同盟得益与否取决于二者的最终结果。

（一）贸易创造效应

关税同盟成立以后，成员之间取消关税壁垒，商品实现自由流动，于是成员境内企业生产的一些成本较高、价格较高的产品将被其他成员生产的成本较低、价格较低的产品所取代，从成员方进口产品，创造了过去不发生的那部分新的贸易。这种效果被称为贸易创造效应。

贸易创造效应使产品的生产从关税同盟内生产成本较高的地方向生产成本较低的地方转移，有利于资源的合理配置，可以促进关税同盟内各成员方福利水平的提高。

接下来通过一个例子来说明贸易创造效应，如图11-1所示。

假设在一个由3个国家组成的世界里，在给定的汇率下，A国生产手袋的成本是250元，B国生产手袋的成本是150元，C国生产手袋的成本是100元。首先我们假设在没有关税同盟的情况下，3个国家相互之间的关税税率都是200%。显然在这种情况下，该产品的国际贸易不会发生。因为即使是生产成本最低的C国，其输往A国的产品的含税价格也高于A国本地生产产品的国内价格。

A、B两国建立关税同盟之后，两国之间取消贸易壁垒，对外实行统一的关税。假设该关税税率仍然保持在200%，那么国际贸易就会在关税同盟内产生，B国生产的手袋将会以零关税进入A国，从而取代A国本国手袋的生产。通过建立关税同盟，原本没有贸易的A国和B国之间产生了贸易，A国放弃了以250元的高成本生产手袋转而以150元的低成本进口B国的手袋，社会资源得到了优化配置。与此同时，A国的消费者也得以享受低价格的产品，扩大了消费利益。从B国的角度来说，通过贸易创造发挥了其比较优势，扩大了出口，因此福利也得以增加。从C国的角度来说，其福利水平没有受到直接影响。

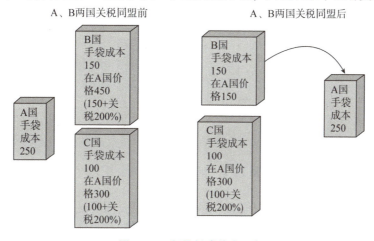

图11-1　贸易创造效应示意

（二）贸易转移效应

由于关税同盟对外实行保护贸易，导致从外部非成员方低成本的进口，转向成员方较高成本的进口，发生"贸易转移"，这种效果被称为贸易转移效应。

关税同盟内部的贸易自由化进程伴随着对非成员方的贸易歧视。由于关税同盟，阻止从外部非成员方较低成本的进口，而以提高成本的供给来源代替低成本的供给来源，使消费者由原来购买外部的低价格产品转向购买成员方的较低价产品，增加了开支，减少了福利；从全世界的角度看，这种生产资源的重新配置导致了生产效率的降低和生产成本的提高。由于这种转移有利于低效率者，使资源不能有效地分配和利用，整个世界的福利水平因此降低。

通过一个例子来说明贸易转移效应，如图 11-2 所示。

仍然假设在一个由 3 个国家组成的世界里，在给定的汇率下，A 国生产手袋的成本是 250 元，B 国生产手袋的成本是 150 元，C 国生产手袋的成本是 100 元。假设在没有关税同盟的情况下，3 个国家相互之间的关税税率都是 100%，C 国的手袋进入 A 国后的含税价格是 200 元，低于 A 国本国生产手袋 250 元的成本，因此 A 国将从 C 国进口。

A、B 两国建立关税同盟之后，两国之间取消贸易壁垒，对外实行统一的关税。假设该关税税率仍然保持在 100%，那么国际贸易就会在关税同盟内产生，B 国生产的手袋将会以零关税进入 A 国，从而取代 A 国从 C 国进口。

由于 B 国的生产成本高于 C 国的生产成本，从全球资源配置的角度看，生产资源的配置变得更加不经济了，因此会导致全球福利的下降。从 A 国的角度看，一方面，其消费者现在面临的手袋价格是 150 元，低于关税同盟成立前 200 元的价格，可以获得一定的利益；另一方面，该国原来的不含税进口价格是 100 元，现在变为 150 元，其贸易条件恶化了。因此，A 国最终的福利影响是不确定的。

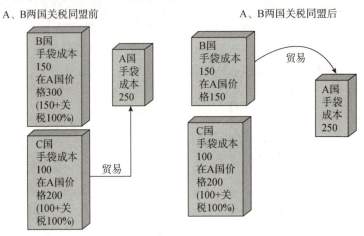

图 11-2　贸易转移效应示意

一国参加区域经济一体化组织的主要静态尺度，就是权衡这个一体化组织给它带来的贸易创造大，还是贸易转移大。如果贸易创造大于贸易转移，该国可以加入；如果一国获得的贸易转移大于贸易创造，该国不应该参加一体化组织。从总体上讲，如果一个经济一体化组织的贸易创造大于贸易转移，其吸引力就较大，反之吸引力就比较小。

（三）关税同盟的其他效应

关税同盟的动态效应是指关税同盟对成员方就业、产出、国民收入、国际收支和物价水平会造成什么样的影响，动态效应主要包括规模经济效应、竞争加强效应和投资刺激效应等。

1. 规模经济效应

关税同盟建立以后，突破了单个国内市场的限制，原来分散的国内小市场结成了统一的大市场，同盟内的市场成为一体，使得市场容量迅速扩大。各成员方的生产者可以通过提高专业化分工程度，组织大规模生产，降低生产成本，使企业获得规模经济递增效益。

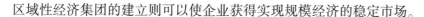

区域性经济集团的建立则可以使企业获得实现规模经济的稳定市场。

2. 竞争加强效应

关税同盟的建立，促进了成员方之间的相互了解，却也使成员方之间的竞争更加激烈。参加关税同盟后，由于各国的市场相互开放，各国企业面临着来自其他成员方同类企业的竞争。这种竞争有利于促进企业改善经营管理，促进优质资源向竞争力强的行业和企业流动。必然有一些企业被淘汰，从而形成在关税同盟内部的垄断企业，这有助于抵御外部企业的竞争。

3. 投资刺激效应

关税同盟的建立，使竞争加剧和市场规模扩大，这些都能促进投资的增加和技术的创新。一方面，市场容量的扩大将促使同盟内企业为了生存和发展而不断增加投资；另一方面，同盟外的企业为了绕开关税同盟贸易壁垒的限制，纷纷到同盟内进行投资，在同盟内部设立"关税工厂"（Tariff Factory），这在客观上就增加了来自关税同盟以外的投资。

4. 生产要素自由流动的经济效应

区域内商品的自由流通，带动了生产要素的自由流动，提高了要素的流动性，促进了要素的合理配置。

二、自由贸易区理论

与关税同盟等其他国际区域经济一体化形式相比，自由贸易区有以下两个显著特征：一个是自由贸易区成员方在实行内部自由贸易的同时，对外不实行统一的关税和贸易政策；另一个是实行严格的原产地规则，只有原产于区域内或主要在区域内生产的产品才能进行自由贸易。

比较全面的研究自由贸易区理论的是英国学者罗布森（Robson），他将关税同盟理论应用于自由贸易区，提出了专门的自由贸易区理论。

与关税同盟的情况一样，自由贸易区也有贸易创造效应和贸易转移效应，但与关税同盟的这两种效应在实际运作中存在着差异，如图11-3所示。

假设有两个国家，H国和P国。在某种产品的生产上，H国的效率比P国低。这两个国家对该产品的进口实施不同的关税：H国实施非禁止性关税，P国实施禁止性关税。D_H为H国的需求曲线，S_H为H国的供应曲线。S_{H+P}为H国和P国全部供应曲线。P_H是H国加入自由贸易前的国内价格；P_W是外部世界的价格。P_{PTA}是两国组成自由贸易区后的区内价格。

H国在加入自由贸易区前，从世界市场以P_W的价格进口，征收$P_W P_H$关税后，国内价格为P_H。其国内生产供应OP_0，需求OD_0，进口数量为$S_0 D_0$。H国与P国组成自由贸易区后，只要整个自由贸易区仍为净进口方，则在H国原产于区内的产品价格就不会下降到P_{PTA}以下，同时也不会超过P_H。从H国来看，包括区内和区外产品的有效供给曲线是$P_{PTA}KLM$。该曲线与H国的需求曲线D_H一起决定了区内价格P_{PTA}。在P_{PTA}价格水平上，H国的生产供应为OD_1，消费需求为OD_1，从P国进口$S_1 D_1$数量的产品。其中，$S_1 S_0$和D_{01}是贸易创造的结果，$D_0 D_0$是贸易转移的结果。

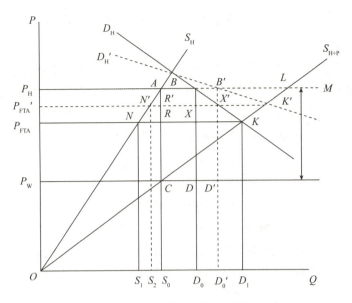

图 11-3　自由贸易区的贸易效应

另外需要说明的是，P 国国内价格始终在 P_{PTA} 以下。如果 P 国的全部生产供应能够满足 H 国的进口需求，P_{PTA} 就与 P 国的国内价格相同。若不然，P_{PTA} 就会高于 P 国国内价格，以实现 P 国出口供应和 H 国进口需求的平衡。那么，P 国向 H 国出口后，其国内需求如何得以满足呢？P 国的做法是从外部世界进口来满足国内需求。

自由贸易区给 H 国带来的福利效应是：获得消费者剩余 $P_{HBK}P_{PTA}$，减去失去的生产者剩余 $P_{HAN}P_{PTA}$ 及关税收入损失的一部分 ABXR 后，余下两个三角形 ANR 和 BXK 所表示的就是消费者剩余。另外，关税收入损失中另一部分 RXDC 与两个三角形所表示的消费者剩余相抵，如果前者（RXDC）小于后者（ANR+BXK），这意味着 H 国的社会福利有净所得；反之，H 国的福利有净损失。由此看来，自由贸易区给 H 国带来的福利变化是不确定的。

自由贸易区给 H 国带来的福利效应是：P 国的价格不变，就没有消费者剩余的损失和负的生产效应，P 国从外部世界进口还可获得关税收入。因此，在自由贸易区条件下 P 国福利水平的提高肯定优于关税同盟。

三、大市场理论

大市场理论是以共同市场作为分析基础，从动态角度分析共同市场成立与效益的理论。一个成功的大市场要覆盖广阔的区域并有足够的调控空间。

共同市场的目标是消除贸易保护主义障碍，把被保护主义分割的每一个国家的国内市场统一成为一个大市场，通过大市场内的激烈竞争，实现专业化、批量化生产等方面的利益。大市场理论的核心是：第一，通过国内市场向统一的大市场延伸，扩大市场范围，获取规模经济利益，从而实现技术利益；第二，通过市场的扩大，创造激烈的竞争环境，进而达到实现规模经济和技术利益的目的。大市场理论的代表人物是西托夫斯基（T. Scitovsky）和德纽（J. F. Deniau）。

西托夫斯基认为西欧有一个"小市场与保守的企业家态度的恶性循环"，打破这种恶性循环的办法就是共同市场或贸易自由化条件下的激烈竞争，其结果是产生大市场→生产成本下降→大众消费增加（市场扩大）→竞争进一步激化，最终出现一种积极扩张的良性循环。德纽的观点认为"大市场化导致机器的充分利用、大量生产、专业化、最新技术的应用、竞争的恢复,所有这些因素都会使生产成本和销售价格下降;再加上取消关税后,又可能使消费和投资进一步增加"。这样一来,经济就会开始滚雪球式的扩张。消费的扩大引起投资的增加,增加的投资又导致价格下降、工资提高、购买力增加等,只有市场规模迅速增大,才能促进和刺激经济扩张。

四、综合发展战略理论

对发展中国家经济一体化现象进行阐述的是较有影响的"综合发展战略理论",是由鲍里斯塞泽尔在《南南合作的挑战》一书中系统提出来的。他考虑了经济、政治和机构等多种要素,而不是从贸易、投资等层面来考虑经济一体化的效应。综合发展战略理论突破了以往的国际区域经济一体化的研究方法,比较完整阐述了该理论的基本原则。

(1)经济一体化是发展中国家的一种发展战略,它不限于市场的统一,也不必在一切情况下都寻求尽可能高的其他一体化形式。

(2)两极分化是伴随一体化出现的一种特征,只能通过强有力的共同机构和政治意志制定系统的政策来避免它。

(3)鉴于私营部门在发展中国家一体化进程中是导致其失败的重要原因之一,故有效的政府干预对经济一体化的成功至关重要。

(4)发展中国家的经济一体化是集体自力更生的手段和按照新秩序逐渐改变世界经济的要素。

本章小结

区域内两个或两个以上的国家或地区,为了实现区域内的互利互惠、协调发展和资源优化配置,通过制定统一的对内、外的贸易政策、财政政策及金融政策等,消除区域内各成员之间阻碍经济贸易发展的壁垒,结成经济贸易集团。按照经贸集团内部自由化程度,区域经济一体化的主要形式有优惠贸易安排、自由贸易区、关税同盟、共同市场、经济同盟和完全经济一体化。

20世纪90年代以来,地区经贸集团发展迅速,国际区域经济一体化正向更高层次和更广范围发展,并已成为当代世界经济发展的主要趋势之一。在多元的地区经贸集团中,以发达国家为主和以新兴工业化国家为主的地区经贸集团成效显著,具有代表性的有欧洲联盟、北美自由贸易区和亚太经济合作组织等。区域经济一体化的发展,促进了经济一体化组织内部的贸易增长,促进了集团内部的国际分工、技术合作和投资自由化。

第二次世界大战以后,众多经济学者开始对区域经济一体化的形成条件、经济效应和收益决定因素等进行研究和探讨,其中最具有代表性的理论是关税同盟理论。随着地区经贸集团的深入发展,相继出现了自由贸易区理论、大市场理论和综合发展战略理论等。

思考题

1. 中国参与了哪些区域经济一体化组织?中国的区域经济一体化对中国的贸易与经济发展有什么影响?中国在区域经济一体化中发挥了

本章思考题参考答案

哪些作用？

2. 共同对外关税的高低对关税同盟的福利效应有什么影响？

 典型案例

  新年伊始，保加利亚接替爱沙尼亚担任欧盟轮值主席国。保加利亚总统拉德夫日前呼吁欧盟各成员方继续推进欧洲一体化进程，构建"团结更强大"的欧洲。在全球保护主义、民粹主义、反全球化"逆风"抬头的大背景下，欧洲内部分化严重，右翼民粹政党借机乘势崛起，加之难民问题持续发酵，排外主义思潮涌动，欧洲一体化进程步履维艰。多数专家认为，一体化在欧洲国家已经深入人心，经济稳步复苏带来的更多积极变量又在不断出现，欧洲一体化进程仍将继续前行。

  当前，欧洲一体化进程正面临前所未有的挑战。英国"脱欧"成为欧洲一体化进程中最严重挫折。尽管英国"脱欧"谈判一波三折，英国内部也不断传出"后悔"的声音，但英国并未就此停下离开的脚步。

  2017年是欧洲大选年，荷兰、法国、奥地利、德国等欧洲多国举行选举，极右翼势力可谓"风生水起"。尽管欧洲主流社会力量竭力顶住了右翼民粹主义的冲击，但也被迫收缩了防线，欧洲一体化步伐显得跌跌撞撞。

  2018年是欧洲推进一体化进程的关键一年。政治上，极右翼势力2017年看似失败，但随着2018年欧洲多个国家再次迎来大选，右翼民粹主义等势力将有机会再次迎来强劲势头；经济上，2018年欧元区在经济和金融改革方面备受关注，目前，欧元区国家正在讨论建成欧盟银行业联盟。欧元区还计划增设经济和财政部长一职，以期解决欧元区有统一货币政策而没有统一财政政策这一根本性问题。这些议题能否取得实质性进展将对欧洲一体化进程产生直接影响。

  "从总体上看，在英国'脱欧'的背景下，强化欧盟内部团结与统一，推动欧盟共同繁荣符合各成员方的意愿，这也是推进欧洲一体化的共同基础。"欧盟主流新闻网站"欧盟记者"网站总编辑科林·斯蒂芬对记者表示，如何弥合内部分歧，解决区域发展不平衡等问题将成为影响欧洲一体化进程的重要因素。

  欧盟机构领导人也纷纷发声，希望能有效凝聚各成员方的力量来克服危机，展现出欧盟作为一个整体维护欧洲一体化的决心。欧洲理事会主席图斯克发出了"作为一个政治共同体，欧洲如果不团结，就是彻底分裂"的呼声。欧盟委员会主席容克表示，欧盟各国只有团结一致，才能缔造一个更加繁荣、安全，能够经受住重大挑战的欧洲。

  相关人士指出，尽管欧洲一体化进程步履维艰，但一体化带来的和平、合作、发展等仍是欧洲形势的主要方面。当前，欧洲经济步入加快复苏轨道，更多有利于欧盟改革和一体化发展的积极变量正在不断出现，如果欧盟及其主要成员方能在右翼民粹主义崛起的预警下，进行大刀阔斧的改革，正视各成员方不同的发展需求，不断凝聚共同的意愿，扩大合作空间，欧洲一体化进程仍将继续前行。

资料来源：人民日报 2018 年 1 月 25 日

学习提示：

(1) 在区域经济一体化过程中，欧盟遭遇了怎样的困境？

(2) 欧盟各成员方未来会如何选择？

第十二章 "一带一路"倡议

📦 国贸视野

中欧班列——"一带一路"经济发展加速器

中欧班列自2011年开行以来，开行数量逐渐增加，运输品类越来越多，覆盖范围越来越广，在促进沿线国家和地区经济发展的同时，也给沿线人民群众带来更多幸福感和获得感，使其生活质量逐步提高。

2021年1月，中欧班列运营品质持续提升，全月开行1 165列、运送货物10.9万标箱，开行列数和货物发送量同比分别增长66%、73%，连续9个月保持单月开行千列以上，为保障产业链供应链稳定、推动中欧贸易发展、促进国际抗疫合作提供了重要支撑。

中欧班列开行数量增速之所以这么快，一方面是因为随着世界经济全球化快速发展，国家间、地区间物流量越来越大；另一方面源于中欧班列魅力无限，有着它独特的吸引力；再就是中欧班列不断创新运输方式、服务方式，扩大覆盖范围。

中欧班列连接着欧亚大陆。比较欧亚大陆桥各种运输方式，铁路、公路、航空、海运各有千秋。中欧班列具有安全、运量大、受环境气候影响小及运价低等特点。从时间成本与物流费用方面综合对比来看，中欧班列有着很高的性价比。因此，中欧班列越来越受到"一带一路"沿线国家和地区商家欢迎。

随着"一带一路"倡议实施，以及全球贸易量不断扩大，贸易品类不断增加，国家及地区间物流量也与日俱增。铁路在开行集装箱中欧班列的同时，与时俱进不断创新服务方式，根据货主及市场需求，实时开行冷链运输、汽车运输、电子商务运输等专列，使中欧班列运输物资品种越来越多，深受"一带一路"沿线各国人民欢迎。

随着电子商务业蓬勃发展，全球各地对物流运输要求越来越高，对物流速度要求越来越快。铁路部门应该加强国家间、地区间相互协作，将中欧班列打造成亚欧大陆桥上的一张物流品牌。在加大覆盖范围的同时，中欧班列还需要在"快"字上做文章，开行更加多样化和个性化的列车，真正成为"一带一路"沿线经济发展"加速器"。

资料来源：http://www.tielu.cn/zhongoubanlie/铁路网

第一节 "一带一路"倡议的由来

"一带一路"是"丝绸之路经济带"和"21世纪海上丝绸之路"的简称，2013年9月和10月，中国国家主席习近平在出访中亚和东南亚国家期间，先后提出共建"丝绸之路经济带"和"21世纪海上丝绸之路"的重大倡议。这一倡议充分依靠中国与有关国家既有的双、多边机制，借助既有的、行之有效的区域合作平台，借用古代丝绸之路的历史符号，高举和平发展的旗帜，积极发展与沿线国家的经济合作伙伴关系，共同打造政治互信、经济融合、文化包容的利益共同体、命运共同体和责任共同体。

一、"一带一路"倡议提出的背景

共建"一带一路"倡议源自中国，更属于世界；根植于历史，更面向未来；重点面向亚欧非大陆，更向所有伙伴开放。

(一)历史背景

丝绸之路是张骞(约公元前164年—前114年)于西汉(公元前202年—公元9年)出使亚洲中、西部地区开辟的以长安(今陕西西安)为起点，经关中平原、河西走廊、塔里木盆地，到锡尔河与乌浒河之间的中亚河中地区、大伊朗，并联结地中海各国的陆上通道。

从运输方式上分为陆上丝绸之路和海上丝绸之路。丝绸之路是一条东方与西方之间在经济、政治、文化上进行交流的主要道路。

(二)时代背景

中国改革开放事业取得了巨大成就，同时也存在着缺乏顶层设计、谋子不谋势和不注重改善国际发展环境等问题，迫切需要加强各方面改革开放措施的系统集成。以开放促改革是中国改革开放的基本经验，其成功秘诀在于通过主动融入世界市场，为公司治理、政府治理引入外部监督，从而提高治理效率。通过融入国际治理和开展企业的跨国产权合作，"一带一路"倡议的实施在有效避免"西方经验"局限、防止治理本身被"短视"市场消解和坚持"四项基本原则"的同时，将为中国经济治理、国家治理、社会治理进一步引入治理体系之外的监督主体，创造强有力、更有效的外部监督，从根本上解决治理效率问题。

当今世界正发生复杂深刻的变化，国际金融危机深层次影响继续显现，世界经济缓慢复苏、发展分化，国际投资贸易格局和多边投资贸易规则正酝酿着深刻调整，各国面临的发展问题依然严峻。共建"一带一路"顺应世界多极化、经济全球化、文化多样化、社会信息化的潮流，秉持开放的区域合作精神，致力于维护全球自由贸易体系和开放型世界经济。共建"一带一路"旨在促进经济要素有序自由流动、资源高效配置和市场深度融合，推动沿线各国实现经济政策协调，开展更大范围、更高水平、更深层次的区域合作，共同打造开放、包容、均衡、普惠的区域经济合作架构。共建"一带一路"符合国际社会的根本利益，彰显人类社会共同理想和美好追求，是国际合作以及全球治理新模式的积极探索，将为世界和平发展增添新的正能量。

二、"一带一路"倡议的发展历程

"一带一路"倡议的发展历程如表 12-1 所示。

表 12-1 "一带一路"倡议的发展历程

时间	事件
2013 年 9 月 7 日	习近平访问哈萨克斯坦时提出，用创新的合作模式，共同建设"丝绸之路经济带"，以点带面，从线到片，逐步形成区域大合作。这是中国领导人首次在国际场合公开提出共同建设"丝绸之路经济带"的构想
2013 年 10 月	习近平在印度尼西亚国会发表演讲时提出，中国致力于加强同东盟国家互联互通建设，倡议筹建亚洲基础设施投资银行，愿同东盟国家发展好海洋合作伙伴关系，共同建设"21 世纪海上丝绸之路"
2014 年 2 月	国家主席习近平与俄罗斯总统普京就建设"丝绸之路经济带""21 世纪海上丝绸之路"以及俄罗斯跨欧亚铁路与"一带一路"的对接达成共识
2014 年 11 月	习近平在 2014 年中国 APEC 峰会上宣布，中国将出资 400 亿美元成立丝路基金，为"一带一路"沿线国家基础设施资源开发、产业合作和金融合作等与互联互通有关的项目提供投融资支持
2015 年 3 月	国家发改委、外交部和商务部共同发布了《推动共建丝绸之路经济带和 21 世纪海上丝绸之路的愿景与行动》的文件
2015 年 11 月	结合"一带一路"合作倡议和《中欧合作 2020 战略规划》，中国同中东欧 16 国共同发表《中国——中东欧国家中期合作规划》，推动"16+1 合作"提质增效
2016 年 8 月	习近平在推进"一带一路"建设工作座谈会上称已经有 100 多个国家和国际组织参与其中，我们同 30 多个沿线国家签署了共建"一带一路"合作协议，同 20 多个国家开展国际产能合作，联合国等国际组织也态度积极
2016 年 11 月 13 日	巴基斯坦中资港口瓜达尔港正式开航，意味着中巴经济走廊已经打通，中国在印度洋的战略支点有了生命，"一带一路"建设支点实现突破
2017 年 5 月 14—15 日	"一带一路"国际合作高峰论坛在北京举行
2017 年 6 月	国家发改委、国家海洋局联合发布《"一带一路"建设海上合作设想》，提出除海上既有通道建设外，要"积极推动共建经北冰洋连接欧洲的蓝色经济通道"

时间	事件
2017 年 12 月	在第四届世界互联网大会上，中国、埃及、老挝、沙特、塞尔维亚、泰国、土耳其和阿联酋等国家代表共同发起《"一带一路"数字经济国际合作倡议》，致力实现互联互通的"数字丝绸之路"，打造互利共赢的利益共同体和共同发展繁荣的命运共同体
2018 年 9 月	中非合作论坛北京峰会在北京举行。峰会期间，28 个非洲国家与中国签订了"一带一路"政府间谅解备忘录
2019 年 3 月 21—24 日	习近平对意大利进行国事访问。访问期间，中意双方签署政府间关于共同推进"一带一路"建设的谅解备忘录，意大利成为首个参与"一带一路"建设的 G7 成员方
2019 年 4 月 25—27 日	第二届"一带一路"国际合作高峰论坛在北京举行。论坛期间形成了 6 大类 283 项成果，签署了 640 多亿美元的合作协议
2019 年 5 月 15—22 日	亚洲文明对话大会在北京举行，形成共 4 大类 26 项推动文明交流互鉴的务实举措和合作成果
2019 年 6 月 27—29 日	首届中国—非洲经贸博览会在湖南长沙举行。会议期间，签署了 84 项中非合作文件，涉及安哥拉、坦桑尼亚、乌干达等 20 多个国家，涉及金额 208 亿美元
2019 年 9 月 11 日	中国与哈萨克斯坦签署《关于落实"丝绸之路经济带"建设与"光明之路"新经济政策对接合作规划的谅解备忘录》 第四届"一带一路"高峰论坛在我国香港举行。论坛涉及超过 240 个项目，首次举办"一带一路"周 中欧班列运输协调委员会第四次会议在北京召开，中国国家铁路集团有限公司与全国中欧班列运营企业共同签署《推进中欧班列高质量发展公约》
2019 年 10 月 9 日	中国与所罗门群岛签署《中华人民共和国政府与所罗门群岛政府关于共同推进丝绸之路经济带和 21 世纪海上丝绸之路建设的谅解备忘录》，加强发展战略对接
2019 年 10 月 16 日	由中国路桥总承包的肯尼亚内罗毕—马拉巴标轨铁路一期工程正式建成通车，这是"一带一路"建设在非洲的标杆工程之一
2019 年 10 月 19、20 日，11 月 1 日	中国与萨摩亚、瓦努阿图和乌兹别克斯坦等国分别签署电子商务合作谅解备忘录
2019 年 11 月 27 日	中国与苏里南签署关于共同推进"一带一路"建设合作规划、全面互免签证等多项合作文件，建立战略合作伙伴关系
2019 年 12 月 8 日	"一带一路"律师联盟成立，推动涉外法律服务发展，为"一带一路"建设提供优质高效的法律服务支持
2019 年 12 月 22 日	"一带一路"国际合作高峰论坛咨询委员会举行第二次会议，讨论落实第二届高峰论坛成果、推进高质量共建"一带一路"等议题

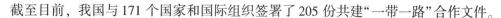

截至目前，我国与171个国家和国际组织签署了205份共建"一带一路"合作文件。

三、"一带一路"倡议的基本内涵

"一带一路"倡议自提出以来不断拓展合作区域与领域，尝试与探索新的合作模式，使之得以丰富、发展与完善，其初衷与原则却始终如一。

（一）"一带一路"是开放性、包容性区域合作倡议，而非排他性、封闭性的中国"小圈子"

当今世界是一个开放的世界，开放带来进步，封闭导致落后。中国认为，只有开放才能发现机遇、抓住用好机遇、主动创造机遇，才能实现国家的奋斗目标。"一带一路"倡议就是要把世界的机遇转变为中国的机遇，把中国的机遇转变为世界的机遇。正是基于这种认知与愿景，"一带一路"以开放为导向，冀望通过加强交通、能源和网络等基础设施的互联互通建设，促进经济要素有序自由流动、资源高效配置和市场深度融合，开展更大范围、更高水平、更深层次的区域合作，打造开放、包容、均衡、普惠的区域经济合作架构，以此解决经济增长和平衡问题。这意味着"一带一路"是一个多元开放包容的合作性倡议。

（二）"一带一路"是务实合作平台，而非中国的地缘政治工具

"和平合作、开放包容、互学互鉴、互利共赢"的丝路精神是人类共有的历史财富，"一带一路"就是秉承这一精神与原则提出的现时代重要倡议。通过加强相关国家间的全方位多层面交流合作，充分发掘与发挥各国的发展潜力与比较优势，形成互利共赢的区域利益共同体、命运共同体和责任共同体。在这一机制中，各国是平等的参与者、贡献者、受益者。

（三）"一带一路"是共商共建共享的联动发展倡议，而非中国的对外援助计划

"一带一路"建设是在双边或多边联动基础上通过具体项目加以推进的，是在进行充分政策沟通、战略对接以及市场运作后形成的发展倡议与规划。2017年5月《"一带一路"国际合作高峰论坛圆桌峰会联合公报》中确定了建设"一带一路"的基本原则，其中就包括市场原则，即充分认识市场作用和企业主体地位，确保政府发挥适当作用，政府采购程序应开放、透明、非歧视。可见，"一带一路"建设的核心主体与支撑力量并不在政府，而是企业，根本方法是遵循市场规律，并通过市场化运作模式来实现参与各方的利益诉求，政府在其中发挥构建平台、创立机制、政策引导等指向性、服务性功能。

（四）"一带一路"是和现有机制的对接与互补，而非替代

"一带一路"建设的相关国家要素禀赋各异，比较优势差异明显，互补性很强。有的国家能源资源富集但开发力度不够，有的国家劳动力充裕但就业岗位不足，有的国家市场空间广阔但产业基础薄弱，有的国家基础设施建设需求旺盛但资金紧缺。我国经济规模居全球第二，外汇储备居全球第一，优势产业越来越多，基础设施建设经验丰富，装备制造能力强、质量好、性价比高，具备资金、技术、人才、管理等综合优势。这就为中国与其他"一带一路"参与方实现产业对接与优势互补提供了现实需要与重大机遇。因而，"一带一路"的核心内容就是要促进基础设施建设的互联互通，对接各国政策和发展战略，深化双边务实合作，促进协调联动发展，实现共同繁荣。

（五）"一带一路"建设是促进人文交流的桥梁，而非触发文明冲突的引线

"一带一路"跨越不同区域、不同文化、不同宗教信仰，但它带来的不是文明冲突，而是各文明间的交流互鉴。"一带一路"在推进基础设施建设，加强产能合作与发展战略对接的同时，也将"民心相通"作为工作重心之一。通过弘扬丝绸之路精神，开展"智力丝绸之路""健康丝绸之路"等建设，在科学、教育、文化、卫生、民间交往等各领域广泛开展合作，"一带一路"建设民意基础更为坚实，社会根基更加牢固。

《丝绸之路：一部全新的世界史》的作者英国历史学家彼得·弗兰科潘说："丝绸之路曾经塑造了过去的世界，甚至塑造了当今的世界，也将塑造未来的世界。"

第二节　中国与"一带一路"倡议沿线国家的国际贸易

"一带一路"倡议涉及包括中国在内的 65 个国家，总人口约 44 亿，年生产总值约 21 万亿美元，分别占全球的 62.5% 和 28.6%，贯穿亚欧非大陆，连接着东亚经济圈和欧洲经济圈，中间广大腹地国家经济发展潜力巨大。"一带一路"倡议的实施能够促进要素自由流动，增强中国与周边新兴经济体之间的经济贸易往来和金融合作，降低贸易成本，提升便利化水平，推动沿线国家实现多元、自主、平衡、可持续的发展。

一、中国与"一带一路"倡议沿线国家的贸易格局

（一）中国与"一带一路"倡议沿线国家进出口贸易的总体特征

1. 总体进出口规模

2013 至 2021 年，中国与"一带一路"沿线国家货物贸易进出口总额从 1.04 万亿美元增至 1.67 万亿美元，年均增长率约为 7.41%。除 2015—2016 年受国际外部需求低迷，大宗商品价格下跌影响以及 2020 年新冠疫情导致的全球性贸易下降外，中国与"一带一路"国家之间的进出口贸易基本保持较高的增长率，具体如表 12-2 所示。

表 12-2　中国与"一带一路"沿线国家进出口贸易总额和增长率

年份	进出口贸易总额/万亿美元	进出口贸易增长率/%
2013	1.04	7.13
2014	1.16	11.5
2015	1.03	−11.04
2016	0.96	−7.46
2017	1.04	7.78
2018	1.21	16.3
2019	1.34	10.8
2020	1.35	0.7
2021	1.67	23.6

数据来源：中国海关总署

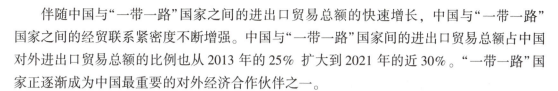

伴随中国与"一带一路"国家之间的进出口贸易总额的快速增长,中国与"一带一路"国家之间的经贸联系紧密度不断增强。中国与"一带一路"国家间的进出口贸易总额占中国对外进出口贸易总额的比例也从 2013 年的 25% 扩大到 2021 年的近 30%。"一带一路"国家正逐渐成为中国最重要的对外经济合作伙伴之一。

2. 地理区位分布

中国与"一带一路"国家经贸联系最密切的是东南亚地区。

结合与中国签署共建"一带一路"合作文件的国家范围和外贸数据,基于比较全面地反映参与共建"一带一路"沿线国家的基本情况,沿线国家可划分为东北亚、东南亚、南亚、中亚、西亚、北非、撒哈拉以南非洲、欧洲、大洋洲和拉丁美洲等区域,具体如表 12-3 所示。

表 12-3 "一带一路"沿线国家的区域分布情况

区域	国家
东北亚	韩国、蒙古
东南亚	新加坡、马来西亚、缅甸、柬埔寨、越南、老挝、文莱、泰国、印度尼西亚、菲律宾
南亚	巴基斯坦、斯里兰卡、孟加拉国、尼泊尔、阿富汗
中亚	哈萨克斯坦、吉尔吉斯斯坦、塔吉克斯坦、乌兹别克斯坦
西亚	阿联酋、科威特、土耳其、卡塔尔、阿曼、沙特阿拉伯、伊朗、伊拉克、阿塞拜疆、格鲁吉亚、也门
北非	苏丹、阿尔及利亚、摩洛哥、利比亚、埃及
撒哈拉以南非洲	南非、塞内加尔、科特迪瓦、喀麦隆、塞舌尔、几内亚、加纳、赞比亚、莫桑比克、加蓬、纳米比亚、毛里塔尼亚、安哥拉、埃塞俄比亚、肯尼亚、尼日利亚、乍得、刚果(布)、津巴布韦、坦桑尼亚、乌干达、多哥、卢旺达、马达加斯加、赤道几内亚、马里
欧洲	俄罗斯、波兰、捷克、匈牙利、罗马尼亚、乌克兰、意大利、卢森堡
大洋洲	新西兰、巴布亚新几内亚、斐济
拉丁美洲	智利、玻利维亚、委内瑞拉、厄瓜多尔、秘鲁、巴拿马、古巴

资料来源:许阳贵,刘云刚. 中国与"一带一路"沿线国家贸易及其影响因素[J]. 热带地理,2019-11,39(6)

2017 年,中国与东南亚 10 国进出口贸易总额达 5 154.53 亿美元,占中国与"一带一路"国家经贸总额的 33.8%,超过了位居第二的东北亚地区(占比约 18.8%)近 15 个百分点。主要原因是,中国与东南亚国家地理空间上距离较近,政治经济体制和国家经济发展水平相近,东南亚外向型的经济发展模式以及包括"中国—东盟"自贸区等区域经贸政策支持并促进了中国和东南亚之间的经贸活动。此外,2017 年,中国与东南亚(占比 33.8%)、东北亚（18.8％）、西亚（13.9％）、欧洲（11.9％）和撒哈拉以南非洲（8.9％）的进出口贸易总额占中国与"一带一路"沿线国家经贸总额比例为87.3％，如图12-1所示，中国与"一带一路"沿线国家的贸易规模存在明显的区域差异，与东南亚、东北亚、西亚、欧洲和撒哈拉以南非洲等国家的贸易额远多于其他区域。中国的进口来源地主要集中在东亚及大洋洲、西亚、东欧等技术先进或资源丰富的沿线国家或地区。进一步说明中国与沿线国家的进出口贸易合作与发展空间巨大，还有更大贸易潜能等待释放。

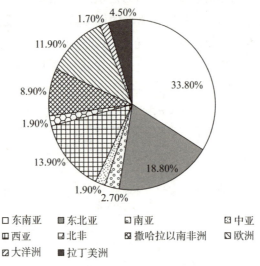

图 12-1　2017 年中国与不同地理区域的"一带一路"国家进出口贸易占比情况

数据来源：联合国贸易数据库的数据

（二）中国与"一带一路"倡议沿线国家间贸易商品结构

随着全球劳动分工的深化，全球生产网络专业化程度不断加深，在全球经济下行，贸易保护主义抬头的背景下，国际贸易的商品结构重要性更加凸显。

根据联合国发布的《国际贸易标准分类》（Standard International Trade Classification, SITC），将国际贸易商品结构分为10个门类，具体包括：0—食品及主要供食用的活动物；1—饮料及烟类；2—非食用原料；3—矿物燃料、润滑油及有关原料；4—动、植物油脂及蜡；5—化学品及有关产品；6—轻纺产品、橡胶制品、矿冶产品及其制品；7—机械及运输设备；8—杂项制品；9—未分类的其他商品。

同时，采用联合国贸易数据库不同商品门类的国际贸易总额数据，可从贸易商品结构分析中国与"一带一路"沿线国家贸易格局。

2017 年，中国对"一带一路"沿线国家贸易进口商品结构中占比前三位的分别是"机械及运输设备"（31.1％）、"矿物燃料、润滑油及有关原料"（25.9％）和"非食用原料"（11.7％）。从不同地理区位来看，中国从东北亚和东南亚进口商品中机械和运输设备的比例最高；而西亚、北非、撒哈拉以南非洲和欧洲是中国重要的矿物燃料、润滑油及有关原料的进口地区；中国对南亚和中亚进口商品中轻纺、橡胶产品及制品比例最高；而与大洋洲和拉丁美洲的进口贸易中，非食用原料以及食品、活畜比例较高，如图12-2所示。

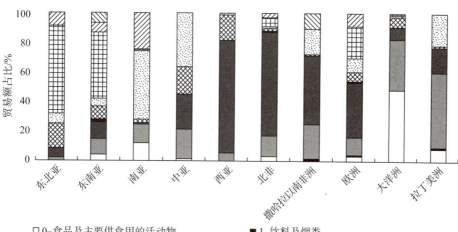

图例：
- □ 0-食品及主要供食用的活动物
- ■ 1-饮料及烟类
- ▩ 2-非食用原料
- ■ 3-矿物燃料、润滑油及有关原料
- ■ 4-动、植物油脂及蜡
- ▨ 5-化学品及有关产品
- ▨ 6-轻纺产品、橡胶制品、矿冶产品及其制品
- □ 7-机械及运输设备
- ▨ 8-杂项制品
- ◪ 9-未分类的其他商品

图 12-2　2017 年中国对"一带一路"沿线国家贸易进口商品结构

数据来源：联合国贸易数据库

中国对"一带一路"沿线国家的进口商品结构的区域差异显著，主要受不同地区自然资源禀赋和产业结构影响，由此形成的商品结构有利于中国更便利和大规模地进口工业生产所需的能源资源；同时，获得"一带一路"沿线国家生产专业化程度较高的工业制品。相对分散和多样化的进口贸易格局也有利于中国应对国际局部资源危机或地区冲突导致的某种商品的产量下降，有利于迅速寻找替代商品出口国，提高中国抗经济风险和能源危机的能力。

如图 12-3 所示，从出口商品结构来看，2017 年，中国对"一带一路"沿线国家贸易出

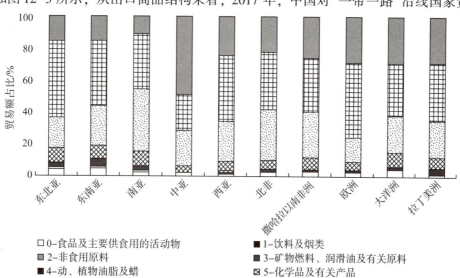

图例：
- □ 0-食品及主要供食用的活动物
- ■ 1-饮料及烟类
- ▩ 2-非食用原料
- ■ 3-矿物燃料、润滑油及有关原料
- ■ 4-动、植物油脂及蜡
- ▨ 5-化学品及有关产品
- ▨ 6-轻纺产品、橡胶制品、矿冶产品及其制品
- □ 7-机械及运输设备
- ▨ 8-杂项制品
- ◪ 9-未分类的其他商品

图 12-3　2017 年中国对"一带一路"沿线国家贸易出口商品结构

数据来源：联合国贸易数据库

口商品结构中占比前三分别是"机械及运输设备"（40.6%）、"轻纺产品、橡胶制品、矿冶产品及其制品"（23.6%）和"杂项制品"（21.0%）。从不同地理区位来看，中国对"一带一路"沿线国家出口商品结构比较相似，表明中国的工业制成品在"一带一路"沿线国家具有较强的产品竞争力，工业制成品出口是拉动中国出口创汇的重要产业。

二、中国与"一带一路"倡议沿线国家贸易合作取得的成效

中国与"一带一路"倡议沿线国家之间的贸易往来持续增长，带动各国扩大出口，走向共同繁荣。

（一）分享中国市场

近年来，中国日益增长的进口能力，为各国提供了巨大的商机。2019年，中国自"一带一路"沿线国家进口增长6.8%，进口规模不断扩大。自东盟、欧盟、拉美进口分别达1.95万亿、1.91万亿、1.14万亿元人民币，增幅分别为9.8%、5.5%、9%。中国已成为世界最大的乳制品、猪肉、棉花、大豆、酒类、集成电路等产品进口国，以及汽车、手机等产品的全球最大消费市场。

2019年，中国新增16个国家肉产品准入，扩大了21个国家已准入肉产品的品种范围。中国水果准入继续保持快速增长，菲律宾的椰子和鳄梨，塔吉克斯坦的柠檬，越南的山竹，埃及的椰枣，西班牙的鲜食葡萄等12个国家和地区的13种新鲜水果获得准入。韩国牛奶、俄罗斯帝王蟹、意大利奇异果、澳大利亚车厘子和德国猪肉在内的多种商品，均受益于中国日益增长的消费需求，扩大了对中国出口。

（二）中欧班列带动货物贸易快速增长

中欧班列的国际运输合作和国内协调机制逐步发挥作用，规模化发展和运输组织模式日益完善，运输时间越来越短、物流成本大幅降低，比较优势日益凸显。

2019年，中欧班列全年开行8 225列，发送72.5万标箱货物，同比分别增长29%和34%，综合重箱率达94%。同时，中欧班列实现常态化运邮，"门到门"运输、"班列超市"以及特种运输等新型服务业态不断涌现，行业创新力显著增强。不仅如此，班列开行范围拓宽、运送物品更多，中国生产的电视机、玻璃幕墙、服装等通过中欧班列远销欧洲市场；俄罗斯的木材、德国的厨具、白俄罗斯的肉制品、荷兰的奶粉等众多进口商品通过中欧班列出口中国。

（三）服务贸易成为经济增长新亮点

随着信息技术的发展，服务贸易正成为"一带一路"相关国家和地区新的经济增长点。中国加快服务贸易数字化进程，推动服务外包数字化、智能化、高端化转型，培育综合服务提供商，不断培育新业态、新模式。

2019年，中国对"一带一路"沿线国家和地区文化贸易进出口229.3亿美元，同比增长24.1%；技术进出口116.7亿美元，同比增长93.2%；承接"一带一路"沿线国家服务外包合同额317.3亿美元，同比增长18.8%，执行额185亿美元，同比增长10.1%。2020年，中国与"一带一路"沿线国家完成服务进出口额844.7亿美元，其中，服务出口377.3亿美元，服务进口467.4亿美元。

(四)跨境电商提供经济发展新路径

中国已经是跨境电商领域的领先者之一,通过与各国分享跨境电商发展经验、开展合作实践,为提升各国中小企业国际化经营水平,融入全球供应链、产业链、价值链提供了更多机遇。

2019年,中国与"一带一路"相关国家跨境电商交易额增速超20%,与柬埔寨、科威特、阿联酋、奥地利等国的交易额同比增速超过100%。俄罗斯、阿根廷等10个国家在中国的电商平台上开设了国家馆,将中国国际进口博览会的合作成果延续到了线上。"双11"已成为全球众多国家的购物节,2019年"双11"期间,500万俄罗斯人在俄罗斯速卖通上完成3 000余万笔购物,消费总额达172亿卢布。

本章小结

> "一带一路"倡议与单纯的自贸区、关税同盟、共同市场、经济一体化或政治经济一体化都不相同,"一带一路"建设的目的并非要形成一个排他性的国际组织,而是在具有广泛包容性的基础上形成多元化的合作机制。
>
> 作为跨越国界的经济合作方式,跨境经济走廊利用资源的互补开展多方面合作,促进区域内交通、物流、金融、贸易、人才流动等多方面的发展,在推进区域经济发展的同时加快本国边境地区发展速度,从而带动国内经济发展。作为最大的发展中国家,中国向世界提出"一带一路"倡议,为区域经济一体化提供新方案,为解决当前国际问题贡献了"中国智慧"。

思考题

1. 中国"一带一路"倡议提出的理论基础是什么?

2. "一带一路"倡议扩展了哪些"一带一路区域经济一体化组织"成员?到目前,缔结了哪些区域经济贸易协议?中国在沿线国家建设了多少个境外经贸合作区?请举例说明。

3. "一带一路"倡议对发展区域经济有哪些具体的优势?

本章思考题参考答案

典型案例

共享"一带一路"发展新机遇,谱写区域经济一体化新篇章

在"一带一路"倡议下,中国与国外的经济合作口径得到了极大的拓宽。"一带一路"建设以基础设施建设为基础,通过培育新型经济起点和市场竞争优势,拓宽与"一带一路"沿线国家的经济合作渠道,从而加速区域经济一体化的发展。

(一)推动基础设施联通

基础设施建设是"一带一路"的重点合作领域。

1. 交通基础设施建设

根据"一带一路"走向，陆上依托国际大通道，以沿线中心城市为支撑，以重点经贸产业园区为合作平台，共同打造新亚欧大陆桥、中蒙俄、中国—中亚—西亚、中国—中南半岛等国际经济合作走廊；海上以重点港口为节点，共同建设通畅、安全、高效的运输大通道。

在陆路上，中欧班列是沿线各国基础设施互联互通的"桥梁"和"纽带"。规划的西、中、东三条通道，横贯了整个欧亚大陆。基本形成布局合理、设施完善、运量稳定、便捷高效、安全畅通的中欧班列综合服务体系。2019 年全年开行中欧班列 8 225 列、同比增长 29%，发送 72.5 万标箱、同比增长 34%，综合重箱率达到 94%。

此外，中国铁路"走出去"也加快推进。重点铁路项目包括中老铁路、中泰铁路、匈塞铁路、莫喀高铁、木姐－曼德勒铁路、雅万高铁、麦麦高铁、马来西亚东海岸铁路、马来西亚南部铁路、尼日利亚阿卡铁路、亚吉铁路、肯尼亚蒙内铁路、尼日利亚沿海铁路、中巴铁路、中吉乌铁路等，具体情况如表 12-4 所示。

表 12-4 "一带一路"倡议重点铁路项目

铁路项目名称	时间	具体情况
中老铁路	2016 年 12 月 25 日	第一个以中方为主投资建设、共同运营并与中国铁路网直接连通的境外铁路项目，全线采用中国技术标准、使用中国设备，是泛亚铁路中线的重要组成部分
中泰铁路	2021 年通车	中国东南亚铁路网络计划的一部分，最终将和中老铁路以及规划中的新马铁路相连
匈塞铁路	2017 年	进行现代化电气改造。塞尔维亚贝尔格莱德至旧帕佐瓦段于 2017 年开工，是匈塞铁路项目首个开工段，也是我国在欧洲参与建设的第一个铁路基础设施项目
莫喀高铁	2018 年 10 月	中国高铁"走出去"第一单。项目建成后，莫斯科至喀山的运行时间将从现在的 14 个小时缩短到 3.5 个小时
木姐-曼德勒铁路		这条铁路的轨距与中国相同，建好之后，中缅两国的铁路可以无缝连接
雅万高铁		印度尼西亚雅加达至万隆的高速铁路，项目全长 142 公里①，最高设计速度 350 公里/时，是中国"一带一路"倡议和印尼海洋支点战略对接的重大项目，也是中国高铁全方位整体走出去的第一单
麦麦高铁	2018 年 9 月 14 日建成	自北向南分别途径麦地那、拉比格、吉达和麦加四座城市
马来西亚东海岸铁路	2026 年 12 月完工	哥打峇鲁-文德甲-日叻务-瓜拉格拉旺-万宜-加影-布城-巴生港口
马来西亚南部铁路	2020 年完工	金马士-新山双线电气化升级改造米轨铁路
尼日利亚阿卡铁路	2016 年 7 月开始运营	自南向北先后经过尼日利亚首都阿布贾、尼日尔州和卡杜纳州，全长 186.5 公里，沿线共设 9 个车站

---

① 1 公里＝1 000 米。

铁路项目名称	时间	具体情况
亚吉铁路	2018 年 1 月 1 日商业运营开通	非洲第一条全线采用中国电气化铁路标准施工的现代电气化铁路
肯尼亚蒙内铁路	2013 年 11 月	东起肯尼亚东部港口蒙巴萨，西至首都内罗毕，全长约 480 公里，2017 年 5 月 31 日建成通车
尼日利亚沿海铁路		西起尼日利亚"经济首都"拉各斯，东至卡拉巴，横跨拉各斯州、巴耶萨州、阿夸伊博州、十字河州等沿海地区的 11 个州，贯穿整个尼日尔三角洲产油区
中巴铁路		起点在中国新疆的喀什，终点则在巴基斯坦西南港口城市瓜达尔
中吉乌铁路		从中国新疆喀什向西出境，经吉尔吉斯斯坦卡拉苏，到达乌兹别克斯坦的安集延

在海路上，中国在重点布局国内 15 个沿海港口建设的同时，也越来越多地参与海外港口项目。从巴基斯坦瓜达尔港到斯里兰卡汉班托塔港、希腊比雷埃夫斯港，都留下了中国建造的印记，具体如表 12-5 所示。

表 12-5 "一带一路"倡议中国参与海外港口项目情况

港口项目名称	时间	具体情况
蒙巴萨港	2013 年 8 月	中国公司在肯尼亚承建的第一个港口项目。由中国路桥公司承建的蒙巴萨港第 19 号泊位为非洲东海岸最深，集装箱吞吐量预计将增加 25%，每天可增加堆存量约 4 000 至 5 000 箱
比雷埃夫斯港		"21 世纪海上丝绸之路"建设中的一颗明珠。2016 年 8 月 10 日，中远海运集团正式成为比港港务局的大股东，开始接管比港港务局的经营
巴基斯坦瓜达尔港区		是一条包括公路、铁路、油气和光缆通道在内的贸易走廊，也是中国提出的"一带一路"倡议的重大先行项目。2013 年中国港控接管了瓜港码头及 923 公顷自由区开发和运营权
莱基深水港项目	2019 年 10 月	中国港湾工程有限责任公司参与的"投建运"一体化项目，港口建成后将大幅提升尼日利亚西部港口群集装箱通过能力

2. 信息通信水平稳步提升

信息通信是基础设施互联互通的重要领域之一，中国积极推进与相关国家在信息网络、跨境光缆、通信卫星等方面的合作，推动各国信息化进程加速发展。

2019 年，北斗卫星导航系统兼容的卫星导航应用产品已覆盖"一带一路"沿线国家，为各国提供先进、精准和全方位的时空信息服务。

中缅、中巴、中吉、中俄跨境光缆信息通道建设取得明显进展，中老跨境光缆项目初见成效，中国与吉尔吉斯斯坦、塔吉克斯坦、阿富汗签署丝路光缆合作协议，启动了丝路光缆项目。

由华为海洋承建的 PEACE(Pakistan & East Africa Connecting Europe)项目顺利推进,该项目总长 8 800 公里,连接巴基斯坦、吉布提、肯尼亚、埃及等东非及红海沿途各国,并为与地中海各国的互联互通提前做好规划。

中铁国际集团总承包的孟加拉国政府基础网络三期项目完工,打通孟加拉国所有行政区域的政府骨干网络回路,实现市级行政区域 100G、县级 10G、乡级 1G 带宽的目标。

(二)深化经贸合作

"一带一路"倡议培育了新的经济增长点,中国将不断深化与其他国家的经贸合作,具体表现为在机电设备、制造业、农业、能源、高新技术领域的合作。

1. 构筑面向全球的高标准自贸区网络

截至 2019 年年底,中国已与 25 个国家和地区达成了 17 个自贸协定,正在开展 12 个自贸协定谈判或升级谈判,以及 10 个自贸协定联合可行性研究或升级研究。2019 年,中国首次采取负面清单方式开展中韩自贸区服务投资第二阶段谈判和中日韩自贸区谈判,自贸区建设迈入高标准的"负面清单"时代。

2. 境外经贸合作区成为经济增长新高地

"一带一路"倡议提出以来,我国已与沿线国家共建了 70 多个经贸合作区。合作区的建立不仅使我国优势产业在海外形成集聚效应,也增加了东道国的就业率,提高了税收,实现了"双赢"。

泰中罗勇工业园已有汽摩配及零配件、机械制造、光伏、电子等行业的 140 多家制造业企业落户并投产,累计实现工业总值超 160 亿美元,解决当地就业近 4 万人。马中关丹产业园开创"两国双园"产业合作新模式,形成以钢铁、轮胎、玻璃、铝型材等为主的产业集群。中国—比利时科技园为中欧高技术行业搭建双向绿色通道,为双方在技术转移、战略投资、行业合作及市场准入等方面提供平台及支持。

3. 机电设备产品出口畅通

我国对"一带一路"沿线国家出口的机电产品规模较大,已经占我国对全球机电产品出口总额的四分之一,在我国对全球机电产品出口额中占有相当重要的地位。我国 2019 年对"一带一路"沿线 65 个国家出口产品主要集中在 74(未另列明的通用工业机械和设备及其未另列明的机器零件)、75(办公用机器及自动数据处理设备)、76(电信和录音及重放装置和设备)、77 未另列明的电力机械装置和器械及其电器零件(包括家用电器设备的未另列明的非电动部件)。这说明我国对"一带一路"沿线国家出口的这四大类机电产品广受欢迎,可以说是我国对"一带一路"沿线国家出口的主力产品。

4. 农业合作成效显著

中国在"一带一路"相关国家开展农业投资合作项目,带动相关国家粮食及经济作物、畜牧、农产品加工等产业的发展。2019 年,蒙牛乳业印度尼西亚工厂总投资超过 3 亿元人民币,采用国际领先的生产技术与质量管理体系,日产能 260 吨,可向整个东南亚市场提供高品质的乳品。"柬埔寨—中国热带生态农业合作示范区"促进柬埔寨香蕉种植业实现了现代化、规模化生产,探索建立了符合当地实际的产业标准,该标准被柬农林渔业部采纳并以此向中方成功申请了香蕉输华资质。

5. 能源开发合作稳步推进

"一带一路"相关国家能源开发利用水平提升,有效缓解了能源需求的紧张局面。2019 年,哈萨克斯坦阿特劳炼油厂石油深加工项目顺利移交,项目全面建成后,可生产符合欧

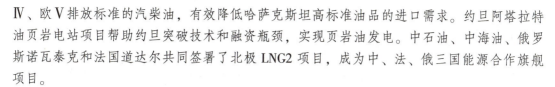

IV、欧 V 排放标准的汽柴油，有效降低哈萨克斯坦高标准油品的进口需求。约旦阿塔拉特油页岩电站项目帮助约旦突破技术和融资瓶颈，实现页岩油发电。中石油、中海油、俄罗斯诺瓦泰克和法国道达尔共同签署了北极 LNG2 项目，成为中、法、俄三国能源合作旗舰项目。

6. 高新技术后来居上

2020 年前 8 个月，中国对"一带一路"沿线国家出口的产品中，高新技术产品出口占比达到 28.3%。

中国和阿拉伯合作成为典范。目前中国科技部启动了新能源等领域的"一带一路"联合实验室建设，拓展了在人工智能、通信和导航卫星等高新技术领域的合作，并成立了中阿技术转移中心这一国家级区域技术转移平台，通过链接中阿 4 000 多所大学、企业、科研机构和中介服务机构，基本形成了覆盖中国和阿拉伯国家的技术转移网络。先后与阿拉伯国家有关机构共建了阿盟、沙特、阿联酋(迪拜)、约旦、阿曼、埃及、苏丹、摩洛哥 8 个双边技术转移中心，先后建成宁夏(中阿)旱区资源评价与环境调控重点实验室等一批中阿科技创新平台，并先后在阿拉伯国家建立节水灌溉、椰枣虫害治理、马铃薯高产机械化种植、农业物联网应用等科技示范园区(基地)和中阿青年创业园，带动了相关技术成果转移转化和创新创业。

(三)拓展金融领域合作

1. 拓宽投融资渠道

中华人民共和国财政部与各国财政部门、多边开发银行、各类金融机构加强合作，共同建设多元化、高质量、高标准的可持续融资体系，发展普惠金融，完善金融服务网络。2013—2019 年 11 月，中国信保累计支持对沿线国家贸易和投资约 8 133 亿美元；中国银行获准在菲律宾进行人民币业务清算；新加坡大华银行发行新加坡首单金融机构熊猫债券。中国国家开发银行、进出口银行继续设立"一带一路"专项贷款，丝路基金总规模超3 000 亿元人民币。

2. 探索发展绿色金融，将环境保护、生态治理有机融入现代金融体系

中国发挥开发性金融机构引导作用，推动丝路基金、南南合作援助基金、中国-中东欧投资合作基金、中国-东盟合作基金、中国-东盟海上合作基金、亚洲区域合作专项资金、澜沧江-湄公河合作专项基金等对"一带一路"绿色项目给予积极支持。中国农业银行、中国工商银行、中国银行等金融机构纷纷在境外市场发行绿色债券、气候债券等，募集资金支持"一带一路"绿色项目建设。截至 2019 年年底，中国金融机构总计发行 60.16亿美元"一带一路"绿色债券。

资料来源：中国一带一路网 https://www.yidaiyilu.gov.cn. 作者有整理

学习提示：

(1)思考点：

①"一带一路"倡议提出的理论基础。

②"一带一路"建设属于哪种区域经济一体化形式？

③"一带一路"缔结了哪些区域经济贸易协议。

④"一带一路"倡议的实施对中国及一带一路沿线国家各领域的影响。

(2)关键知识点：自由贸易理论、区域经济一体化视角等。

(3)能力点：提升批判性思维能力和解决实际问题的能力。理解"一带一路"倡议的核心内涵和重要意义，强调"一带一路"合作成果有目共睹、共赢理念深入人心、释放深度增长动能。学会将自身的成长与价值融入伟大的新时代，更加博闻时事、慎思明辨。

第 五 篇

国际贸易的发展与趋势

　　当前，国际贸易步入新一轮高速增长期，贸易对经济增长的拉动作用愈加明显；以发达国家为中心的贸易格局保持不变，中国成为国际贸易增长的新生力量；多边贸易体制面临新的挑战，全球范围的区域经济合作势头高涨；国际贸易结构走向高级化，服务贸易和技术贸易发展方兴未艾；贸易投资一体化趋势明显，跨国公司对全球贸易的主导作用日益增强；贸易自由化和保护主义的斗争愈演愈烈，各种贸易壁垒花样迭出。以贸易全球化为首要内容的经济全球化，对我国经济和商务发展产生了深刻影响。深入分析和把握当前国际贸易的发展趋势和特点，对于我们科学决策，在更大范围、更广领域和更高层次上参与国际经济合作与竞争，把握好经济全球化带来的各种机遇，具有十分重要的意义。

第十三章

国际资本移动与跨国公司

教学目的

- 了解国际资本移动的类型
- 了解跨国公司的形成、发展与基本特征
- 掌握跨国公司的经营战略和对国际贸易的影响

关键术语

国际资本移动　国际直接投资　国际间接投资　跨国公司

国贸视野

宝洁公司的跨国经营

一、宝洁公司简介

宝洁公司(Procter & Gamble)，简称 P&G，是一家美国消费日用品生产商，也是目前全球最大的日用品公司之一。总部位于美国俄亥俄州辛辛那提，在全球 80 多个国家和地区拥有 127 000 名雇员。2008 年，宝洁公司在世界上市值排名第 6 位，利润排名第 14 位，同时也是财富 500 强中第十大最受赞誉的公司。在《财富》杂志 2011 年评选出的全球 500 家最大工业/服务业企业中，排名第 80 位，并被评为"世界最受尊敬公司"第五位。2012 年，宝洁的净销售额增加至 836.8 亿美元。

每天，宝洁公司的品牌同全球的广大消费者发生着三十亿次的"亲密接触"。宝洁公司在全球 80 多个国家设有工厂或分公司，所经营的 300 多个品牌的产品畅销 180 多个国家和地区，其中包括美容美发、居家护理、家庭健康用品、健康护理、食品及饮料等 8 个产品大类，产品条码超过 400 个。在全球有技术中心 20 个，持有专利数量超过 29 000 项。在中国，宝洁已在其日化行业中占据半壁江山，飘柔、海飞丝、潘婷、舒肤佳、玉兰油、护舒宝、碧浪、汰渍和佳洁士等已经成为家喻户晓的品牌。

二、宝洁公司的跨国经营

(一)P&G 国际化发展过程回顾

自 1837 年 P&G 在美国创立以来，就一直持续地蓬勃发展，通过多种经营战略，不断扩大企业的版图。20 世纪初期，为了满足日益增长的国内外市场需求，宝洁开始在辛辛那提以外设厂，自此宝洁开始了国际化进程。1937 年，宝洁创立一百周年，其年销售额达到 2.3 亿美元。到 1980 年，宝洁公司在全世界 23 个国家开展业务，销售额直逼 110 亿美金，利润比 1945 年增长了 35 倍，发展成为全美最大的跨国公司之一。通过收购 Norwich Eaton 制药公司(1982)，Rechardson-Vicks 公司(1985)，公司开始活跃于个人保健用品行业；随后又收购了 Noxell、Max Factor、Ellen Betrix 公司，宝洁在化妆品和香料行业扮演着重要角色。这些收购项目也加快了宝洁全球化的进程。为了充分发挥跨国公司的优势，宝洁建立了全球性的研究开发网络，研究中心遍布美国、欧洲、日本、拉美等地。宝洁的帮宝适、护舒宝、潘婷、汰渍、碧浪、佳洁士和玉兰油等成为全球知名品牌。2001 年，宝洁公司从施贵宝公司收购了全球染发、护发领导品牌伊卡露系列。2003 年，宝洁收购了德国威娜公司。宝洁公司已经成为一家真正的跨国企业，在全世界 70 多个国家经营业务，产品畅销 140 多个国家和地区。从以上活动很容易看出，宝洁公司之所以有今天的成就，很重要的原因是选择了跨国经营这条路。

(二)宝洁跨国经营的原因

跨国经营是指以国际需求为导向，在获取信息、产品生产和销售、市场开发目标的确立等方面，将企业置身于全球市场并发挥自身比较优势，开展对外经济技术交流，参与国际协作和竞争等一系列经营活动。20 世纪 90 年代以来全球政治、经济以及科学技术的发展改变了全球范围内企业竞争的环境，真正的全球市场开始出现。面对迅速形成的全球市场以及经济全球化潮流，也为了满足日益增长的国内需求，无论是主动发起还是被动应对全球市场挑战，宝洁开始在全球范围调整企业发展战略，从过去以母国为中心的跨国经营转向全球经营，迅速进入和占领正在形成的全球市场，不断吸纳整合各国或各地区的各种最优资源，包括资金、市场、原材料、技术、人才，打造全球产业链，以全球资源参与全球市场的竞争。

(三)宝洁跨国经营的竞争优势

1.P&G 主要竞争优势

人力资源与财务资源。人才才是保存公司文化和核心竞争力的传递者，而非产品和技术。因而，从一线招聘开始，一步步培养，一直以来都是宝洁选人、用人的第一原则，宝洁一直努力创造的多元化环境给企业带来了竞争优势。

实体资源与组织资源。宝洁已在全球 80 多个国家和地区设有工厂或分公司，拥有 127 000 名雇员，实体资源丰富。伴随着公司业务的不断发展，宝洁在当地与客户、供应商、政府、研究机构、高等学府和社区组织一起合作建立竞争优势。"亲近生活，美化生活"是宝洁公司的使命，在支持"希望工程"、致力于健康教育、提供安全饮水和倡导品牌公益等方面，宝洁公司表现出一个具有高度责任感的跨国企业，产生了良好的社会效应。

技术资源与商誉。宝洁注重产品的创新，关注和研究消费者的需求并进行科技创新，满足他们不断变化的需求。

2. P&G 的核心竞争力

市场和事业开拓能力。宝洁坚持一致国际化的广告策略，不会因为进入新的市场而改变其原来的营销及广告策略。同时，宝洁在产品方面坚持国际品牌的本土化。宝洁总结其在日本推销帮宝适的失败经验，根据不同国家人的特点及其他因素对产品进行改良，在产品名称、广告模特等方面充分实现本土化。

产品充分贴近服务消费者的能力。宝洁从产品本身出发发展出功能性的"诉求点"，将其作为与消费者的连接点，使消费者实实在在感受到产品的利益。飘柔的"洗发、护发二合一"、海飞丝的"去头屑"、潘婷的"头发护养专家"、沙宣的"专业美发用品"、舒肤佳的"杀菌及长时间抑制细菌再生"、碧浪的"强力去污"，他们都对消费者承诺了一个重要的利益点，同时取得了消费者的认可。

防止竞争者模仿的能力。宝洁根据二十/八十原则和客户的销售额进行排名，挑出最大的客户作为关键客户(KA)进行管理。这种模式从总体上提高了对 KA 的管理和服务水平，并加强了控制能力，同时对公司的管理能力、企业实力、供货水平都提出了较高的要求，一般国内企业很难这样操作。宝洁总是着眼于进展良好的项目，不断促进核心优势资源的增长并从中获得利润，而不是去做各种所谓的新尝试。

资料来源：跨国公司经营案例分析——以宝洁公司为例 https://www.doc88.com/p-6874780765798.html．道客巴巴．作者有整理．

第一节　国际资本移动概述

一、国际资本移动的概念

国际资本移动是为了达到各国经济或政治目的，将资本从一国（或地区）转移到另一国（或地区）的国际资本交易。国际资本移动可以弥补一些国家国际收支经常项目的逆差；资本从充实国家流至短缺国家，有利于资本短缺国家开发资源，引进先进的技术与管理知识，同时也为资本充裕国家的过剩资本获利找到出路。因政治、经济不稳定而引起的国际资本移动，则会导致汇率波动。

二、国际资本移动的类型

按照国际货币基金组织的划分标准，国际资本移动主要有国际直接投资和国际间接投资两种方式。

（一）国际直接投资

国际直接投资是一个国家的投资者直接输出生产资本到另一个国家的厂矿企业进行投资，并由投资者直接进行该厂矿企业的经营和管理，以获取利润为目的的一种投资形式。按照不同的标准，国际直接投资可分为以下几类。

1. 按投资者对投资企业拥有的股权比例的不同分类

（1）独资企业。独资企业是指投入企业的资本完全由一国的投资者提供，投资者对投资企业的股权拥有的比例在95%以上的企业。独资企业包括设立分支机构、附属机构、子公司等。它可以采取收买现有企业或建立新的企业来进行。

（2）合资企业。合资企业是指两国或两国以上的投资者在一国境内根据投资所在国的法律，通过签订合同，按一定比例或股份共同投资建立、共同管理、分享利润、分担亏损和风险的股权式企业。合资企业可分为股份公司、有限责任公司或企业、无限共同责任公司，并具有法人地位。至于采取哪一种合资方式则由投资各方商定。

2. 按投资者投资组建方式的不同分类

（1）收购方式。收购方式是指一个企业通过购买另一个现有企业的股权而接管该企业的方式。这种方式的好处在于投资者能以最快的速度完成对目标市场的进入；有利于投资者得到公开市场上不易获取的经营资源；可以廉价购买资产，迅速扩大产品种类；能较快地取得收益乃至收回投资。此外，由于收购方式具有较小的不确定性，企业也便于融通资金。但是，这种投资方式在价值评估和对被收购企业实行经营控制方面存在困难。

（2）创建方式。创建方式是指建立新企业，这种方式的优点是企业可选择适当的地理位置进行投资，并按照自己所希望的规模筹建新企业，妥善安排工厂布局，对资本投入和支出实施完全的控制。从组织控制的角度来看，风险比较小，伴随着新企业的建立，可以实施一套全新的适合技术水准和投资企业管理风格的管理制度。同时，企业可以机器设备、原材料、技术、工业产权等投资入股，这样，既能带动投资企业的商品输出，又能使市场转让风险，充分利用信息、技术。但是这种方式进入目标市场缓慢，市场争夺激烈，经营风险大。

（3）合作经营。合作经营是指国外投资者根据投资所在国法律，与所在国企业通过协商签订合作经营合同而设立的契约式企业，也称合作企业或契约式合营企业。签约各方可不按出资比例，而按合同条款的规定，确定出资方式、组织形式、利润分配、风险分担和债务清偿等权利、义务。

（二）国际间接投资

国际间接投资也称"国际证券投资"，是指在国际证券市场上通过购买外国企业发行的股票和外国企业或政府发行的债券等有价证券，以获取利息或红利的投资行为，这种方式以取得一定的收益为目的，一般不存在对企业经营管理权的取得问题。国际间接投资包括证券投资和借贷资本输出。

1. 证券投资

证券投资是指投资者（法人或自然人）买卖股票、债券、基金券等有价证券以及这些有价证券的衍生品，以获取差价、利息及资本利得的投资行为和投资过程。

2. 借贷资本输出

借贷资本输出是指一国政府、银行和企业，把货币资本贷给另一国的政府、银行或企业的形式，一般包括政府援助贷款和国际金融机构贷款。

（1）政府援助贷款。政府援助贷款是各国政府或政府机构之间的借贷活动。这种贷款通常带有援助性质，一般是发达国家对发展中国家或地区提供的贷款。这种形式的贷款一般利息较低（约3%～5%），还款期较长，可达20～30年，有时甚至是无息贷款。同时一般又有一定的指定用途，如用于支付从贷款国进口各种货物或用于某些开发援助项目上。

（2）国际金融机构贷款。国际金融机构一般包括国际货币基金组织、世界银行、国际开发协会、国际金融公司及开发银行和联合国的援助机构等。来自国际金融机构的贷款条件一般比较优惠，但并不是无限制的。

第二节　跨国公司概述

一、跨国公司的概念

跨国公司（Transnational Corporation）主要是指资本输出国企业，以本国为基地，通过对外直接投资，在世界各地设立分支机构或子公司，从事国际化生产和经营活动的分支机构或子公司。根据《联合国跨国公司行为守则草案》的规定，跨国公司必须具备以下三个基本因素。

（1）跨国公司必须是一个经营实体，并且在两个或两个以上的国家经营业务。

（2）跨国公司必须具有一个统一的决策体系，有共同的政策和统一的战略目标。

（3）企业中各个实体分享信息、资源并分担责任。

跨国公司由母公司或总公司和分布在各国的子公司或分公司构成。跨国公司的来源国称为母国，子公司所在国称为东道国，母公司是在本国注册登记的法人实体，子公司是在东道国依法注册登记的法人实体。子公司受母公司领导，子公司的资产所有权由母公司控制，并服从母公司的全球战略。跨国公司的活动有相当大部分是在母公司和子公司之间进行的。

二、跨国公司的形成与发展

（一）跨国公司的起源

跨国公司形成和企业跨国经营的萌芽最早可以追溯到16世纪末17世纪初英国的特权贸易公司，也称特许公司，最具影响力的当属英国东印度公司。这些特权贸易公司从事掠夺性经营，不利于各国民族经济的发展，所以遭到各国强烈的反对，东印度公司等特权贸易公司相继在19世纪下半叶被撤销。

（二）跨国公司的形成初期

现代意义上的跨国公司于19世纪在欧美主要经济发达国家出现，这些跨国公司的形成与这些国家在19世纪之前的海外殖民扩张、资本和商品输出有直接的关系。当时具有代表性的三家制造业企业是德国的弗里德里克·拜耳化学公司、瑞典的阿佛列诺贝尔公司和美国胜家缝纫机公司。

（三）两次世界大战期间跨国公司的发展

两次世界大战期间，跨国公司的发展较为缓慢，但仍有一些大公司进行海外直接投资，尤其是美国的海外直接投资地位不断上升，跨国公司的发展比较迅速。1913年，美国187家制造业大公司在海外的分支机构有116家，1919年增加至180家，1929年为467家，1939年超过700家。

(四)第二次世界大战后跨国公司的迅速发展

第二次世界大战后，对外直接投资的迅速发展直接促进了跨国公司的迅速发展。跨国公司的直接投资占主要发达国家对外直接投资的70%以上。1968年主要发达国家的跨国公司母公司超过7 200家，其分公司、子公司超过27 300家，1978年为82 266家，1980年达到98 000家，而20世纪90年代初超过37 000家。

三、跨国公司的基本特征

(一)跨国公司以整个世界市场为目标市场

跨国公司实施国际化的经营战略，其战略具有全球性。

(二)在全球战略指导下进行集中管理

跨国公司将所有分公司、子公司作为一个整体，在全球范围内实现整体长远利益最大化是其制定政策的出发点和归宿。

(三)具有明显的内部化优势

跨国公司实行集中领导，母公司和分支机构之间关系密切、相互协作配合。通过制定内部划拨价格、优先转让先进技术和共享信息资源等，实现跨国公司交易内部化，使跨国公司形成独特的竞争优势。

(四)经营手段以直接投资为基础

跨国公司向国外市场渗透有三种方式：商品输出、无形资产转让(技术贸易、合同制造等)和对外直接投资。跨国直接投资更容易实现最大限度地增加盈利的目的，其直接投资往往也伴随着进出口贸易、技术转让、间接投资等活动。

四、跨国公司的经营战略

(一)实行限制性商业惯例，加强在国外市场的垄断和竞争

跨国公司凭借其经济实力和垄断地位，在国际贸易中广泛采用限制性商业惯例，打击外部企业，加强在国外市场的垄断和竞争，谋取垄断利润。

限制性商业惯例在国际技术贸易中采用较多。在大多数情况下，跨国公司无论在实现技术转让的内循环中，还是向外部企业转让技术时，其技术转让合同中一般都包含许多限制性规定或条款，如限购条款、搭售条款、市场限定条款和技术反馈条款等，这些条款都在很大程度上限制了公平竞争，加强了跨国公司的垄断地位。

(二)利用对外直接投资垄断和争夺国际市场

跨国公司根据全球战略部署，通过海外直接投资，绕过了东道国的贸易壁垒，实现对市场的占领。此外，跨国公司海外直接投资活动可以充分利用各东道国的资源条件，最大

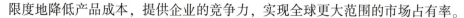

限度地降低产品成本，提供企业的竞争力，实现全球更大范围的市场占有率。

（三）更为灵活的市场进入方式

跨国公司采用股权与非股权安排相结合的市场进入方式。在东道国产品市场比较小且不具备其他资源优势的条件下，生产产品还要转口到第三国，直接投资方式的成本过高。由于股权进入方式的高资产暴露和低灵活性，跨国公司在市场进入方式选择上，非股权安排的方式日益增多。

非股权安排是指投资企业不是通过持有公司的股权，而是通过其他方式介入东道国企业，具体方式有分包、管理合同、特许经营、技术许可、产品分成等。在东道国政治风险较高的情况下，非股权安排也成为跨国公司的一种选择。

（四）价格竞争与非价格竞争相结合

价格竞争是指企业通过降低生产成本，以低于国际市场或其他企业同类商品的价格，在国外市场销售产品，打击和排挤竞争对手，扩大商品销路。

随着市场竞争加剧，跨国公司主要从提高产品质量、提高产品性能、做好售后服务工作、加速产品升级换代、加强广告宣传等方面提高商品非价格竞争能力。对于服务贸易而言，非价格竞争更为重要。

（五）建立跨国公司战略联盟

近年来，跨国公司出现了联盟的新趋势，实行国内公司集团化、国际市场竞争联合化。国际市场竞争联合化可以分担研究与开发费用，分散投资风险，共同开拓市场。

据统计，在过去的20多年，150多家大型国际企业以不同形式结成战略联盟的高达90%，特别是竞争极为激烈的半导体、信息技术、电子、生物工程、汽车制造、食品饮料、航运和银行等资本、技术密集型行业，成了跨国公司缔结国际战略联盟集中的领域，而且其战略合作覆盖了从科研、开发，到生产、销售和服务的全过程。

（六）构建全球性的生产和销售网络

跨国公司在世界范围内优化资源结合和资源组合。充分利用东道国的优势，把一类产品的资金、原料、技术、劳动力，产品的各种零部件分散到不同国家企业进行供应和生产，即根据全球经济贸易发展战略和目标分工原则，在不同国家分工生产制造零部件，集中装配，定向销售。

为使跨国公司集中时间、精力、资源，加强研究与发展核心业务，21世纪初以来，跨国公司纷纷将非核心业务外包到发展中国家，形成全球瞩目的"离岸外包"浪潮。目前，发达国家几乎所有行业的企业都在广泛地进行与公司前台服务、后台服务有关的业务外包。

五、跨国公司对国际贸易的作用

（一）跨国公司对国际贸易的积极作用

1. 促进了世界范围内的生产分工与协作

跨国公司遍布全球的生产环节打破了各国原先自成体系而又相对封闭的生产分工和协

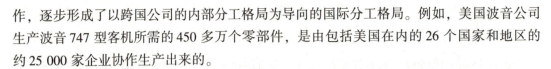

作，逐步形成了以跨国公司的内部分工格局为导向的国际分工格局。例如，美国波音公司生产波音 747 型客机所需的 450 多万个零部件，是由包括美国在内的 26 个国家和地区的约 25 000 家企业协作生产出来的。

2. 加速了资本的国际移动

跨国公司大多拥有巨额的流动资本，资本频繁在母公司和子公司之间调拨，无疑加速了资本在国际上的流动速度。此外，与跨国公司相伴随的跨国银行的发展，也对资本的国际流动有推动作用。

3. 加快了全球技术创新和技术转移的进程

跨国公司通常是行业内的技术创新和技术领先者，为了强化这种技术上的优势，维持在行业中的垄断地位，跨国公司通常不惜重金加大对科研的投入，并因此掌握了世界上 80% 的新技术、新工艺专利，领先的技术优势也为跨国公司向分布于世界各地的子公司转移先进技术奠定了基础。

4. 促进了国际贸易总量的增长

跨国公司通过对外直接投资，将其产品的研发、生产以及产品的营销与售后服务等经营活动的各个环节分布于世界各地，必然带动设备、技术、原材料、零部件以及产品等在世界范围内的大量输出与输入，促进了国际贸易的飞速增长。

(二) 跨国公司对国际贸易的消极作用

1. 导致国际金融市场的不稳定

跨国公司为了自身的利益在全球范围内进行大规模、频繁的资金调拨，再加上调拨手段极其隐蔽，往往使各国政府防不胜防，饱受金融市场动荡之苦，有时甚至遭受金融和债务危机。

2. 引起东道国国际收支失衡

跨国公司在对东道国进行直接投资时，往往是从母公司输出大量的设备、零部件和先进技术，而生产的产品又大多在东道国销售，这样容易造成东道国长期的贸易逆差，引发母国与东道国之间的贸易摩擦，在一定程度上影响了国际贸易的正常进行。

3. 导致在母国的投资减少

跨国公司追求的是资本利润最大化，只要对外投资的利润率高于在本国的投资利润率，跨国公司就会不断向投资利润率高的区域进行投资，在投资总量一定的情况下，自然导致在母国的投资减少。

4. 加剧了垄断和国际贸易利益分配中的两极分化

绝大多数跨国公司在取得了国内的垄断地位后，在对外扩张时具有很强的竞争力。跨国公司凭借其本身所具有的雄厚资金和技术实力，能够再次取得在东道国市场上的垄断地位。同时，跨国公司为了谋求整体利益的最大化，往往会将其在东道国所获得的利润转移出去，人为降低东道国的应得利益，从而加剧国际贸易利益分配中的两极分化。

 本 章 小 结

国际资本移动是为了达到各国经济或政治目的将资本从一国（或地区）转移到另一国（或地区）的国际资本交易，其基本类型包括国际直接投资和国际间接投资两种方式。国际资本移动呈现规模不断扩大，直接投资增长迅猛、证券化等趋势。

国际移动的主体是跨国公司，通过对外直接投资，在东道国设立从事国际化的生产经营活动。在全球范围内推行全球化战略、从事内部贸易、谋取超额利润，获得规模效益。跨国公司为应对环境的变化，在经营战略和竞争方式上发生变化。跨国公司的发展对国际贸易产生了正反两面的影响，一方面促进了世界范围内的生产分工与协作，加速了资本的国际移动，加快了全球技术创新和技术转移的进程，促进了国际贸易总量的增长。另一方面，跨国公司导致了国际金融市场的不稳定，引起东道国国际收支失衡，导致在母国的投资减少，加剧了垄断和国际贸易利益分配中的两极分化。

思 考 题

1. 国际资本移动如何分类？
2. 对外直接投资有几种方式？
3. 跨国公司的基本特征有哪些？
4. 跨国公司对国际贸易的作用有哪些？

本章思考题参考答案

第十四章　国际服务贸易

教学目的

● 掌握国际服务贸易的概念
● 了解国际服务贸易的发展
● 熟悉《服务贸易总协定》的总体结构及主要内容

关键术语

服务　服务业　国际服务贸易　中国服务贸易　服务贸易总协定

国贸视野

《中国服务贸易发展报告2020》发布

2021年9月3日，2021年中国国际服务贸易交易会（以下简称服贸会）"服务贸易开放发展新趋势高峰论坛"在国家会议中心举办。商务部服贸司二级巡视员王志华代表商务部服贸司在论坛上发布了《中国服务贸易发展报告2020》。

《中国服务贸易发展报告2020》主要分为综述篇、行业篇、专题篇和案例篇四个部分，分别从政府、行业、专家和地方视角，全面总结了"十三五"时期中国服务贸易发展成就，分析了当前面临的机遇和挑战，并展望了"十四五"时期服务贸易发展的广阔前景。报告认为，"十三五"时期中国服务贸易实现了稳步增长，结构持续优化，国内区域布局更趋均衡，国际市场开拓更加多元，企业国际化经营水平不断提升，服务贸易日益成为对外贸易发展的重要引擎、对外开放深化的重要动力和构建新发展格局的重要力量。进入新发展阶段，中国服务贸易仍将处于大有可为的重要战略机遇期，但机遇和挑战都有新的变化，要牢牢抓住机遇，积极应对挑战，推动服务贸易高质量发展。

2020年以来，受新冠疫情等因素叠加影响，我国服务贸易规模下降，但呈现趋稳态势，服务出口表现明显好于进口，贸易逆差减少，知识密集型服务贸易占比提高。2020年1至10月，我国服务进出口总额37 257.8亿元，同比下降16.1%。服务贸易行业主要呈现以下特点。

（1）服务贸易逆差进一步减少。1至10月，我国服务业出口15 489.5亿元，下降1.8%；进口21 768.3亿元，下降23.9%。服务出口降幅小于进口22.1个百分点，带动服务贸易逆差下降51.1%，为6 278.8亿元，同比减少6 569.4亿元。

（2）知识密集型服务贸易逆势增长。1至10月，我国知识密集型服务进出口16 390.3亿元，增长8.3%，占服务进出口总额的比重达44.0%，提升9.9个百分点。其中，知识密集型服务出口8 609.4亿元，增长8.2%，占服务出口总额的比重达到55.6%，提升5.1个百分点。出口增长较快的领域是知识产权使用费、保险服务、电信计算机和信息服务，增幅分别为27.2%、18.4%和14.4%。知识密集型服务进口7780.9亿元，增长8.4%，占服务进口总额的比重达35.7%，提升10.7个百分点。进口增长较快的领域是金融服务、电信计算机和信息服务、保险服务，增幅分别为35%、23.4%和18.6%。

（3）旅行服务进出口明显下降。当前海外疫情持续蔓延，使世界范围内旅行服务进出口继续受到严重影响。1至10月，我国旅行服务进出口8 732.8亿元，下降47.1%，其中出口下降48.5%，进口下降46.9%，导致服务贸易整体大幅下降。排除旅行服务，1至10月我国服务进出口增长2.3%，其中出口增长4.8%，进口与去年同期相比基本持平。

王志华表示，《中国服务贸易发展报告》是商务部牵头，组织国务院服务贸易发展部际联席会议有关成员单位、有关地方及业内专家共同编制的行业发展报告，自2006年以来已发布12份。服贸会作为全球服务贸易领域规模最大的综合性展会，是中国进一步扩大开放的重要平台，是服务贸易领域传播理念、衔接供需、共享商机、共促发展的重要渠道。在服贸会平台上发布《中国服务贸易发展报告》旨在宣示中国的开放立场，显示中国的合作优势，分享创新机遇，探索服务贸易高质量发展路径，努力为深化服务贸易和投资合作、增强经济社会发展活力贡献力量。

资料来源：商务部服贸司在2021年服贸会上发布《中国服务贸易发展报告2020》https://www.sohu.com/a/488774299_362042. 央广网. 作者有整理

第一节 国际服务贸易的基本概念

一、服务与服务业

（一）服务的含义

服务是对其他经济组织的个人、商品或劳务增加价值，并主要以活动形式表现的使用价值或效用。

（二）服务的基本特征

服务作为非实物的使用价值，和一般商品相比具有以下特征。

1. 无形性

无形性是服务最主要的特性。商品的存在形式是有形的、直观的、确定的，而服务存在的形式是无形的、非直观的、不确定的。这反映在两个方面：一方面，服务提供者通常

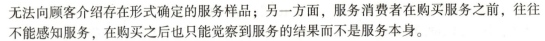

无法向顾客介绍存在形式确定的服务样品；另一方面，服务消费者在购买服务之前，往往不能感知服务，在购买之后也只能觉察到服务的结果而不是服务本身。

2. 生产与消费的不可分割性

有形产品从生产、流通到最后消费的过程中，一般要经过一系列的中间环节，生产与消费的过程在时间和空间上是相互分离的。而服务一般具有不可分割的特征，即服务的生产过程与消费过程同时进行，两者在时空上不可分割，所以在服务过程中消费者和生产者必须直接发生联系，因而生产过程也就是消费的过程。

3. 不可储存性

有形商品可以在生产完成后不进入消费领域，处于库存状态，而且这不一定会给商品所有者造成损失。而服务一旦被生产出来，如果不被消费，既不能给生产者带来利润，也不能增加消费者的效用，只会造成损失。

4. 异质性

服务的异质性是指同种类型的服务提供者在不同时空条件下所提供的服务不同，使服务消费者的效用或满足程度不同。即使是同一服务提供者，在不同条件下因客观因素或其主观因素的影响，也会造成服务产品的差异。而一般有形产品在社会化大生产的条件下，产品基本上是稳定的，消费者在不同地点、不同市场购买的同类型产品，其质量基本上是相同的。

(三)服务业的含义

服务业是生产或提供各种服务产品的经济部门或企业的集合。服务业不但作为中间产业强化农业和工业的结合，而且为工业和农业及自身提供生产和消费资料。服务业的发展一方面围绕实物产品的生产、流通和消费提供服务，另一方面也为提高人们的综合素质服务。

1. 服务业是一个多层次的概念

服务业是一个大的产业系统，其门类十分复杂，其中的许多行业在产业性质、功能、生产技术及与经济发展的关系等方面都存在很大差异。

2. 服务业是一个相对的概念

服务业形成和发展在时间上有相对性，在不同国家和地区，服务业形成和发展的时间是不同的，与各自的社会生产力和社会文化发展程度有直接关系。同时，在服务业形成和发展的不同阶段，它所包含的范围在质和量上都有很大的区别。

3. 服务业是既抽象又具体的概念

服务业相对于农业、工业来说，其概念显得抽象；另外，服务业所生产的服务产品能满足人的需要，因而是具体的社会产品，同样具有使用价值和价值二重属性。

二、国际贸易服务

(一)国际服务贸易的含义

国际服务贸易(International Trade in Services)是指不同国家之间发生的服务买卖和交易活动。这种服务是指以提供劳动的形式来满足他人需求并获取外汇报酬的活动。

1. 传统定义

在传统定义中，国际服务贸易是指一国或地区的劳动力向另一国或地区的服务需求者提供服务并获得相应外汇收入的全过程，即形成了服务的出口；反之，一国或地区的服务需求者购买他国或地区劳动力所提供服务的过程，就形成服务的进口。

2.《美加自由贸易协定》对服务贸易的定义

《美加自由贸易协定》是世界上第一个在国家间贸易协定上正式定义服务贸易的法律文件，它将服务贸易定义为：服务贸易是指由代表其他缔约方的一个人，在其境内或进入另一缔约方提供所指定的一项服务。

3.《服务贸易总协定》对服务贸易的定义

《服务贸易总协定》把服务贸易定义为：从一缔约方境内向任何其他缔约方境内提供服务；在一缔约方境内向任何其他缔约方的服务消费者提供服务；一缔约方在任何其他缔约方境内通过提供服务的实体性介入而提供的服务；一缔约方的自然人在任何其他缔约方境内提供服务。

简而言之，《服务贸易总协定》将国际服务贸易分为四类：跨境交付、境外消费、商业存在和自然人流动。

（二）国际服务贸易的特征

1. 贸易标的一般具有无形性

服务贸易的标的自然是服务，而服务存在的形式是无形的、非直观的、不确定的。

2. 交易过程与生产和消费过程的国际性

大多数国际服务贸易的交易过程与服务的生产和消费过程分不开，而且往往是同步进行的。

3. 贸易主体地位的多重性

服务的卖方往往就是服务生产者，并作为服务消费过程中的物质要素直接加入服务的消费过程；服务的买方则往往是服务的消费者，并作为服务生产者的劳动对象直接参与服务产品的生产过程。

4. 服务贸易市场具有高度垄断性

由于服务贸易在发达国家和发展中国家的发展严重不平衡，加上服务市场的开放涉及跨国金融、通信、航运、教育、自然人跨境流动等，会直接关系到服务进口国的主权、安全、文化、伦理道德等敏感领域，因此，国际服务贸易市场会受到国家有关部门的严格管控，具有很强的垄断性。

5. 贸易保护方式更具刚性和隐蔽性

由于服务贸易标的的特点，各国政府对本国服务业的保护常常无法采取关税壁垒的形式，只能采取在市场准入方面予以限制或进入市场后不给予国民待遇等非关税壁垒的形式，这种保护常以国内立法的形式加以施行。国际服务贸易保护的方式以行业性贸易保护和"限入"式的防御型保护为主，国际服务贸易受到的限制和障碍往往更具刚性和隐蔽性。

6. 营销管理更难和更复杂

国际服务营销管理无论是在国际宏观管理方面，还是在企业的微观经营方面，都比货物的营销管理更难和更复杂。

第二节 国际服务贸易的发展

伴随着世界产业结构升级和国际产业转移，服务贸易作为服务经济发展的标志之一，已成为国际贸易和投资中越来越重要的组成部分。近年来，随着新一轮科技革命推动数字信息新技术的快速发展和广泛应用，全球服务贸易发展的动力、模式、主体等多个方面发生了许多变化，既拓展了新空间，又成为全球贸易和世界经济增长的新动力，在全球价值链中的地位不断提升，对促进经济增长和全球价值链深化日益重要。技术进步带来的服务可贸易化不断改变着贸易的深层结构，服务贸易活动愈加频繁，国际服务贸易额不断增长。

一、国际服务贸易迅速发展的原因

当代国际服务贸易迅速发展的根本原因在于世界经济结构发生了历史性的变化。20世纪60年代兴起的新科技革命加速了这种历史演变的进程，从而导致世界贸易结构和人们生活方式的改变。具体说来，当代国际服务贸易的发展主要有以下几个方面的原因。

1. 世界产业结构升级的驱动

根据发展经济学的经济增长阶段论，随着国家经济实力的增长，该国的产业结构将依次提升，逐步由农业经济过渡到工业经济，再由工业经济发展到服务经济。20世纪60年代初，主要西方国家都已完成了本国的工业化进程，开始步入后工业化的发展阶段，即国内经济重心向服务业偏移。由各国经济能力增长所带动的产业升级使世界产业结构发生了大规模的调整。在这一过程中所形成的新的世界经济结构不平衡，形成对国际服务的更大规模的需求，使全球服务性产业的贸易总额有了高速增长的潜力。

2. 国际货物贸易和国际投资增长的带动

第二次世界大战后半个多世纪以来，国际货物贸易流量不断扩大，以世界货物贸易出口总值为例，1950年总计为611亿美元，1990年达33 949亿美元，40年增长了近56倍，远远超过了同期世界工业生产和国民生产总值的增长速度。在货物贸易高速增长的带动下，同货物进出口直接关联的传统服务贸易项目，如国际运输服务、国际货物保险、国际结算服务等，在规模上、数量上都相应成倍增长。而国际投资的迅速扩大和向服务业倾斜，不仅带动了国际货物贸易的增长，而且带动了国际服务贸易的迅猛增长。特别是国际投资收益作为要素服务项目，其迅速扩张本身就构成海外服务贸易流量的扩大。

3. 新科技革命的有力推动

新科技革命特别是20世纪60年代兴起的信息技术革命，推动了国际服务贸易的迅猛发展。第一，高新技术的成果广泛应用到了服务产业，使许多原先"不可贸易"的服务转化成"可贸易"的服务，从而使国际服务贸易的种类增加，范围扩大。例如，一些传统的教育服务、健康服务一向被认为是"不可贸易"的服务，现今可被储存在磁盘或软件中进行买卖。信息技术和通信技术的发展，还促使银行、保险、商品零售等得以在全球范围内开展业务，为跨国界服务带来了机遇。第二，科学技术革命加快了劳动力和科技人员的国际流动，特别是促进了专业科技人员和高级管理人才向他国流动，推动国际服务贸易流量的扩

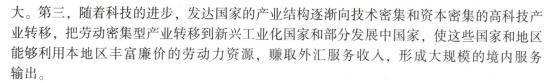

大。第三，随着科技的进步，发达国家的产业结构逐渐向技术密集和资本密集的高科技产业转移，把劳动密集型产业转移到新兴工业化国家和部分发展中国家，使这些国家和地区能够利用本地区丰富廉价的劳动力资源，赚取外汇服务收入，形成大规模的境内服务输出。

4. 世界经济一体化和社会生活国际化的促进

由于世界经济区域化、一体化的发展和各国人民生活水平大幅度提高，现代人的社会生活越来越国际化，出国旅游、接受教育以及聘请专门人才等，即使对于发展中国家的人民来说也可以轻松实现。在过去 40 多年间，旅游业成为国际上发展最快的行业之一，同社会生活国际化相关的服务贸易也得到了长足的发展。

二、国际服务贸易发展的特点

1. 国际服务贸易加速发展

国际服务贸易增长势头迅猛，国际服务贸易总额在全球贸易总额的比重已超过 20%。随着国际服务贸易自由化的发展，各国将进一步开放服务市场，国际服务贸易也将进一步发展。

1980—2018 年，全球服务贸易总额从 7 674 亿美元扩大到 112 539 亿美元，2018 年全球服务贸易总额约为 1980 年的 15 倍。特别是 2003—2008 年，全球服务贸易加速增长，服务出口和进口都保持了两位数的年增长率。2009 年，受金融危机影响，服务贸易额大幅度缩减，2010 年虽有所恢复，但仍未达到危机前的水平。2011 年，服务出口额为 4.17 万亿美元，服务进口额为 3.95 万亿美元，分别增长了 11% 和 10%，超过了 2008 年的水平。2012 年以后，周期性和结构性因素共同导致贸易增长减缓。2017 年和 2018 年，全球服务贸易实现强劲增长。

2. 国际服务贸易结构进一步优化

传统的国际服务贸易主要集中在运输、旅游和劳务输出与输入领域。随着科技的发展，世界服务贸易正逐渐由传统的以自然资源或劳动力密集型为基础的服务贸易转向以知识、技术密集型或资金密集型为基础的现代服务贸易。

在服务贸易三大类别中，其他商业服务是贸易额最大、增长最快的类别。分销服务、金融服务以及电信、视听和计算机服务等占世界服务贸易总额的一半以上。教育、卫生和环境服务等贸易额相对较小，但增长速度明显加快。以电子信息技术为主和以高科技为先导的一系列新兴服务将成为未来各国国民经济发展的主要支柱和强大动力。

3. 国际服务贸易发展不平衡

从服务贸易经济体来看，由于发展阶段和发展水平的不同，各国（地区）在服务贸易规模和竞争力方面差异悬殊。发达国家仍占国际服务贸易的绝对主导地位，占全球服务贸易总额的 2/3 以上，相当于发展中国家的 2 倍。近年来发展中国家在国际服务贸易中的份额增长超过 10%，但主要集中在中国内地、新加坡、韩国、中国香港和印度 5 个国家和地区，占发展中经济体服务贸易总额的一半以上。近 10 年来，发达国家服务贸易顺差逐年扩大，而发展中国家服务贸易逆差日益增大，差距短期内难以缩小。

4. 国际服务贸易全球化、自由化与贸易壁垒并存

各国产业结构的升级，必将不断推动服务贸易的发展，服务贸易的全球化、自由化是

大势所趋。由于服务贸易的发展空间和营利空间都很大，因此在服务业具有较强垄断竞争力或相对竞争力的国家或地区，会积极推动贸易的自由化和全球化，要求世界各国开放服务贸易市场。但是，由于服务贸易不存在关税壁垒，各国纷纷采用较为隐蔽的非关税壁垒来保护本国的服务业；同时由于各国经济发展水平与阶段的不同，在国际分工中处于不同的地位，他们从服务贸易的自由化和全球化中获取的利益是不对等的。为保护国内某些弱势服务产业，国际竞争力较弱的国家往往对本国服务市场的开放施加许多限制。

5. 全球服务贸易向数字化、智能化、平台化方向发展

随着移动互联网、大数据、云计算、人工智能、区块链等网络技术的广泛应用，以及网络经济、数字经济、平台经济等新经济的快速崛起，不断催生新兴服务业态，推动全球服务贸易向数字化、智能化、平台化方向发展。数字技术通过多方面影响全球贸易结构，促进服务贸易便利化、催生新的服务业态，传统贸易体系正在向以数字贸易为代表的新型国际贸易体系转型升级。目前，全球服务贸易中有 50% 以上已实现数字化，超过 12% 跨境实物贸易通过数字化平台实现。根据《2018 年世界贸易报告》，数字技术最重要的影响是显著降低了贸易成本。同时，技术变革将促进全球贸易特别是服务贸易的增长，发展中国家能获取更大的全球贸易份额，预估全球服务贸易占比将由 21% 增至 2030 年的 25%，发展中国家贸易占比将由 2015 年的 46% 增至 2030 年的 57%。

三、中国服务贸易的发展

（一）中国服务贸易发展现状

近年来，中国服务贸易规模迅速扩大，增速远高于世界平均水平，在国际服务贸易中的地位也不断提升，全面发展的格局已初步形成。然而，与发达国家相比还有很大差距，中国的服务贸易尚处于初级阶段，提升服务贸易发展水平仍然有相当广阔的空间。具体来说，中国服务贸易发展具有以下特点。

1. 中国服务贸易规模迅速扩大

目前我国不仅是货物贸易大国，也是服务贸易大国，已经成为全球服务贸易发展的重要推动力量。2017 年，中国服务进口比加入 WTO 时增长了 11 倍，占世界服务进口的比重从 2.6% 提升到 9%，位列全球第二位。2018 年服务出口 17 658 亿元，同比增长 14.6%，进口 34 744 亿元，增长 10%；服务出口跃居世界第 3 位，进口跃居第 2 位。2013 年到 2018 年 5 年间，中国服务进口对全球服务进口增长的贡献率达 25.8%，是推动全球服务进口增长的最大贡献者。预计到 2030 年，中国将成为全球最大的服务进口国。中国服务贸易的快速发展将为全球自由贸易的巨大推动力量。

2. 中国服务贸易长期处于逆差

长期以来，我国服务贸易年进口额超过出口额，服务贸易长期处于逆差状态，且逆差额不断扩大，2018 年服务贸易逆差达 1 761 亿美元。我国服务贸易逆差大部分来自旅游和运输差额。旅游服务贸易差额自 2009 年由正变负后，逆差额不断增加，目前已成为我国服务贸易逆差的最主要来源。2016 年服务贸易的逆差出现在运输、旅行、保险服务、知识产权使用费与个人、文化和娱乐服务等项目；建筑、金融服务、电信、计算机和信息服

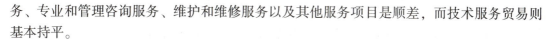

务、专业和管理咨询服务、维护和维修服务以及其他服务项目是顺差，而技术服务贸易则基本持平。

3. 中国服务贸易行业结构不断优化

在中国服务贸易出口结构中，传统服务贸易占较大比重，新兴服务贸易比重较小。传统服务贸易中，旅游、运输服务贸易一直居于首位，两者合计占中国服务贸易进出口总额的一半，是促进服务贸易总量增长的主要动力。

2017 年，运输、旅游、建筑三大传统服务贸易总额为 30 810.2 亿元，占服务贸易总额的 65.6%，比 2016 年下降 1.1%。其中，运输服务进出口额增长 15.5%，规模达 8 784.4 亿元。旅行服务贸易规模较上年下降 2.4%，规模达 19 831 亿元，在服务贸易总额中占 42.2%。建筑服务贸易规模创历史新高，达 2 194.8 亿元，增长 55.7%，其中出口增长高达 91.4%。相较于旅游、运输、建筑三大传统服务贸易领域，新兴服务贸易增势迅猛。其中，电信、计算机和信息服务进出口增长 22%，个人、文化和娱乐服务增长 23.8%，维护和维修服务增长 16.2%。知识产权使用费服务贸易总额增长 34.7%，其中进口额是出口额的近 6 倍，逆差规模扩大至 1 608.5 亿元。其他商业服务取代建筑业成为服务贸易进口额第三大服务类别。

4. 中国服务贸易地区发展不平衡

中国不同地区服务业发展水平存在明显的差异，东部沿海地区的服务业发展水平明显高于中西部地区，但在东部沿海地区，不同省市之间又存在较大差异。东部沿海发达地区在运输、保险、金融、计算机和信息服务、咨询服务和广告宣传等领域具有明显优势，是我国服务贸易的主要出口地区，超过 8 成的服务贸易集中在东部沿海 11 个省市，其中，北京、上海、广东、江苏、浙江约占 70%，而中西部地区的合计不足 15%。

5. 服务贸易全面发展的格局初步形成

2016 年，国务院批准《服务贸易创新发展试点方案》，同意在天津、上海、海南、深圳、杭州、武汉、广州、成都、苏州、威海和哈尔滨新区、江北新区、两江新区、贵安新区、西咸新区 15 个省市(区域)开展为期两年的服务贸易创新发展试点，2018 又将北京、雄安新区新增为试点地区，将哈尔滨新区调整为哈尔滨市，江北新区调整为南京市，积极打造北京、上海、广东服务贸易核心区和环渤海、长三角、珠三角服务贸易集聚圈，在此基础上积极发展"两横一纵"服务贸易辐射带，即东部沿海服务贸易辐射带、长江沿线服务贸易辐射带和面向中亚西亚的"一带一路"服务贸易辐射带，努力形成三核引领、纵横辐射、全面发展的服务贸易新格局。在境外布局方面，积极开拓"一带一路"沿线市场，扩大服务业相互开放；进一步巩固传统市场，提升与港澳台服务贸易合作水平，加强与发达国家服务贸易合作，深化与周边国家服务贸易合作；加快培育新兴市场，加强与具有独特产业优势国家的服务贸易往来，积极发展与拉美服务贸易，并以中非十大合作计划带动中非服务贸易发展。

(二)中国发展服务贸易的原因

1. 落实科学发展观、实现我国经济跨越式发展的需要

在步入服务经济时代的今天，发展服务业和服务贸易已成为重大战略任务。我国将发

展现代服务业和服务贸易作为国家战略的一部分，推进贸易结构的调整与升级，努力提高软实力，迅速缩小与发达国家在高端产业上的差距，并以此带动整个经济实现跨越式发展。

2. 提高国际竞争力、优化我国贸易结构的需要

将服务贸易作为贸易出口的战略重点，有利于优化贸易结构、提升出口层次和附加值，改善我国在国际分工中的地位，提高国际竞争力。

3. 实现产业结构升级、保持我国经济可持续发展的需要

发展服务贸易有助于改善企业生产经营，带动服务业发展，促进产业结构升级。我国坚持创新服务技术，创新服务业态，创新贸易渠道，提高服务业发展水平，使经济增长方式由数量型向质量效益型转变，打造带动经济高速发展的新引擎，实现可持续发展。

4. 构建和谐社会、提高人民生活质量的需要

发展服务贸易不仅能提供更好、更多的服务产品，而且还能创造大量高薪工作岗位，提高居民购买能力和消费水平。我国通过发展服务贸易还可以大幅缓解日益严重的能源、资源压力和环境污染问题，切实提高人民生活质量，为构建和谐社会的目标服务。

第三节　服务贸易总协定

一、《服务贸易总协定》的产生

《服务贸易总协定》(General Agreement on Trade in Service，GATS)作为世界上第一个多边服务贸易协定，其对全球服务贸易自由化的发展具有里程碑的意义。

(一)《服务贸易总协定》的产生背景

第二次世界大战以来，特别是第三次产业革命至今，服务业在各国国民经济中的地位逐步上升，发达国家更是如此。许多发达国家的服务部门生产总值占其 GDP 的比重在 1970 年就已经达到 60%。同时，随着经济全球化不断深入，国际分工细化和贸易与投资自由化的趋势日渐明显。国际商品、服务以及资本、技术、信息等各种要素部分实现了自由流动和配置，使各国经济相互影响，国际服务贸易实现了突飞猛进的发展，有些年份甚至超过了货物贸易的发展速度。

20 世纪 70 年代初，国际服务贸易作为独立的领域开始得到关贸总协定及其成员的关注，美国作为世界上服务业发展水平最高、服务贸易出口最多的国家，服务贸易始终保持顺差，急切期盼通过双边或多边谈判磋商，推动实现区域或全球服务贸易自由化。起初，欧洲众多发达经济体对美国的倡议表示担忧，但随着其对外服务贸易竞争力的日渐提高，也表示出对美国的支持。日本的服务贸易虽然总体上呈逆差状态，但为了改善同美国持续紧张的货物贸易关系，仍然加入了以美国为首的服务贸易自由化阵营。由此，发达国家基本统一了通过多边谈判机制加快推进国际服务贸易自由化的认识。

大多数发展中国家最初并未积极响应美国经济推动服务贸易自由化谈判，由于自身服

务业发展仍处于初级阶段，尤其是金融、保险、咨询等资本、知识密集型行业一时较难参与国际竞争，而且部分服务业涉及国家经济安全、国民意识形态等敏感问题，发展中国家普遍反对快速的服务贸易自由化。但随着发达国家在服务贸易自由化问题上达成共识，发展中国家的态度也有所松动。发展中国家意识到参与制定一个全面多边的服务贸易规则，有利于体现自身利益，还有助于利用规则，预防发达国家在这一新贸易领域采取单方面的行动，或是防止在区域贸易安排中出现对自身不利的歧视性做法。在双方的共同努力下，服务贸易作为崭新议题被纳入"乌拉圭回合"多边谈判议程，从此开启了多边协定约束下的世界服务贸易发展新阶段。

(二)《服务贸易总协定》的产生过程

《服务贸易总协定》的产生过程可分为如下三个阶段。

第一阶段从 1986 年 10 月 27 日"乌拉圭回合"服务贸易谈判正式开始到 1988 年 12 月中期审议前为止。这一阶段谈判的主要内容包括：服务贸易的定义；适用服务贸易的一般原则与规则；服务贸易协定的范围；现行国际规则、协定的规定；服务贸易的发展及壁垒等。在这一阶段谈判的分歧很大，主要集中在对国际服务贸易的界定上。发展中国家要求对国际服务贸易采用比较狭窄的定义，将跨国公司内部交易和诸如金融、保险、咨询、法律规范服务等非跨越国境的交易排除在外，而美国等发达国家主张使用较为宽泛的定义，将所有涉及不同国民或国土的服务交易都归为国家服务贸易范畴。多边谈判最终采取了欧共体的折中意见，即不预先确定谈判的范围，根据谈判的需要对国际服务贸易采取不同的定义。

第二阶段从 1988 年 12 月中期审议开始到 1990 年 6 月为止。谈判的重点集中在透明度、逐步自由化、国民待遇、最惠国待遇、市场准入、发展中国家更多参与、保障条款和例外等服务贸易的基本原则，而此后的工作主要集中在通信、建筑、交通运输、旅游、金融和专业服务各具体部门的谈判。发达国家和发展中国家的一些代表团向服务贸易谈判组分别提出了自己的多边框架方案，阐述了各自的立场和观点。1990 年 5 月，中国、印度、喀麦隆、埃及、肯尼亚、尼日利亚和坦桑尼亚七个亚非国家向服务贸易谈判组联合提交了"服务贸易多边框架原则与规则"提案，对最惠国待遇、透明度、发展中国家的更多参与等一般义务与市场准入、国民待遇等特定义务进行了区分。最后，《服务贸易总协定》的文本结构采纳了"亚非提案"的主张，并承认成员方发展水平的差异，对发展中国家做出了很多保留和例外，这在很大程度上反映了发展中国家的利益和要求。

第三阶段是 1990 年 7 月《服务贸易总协定》框架内容的基本确定到 1993 年 12 月最终达成《服务贸易总协定》为止。1990 年 12 月的布鲁塞尔部长级会议上，服务贸易谈判组修订了《服务贸易总协定多边框架协定草案》文本，其中，包含海运、内防水运、公路运输、空运、基础电信、通信、劳动力流动、视听、广播、录音、出版等部门的草案附件，但是，由于美国与欧共体在农产品补贴问题上的重大分歧未能最终结束谈判。

经过进一步的谈判，在 1991 年年底形成了《服务贸易总协定草案》。该草案包括 6 个部分、35 个条款和 5 个附件，规定了最惠国待遇、透明度、发展中国家更多参与、市场准入、争端解决机制等重要条款，基本上确定了服务贸易协定的结构框架。经过各国的继续磋商谈判，草案根据各国的要求进一步修改。1993 年 12 月 5 日，最终通过了《服务贸易总

协定》。

1994 年 4 月 15 日，各成员方在马拉喀什正式签署了《服务贸易总协定》，该文本在总体结构和重要内容上，对框架协议草案并没有进行重大的改变，只是在部分具体规范上有所调整。《服务贸易总协定》的最后文本包括 6 个部分、29 个条款和 8 个附录，于 1995 年 1 月 1 日正式生效。至此，长达 8 年的"乌拉圭回合"谈判终于正式结束，《服务贸易总协定》作为多边贸易体制下规范国际服务贸易的框架性法律文件，是服务贸易自由化进程中的一个重要里程碑。

二、《服务贸易总协定》的总体结构

《服务贸易总协定》由两大部分构成：框架协定和各缔约方按照协定第 20 条规定提交的具体义务承诺表。

1. 框架协定

框架协定由两个部分组成，即条款部分和附录部分。条款部分包括一个序言和六个部分共 29 条，明确了制定服务贸易各项原则和多边规则的基本宗旨，规定了适用于所有成员方的基本权利和义务。附录部分涉及"免除最惠国待遇义务""自然人提供服务活动""航空运输服务""金融服务""海运服务谈判""电信服务"和"基础电信谈判"等 8 个附录内容。

2. 具体义务承诺表

根据《服务贸易总协定》的规定，每一成员方都应制定一份承担一定义务的计划表，详细说明市场准入和国民待遇的范围、条件、限制及适当的时间框架等。各成员方的承诺计划表附于总协定之后，作为其组成部分。目前成员方大多已向世界贸易组织秘书处提交了服务贸易的开放承诺表，根据服务业的发展现状列出了其开放的具体服务部门。世界贸易组织秘书处按成员方组别，即发达国家、欠发达国家和经济转型国家分类，将成员方对各服务行业的开放情况整理汇总，并予以公布。

三、《服务贸易总协定》的主要原则

1. 最惠国待遇

GATS 的最惠国待遇条款规定，任何成员方给予任何其他国家的服务或服务提供者的待遇，应立即无条件地给予所有的协议缔约方。这一原则适用于服务贸易的各个部门，不论成员方是否将某个服务贸易部门对外开放，在采取有关的管理措施时都必须遵循最惠国待遇原则。但服务贸易的最惠国待遇有两个例外：一是任一成员方与其相邻边境地区交换，并限于当地生产和消费的服务所提供或授予的利益；二是一成员方在谈判中可提出要求免除最惠国待遇义务的部门和措施。但这种免除最惠国的年限不能超过 10 年。

2. 透明度

每一成员方必须把影响协定实施的有关法律、法规、行政命令及其他决定、规则和习惯做法，无论是由中央或者地方政府做出的，还是由政府授权的非政府组织做出的，最迟在它们生效前予以公布。任何成员方也必须公布其签字参加的所有影响服务贸易的其他国际协定。透明度的一个例外附则是，对于任何一成员方，对一旦公布就会妨碍其法律实施，

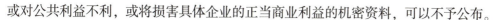

或对公共利益不利，或将损害具体企业的正当商业利益的机密资料，可以不予公布。

3. 发展中国家的进一步参与

发展中国家服务业发展水平较低，应该帮助他们提供服务业的效率和竞争力，特别是在获得商业性技术方面给予特别的支持。GATS 第 19 条第 2 款规定，全部或个别服务部门贸易自由化的进程将取决于缔约方各自的国家政策目标与发展水平。对发展中国家给予适当的灵活性，如少开放一些部门、放宽较少类型的交易、根据发展情况逐步扩大市场准入程度等。在协议中纳入这一条相当重要，因为它承认了发展中国家采取的旨在加强其服务能力等措施的合法性。

4. 国民待遇

国民待遇在总协定中并不适用所有部门，而是针对每一成员方在承诺义务的计划表中所列的部门。根据规定，每一成员方应在其承担义务的计划表所列的部门或分部门中，根据该表所述条件和资格，给予其他成员方的服务和服务提供者以不低于给予其本国相同的服务和服务提供者的待遇。当然，如果外国服务提供者本身竞争力较弱，则在享受同等竞争条件时受到损失，不能要求给予赔偿。

5. 市场准入

当一成员方承担对某个部门的市场准入义务时，他给予其他参加方的服务和服务提供者的待遇，应不低于其在具体义务承诺表中所承诺的待遇，包括期限和其他限制条件。

关于发展中国家提出的具体承担义务，GATS 采纳了"肯定清单"方式，将能够开放的部门、下属部门和交易列入目录，把市场准入和国民待遇的概念划分开来，并在承担义务计划安排中为市场准入和国民待遇设立单独的栏目。因为根据总协定，市场准入和国民待遇条款不属于一般责任，但可作为个别部门和分部门议定的承担义务进行交流。

6. 逐步自由化

在服务贸易领域逐步实现自由化，是非常务实的，这一点对于发展中国家和地区尤为重要。GATS 第 19 条规定，发展中国家不应该被要求承担与其发展目标和技术目标相抵触的自由化方式，而且发展中国家的逐步自由化应根据他们的市场竞争能力和服务出口的实际水平来进行，而不应由假象的市场机会来评价。

四、《服务贸易总协定》的意义

《服务贸易总协定》的制定是自关贸总协定成立以来在推动世界贸易自由化发展问题上的一个重大突破，它将服务贸易纳入多边体制，标志着多边贸易体制渐趋完善。首先，它为服务贸易国际化、自由化及法制化奠定了基础；其次，协定对发展中国家给予了适当的照顾；再次，它有利于促进各国在服务贸易方面的合作与交流；最后，GATS 将一般义务与特定义务分开规范的做法，使成员方在服务贸易领域既要遵守共同的原则和普遍的义务，又可根据本国服务业发展的实际情况安排服务市场开放的步骤，使本国服务业和经济发展不致受到严重冲击。

本章小结

在经济全球化的大背景下，服务贸易在全球国际贸易中的比重日益提高，世界经济正在向服务型经济转型，服务贸易是世界经济发展的制高点，也是各国经济竞争的焦点。国际服务贸易在一国的经济活动中的地位越来越重要，但是发展中国家和发达国家之间仍存在巨大差距。服务贸易正朝着知识、技术密集型领域发展。中国服务贸易的发展仍处于初级阶段，服务贸易发展水平仍然有相当广阔的空间。在经济全球化的推动下，在跨国公司的要求以及科技革命的作用下，《服务贸易总协定》作为世界上第一个多边服务贸易协定，对全球服务贸易自由化的发展具有里程碑意义。

思考题

1. 服务的基本特征有哪些？
2. GATS 如何对国际服务贸易进行定义？
3. 国际服务贸易的发展具有哪些特点？
4. 中国服务贸易发展的特点是什么？
5. GATS 对最惠国待遇原则有哪些规定？
6. GATS 的发布有哪些意义？

本章思考题参考答案

教学目的

- 了解数字贸易的兴起
- 熟悉中国数字贸易发展

关键术语

数字贸易　数字产业　数字技术　电子商务

国贸视野

数字贸易加速崛起，成为中国服务贸易发展新亮点

近年来，中国数字贸易发展迅速。疫情期间，线上办公、远程医疗、在线教育等数字经济快速发展，更是让插上了数字化"翅膀"的贸易新形态成为助力中国经济发展的新亮点，由此催生出的数字化技术解决方案和数字贸易逐步普及，为经济复苏注入了新动能，也改变着中国百姓的消费习惯。中国商务部副部长王炳南此前曾表示："一方面，数字贸易能够通过数据流动加强产业间的知识和技术要素的共享，引领各产业协同融合，带动传统产业数字化转型并向全球价值链高端延伸。另一方面，数字技术带来颠覆性的创新，也催生大量的贸易新业态、新模式。"

作为服务贸易的重要组成部分，近年来，中国数字贸易发展迅速。商务部数据显示，2019 年，中国数字贸易进出口额达 2 036 亿美元，比上一年增长 6.7%，高出同期服务进出口增长率 8.1 个百分点。同时，中国数字贸易市场主体持续壮大，在 2019 年全球企业 500 强中，中国有 217 家企业上榜，总估值 9 413.79 亿美元，位居世界第一。

中国多个自贸试验区也在尝试以数字贸易为新引擎，积极推进数字产业化、产业数字化，引导数字经济和实体经济深度融合。2020 年 9 月设立的北京自贸试验区，将通过增强数字贸易国际竞争力、鼓励发展数字经济新业态新模式、探索建设国际信息产业和数字贸易港等近 20 项措施，开展高水平数字经济和数字贸易先行先试改革；2020 年 11 月浙江省发布的有关支持自贸区扩区的相关政策草案，也提出要"加快建设数字自贸区，以市场化

方式推进 eWTP 的全球布局"的目标。

面对中国数字贸易带来的新机遇,不少贸易伙伴也期待参与其中。中国欧盟商会副主席马晓利表示:"很多欧洲国家的政府都积极参与到数字贸易中来,很多行业也积极探索数字贸易新机遇。这是因为我们看到了数字贸易带来的新机遇,它能够让我们有机会去接触新的市场,进入新的市场。"

中国国家工业信息安全发展研究中心 2020 年 10 月发布的一份报告显示,2019 年,中国数字贸易顺差为 1 873.9 亿元,同比增长 46.1%。其中,电信、计算机和信息服务贸易顺差最大,达 1 904.8 亿元,成为中国最具海外优势的数字服务产业。同时,随着服务业扩大开放、数字贸易高质量发展等政策红利进一步显现,相比 2018 年,电信、计算机和信息服务的贸易顺差增长了 17.5%,中国在电信、计算机、信息技术等领域的国际市场竞争力正在稳步提升。

中国信息通信研究院政策与经济研究所高级工程师岳云嵩告诉记者,数字贸易源于数字经济的国际化,应该结合中国数字经济发展所处的特定位置、阶段去考虑数字贸易的发展;在当前阶段,我们应探索构建数字贸易国内国际双循环相互促进的新发展格局。他表示,从国内市场看,需统筹推进中国数字市场建设和发展,具体举措包括加快新型基础设施建设、推动数据要素市场建设、着力提升产业基础能力、推进实体经济数字化转型、优化数字营商环境等。而从国际市场看,应积极融入全球数字分工与治理体系建设。

岳云嵩说:"推动数字经济发展,一是推动数字服务出口试点示范,推动国家数字服务出口基地建设,支持基地发展信息技术服务、数字内容服务出口、离岸服务外包以及服务型制造,鼓励传统制造业数字化以及基地内企业开展战略合作。二是构建适应开放需求的数字治理体系,深入研究开放环境下原有数字经济监管治理逻辑或原则的适用性,完善对跨境数据、数字服务的监管。三是支持数字服务领域扩大开放,在上海、海南等自贸区进行试点,有序开放数据中心、云服务等增值电信业,支持外国企业来华投资兴业。四是积极参与全球数字贸易规则体系构建,建设有益于我国数字产业发展的国际规则环境。"

中国商务部副部长王炳南表示,未来数字贸易必将成为中国对外开放向格局更优、层次更深、水平更高方向发展的重要抓手。中国将抓紧形成数字贸易中国方案:"下一步,商务部将进一步明确中国数字贸易的发展定位,提出适合我国国情的数字贸易战略和工作举措,积极营造有利于数字贸易发展的治理环境,抓紧形成数字贸易的中国方案。"

资料来源:数字贸易加速崛起 成为中国服务贸易发展新亮点 https://baijiahao.baidu.com/s?id=1686290725768092638.国际在线.作者有整理

第一节　数字贸易的兴起

一、数字贸易的概念

目前,学术界尚未对数字贸易有权威的准确定义,较被认可的一种概念是"依托互联网为基础,以数字交换技术为手段,为供求双方提供交易互动所需的数字化电子信息,实现以数字化信息为贸易标的,创新的商业模式"。

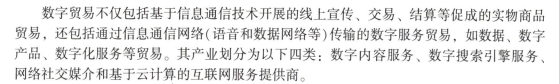

数字贸易不仅包括基于信息通信技术开展的线上宣传、交易、结算等促成的实物商品贸易，还包括通过信息通信网络(语音和数据网络等)传输的数字服务贸易，如数据、数字产品、数字化服务等贸易。其产业划分为以下四类：数字内容服务、数字搜索引擎服务、网络社交媒介和基于云计算的互联网服务提供商。

二、数字贸易的兴起

数字贸易的兴起源于数字经济，其早期的表现形式主要为电子商务，是全球化和数字经济发展到一定阶段的产物。根据美国商务部经济与统计管理局的统计，2011年美国通过数字传输的数字交付服务贸易出口为3 574亿美元，占美国服务出口的比重超过60%，占其货物和服务出口的17%。从数字产品服务出口的增加值来看，其在美国出口增加值中的比重更高，占美国整个对外贸易的比重甚至超过了1/3。考虑到其在去中介化、降低贸易成本和提高生产率方面的重要作用，数字贸易的积极作用逐渐引起了世界各国的高度重视，传统国际贸易的方式和渠道发生着深刻的变革。美国国际贸易委员会在2013年发布的《美国和全球经济中的数字贸易》中指出，由于数字贸易的影响，导致了国际贸易成本的降低和生产率的提升，预计会使当年美国国内生产总值增长率从3.4%上升到4.8%，实际工资增长率从4.5%上升至5.0%。该报告还指出，如果在非数字密集领域，贸易成本降低和生产率提高也能予以量化的话，那么整个估计值可能会更大。

作为数字经济与全球贸易大国，中国数字贸易也在强势崛起，并在一定程度上成为改变全球贸易市场的重要参与和推动力量。《中国数字经济发展白皮书(2017年)》显示，2016年中国数字经济总量达22.6万亿元，同比增长近19%，占GDP的比重超过30%。数字经济的蓬勃发展，为数字贸易的强劲增长奠定了坚实的基础。国家统计局《2016年国民经济和社会发展统计公报》显示，2016年中国实现网上零售额51 556亿元，同比增长26.2%。在企业层面，电子商务搜索引擎、网络社交、云计算等领域的公司正在迅猛崛起。以数据搜索、电子商务、社交平台为主营业务的BAT(B百度，A阿里巴巴，T腾讯)三巨头，除百度外，自2014年以来企业营业收入年均增长率均保持在30%以上。此外，正在异军突起的网络电商京东以及数字技术提供商华为，依托大数据服务及技术创新，已逐渐成为改变中国传统商业版图、凝聚创新要素、与国际同行竞争的重要力量。

三、数字贸易的发展特征

与传统贸易相比，数字贸易发生的行为本质、内在动因、贸易利得并未改变。数字贸易的本质为生产要素及最终产品(服务)在不同主体之间的转移；内在动因为贸易伙伴国之间技术水平的相对差异带来的贸易成本差异，使得一国可专业化生产具有相对比较优势的产品；贸易利得表现为贸易伙伴国生产的扩大和消费的增加，价格水平以及产品多样化的变化，最终表现为各国社会福利水平的提高。然而，与传统贸易相比，数字贸易在比较优势的来源、国际贸易的模式、贸易标的物的构成、国际贸易的主体、国际分工的组织形态、贸易监管要求等方面均具有新型的特征。

(一)数据和数字技术是数字贸易时代的新型比较优势来源

在传统国际贸易中，劳动力、资本、技术以及地理位置、基础设施和制度因素均是一国比较优势的来源。然而，随着移动互联网、人工智能等数字技术能够逐渐替代不同技术水平的劳动力投入，劳动力禀赋在国际贸易中的作用将逐渐降低，物理基础设施、跨境手续和空间距离对国际贸易的制约作用也相对降低，而与数字技术相关的知识密集型资本与无形资产的重要性却在显著提升。数据和信息构成现代数字时代中个人、社会和商业活动的基础，数字技术以及收集、使用和分析数据的能力是数字密集型产品出口的比较优势来源，成为数字经济快速发展的驱动因素。此外，随着基于数据收集、数据存储、数据分析和建模的"数据价值链"的形成，与之相关的数字基础设施、数据流动监管、知识产权、隐私和个人数据保护制度也成为影响一国数字贸易比较优势的重要来源。

(二)线上互联网平台成为数字经济协调和配置资源的基本经济组织

传统贸易在固定经营场所和常设机构发生，依靠代理商、批发商、零售商等中间环节，通过纸质单据和书证材料完成交易。在数字贸易中，数字平台代替了传统的贸易中间商连接供给和需求，一方面为供应商提供互联网平台接入、商品展示、接收订单的渠道，另一方面为消费者提供快速搜索并匹配需求的服务，同时提供包括在线支付、进出口、物流、营销、保险和消费者保护的服务，最终集成数字贸易的商品流、资金流和信息流。数字平台通过为供应商和消费者提供设施和服务，收取佣金和服务费，并通过不断优化用户界面和用户体验，为供应商和消费者提供便捷的访问与对接，降低了信息的非对称性和碎片化，削弱了地理距离对国际贸易的制约作用。

(三)服务贸易在数字贸易时代的重要性显著提高

根据 WTO 的研究显示，服务贸易占国际贸易的比重从 1995 年的 18% 提高为目前的 23%，以增加值计算的服务贸易占增加值贸易的比重更高达 50% 左右。服务贸易的快速增长与互联网普及率和使用率的提高显著相关。一方面，数字技术的发展提高了数字网络的效率，形成了快速发展的数字基础设施，电信服务、计算机和信息服务，其他商业服务和金融服务等"可数字化服务"获得巨大发展，其增长速度远超旅游、运输等传统服务。另一方面，数字技术的发展大大降低了通信和交易成本，减少了空间距离对国际贸易的制约作用，将部分传统线下服务转变为线上服务，创造了提供服务贸易的新方式，扩大了跨境交易的服务范围种类。例如，在教育领域，数字技术可以创建虚拟教室，通过视频录制讲座、数字幻灯片、数字问题集和在线论坛，为全世界的学生提供开放在线课程。

(四)数字贸易改变了传统货物贸易的结构

美国推出了"大数据研究与发展战略"和"联邦大数据研究与开发计划"，不断加强大数据产业布局。欧盟提出了"数据驱动经济战略"，倡导欧洲各国抢抓大数据发展机遇。数字技术的变革直接带动信息技术部门的跨越式发展，信息技术产品出口成为世界贸易增长最快的部门之一。2016 年信息技术产品贸易额是 1996 年的三倍，约占全球商品出口的 15%。从贸易成本的角度看，数字技术对贸易成本的削减作用取决于贸易成本的结构和数字化成本的比例，其对通信成本、运输成本、监管合规成本和交易成本的影响最为显著。因此，数字技术的应用将大幅提高时间敏感型商品、认证密集型商品和合同密集型商品在传统货物贸易中的比重。另一方面，数字技术也大大降低了复制、创建、访问和传播创造性工作的成本，电子书、新闻应用软件、内容流媒体或下载服务逐渐取代实体书籍、报纸、录像、DVD 和音乐唱片，这使可数字化有形商品在国际贸易中的比例不断下降。据 WTO 统计，可数字化有形商品占全球进口总额的比重已由 2000 年的 2.86% 下降为 2016 年的 0.8% 左右。

（五）数字贸易主体由大型跨国公司向中小企业和个人消费者扩大

在传统贸易中，受规模经济的制约，固定成本是阻碍中小企业和数字密集型产品生产企业参与国际贸易的重要阻力。然而，距离成本对数字贸易效率的影响程度仅为传统线下贸易的35%。数字贸易削弱了市场的物理距离，剥离了固定成本（表现为在线搜索成本）与距离的相关关系，帮助中小企业实现规模经济，降低出口成本。此外，数字平台一方面可以为中小企业提供与大型跨国公司完全相同的捕获信息的渠道，促进竞争性贸易环境的形成，使市场机制更大限度地发挥作用；另一方面，还可以为消费者提供及时、快速、深入了解中小企业的途径，提高消费者对中小企业出口商的认知程度。从存活率来看，在全球互联网平台上进行贸易的中小企业的存活率为54%，比离线企业高出30%。

（六）数字贸易可能会加速全球价值链生产布局的碎片化

信息通信技术、射频技术、区块链技术等新型数字技术通过降低价值链贸易的通信成本、运输和物流成本、匹配和核查成本提高了全球价值链的透明度，进而拓展了价值链贸易的长度与复杂度，进一步实现国际贸易生产制造、物流、研发、设计、销售、消费环节的空间布局的分散性。另一方面，3D打印等新型技术创新了未来货物运输和交付的形态，可将互联网下载的数据文件在本地生成物理对象，"数字传输、本地生产"成为数字经济时代货物贸易的新业态。从长期来看，3D打印技术将减少生产步骤，降低对中间生产环节以及库存、仓储、分销、包装的需求，最终改变零部件和中间品全球价值链的布局和运作模式，进而引发制造业回流发达经济体，从而加剧割裂劳动力密集型国家与资本和知识密集型国家之间的差距。

（七）数字贸易对"边界后措施"一体化程度的要求更高

20世纪传统国际贸易的主要形式为"一国生产、一国销售"的最终品贸易，国际经贸治理以互惠关税削减、扩大市场准入为核心内容。21世纪国际贸易的主要形式演变为"世界生产、全球销售"的价值链贸易，而服务、投资、知识产权保护、竞争政策等"边界后措施"的规制协调成为贸易谈判与协定的主要内容。在数字贸易时代，数字产品订购和交付的数字化在一定程度上缓解了距离、基础设施建设、物流等传统贸易壁垒对贸易的制约程度，与此同时，数字产品的市场准入、数据的跨境自由流动、网络安全等数字贸易所特有的新型贸易壁垒对贸易的制约程度却不断凸显，它们已成为当前制订国际贸易新规则的焦点性议题。

四、数字贸易带来的新机遇

数字技术的发展与数字经济的扩张创造了许多新的经济机会，然而数字贸易利得并非在所有国家或地区间公平分配，它将根据不同行为主体自身发展水平和参与数字经济的程度产生差异影响。

（一）数字贸易将降低贸易成本，提高生产效率，刺激技术创新，进而带动全球经济生产效率

数字技术的发展不仅使数据和信息可以近乎零边际成本地在世界范围内迅速传输，同时提供了现代化运输管理系统、货物实时追踪系统等兼具高效率、低成本优势的途径对货物和服务进行运输和配送。另一方面，与距离相关的贸易成本在企业定价行为中所占的比

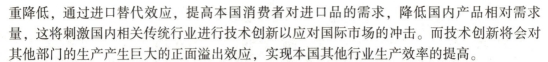

重降低，通过进口替代效应，提高本国消费者对进口品的需求，降低国内产品相对需求量，这将刺激国内相关传统行业进行技术创新以应对国际市场的冲击。而技术创新将会对其他部门的生产产生巨大的正面溢出效应，实现本国其他行业生产效率的提高。

（二）数字贸易将对全球就业产生正向促进作用

在传统产业中，数字技术以牺牲就业的形式提高企业生产效率，进而增强本国企业在国际市场中的贸易竞争力。然而，"数字化"没有摧毁一个工作机会，同时将在上下游行业或互补性行业中创造2.6个新的就业机会。更为重要的是，在数字经济时代，货物和服务均以数字信号的形式存在，有形贸易与无形贸易的边界逐渐融合，可贸易品与不可贸易品的边界日渐模糊，供各国参与国际贸易和国际分工的服务与产品在广度和深度上均呈现出多样化特征，其所激发的"间接就业影响"将对各国就业产生显著的放大效用。此外，互联网技术将简化职位搜索流程，提高空缺职位与员工间的匹配程度，实现企业在世界范围内筛选与雇佣员工，提高人力资源配置效率，降低结构性失业人数。特别是中小企业作为最主要的就业岗位创造者，创造了全球66%的就业岗位和86%的新岗位。随着中小企业成为数字经济时代的最大受益者，其对全球就业的正向促进作用也将进一步扩大。

（三）数字贸易将化解中小企业和发展中国家在传统贸易中的竞争和区位劣势

搜索、收集和处理国外市场信息是阻碍中小企业参与国际贸易的主要壁垒，而数字技术的发展有效缓解了国际贸易中的信息摩擦与信息不对称现象。互联网中介平台为中小企业提供完善的营销与网络基础设施，同时将为中小企业提供一体化的人员培训、客户服务和数据分析等配套服务，极大降低中小企业自建网络平台的技术性壁垒及成本。于发展中国家而言，由于数字密集型行业具有巨大的规模经济和范围经济效应，大型发展中国家国内的市场效应有效保证了其进入国际市场的竞争力，成为数字经济发展的最大受益者。此外，随着物理性基础设施、地理因素、通关效率、制度因素等传统比较优势来源的重要性相对降低，内陆或偏远地区的经济体以及基础设施和海关程序欠发达的经济体将通过建立信息和通信技术产业获得进一步融入全球经济体系的机遇。

（四）数字贸易将推动消费品供给向多样化、定制化转变，提升消费者福利水平

互联网技术的进步使供应商得以精确衡量消费者需求，更好地组合消费者偏好，实现个性化产品设计和定制，从而推动国际贸易向大规模定制化方向转变。最终，相似而高度差异化的产品贸易增加，从而满足不同消费者的偏好。此外，在货币收入不变的条件下，数字贸易通过促进定价竞争、降低价格和产品供给多样化提高一国实际收入水平，提高消费者福利。

（五）对多边数字贸易规则的谈判可加强WTO在国际经贸治理中的中心地位，同时对其他新规则的谈判具有重要的政策启示含义

2019年1月，中国、美国、欧盟、日本、俄罗斯等76个WTO成员方发表《电子商务联合声明》，确定各成员方有意在WTO现有协定和框架的基础上，开启与贸易有关的电子商务议题谈判。在WTO改革前景未卜的形势下，数字贸易和电子商务议题是目前为数不多的符合各国贸易谈判诉求，兼顾发展中国家和发达国家共同利益的议题之一。在WTO框架内对电子商务和数字贸易规则的谈判方面可更新与完善现有WTO"电子商务工作项目"的内容，打破该项目多年来始终无实质性谈判成果的现状，同时为WTO规则谈判职能

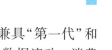

注入新的内涵与活力；另一方面，数字贸易作为典型的"交叉性议题"，兼具"第一代"和"第二代"贸易政策的特征，包括货物贸易、服务、知识产权、竞争政策、数据流动、消费者隐私等多个议题，该领域规则的达成不仅将直接对相关议题的市场准入及规制融合程度产生引领效应，还将对其他交叉性议题的谈判产生十分重要的借鉴作用。

第二节　中国数字贸易的发展

从国际发展趋势来看，发展数字贸易是我国新时期经济发展的必然要求，是引领我国经济高质量发展的重要推手。近年来，我国数字贸易强势崛起，发展迅猛。同时，我国对数字贸易的发展定位尚不明确，缺少战略性顶层设计，未能推出符合本国利益的数字贸易规则主张，相关法律法规、统计体系也有待完善和健全，可数字化服务产业国际竞争力仍相对较弱。数字贸易将在未来经济增长中发挥极其重要的作用，这一判断已经得到国际社会的广泛认同。

一、我国数字贸易发展现状

(一)数字贸易强势崛起，发展迅猛

"十三五"期间，我国在 19 部法律法规、政策措施中提到数字贸易，包括宏观部署、网络安全、数据治理、先行先试、行业促进等多个维度，初步形成了推动数字贸易发展的政策体系框架。数据显示，我国数字贸易规模从 2010 年的 1 266.18 亿美元增长到 2020 年的 2 939.85 亿美元，较 2010 年增长了 132%，年均增速达 8.79%，数字贸易处于加速上升期。2020 年，我国可数字化交付的服务出口额占服务贸易出口总额的比重为 55%，低于全球 63.55% 的比重，仍有较大发展空间。

(二)数字产业创新发展，为数字贸易奠定坚实基础

我国数字经济发展趋势良好，数字产业化和产业数字化已初具规模，在服务外包、电信、计算机信息服务等领域已具有较强的国际竞争力。此外，我国已经拥有腾讯、阿里、百度等一大批国际知名的数字企业，同时得益于 14 亿人口的超级大市场，应用场景广阔，为大数据+AI 等新业态、新模式的涌现提供了发展的沃土，为数字贸易发展奠定了坚实基础。

(三)开放之门越开越大，为数字贸易创造良好制度环境

近年来，我国在数字贸易领域不断提升对外开放水平。一方面，不断压缩外资准入负面清单，允许更多境外优质数字服务企业来华发展；另一方面，我国出台了《海南自由贸易港跨境服务贸易特别管理措施(负面清单)(2021 年版)》，这是继外资准入负面清单之后，我国在对外开放领域又一重大制度性开放举措，降低了跨境交付模式下的数字贸易准入门槛，有利于促进数字贸易加速发展。

二、我国数字贸易发展存在的主要问题

(一)数字贸易发展定位亟待进一步明确

我国尚未对数字贸易给出明确的概念及发展定位，这与现阶段数字贸易发展形势不相

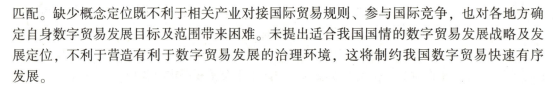

匹配。缺少概念定位既不利于相关产业对接国际贸易规则、参与国际竞争，也对各地确定自身数字贸易发展目标及范围带来困难。未提出适合我国国情的数字贸易发展战略及发展定位，不利于营造有利于数字贸易发展的治理环境，这将制约我国数字贸易快速有序发展。

(二)缺少数字贸易系统性战略布局

我国现有重大战略中还未充分融入对数字贸易的设计和考虑，使数字贸易发展缺乏有效指引，在财税、金融、人才等方面也未出台明确的支持政策，使得高端专业技术人才和管理人才相对缺乏。缺少系统性战略布局不利于我国在数字贸易国际竞争中取得优势。

(三)可数字化服务产业国际竞争力较弱

在我国可数字化服务产业中，除服务外包、电信、计算机信息服务等具有较强国际竞争力外，知识产权、保险、个人文化娱乐服务都还处于逆差状态。企业在核心技术、基础软件方面多依赖进口。较弱的国际产业竞争力，使我国被锁定在全球数字经济价值链的中低端。

(四)尚未推出我国数字贸易国际规则主张

当前，数字贸易规则的制定已成为国际社会关注的焦点。发达经济体通过签订自由贸易协定和向WTO提交提案的方式，对外输出其数字贸易规则主张。目前在我国所签订的一系列自由贸易协定中，对数字贸易相关议题尚未给予足够的重视，涉及有关数字贸易的国际贸易谈判，仍侧重于跨境电子商务。相较于美国积极推出符合自身发展利益的国际贸易规则诉求，我国还处于被动适应的状态。

(五)数字贸易相关法律法规有待完善

我国对数字贸易还未出台针对性的法律法规，只有一般性法律条款，且所涉及范围有限，各法律主体的权利与义务不够明确，尚不能完全适应数字贸易发展的需要，对数据安全、个人隐私、知识产权保护等方面的法律法规还有待进一步完善。

三、世界主要发达经济体数字贸易的发展经验

(一)美国

美国是最早洞悉数字经济时代"秘密"并关注数字贸易国际规则制定的国家，早在1997年就公布了《全球电子商务纲要》，对刚刚萌芽的网络零售进行了分析。在随后的1998年，美国商务部发布研究报告《浮现中的数字经济》，对人类社会从工业经济走向数字经济的发展趋势做出了轮廓性的描述，在全球引起了巨大反响。2013年，美国国际贸易委员会发布了第一份《数字贸易报告》，对数字贸易的发展趋势进行了研判，认为数字贸易是促进其他行业贸易的重要方式，并提出了估算数字贸易对美国经济潜在影响的方法。在诸如云计算、平台服务和数字产品等领域，自2011年起，美国又先后发布了《大数据研究和发展计划》《联邦云计算战略》和《支持数据驱动型创新的技术与政策》等一系列战略规划。

在数字贸易国际规则制定上，美国更是走在了世界前列。美国国际贸易委员会是最早对数字贸易进行定义并对其内容进行分类的专业机构。尽管与以欧盟为代表的一些经济体

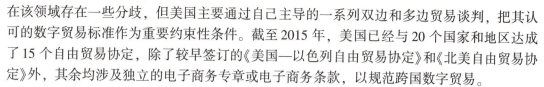

在该领域存在一些分歧，但美国主要通过自己主导的一系列双边和多边贸易谈判，把其认可的数字贸易标准作为重要约束性条件。截至 2015 年，美国已经与 20 个国家和地区达成了 15 个自由贸易协定，除了较早签订的《美国—以色列自由贸易协定》和《北美自由贸易协定》外，其余均涉及独立的电子商务专章或电子商务条款，以规范跨国数字贸易。

（二）英国

同样作为老牌资本主义强国的英国，也对数字经济和数字贸易显示出了极大的热情。英国政府于 2015 年发布了《数字经济战略(2015—2018)》，把数字经济上升为国家战略。2017 年 3 月又发布了《数字英国战略 2017》，提出七大战略：基础设施连接技术培训、产业发展、不同产业融合、网络空间安全、数字政府和开放数据等。具体包括：建立世界一流的数字连接基础设施，让每个英国人都能获得他们需要的数字技能，让英国成为启动和发展数字经济的最佳场所，帮助每一个英国企业开展数字经济相关业务，营造世界上最安全的在线生活和工作网络空间，维持英国政府的世界领导地位和在英国经济中释放数据的力量。

从战略的实际执行情况来看，为了促进数字贸易发展，英国政府还从两个方面开展了务实的行动：一是建立出口支持体系，采用数字技术建立了一个智能数据库（great. gov. uk），将其与中国的阿里巴巴和美国的亚马逊连接起来，大力推广在线销售；二是优化海关服务，根据数字技术的发展，建立更灵活高效的新海关报关系统，以取代旧的报关服务系统，使之适应贸易方式发展的需要。

（三）日本

日本政府曾试图通过数字经济来摆脱金融危机的影响，解决国内创新能力不足的问题。早在 2009 年，为应对全球金融危机，日本政府公布了"数字日本创新计划"（ICTHatoyamaPlan，亦称 ICT 鸠山计划），主要包括数字化产业、云计算等九个行动计划。为了促进数字经济的发展，日本政府还先后出台了《e-Japan 战略》《u-Japan 战略》和《i-Japan 战略》，围绕制造业领域的数字技术应用、数字政府建设(任何人、任何时间都可以在任何地点接入政府的公共部门数据，享受政府的公共服务)、数字网络安排等领域展开。但值得注意的是，在数字贸易国际规制上，日本朝野上下紧跟美国步伐，基本没有有力的反对声音。

（四）欧盟

欧盟对数字经济关注已久，早在 2010 年 3 月出台的《欧洲 2020 战略》中就将数字化议程列为七项旗舰计划之一。2012 年欧盟又公布了 2013—2014 年欧洲数字经济优先发展计划。根据欧盟委员会(欧委会)2017 年 1 月发布的《打造欧洲数据经济》，2015 年欧盟数字经济创造的价值为 2 720 亿欧元，接近欧盟 GDP 的 1.9%。

为了应对日益兴起的数字经济在贸易领域的影响，2017 年 11 月 23 日，欧洲议会国际贸易委员会通过了《数字贸易战略》报告，报告就电子商务、网络中立、保护在线消费者等议题向欧委会提出了建议。报告认为，欧盟应对数字贸易的国际规则和协定设立标准，确保向第三国开放数字产品和服务；应让贸易规则为消费者创造有形的利益，引导数字贸易尊重消费者基本权利。报告还认为，欧盟应增加给予贸易伙伴"充分性认证"的数量。但到目前为止，只有 5 个国家获得了欧盟的该项认证。同时，报告还呼吁欧盟加快在贸易协定中设立数据流动章节，禁止强制性要求数据本地化。

而从数字贸易壁垒来看，作为全球最重要的经济体之一，欧盟在数字贸易领域与美国存在一定的分歧。除了在个人数据保护、跨境数据传输方面存在较大分歧外，在数字贸易单一化市场方面，2016年9月14日，欧委会发布了一系列提案，更新和改革数字环境中与版权相关的规则。这些提案包括新出版者的权利；允许重新开放创作者、制作者与出版者之间的合同协议；文本和数据挖掘版权的有限例外；用于在线广播传输的新版权许可机制；对由用户上传大量内容的在线平台施加义务，要求其与权力所有者合作并采取有效措施控制侵权。

为推进数字贸易便利化，2010年10月6日，欧盟在布鲁塞尔与韩国正式签署《韩国—欧盟自由贸易协定》。2013年10月，欧盟与加拿大就《全面经济与贸易协定》的关键条款达成政治协议。2015年12月2日，与越南签署《越南—欧盟自由贸易协定》。截至目前，欧盟还在与东盟的另外两个成员马来西亚和泰国，以及亚洲的日本进行谈判，旨在达成类似的协定。从已经达成协议的文本来看，都有数字贸易的专门条款，如关税的减免、信息的保护等。

四、我国数字贸易发展的路径选择

（一）加强数字贸易顶层设计，指明数字贸易发展方向

将推动数字贸易发展上升到国家战略高度，优化数字贸易顶层设计，在国家层面明确数字贸易的概念界定和统计范畴，制定数字贸易制度框架，出台符合我国国情的数字贸易发展指导方案及相关举措，构建良好的数字贸易治理体系，营造良好的数字贸易发展环境，为数字贸易走科学发展之路提供有力支撑。行业主管部门应加快研究并出台促进数字贸易发展的指导意见，明确我国数字贸易发展路径，促进我国数字贸易高质量发展。

（二）大力发展数字基础设施建设，夯实数字贸易发展基础

互联网是数字贸易发展的基础，新时期应加快城镇和农村网络普及，实现互联网全覆盖；加快数字基础设施建设；发挥我国在5G技术领域的国际优势；推动人工智能、区块链、大数据、云计算和金融科技等新兴数字技术快速发展；打造数字化程度更高、智能化水平更强、网络化连接更广的综合型、智能型数字基础设施；为数字贸易高质量发展奠定坚实基础。

（三）加快数字产业化进程，增添数字贸易活力

数字产业是数字贸易发展的基础，要进一步推进第一、第二产业数字化转型，利用数字技术带动传统产业提质增效，形成第一、第二产业辅助性数字服务发展生态；加速传统服务业数字化变革，推动更多传统服务业态加入数字化转型行列，扩展可数字化服务范围；对数字技术催生的新业态、新模式持更加包容的态度，在保证国家经济安全的前提下，鼓励其快速发展。

（四）完善数据监管机制，试点跨境数据流动有序开放

数字经济时代，数据成为有价贸易标的物指日可待，我国应未雨绸缪，建立健全数字领域相关法律法规，对数据跨境流动可能带来的安全隐患和隐私保护问题进行充分研究和评估。尽快建立从国家到地方的数据监管联动机制，加大数据保护力度，加强数据跨境流

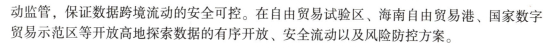

动监管，保证数据跨境流动的安全可控。在自由贸易试验区、海南自由贸易港、国家数字贸易示范区等开放高地探索数据的有序开放、安全流动以及风险防控方案。

（五）积极参与规则制定，提出中国诉求

数字经济的蓬勃发展使全球的贸易模式和治理结构发生了深刻转变，数字贸易规则体系的建立是参与新一轮国际竞争的关键。我国应积极参与全球数字贸易谈判，对数字治理、知识产权保护、数据跨境流动、数据本地化存储等关键议题，加紧研究并明确中国规则，提供中国方案，贡献中国智慧，加强与国际社会在数字贸易领域的合作，以合作推动共识，拓展我国在数字贸易领域的发展空间。

世界主要经济体都在加快数字贸易布局，以期抢占先机。我国具有良好的数字经济发展基础和广大的消费市场，应不断夯实已有优势，充分释放数字红利，推动数字贸易高质量发展。

本章小结

数字贸易的兴起源于数字经济，其早期的表现形式主要为电子商务，是全球化和数字经济发展到一定阶段的产物。与传统贸易相比，数字贸易在贸易动因、贸易模式、贸易结构、贸易对象、贸易主体、贸易与分工组织形式和贸易监管要求等方面体现出新型特征。数字贸易将带来巨大的收益，包括降低贸易成本和实现产品多样化、提升效率与福利、化解中小企业和发展中国家在传统贸易中的竞争劣势和区位劣势、促进就业深化多边贸易体制等。近年来，我国数字贸易强势崛起，发展迅猛。同时，我国对数字贸易的发展定位尚不明确，缺少战略性顶层设计，未能推出符合本国利益的数字贸易规则主张，相关法律法规、统计体系也有待完善和健全，可数字化服务产业国际竞争力仍相对较弱。中国应借鉴世界主要经济体的成功经验，促进我国数字贸易的快速发展。

思考题

1. 数字贸易的发展特征有哪些？
2. 数字贸易发展的新机遇体现在哪些方面？
3. 我国数字贸易发展存在的主要问题有哪些？
4. 如何促进中国数字贸易快速发展？

本章思考题参考答案

参 考 文 献

[1]董瑾. 国际贸易学[M]. 3版. 北京：机械工业出版社，2019.

[2]金泽虎. 国际贸易学[M]. 北京：中国人民大学出版社，2019.

[3]赵春明. 国际贸易[M]. 4版. 北京：高等教育出版社，2021.

[4]海闻，等. 国际贸易[M]. 上海：上海人民出版社，2012.

[5]郭羽诞，兰宜生. 国际贸易学[M]. 上海：上海财经大学出版社，2008.

[6]石士钧. 国际贸易学[M]. 上海：格致出版社，2010.

[7]冯德连，徐松. 国际贸易教程[M]. 北京：高等教育出版社，2009.

[8]张炳达，周琼琼. 国际贸易[M]. 上海：上海财经大学出版社，2009.

[9]范爱军. 国际贸易学[M]. 北京：科学出版社，2021.

[10]闫国庆，孙琪，毛筠. 国际贸易理论与政策[M]. 北京：中国商务出版社，2008.

[11]陈岩. 国际贸易理论与实务[M]. 5版. 北京：清华大学出版社，2021.

[12]苏巧云，胡云清. 国际贸易[M]. 北京：北京理工大学出版社，2016.

[13]商务部. "十四五"对外贸易高质量发展规划[R]. 北京：中华人民共和国商务部，2021.

[14]理查德·鲍德温. 大合流——信息技术和新全球化[M]. 李志远，罗晓捷，罗长远，译. 上海：上海人民出版社，2020.

[15]威廉·伯恩斯坦. 伟大的贸易——贸易如何重塑世界[M]. 朱海燕，译. 北京：中信出版社，2020.

[16]兰小欢. 置身事内——中国政府与经济发展[M]. 上海：上海人民出版社，2021.

[17]华民. 国际经济学[M]. 上海：复旦大学出版社，2001.

[18]樊海潮. 关税结构分析、中间品贸易与中美贸易摩擦[M]. 上海：复旦大学出版社，2019.

[19]王梓楠. 非关税措施：美国实践及其影响研究[M]. 北京：社会科学文献出版社，2022.

[20]蒋德恩. 非关税措施[M]. 北京：对外经济贸易大学出版社，2006.

[21]杨树明. 非关税贸易壁垒法律规制研究[M]. 北京：中国检察出版社，2007.

[22]金焕，欧阳双喜. 国际贸易概论[M]. 3版. 北京：电子工业出版社，2019.

[23]薛荣久. 国际贸易[M]. 2版. 北京：清华大学出版社，2021.

[24]卜伟，叶蜀君，杜佳，等. 国际贸易与国际金融[M]. 4版. 北京：清华大学出版社，2020.

[25]王直，翟凡，徐林. WTO：中国与世界[M]. 北京：中国发展出版社，2000.

[26]刘伟，王文."一带一路"大百科[M].武汉：长江出版传媒，2020.

[27]宋锡祥."一带一路"国际经贸合作总论[M].上海：上海人民出版社，2022.

[28]晓华.乌拉圭回合未曾涉及的新议题[J].世界知识，2000(1).

[29]赵晓.再论中国崛起之"国际经济摩擦时代"[J].国际经济评论，2005(6).

[30]杨成良.欧洲一体化发展前景探析[J].山东教育学院学报，2002(5).

[31]陈贻汉，徐家垅.论国际贸易新体制——管理贸易[J].湖北师范学院学报(哲学社会科学版)，2000(3).

[32]房林.浅谈中国"一带一路"倡议的理论基础与实践意义[J].全国流通经济，2020(3).

[33]傅梦孜."一带一路"倡议的三个理论视角[J].现代国际关系，2018(12).

[34]李安睿."一带一路"倡议给区域经济融合发展带来的机遇和挑战[J].现代经济信息，2016(22).

[35]王鹤静.中国与"一带一路"沿线国家贸易关系研究[J].市场周刊，2022(10).

[36]孙楚仁，张楠，刘雅莹."一带一路"倡议与中国对沿线国家的贸易增长[J].国际贸易问题，2017(2).

[37]许阳贵，刘云刚.中国与"一带一路"沿线国家贸易及其影响因素[J].热带地理，2019(11).

[38]张燕生，裴长洪，毕吉耀，等.中国与世界贸易组织：回顾与展望[J].国际经济评论，2022(1).

[39]王朔，李超.当前欧洲一体化面临的困境及未来走势[J].现代国际关系，2016(3).

[40]夏杰长.数字贸易的缘起、国际经验与发展策略[J].北京工商大学学报(社会科学版)，2018：33(5).

[41]卫晓君，赵森."十四五"时期数字贸易高质量发展：问题审视与创新路径[J].经济体制改革，2022(3).

[42]陈宪.国际服务贸易[M].2版.北京：机械工业出版社，2020.

[43]汪素芹.国际服务贸易[M].3版.北京：机械工业出版社，2016.

[44]徐松.国际贸易学[M].北京：机械工业出版社，2021.

[45]盛斌，高疆.超越传统贸易：数字贸易的内涵、特征与影响[J].国外社会科学，2020(4).